GILBERT BÉCAUD

Jardins secrets

DES MÊMES AUTEURS

Bécaud, l'homme à la cravate à pois, Éd. du Voyage, 1995.

Barbara, une si belle histoire, préface de Jack Lang. Éd. France-Empire, 1998.

Aznavour, le roi de cœur, Éd. France Empire, 2000.

La chanson française à travers le monde (à paraître prochainement).

ANNIE ET BERNARD RÉVAL

Gilbert Bécaud

JARDINS SECRETS

Préface de Pierre Delanoë

ÉDITIONS FRANCE-EMPIRE
13, rue Le Sueur, 75116 Paris
http://www.france-empire.fr

Vous intéresse-t-il d'être tenu au courant des livres publiés par l'éditeur de cet ouvrage ?

Envoyez simplement votre carte de visite aux

ÉDITIONS FRANCE-EMPIRE
13, rue Le Sueur, 75116 Paris

ou laissez-nous un message sur notre E-mail
france-empire@france-empire.fr

et vous recevrez, sans engagement de votre part, notre catalogue qui présente nos différentes collections disponibles chez votre libraire.

Vous pouvez également consulter ce catalogue sur le site internet de France-Empire
http://www.france-empire.fr

ISBN 2-7048-0930-5

IMPRIMÉ EN FRANCE

Pour Odette et Albert de Saint-Paul
Irène et Paul du Québec
Martial et Pierre d'Alsace
Ono de Tokyo

J'aime bien la mélancolie, la contemplation d'un plat de radis
J'aime bien le chant de la pluie
Mais j'ai horreur du boogie woogie

Ces vers fredonnés, accompagnés au piano, furent les premiers mots que François Silly m'adressa.

Passionnant ? Pas vraiment...

Sauf si on apprend que cela se passe chez Marie Bizet et que les acteurs s'appellent Gilbert Bécaud et Pierre Delanoë, et qu'une révolution va commencer dans la chanson.

J'ai terminé la chanson, j'en ai fait des centaines d'autres, et je n'ai plus quitté Gilbert Bécaud pendant les cinquante ans qu'Annie et Bernard Réval vont vous raconter.

Je serai spectateur ou acteur, à Paris, New York ou Berlin.

Je peux vous garantir que ce fut passionnant et je l'espère, pour vous, enrichissant.

Bon voyage !

Pierre DELANOË

L'enfant du soleil

1927-1952

Depuis sept mois, c'est le déluge sur Paris, les fleuves enflent et comme dit Bécaud : « Quand la Seine monte, je monte avec ! » Le printemps 2001 dispense ses pluies torrentielles. Là-haut, dans sa tour d'ivoire, au septième étage de la Sacem, l'œil bleu de Pierre Delanoë domine la situation... En contrebas sur sa péniche, Gilbert compose et met la main à sa petite dernière, *Embargo*. Jean clair, pull rouge et chaussettes blanches, il nous accueille sur la moquette. L'œil est malicieux, la cigarette excessive, l'humeur charmante : « Quand vous remonterez sur le quai, faites attention, là-haut, c'est le Viêt-nam... ! »

Revenons des années en arrière au sud de la France. Dans la rue Danton, marche une petite fille grave, elle est vêtue de bleu, comme les enfants voués à la Vierge, un ruban fixé sur ses boucles brunes. Elle n'a pas neuf ans... La torréfaction voisine embaume le café sur le chemin des écoliers. Après la classe, Odette se rend directement chez ses grands-parents si doux, Jules et Clarisse, qui élèvent également son frère aîné Jean. Un matin d'octobre 1927, la nouvelle tombe, irréelle : « Les enfants, vous avez un petit frère..., il est noir ! » Dans la cour de l'école communale, c'est la stupéfaction, la maîtresse et les élèves se perdent en conjectures avant de comprendre qu'il s'agit d'une farce. Ainsi, dans un éclat de rire, Gilbert Silly vient de naître à Toulon.

Quelques années avant, Albert Silly et Léocadie (« Lily ») ont des problèmes d'humeur mutuelle. C'est la rupture sans pour autant que le divorce soit prononcé, ce qui, on le verra par la suite, ne sera pas anodin. Lily est toujours « madame Silly » lorsqu'elle rencontre Louis Bécaud, maître d'hôtel au Lido à Paris. Le 24 octobre 1927, le préposé aux registres de l'état-civil de Toulon note sur ses tables la naissance de « Gilbert François Léopold Silly, fils de Louis Bécaud ».

Louis travaille à Paris, il ne descend dans le Sud que pour les vacances. Lily et les enfants restent quelques mois chez les grands-parents, puis s'installent à Nice. Au 24 de la rue Verdi, dans l'immeuble résidentiel aux plafonds à l'italienne, une rampe en fer forgé se dresse sur l'escalier de marbre. Le siège de velours rouge donne à l'ascenseur d'acajou un petit air cossu, le balcon ceinture l'appartement, et dans le salon, superbement tentant, terriblement attractif : le piano.

Lily, couturière émérite, possède un magasin rue du Maréchal Pétain (aujourd'hui rue de la Liberté). Elle y évolue parmi les robes pailletées aux reflets irisés. C'est une femme active qui dispose de peu de temps pour s'occuper, comme il le faudrait, de son garçon tout neuf. Il n'est pas question de faire appel à une étrangère pour lui confier ce trésor, elle décide donc de donner les rênes à sa fille, petite femme de neuf ans à la scolarité suspendue sine die. Odette va devenir une « apprentie maman », doux sacerdoce dont elle s'acquittera avec une profonde tendresse. De bouillies rejetées en siestes laborieuses, le tyrannique bambin pleure à en perdre le souffle. Alors, dans la pénombre de l'après-midi niçois, la fillette serre contre elle l'enfant révolté, le berce dans ses bras, l'emmène jusqu'au sommeil, doucement, et suspend son souffle tout le temps qu'il faut, debout, sans bouger... jusqu'à ce qu'il se réveille. Puis arrive l'heure du repas, ce n'est pas une sinécure, il n'en fait qu'à sa tête, seuls les musiciens de la rue vont en venir à bout. Gilbert est sous le charme, il se précipite à la fenêtre... mais c'est donnant, donnant, on jette quelques sous, on se met à table et on mange.

Dans la rue, sous les fenêtres, les fiacres martèlent le pavé, Lily ponctue ses rares moments de détente en jouant sans cesse *La Marche turque* de Mozart. L'enfance s'installe et prend ses marques dans une ville à la beauté insolente, mâtinée d'influences françaises et italiennes. L'esprit du jeune garçon est vif et ouvert à toute chose. Trop petit pour atteindre le clavier du piano, il grimpe sur le tabouret, là, dominant le monde, démonte pratiquement l'instrument devant sa sœur médusée, puis glisse consciencieusement du papier entre chaque marteau, à la recherche de nouveaux sons. A cinq ans, la séduction est trop forte, la musique l'a déjà saisi, elle ne le quittera jamais plus !

« Gilbert tape sur tout ce qui bouge, nous raconte Odette. Lorsque je l'emmène voir un film, dès notre retour à la maison, il pianote, recherche la mélodie entendue. Quand on le hisse sur la table, il tape sur des casseroles avec des cuillères de bois, il peut reproduire à l'identique n'importe quel son. *La Marseillaise*, il la transpose en valse : il s'applique et marque le rythme avec tant de vigueur que sa pantoufle se troue ! Souvent il coince un ustensile sur la pédale et joue l'homme-orchestre. Toutes ses distractions ne sont que musique. Lorsque nous allons au Casino, Gilbert se fait tout petit. Près de l'impressionnante piste de danse, il s'appuie à la scène et observe l'orchestre, intensément, longtemps : il faut déjà mener "sa vie". Un jour, nous le découvrons l'oreille collée au plancher pour écouter les musiciens des coulisses... »

Bel exemple de détermination et de volonté ? Eveil précoce à la musique ? Avec le temps, on ne se posera plus de questions. En 2001, soixante-dix ans plus tard, dans sa maison de la forêt varoise, nous rencontrerons Odette près de la grande cheminée qui réchauffe une soirée de printemps, ses yeux noirs ne quittent pas les nôtres, pendant des heures elle revient pour nous sur ses pas, l'instant est empreint de souvenirs, d'émotions partagées, la dame est belle, son histoire captivante.

« La rue Verdi n'est guère propice aux jeux, restent le balcon, son territoire, et la promenade : le jardin Alsace-Lorraine, le square Mozart où Gilbert joue parmi les autres enfants. A Noël, on lui a offert une voiture à pédales, toute rouge. Dans la rue, il fonce, impossible de le freiner, il roule devant en vociférant : "Seul, seul, seul !" Il brave les interdits et à plusieurs reprises, va même cueillir les fleurs du square ! Il est très indépendant et déjà si volontaire ! »

Ville blanche avec ses palaces du début du siècle, vieux hôtels au charme suranné sur la Promenade des Anglais, ville bleue par la mer qui la baigne, ville rouge sur ses places à la turinoise, Nice marque profondément Gilbert. A l'embouchure du Paillon, près du Casino qui aujourd'hui n'existe plus, sur la jetée de verre et de fer, Odette et Gilbert s'en vont en balade. « Ce jour-là, il fait très mauvais, en ce frileux début d'automne, Gilbert m'échappe, il disparaît, je l'appelle, je crie, je cherche désespérément l'espiègle et je le retrouve enfin accroché au pilotis de la jetée, jouant contre les vagues, arrosé copieusement par l'eau qui gicle autour de lui. Il rit..., je l'attrape et l'emmène à la pharmacie pour qu'on le réchauffe, j'ai eu si peur... »

Il faudra après cet épisode humide traîner le « voyou de la plage » à la maison, pour changer de vêtements. C'est l'époque de l'école communale avec ses bandes d'Italiens qui se déchaînent contre les Français, ses affrontements titanesques de cours de récréation. Gilbert les évoquera plus tard dans un sourire, guerre des mômes aux règles draconiennes dont il portera les stigmates sous forme de « gnons » récoltés quasiment chaque soir à l'heure où la cloche libère les esprits tapageurs.

Les grands du Lycée Impérial
Bastonnent ceux d'la Communale...

A quelques pas de l'église orthodoxe Saint-Nicolas, Gilbert poursuit son éveil. Prêt à tout aimer, à tout embrasser, il mord la vie sans retenue. Son comportement semble indiquer qu'il n'a peur de rien. « Des voitures à chevaux circulent, transportant des eaux minérales. La grande astuce est de réussir à se poser à côté du portail, de sortir en coup de vent pour attraper la voiture et de s'y accrocher. »*

Un caractère pour le moins facétieux pousse l'enfant à libérer en cachette toutes les poules de son voisin, à arracher les plumes des volatiles pour en faire des flèches, à transformer ses roseaux en sarbacanes, bref à accumuler les espiègleries. Il a sans cesse une chanson sur les lèvres : *J'ai ta main dans ma main.* A la maison, lorsque le grand-père s'autorise des improvisations à la flûte, la contestation règne. Les chats, les chiens..., tous se liguent contre l'aïeul musicien. A la fin de chaque dîner de famille, Gilbert assiste à l'immuable séance de flûte rituelle.

« Gilbert est bon élève, se souvient Odette, son esprit est constamment en éveil, mais il n'a aucune patience pour terminer

* Les notes sont regroupées en fin d'ouvrage.

ses devoirs ! Si quelque chose lui traverse l'esprit, c'est fini ! Il oblige ses camarades à jouer comme il veut. Ce n'est pas à cache-cache ou aux billes, mais toujours à taper sur n'importe quoi pour essayer de faire de la musique. C'est un enfant curieux, je me rends compte qu'il a un comportement différent des autres. Souvent, notre oncle Louis l'emmène à la pêche sur son bateau et mon frère adore ça, mais un jour, le mal de mer l'oblige à revenir à terre, il est désolé, il a honte ! »

Profitant des vacances chez sa grand-mère, le moussaillon vient souvent retrouver l'oncle-navigateur. « Gilbert ne fait que ce qui lui plaît, il n'est influencé par rien. Parfois, il ne veut même pas qu'on lui parle quand il agit, il veut être seul afin que ses idées ne soient pas détournées de ce qui le préoccupe. Dès son plus jeune âge, il est attiré par les petites filles. Il me le raconte à moi. Lorsqu'il en voit une et qu'elle lui plaît, il va la trouver. C'est normal, mais c'est un coquin... »

Lily, très affairée, partage son temps entre les deux magasins de haute couture, à Nice et à Aix-les-Bains en face du Casino. Les enfants viennent parfois respirer à pleins poumons le bon air de la montagne dans cette ambiance surannée de distinction et de raffinement. En ce temps-là, les femmes savent s'habiller, il est inconcevable de sortir sans les gants, le chapeau, qui peaufinent une tenue. Les couturiers comme Paquin entraînent dans leur sillage des femmes élégantes, elles demeureront l'auréole précieuse d'une époque chatoyante.

A la fin de l'été, sur les galets de la plage niçoise, un homme aborde Odette, il a reconnu les boucles de l'enfant qui l'accompagne. N'était-ce pas à Aix-les-Bains, près du magasin... ? « Je suis M. Cefail, maître de ballets à l'Opéra de Nice ». Odette, grâce à lui, étudiera la danse classique en continuant à veiller sur son petit frère.

Un jour, « mémé Jardin », la grand-mère, voit arriver « un martien » : Gilbert est déterminé à l'épater. Allongé par terre, il souhaite photographier la goutte d'eau qui tombe du robinet. L'aïeule est très inquiète (« Mais qu'est-ce qu'il fait, qu'est-ce qu'il fait ? »). Ce garçon a de la ressource... Sa malice va de pair avec sa débrouillardise, mais le piano reste l'objet de tous ses désirs. « Lorsque nous revenons des courses, se rappelle Odette, mon frère récupère des élastiques sur les paquets, sur les boîtes du pharmacien. En s'aidant de deux plaquettes de bois, il tend à l'extrême les caoutchoucs et traque de nouveaux sons, graves, aigus à la limite du supportable. Lorsque l'élastique n'en peut plus, on s'installe à la table du salon avec les verres de cristal. Uniquement ceux en cristal... ! Vous imaginez la suite... »

La musique est partout, moteur de cette jeunesse, le piano en est l'épicentre : « Celui de mon grand-père est un instrument formidable parce qu'il joue seul, toujours dans les notes aiguës. On me donne des tas d'explications. Les grandes personnes me disent que le bois ceci, que les cordes cela. En fait, le piano joue seul. »[1]

Très tôt, Lily remarque la vive inclination de Gilbert. Avant d'envisager le Conservatoire, elle l'entraîne dans une école de musique située avenue de la Victoire (aujourd'hui, avenue J. Médecin). Marthe Poulain initie les plus petits, elle prend Gilbert sous son aile. A ses côtés, Paderewski, virtuose et ex-chef de l'Etat polonais, l'un des plus grands musiciens du monde, âgé de quatre-vingt-dix ans. La rencontre est essentielle pour le jeune garçon attentif, intuitif, inventif. Paderewski, amusé, écoute Gilbert. Lily « demande des comptes », suit les notes et surveille les exercices – témoins, les cahiers de musique conservés plus tard par Odette. A six ans, Gilbert sait lire les notes et rêve de devenir chef d'orchestre. L'idée d'écrire lui vient naturellement. Le jeune phénomène apprend et se produit spontanément sur des podiums, alternant piano et école. Effluves de cuir du cartable et des souliers, rugosité des plumiers, voici l'heure de l'encre violette et de la « castagne ».

L'enfance est dense, studieuse, buissonnière, vivante, joyeuse comme il n'est pas permis, sincère, vraie, avec des points de repère indélébiles. Doté d'une furieuse envie de connaître et de communiquer, Gilbert rentre au Conservatoire où il restera pratiquement sept ans, suivant les cours de Tadlevski, un disciple de Paderewski. Terriblement fier, il ramènera un prix de composition.

« J'y suis entré assez jeune, un peu en retard en musique, en étude. D'ailleurs, je ne cesserai jamais de l'être. Je me souviens de la première image : une grille. Derrière, il y a un étang avec des cygnes blancs. (...) Mon idée est d'écrire de la musique et uniquement de la musique ! Je ne souhaite pas devenir un exécutant ou un concertiste, je veux avant tout apprendre mon métier de musicien. »[2]

A sept ans, Gilbert présente toutes les caractéristiques du pianiste prodige. Par un heureux hasard, Radio Méditerranée a installé son antenne rue Verdi, au rez-de-chaussée de l'immeuble des Bécaud. Un jour, Lily en un éclair présente son fils, alors il joue sur les ondes à la grande satisfaction de la famille réunie.

« Gilbert n'a pas peur, se souvient Odette. En revanche, nous, tout autour, nous avons un trac fou. Maman nous conduit à la radio. Quel moment ! »

« Nous sommes plus âgés que Gilbert, avec Odette, et nous passons tous ses caprices, mes parents c'est pire !, rapporte Jean. Il est si mignon avec ses boucles que tout le monde l'aime, mais déjà, il a un sacré caractère ! Evidemment, personne ne le gronde, alors son côté frondeur prend le dessus, il veut tout et tout de suite, et ça ne changera jamais... La première fois qu'il se produit en public, quelle fierté ! C'est à la radio. La deuxième fois, c'est très drôle, au début du spectacle on joue *La Marseillaise*, les militaires se lèvent d'un seul bloc, Gilbert croit que c'est pour lui, il quitte la scène en courant, au comble de l'émotion ! »

En 1935, la famille s'installe avenue des Fleurs. Gilbert musarde allègrement vers ses huit ans et rentre demi-pensionnaire à l'école religieuse de Sasserno : avec un aplomb qui frise la provocation, il se met à l'orgue de l'église et exécute *L'Internationale*, ce qui évidemment lui vaut d'être renvoyé. Pour que jeunesse se passe, les jeux sont dangereux, les gamins construisent des carrioles et dévalent les rues en pente, à la sortie de l'école. Les agents de police n'apprécient pas les cascadeurs en herbe. Finalement, devant l'obstination des trublions, chaque jour à dix-sept heures, ils écartent les voitures du boulevard.

Tu comptes plus les bleus, les bosses
En remontant dans ton carrosse...

A la radio, Charles Trenet chante *Y'a de la joie*, la variété aux antipodes du monde de la musique classique où Gilbert évolue. Même si les refrains du « fou » qui chante reviennent sans cesse sur ses lèvres, le jeune garçon baigne dans l'adoration qu'il voue à Tchaïkovski, Debussy, Ravel et surtout Beethoven.

A Nice, la vieille ville regorge d'étals de fruits et de poissons. Gilbert balade son enfance entre les bouquets d'œillets et de mimosas sur le marché coloré du cours Saleya, temple de la fleur et du légume où l'on vend la socca, la pissaladière et parfois la poutine. Plus tard, Gilbert composera *Les marchés de Provence*, les images lui reviendront. Pour l'heure, Lily ferme la boutique de haute couture à Aix-les-Bains. Gilbert savoure les derniers instants d'insouciance volés à l'actualité sombre de cette fin d'été. La guerre éclate le 3 septembre 1939. Avec les années noires, il sent son univers en déséquilibre. Le 10 décembre, un grand gala de music-hall est organisé au profit du Foyer du Soldat avec le concours de vedettes de la chanson et de la danse. « Gilbert Silly, pianiste et chanteur, prodige de neuf ans », participe à la matinée[3].

Aux Studios de la Victorine, Louis Jouvet et Michèle Morgan tournent *Untel père et fils* sous la direction de Julien Duvivier. Avec ses camarades de classe, Gilbert décroche un petit rôle de figurant, le jeune homme espère ainsi améliorer l'ordinaire. En revanche, Lily et Louis s'inquiètent plus de sa mine que de la piètre situation de ses études : il pousse uniquement en longueur et devient chaque jour plus nerveux.

Les livrets scolaires expriment le reflet de son manque d'enthousiasme pour tout ce qui n'est pas musique. Gilbert surnage et joue les Neptune pour la fin de l'année. « Les professeurs m'obligent à interpréter un rôle dans la saynète qui est le clou de la distribution des prix. C'est ainsi qu'une fois je deviens Neptune dans un acte spécialement écrit pour détendre les esprits, en rappelant des notions précises sur la mythologie. Suis-je un interprète particulièrement brillant ou juge-t-on dans les saisons qui suivent qu'il est peut-être téméraire de forcer mon talent en me confiant un autre rôle ? Je suis Neptune trois années d'affilée ! »[4]

« Gilbert s'intéresse aux petites filles, sans plus, confie Odette. C'est un garçon, un vrai. Du reste, je ne me rappelle pas qu'il ait donné des inquiétudes à ce sujet. Au fond, c'est un gosse sage ou peut-être cache-t-il bien son jeu ? Je me souviens qu'un jour dans un tramway, il regarde une petite qui l'intéresse beaucoup. Quelques temps après, il imagine tout un roman et me dit : "— Tu sais, la pépette (ce qui voulait dire poupée), la pépette blonde du tramway, je l'ai revue, elle a des boucles !" Gilbert est curieux, quand il n'arrive pas à savoir, il invente, il a besoin de voyager, de découvrir, de connaître. »

Qui, mieux qu'une sœur, peut saisir à ce point l'indéfinissable essence de l'autre, posséder ce recul dans la tendresse qui permet une analyse parfaite ? Nous le verrons plus tard, il restera cet enfant volontaire, désireux d'aventures, avec une soif d'invention qui semble constituer la base dominante de son caractère.

De 1940 à 1942, la famille réside avenue Alexis-Moussa. Le pays est toujours ligoté, néanmoins le maréchal Pétain sent « un vent mauvais se lever sur plusieurs régions de France ». Depuis 1941, chaque jour, les Allemands sont harcelés par la Résistance. Les événements se précipitent. Odette fait la connaissance de M. Raymond qui souhaite créer une compagnie autour de Marika Besubrasovna, dissidente des Ballets de Monte Carlo, avec l'appui financier de l'Aga-Khan. Il propose de l'auditionner : ainsi va la vie, d'une rencontre jaillit l'étincelle qui décide d'une carrière, Odette tente l'aventure, elle est engagée à Cannes dans la nouvelle troupe. Comment imaginer que les deux enfants vont générer tant de talent. Plus tard, le succès de Gilbert, ensuite, la propre fille d'Odette dansant dans le film *Mayerling* devant un Rodolphe charmé, la fille de Gilbert enfin dans un duo de charme avec son père... mais laissons à l'avenir le loisir de se dévoiler jour après jour, comme pour distiller son mystère.

En novembre 1942, l'heure est grave, les Italiens déclarent la guerre à la France, il faut passer le pont du Var. Odette entraîne avec elle le benjamin de la famille, ils résident alors à Cannes. La jeune danseuse vient de se marier, elle ne cesse de prendre des leçons, ce qui n'est pas pour déplaire à Gilbert qui s'amuse à accompagner et à reproduire la phrase musicale des paroles de la Besubrasovna. A quatorze ans, il récolte un peu d'argent en lavant des voitures la nuit, des bateaux le jour, en jouant les ramasseurs de balles sur les courts de tennis.

Odette met au monde une fille, aussitôt Lily quitte son appartement niçois et la rejoint à Cannes. Parallèlement, les premières compositions prennent forme, Lily veut donner toutes les chances à son petit Mozart. La décision contrarie Louis, le père de Gilbert, maître d'hôtel au Lido, qui le destine à l'hôtellerie. Néanmoins, elle l'encourage dans sa vocation. A la fin de l'année, Lily quitte le Midi pour Paris où elle rejoint Louis Bécaud. Gilbert, adolescent, emporte avec lui son premier chagrin d'amour..., une fille de garagiste prénommée Nicole. Dans le seizième arrondissement, boulevard Murat, Lily et Louis emménagent dans un immeuble aux murs gris et aux fenêtres étroites.

Je vais découvrir mon Amérique
Ou mon désert
Je n'ai pour boussole que ma musique
Et ma galère
Mon étoile, j'la garde avec moi
Au fond d'ma poche elle est là...

De son balcon, Gilbert aperçoit la Tour Eiffel, il va la visiter seul, en se guidant à travers les rues. Il a l'impression de « marcher sur la lune, avec rien de solide en main et de la musique en tête ». Lily l'inscrit au Conservatoire où il prend des leçons avec René Guillaux qui officie au pupitre de l'Opéra-Comique. Il attaque l'harmonie et l'orchestre, mais le monde évolue. Malgré les changements ambiants et les pénuries alimentaires parfois très lourdes, il continue à étudier le piano. Concrètement, ses parents ont le plus grand mal à assurer les leçons qui reviennent fort cher. Le petit prodige n'en est pas moins un gosse, avec des jeux de gosses. Les premiers « copains parisiens » apparaissent, Christine, une adolescente aux longs cheveux blonds et un enfant à la peau sombre. Plus tard, Christine chantera dans les programmes de Gilbert sous le nom de Danièle Dupré. Quant au gamin, il s'appellera John William et fera la carrière que l'on sait.

La parenthèse parisienne est de courte durée. Au printemps 1944, Jean, résistant de la première heure, revient de Londres où il avait rejoint le général de Gaulle et gagne le maquis dans le Vercors. Au même instant, Albert, le mari d'Odette, est convoqué à la Kommandantur, il doit se rendre en Allemagne pour le Service du Travail Obligatoire. Dans les heures qui suivent, il n'a qu'une idée : protéger sa famille, l'emmener en sécurité. Lily et Louis restent à Paris, Albert entraîne Gilbert, sa femme et sa fille dans le premier train pour la Savoie. Gilbert a dix-sept ans, un appétit de vivre absolu. En réalité, l'arrivée dans les Alpes pose un sérieux problème.

« Nous sommes mal acceptés, raconte Odette. Chacun nous regarde d'une drôle de façon, nous soupçonnant d'être des pro-allemands. Heureusement, un cafetier intervient ("Ces gens-là sont bien !") et tout rentre dans l'ordre. »

Gilbert n'oubliera jamais Venthon, juste au-dessus d'Albertville, dans le massif de Beaufortin, la maison au long couloir sur les hauteurs du village, la lumineuse terrasse et les nombreuses chambres. La famille est réunie en partie : Jean, Odette, Albert et leur fille. Lily vient les rejoindre quelques semaines mais repart assez vite pour Paris, inquiète pour l'appartement du boulevard Murat. Plus tard, Gilbert reviendra à Venthon, discrètement. Visiblement troublé, il retrouvera le parfum et les images de cette adolescence perturbée.

Dans l'immédiat, il déniche un piano, joue pour les officiers au mess et devient leur boute-en-train. Sa vie au milieu des militaires, Gilbert nous la racontera bien des années plus tard, sur la péniche : « Les Américains rient de mon accent, de mes manières, je leur fais l'effet d'un diable, je remue tout le temps, je suis de toutes les parties, on grimpe sur les motos, on chasse dans les montagnes avec les mitraillettes, je fais les corvées dans la bonne humeur, je me confectionne même des chemises avec des parachutes ! »

De fil en aiguille, le jeune homme est accepté, mais cela ne lui suffit pas, il veut plus, comme toujours. S'il faut lutter contre son frère, qu'à cela ne tienne, une fois encore, il gagne : Jean cède et l'on confie une mission à Gilbert : « Je n'ai absolument pas conscience du danger, je dois assurer une liaison entre Albertville et un poste clandestin dans la montagne, je suis heureux de participer, la sensation est forte, je deviens adulte. » Cet épisode, quelques années plus tard, permettra à Gilbert d'être dispensé d'une partie de son service militaire.

« Ensuite, raconte Odette, la période s'opacifie dans le silence, on a des messages à faire passer par Gilbert, avec, pour seule consigne, attendre le mot codé : "Tiens, il fait un drôle de temps aujourd'hui"..., et mon frère transmet. Il ne parle pas beaucoup. Dès qu'il s'éloigne, Jean, très nerveux, le protège avec un sens aigu de la responsabilité. Certains jours, il faut récupérer une boîte en fer déposée entre deux pierres "connues" dans un torrent. Seuls les maquisards savent l'emplacement. Tout en sifflotant, Gilbert se déplace à vélo et s'acquitte avec sérieux de ses missions. Nous sommes très vigilants. Lorsque des uniformes allemands montent vers la maison de Venthon, nous nous demandons toujours si quelqu'un nous a dénoncés. Dans ces temps difficiles, nous avons faim, constamment. Quelquefois, les religieuses nous donnent une soupe par jour. Il nous arrive d'aller à la fromagerie isolée au col des Saisies.

« Le plus périlleux est sans doute notre folle équipée dans la montagne, à deux mille quatre cents mètres dans le brouillard, pour aller chercher à manger dans les fermes. Inhumain ! Ce jour-là, nous décidons de partir en quête d'un fermier bienveillant. Gilbert nous suit avec un pot de lait en fer-blanc rempli de petites pommes de terre, un trésor pour le retour au cas où... Les chemins escarpés nous sont étrangers et rapidement, après trois cents mètres de dénivelés, nous réalisons que nous nous sommes écartés des sentiers. Totalement perdus, épuisés, transpercés par le froid, nous restons là de longues minutes. Je ne veux plus bouger, je n'en peux plus ("Laissez-moi, continuez sans moi"). Gilbert et mon mari font preuve d'une infinie patience pour me ramener à la raison. Finalement, nous repartons et avec les difficultés que vous imaginez, nous rattrapons le dénivelé. Peu de temps après, nous apercevons une bergerie, nous nous y engouffrons tous les trois sans réfléchir. Dans la grande pièce, tout est silence, l'inquiétude nous gagne. Au centre, une bougie sur un fait-tout, et des ombres, une armée d'ombres. Une main s'approche de la lumière, une main très belle, fine, puis un visage qui éveille un écho dans ma mémoire : "Asseyez-vous là." Nous obéissons, impressionnés. En pleine nuit, nous mangeons la soupe offerte, sans voir la tête des gens autour de nous, des inconnus qui nous accueillent au risque de leur vie. On nous invite à nous coucher, nous grimpons par une échelle sur une mezzanine de foin. Combien sommes-nous ? Je ne sais pas. Gilbert est comme nous, il a peur, l'atmosphère est si lourde, et pourtant, couché dans la paille, il s'endort très vite, épuisé par la marche forcée de la journée. Moi, je pense à l'homme que j'ai aperçu quelques minutes plus tôt, je le connais mais je n'arrive pas à le situer. Je cherche sans trouver, je sombre dans la nuit. Au petit matin, il faut rentrer à Venthon sans poser de questions, bredouilles, sans fromage, avec pour seul bagage le pot au lait en fer avec les pommes de terre précieusement conservées par Gilbert. Au moment du départ, l'inconnu nous rejoint dans ce coin de montagne aux violettes piquées :

« — Vous m'avez reconnu ? me demande-t-il.

« — Mais non, je ne vous connais pas, je vous assure.

« Et là, je réalise que j'ai croisé cet homme dans le train qui nous emmenait à Albertville, quelques semaines avant.

« — Avant que vous ne partiez, je vous demande de me jurer sur la tête de vos parents que jamais vous ne parlerez de moi en bas. Il faut me le jurer, je suis "évadé", "ils" ne doivent pas me retrouver, vous avez bien compris, il ne faut pas parler, vous n'avez rien vu ! »

Odette promet, l'inconnu adresse un dernier signe, et c'est le retour dans les chemins cahoteux, lorsqu'il y a un chemin... La rentrée est longue, pénible. « Gilbert, passe-nous quelques pommes de terre... » L'adolescent ne dit rien, mais baisse les yeux, un peu gêné. La veille, pendant la montée, il a tout mangé, le pot au lait est vide, désespérément vide !

Alors qu'au-delà de l'océan se prépare le jour J, rien ne semble évoluer, la France agonise. Le 24 février 1944, à quelques kilomètres de Venthon, les miliciens déciment un village où se cachent des résistants. Exhortés par Radio-Vichy, les hommes de main de l'Abwerh et de la Gestapo traquent les maquisards. L'armée nazie incendie des communes entières avec leurs habitants.

« Quand je repense à tout cela, je me demande comment nous avons fait pour traverser cette période, confie Odette. Je me souviens aussi des bombardiers anglais venus parachuter un nombre impressionnant d'armes – des mitraillettes dernier modèle – et de munitions. Les maquisards ont les plus grandes difficultés à les acheminer. Et pourtant... »

Avec les années, Gilbert apprendra la vanité, l'absurdité de la guerre et le sens de la Résistance.

L'Armée Rouge passe à l'offensive sur l'ensemble du front, de Léningrad assiégée à Sébastopol, avant de reconquérir Prague,

Budapest et Varsovie, une ville que Gilbert évoquera en chansons. Chacun s'accorde pour dire que « l'année sera décisive ».

« Sie kommen ! » (Ils arrivent !) Dès l'aube du 6 juin, les parachutistes de la 101e division U.S. ont déjà pris pied sur la terre de France. Le 24 août, les premiers chars de la 2e D.B. entrent dans Paris insurgé. Le drapeau de la liberté flotte sur la cité, les cloches des églises sonnent à toutes volées. Le 26, c'est l'apothéose, le général de Gaulle parvient à l'Hôtel de Ville après une descente triomphale des Champs-Elysées et déclare le fameux « Paris ! Paris outragé ! Paris brisé ! Paris martyrisé ! Mais Paris libéré ! »

En France, c'est bien connu, tout finit par des chansons. Maurice Chevalier dans *Fleur de Paris*, « l'hymne de la libération », tient le haut du pavé. On entonne aussi *Le chant des partisans*, la gorge nouée par l'émotion. Glenn Miller est mort, mais *In the mood* accompagne la progression des Alliés en Europe : le swing, le jazz – un style musical cloué au pilori par le régime de Vichy – sont à la mode.

Odette, son mari, Jean et Gilbert regagnent Paris à l'automne 1944. Lily et Louis (surnommés affectueusement « Mamico » et « Papico » par les enfants d'Odette et Albert) s'installent rue Vaneau dans un nouveau décor – deux pièces et un piano... Gilbert reprend ses études où il les avait laissées, et fréquente à nouveau le Conservatoire tout en s'imprégnant inconsciemment des rythmes yankees. Parallèlement, il travaille pour payer ses cours de plus en plus onéreux. Il est d'abord cordonnier mais s'arrête bien vite (gare aux doigts...). Papico le fait alors rentrer comme chasseur à l'hôtel de Noailles, en face du théâtre de la Michodière.

L'oreille aux aguets, le cœur en alerte, le jeune homme compose des symphonies plus ou moins inachevées. Il joue, participe, profite de chaque instant. Tous les prétextes sont bons, il va jusqu'à imaginer des partitions de films qu'il ne pourra signer. En se donnant à la musique comme on se jette à l'eau, il désire avoir tout, tout de suite, avec un plaisir gourmand et téméraire. A vouloir arriver trop vite, on risque de n'arriver jamais. Qu'importe ! Assemblant les couleurs sur des mélodies qui délivrent, il s'abandonne sans retenue à cette jouissance. Gilbert ne connaît pas la bohème, seulement une sorte de solitude des grandes villes, « quand les copains se recrutent au bistrot et que tout le monde se moque de qui tu es vraiment ».

Dans l'immédiat après-guerre, Odette et les siens redescendent dans le Sud. Gilbert reste à Paris avec ses parents. Il vivote, « astique » son clavier, souhaite aller toujours plus loin, taraudé par un besoin de communication qui le fait presque crier. Les jours ont des couleurs de nuit, les nuits ressemblent à des jours. Certains soirs, il improvise de vingt-deux heures à l'aube, fondu dans le décor d'un cabaret, relayé par quelque chanteur à l'aspect « bebop », au chic américain.

Oh ! Que Paris c'est haut
Quand tu joues du piano
Et que tout l'monde s'en fout
Tu t'sens comme un grain d'blé
Qu'un dieu distrait
Aurait fait tomber...

Il suit parallèlement les cours du Conservatoire sous la direction de Jean Doyen. Déjà, les jeunes filles papillonnent autour du jeune pianiste trop nerveux qui se produit en attraction dans les cinémas – notamment au Roxy – entre les réclames et le grand film. Des matins de sommeil, des musiques à inventer, c'est l'anarchie ! Gilbert brûle son énergie. En 1946, Jacques L. Boulay, l'un de ses amis, vient de tourner *Banlieue*, un court-métrage :

« — Je cherche quelqu'un pour la musique. Ce qui m'ennuie, c'est que les musiciens connus sont beaucoup trop chers pour moi, je ne voudrais pas d'un raté.

« — Fais-moi confiance, réplique Gilbert, je ferai ta musique ! »

Pour la première fois, Gilbert François Silly signe « François Bécaud », un nom qui ne le quittera plus, celui de son père. La Sacem – la Société des Auteurs Compositeurs Editeurs de Musique – l'accueille en 1947. Vissé à son piano, il va composer de jour et de nuit. Les premières mélodies doivent accompagner les films *Goûts et Couleurs, Riviera Dream* (René Vernadet, assure le montage). Sortir, se nourrir, quelle importance ? Non, il faut orchestrer, faire « sonner », obtenir la perfection avant l'enregistrement. L'effervescent jeune homme ne dort plus, ou si peu, pendant deux jours s'il le faut, rien d'autre n'importe que sa musique. Après, tout étonné, il revient à la réalité, le temps d'une rencontre. Chez des amis, il fait la connaissance de sa « jolie Colombine », Monique Nicolas (Kiki). Elle a quinze ans, lui vingt. La jeune fille menue et douce veut être comédienne. Le coup de foudre !

Et Gilbert retourne sur sa planète, il allonge les nuits à n'en plus finir. Ecrire, écrire furieusement, jouer, activer le rythme, il se donne de plus vastes perspectives. L'évolution est perceptible. Envolé « François Bécaud », il signe désormais « François Gilbert Bécaud ». Après dix-huit heures de composition obsessionnelle, il s'écroule en larmes sur son clavier au grand désespoir de Mamico, affolée :

« — Tu vas te tuer à ce régime..., tu devrais aller te reposer.

« — Mais tu ne comprends pas... Il faut que je finisse, je veux finir, je veux réussir, je veux gagner de l'argent, beaucoup d'argent, tout de suite ! »

Mamico regarde ces yeux cernés, ce teint livide dévoré par une barbe juvénile qu'il n'est pas question de raser, ce torse un peu voûté. Elle sent l'angoisse l'étreindre (« Il va se brûler avant même d'avoir vécu »). Gilbert, sentant son inquiétude, la met gentiment à la porte : « Maman, va à l'église faire une prière pour moi pendant que je travaille. » Et Mamico va docilement à l'église, parfois à trois heures du matin, réveiller le sacristain qui la prend pour une folle.[3]

Plein d'espoir, le musicien se rend alors à la Sacem, le résultat n'a aucune mesure avec le travail fourni, le jeune homme en ressent un dépit certain, et pour se réconforter, il hante les salles de music-hall à la recherche de sa bonne humeur.

« Notre rencontre se situe en 1947, nous confie Caterina Valente. On travaille alors aux Concerts Pacra. Je crois que Gilbert vient pour maman (il est un "fan" de ma mère). Dans notre loge, il lui fait part de son admiration, c'est comme ça que nous nous connaissons. "Kiki", sa fiancée, l'accompagne... "Je peux revenir ?", demande Gilbert, intimidé. "Bien sûr, répond maman, mais qu'est-ce que vous faites ?" "Je chante, je joue du piano, je fais le Conservatoire, je compose..." Enfin, il plaît tellement à ma mère qu'elle lui dit "Eh bien, venez quand vous le voulez à la maison". C'est ce qu'il fait, plusieurs fois, on commence à jouer ensemble, Silvio, mon frère à la clarinette, moi à la guitare et lui au piano. Gilbert a alors l'idée de faire une émission de radio, il fait la musique, René Vernadet, un cameramen qui le connaît, écrit les paroles, mon frère et moi sommes les interprètes ! "Gigi" nous compose des trucs formidables. C'est vraiment à tomber par terre, on rigole bien avec lui, vraiment. Je me souviens de la première chanson écrite pour Silvio et moi, *Mon ticket d'appel*, et d'un morceau, plus tard, qui "m'écrabouillera" : *Le buste de ma chambre*. L'émission n'a pas de succès et Gigi est naturellement déçu, comme nous... Il vient très souvent à la maison, pauvre garçon qui n'a pas un rond. Notre passe-temps préféré est d'essayer de trouver des boutons, parce qu'il en manque toujours quelques-uns sur sa veste, alors on tente d'en dénicher qui aillent bien avec les autres ! Maman l'accepte comme un autre fils. »

Caterina Valente quittera bientôt sa famille et fera une superbe carrière internationale sans fausse note. Nous la retrouverons à la fin des années cinquante.

Après-guerre, les cabarets se multiplient, en revanche le cachet est maigre. Au Murat, dans le XVIe arrondissement, Gilbert rencontre Jacques Datin qui joue du piano. Gilbert le remplace le mercredi. Entre musiciens, la complicité est spontanée. Quelques temps après, Gilbert fait les beaux jours du Handicap, un bar de turfistes près de la Porte d'Auteuil, où il retrouve son ami Datin. Gilbert s'en souvient : « Un jour où il n'y a personne dans le bar, je vois entrer un client, je me précipite alors au piano, il m'arrête : "Ne vous dérangez pas, j'ai horreur de la musique." Désarçonné, je vais retourner dans mon coin lorsqu'il m'invite à boire un verre... »

Ces deux-là ne cesseront plus de partager leurs délires autour d'une bouteille : l'homme s'appelle Albert Vidalie (Maurice Vidalin), il écrit avec Jacques Datin. La rencontre est d'importance. Gilbert interprète et chante les refrains du moment, notamment *Si toi aussi tu m'abandonnes*. Il est à lui tout seul une véritable attraction. Son style rappelle d'ailleurs celui d'Henri Lecca, le pianiste qui joue debout, vif comme un écureuil. « Dans le café enfumé, nous passons des soirées extraordinaires avec Maurice à composer, on rit, on boit, on pense souvent à Jacques qui va partir en sanatorium se remettre de sa tuberculose. On ne voit même plus les clients, on vibre entre nous et c'est bien. »

De mélodies en copains, Gilbert parvient à s'infiltrer dans son nouvel univers, assez loin de sa base originelle plus classique, il sait déjà qu'il vaut mieux une bonne chanson qu'une symphonie médiocre : « Il n'y a pas de mauvaise musique, seulement de mauvais musiciens. Souvent, certains se prennent trop au sérieux. »

Avec Maurice Vidalin, Gilbert crée deux morceaux, *Je n'aime pas* et *La femme du cambrioleur (chanson pour rigoler)* qu'ils conduisent en finale d'un concours à l'A.B.C. Il reste six mois au Handicap, jusqu'à la fin de la saison hippique à Auteuil. Au seuil de l'été, les deux jeunes gens cherchent du travail. Maurice, pour sa part, joue les animateurs dans un club de loisirs (Vacances Magiques) :

« — Tiens, ça me plairait de partir trois ou quatre mois, est-ce que tu peux m'introduire dans ce truc ?

« — Bien sûr, répond Vidalin. Aucun problème, celui qui m'engage est un vieil ami. »

Mario, le personnage en question, est donc sollicité pour enrôler Gilbert. Il l'auditionne, la réponse ne tarde pas, lapidaire : « Il est complètement nul ton copain. Il ne fera pas l'affaire, vraiment ce n'est pas possible ! »

Pendant des années, Vidalin raillera Mario sur ses capacités de recrutement... Malgré leur complicité, la collaboration entre les deux jeunes gens ne peut évoluer, car Vidalin reste fidèle à Datin, et tant que son coéquipier ne sera pas rétabli, il n'envisagera aucune autre association. Plus tard...

Gilbert traîne au Central de la Chanson, faubourg Montmartre, où des jeunes aiguisent leur talent. Rien de transcendant. Pourtant, après un bref engagement au Club de Paris, le rythme s'accélère. De Chopin et de Beethoven – ses références musicales –, il passe brutalement à *J'y va-t-y, j'y va-t-y pas* et *Le wa di wa ou* que chante Marie Bizet. La fantaisiste souhaite une version remaniée de *Ah quel coq on a*, devenue pour la circonstance *Ah quel coke on a* au bénéfice du Gaz de France. Elle rencontre pour la première fois le trépidant musicien qui lui propose ses morceaux. Le pas semble franchi, il devient son pianiste accompagnateur. Marie écoute ses compositions et les adopte sans sourciller. On peut dire, sans crainte de se tromper, que cette place chez Marie Bizet représente un réel début de carrière, le premier maillon d'une chaîne qui va l'entraîner vers un succès sans précédent, en France et dans le monde entier.

Jean Nohain programme la chanteuse dans ses émissions. Sur son intervention, Marie se produit au cinéma Palace, à Alger, avec

Félix Paquet, Mireille, et les duettistes Charpini et Brancato. Nohain, qui anime le gala, estime qu'il manque un numéro pour commencer la deuxième partie.

« Mon pianiste compose de petites chansons, lance Marie Bizet. Vous pouvez lui demander d'en interpréter deux ou trois pour occuper le public, en attendant la reprise. »

« Je l'annonce devant le rideau dans l'indifférence générale, raconte Nohain. Au bout de quelques instants, je suis attiré par une houle inquiétante qui vient de la salle. (...) Ce doit être le pianiste novice qui se fait chahuter par le public d'Alger. Je m'arrête, interdit : des ovations sans fin, des cris, des hourras, des trépignements saluent ce jeune artiste inconnu. (...) Le lendemain matin, dans les journaux, mes vedettes parisiennes, un peu pincées, lisent suffoquées au lieu de leur éloge habituel et enrubanné : "Courez au Palace dès ce soir, non pas pour applaudir des artistes chevronnés, mais pour découvrir une nouvelle étoile."[5] »

Durant ce bout de route avec Marie Bizet, Gilbert fait la connaissance de Pierre Leroyer, alias Delanoë, trente ans, frais débarqué de Rouen.

« A cette période, plaisante Pierre Delanoë, je chante, "je fais l'andouille" dans les cabarets alors que je suis inspecteur polyvalent, c'est rigolo... Gilbert ne cautionnera jamais ma carrière de chanteur, c'est drôle, il me rencontre alors que je suis "chanteur" : moi sur scène et lui est dans la salle ! Ce jour-là, il ne me fait pas une bonne critique. Bon..., ça n'a pas changé ma carrière... ! »

Pierre a une particularité, il écrit des textes de chansons que son beau-frère, Frank Gérald, met en musique. Les amateurs de la première heure connaissent la vision insolite du tandem Delanoë-Gérald sur scène dans leurs œuvres : *Rondeau pour un électron, Deux harengs dans la pénombre* ou *La fille de joie qui portait des lunettes...* Les deux « artistes » travaillent également pour Marie Bizet. La chanteuse sera l'instigatrice de la rencontre. Dans la foulée, elle souhaite présenter Pierre à Gilbert. Celui-ci évoque pour nous sa première rencontre avec Delanoë :

« Un jour, je vais au Central de la Chanson et là, je vois un chanteur à la voix grave, il n'a aucun sens du rythme, mais vraiment aucun, c'est une catastrophe, il chante avec son beau-frère, me dit-on ! »

« La véritable histoire commence chez Marie Bizet, renchérit Delanoë. Je suis invité à voir un jeune chanteur – je suis en panne de compositeur, car mon beau-frère est parti faire son service militaire. Marie me dit : “Je connais un garçon qui a l’air d’avoir beaucoup de talent, venez donc le rencontrer...” J’arrive chez Marie Bizet, j’ouvre la porte et je vois un type en train de pianoter et de chanter : “*J’aime bien la mélancolie, la contemplation d’un plat de radis, j’aime bien le chant de la pluie, mais j’ai horreur du boogie-woogie !*”, puis il me dit : “Voilà, maintenant, tu la finis !” “Ah bon ?”. On sort, on prend le métro – je n’ai pas de voiture ce jour-là –, on va chez lui, rue Vaneau. Pendant le trajet, il se confie : “Je m’appelle Gilbert Silly, mais j’ai bien envie de porter le nom de mon père, Bécaud, Gilbert Bécaud !...” Nous sentons entre nous des affinités immédiates, je suis un Huron, lui aussi ! A ce moment-là, je suis fonctionnaire, inspecteur polyvalent, je n’ai rien à voir avec Gilbert qui passe ses nuits dans les cabarets. Finalement, on ne se quittera plus pendant cinquante ans ! »

Bécaud met sa musique sur les textes de Pierre, notamment *Je brode des blouses* pour Marie Bizet. Peu sûr de lui, malgré le succès remporté à Alger, il hésite à occuper le devant de la scène. Le courage est souvent le revers de l’angoisse : dans certains cabarets comme L’Echelle de Jacob, à une heure avancée de la nuit, avant de chanter, il a l’impression de se trouver au-dessus d’un gouffre, « cet immense frisson bizarre... ». Heureusement, l’envie est la plus forte, l’artiste libère une énergie alcaline et lance ses premiers morceaux. Nous les évoquerons bientôt. Pourtant, la tournure des événements ne le satisfait pas. A vingt ans, les choses n’évoluent jamais assez vite. L’âge renforcera ce trait caractéristique de Gilbert : plus vite, plus loin, plus fort, pas de phrase tarabiscotée, seulement l’instinct, « surtout » l’instinct qui le déclenche et le conduit sans détour à ses fins. Dans l’immédiat, il écrit de nouvelles chansons et les propose aux artistes confirmés. Le résultat est désespérant, c’est la douche froide. Il sait pourtant qu’il faut agir, ne pas reculer. Ignorant les déceptions, Gilbert rebondit.

De conversations sans lendemain en rendez-vous reportés, Gilbert et Pierre arrivent finalement chez Yves Montand pour présenter *Cartes postales*, leur dernière composition.

« Le fait que Montand accepte de prendre la chanson nous rend fous de joie, comment vous expliquer ce qu'est Montand à l'époque ? Enfin, nous sommes complètement excités. On avait parié de descendre les Champs-Elysées à cloche-pied s'il acceptait, et là, ça nous donne l'idée d'une autre chanson : *A midi sur les Champs-Elysées.* »

Lorsqu'il évoque cet instant pour nous, bien des années plus tard, Gilbert a l'œil qui frise, certains souvenirs semblent réjouir l'enfant qui veille en lui.

Depuis longtemps, la mode est aux duettistes, Charles et Johnny, Pills et Tabet, etc. Cependant, Jacques Pills a choisi de faire cavalier seul. Avec succès. Il est intime de Marie Bizet et reçoit un jour la visite de Gilbert. Notre musicien veut lui proposer *A midi sur les Champs-Elysées*, un texte de Delanoë et de Tommy Franklin. Ce dernier n'est pas un mystérieux Américain, simplement un garçon du pays niçois, un ami de la rue Verdi, à un pas de la place Franklin. Pour la petite histoire, Miss Bora, la « nounou » de Tommy, a appris les premiers mots d'anglais à Gilbert ! *A midi sur les Champs-Elysées* est adoptée par Jacques Pills qui propose de l'accompagner en tournée en Amérique du Sud.

José Artur constate dans un sourire : « C'est amusant, ils commencent tous ainsi. Darry Cowl, Louis de Funès, Bécaud..., ils sont tous “le pianiste de quelqu'un”. Gilbert, c'est au Brésil que je fais sa connaissance. Je suis avec Les Frères Jacques, Claude Dauphin, Brigitte Auber... Nous, on joue *Jean de la Lune, L'amour vient en jouant...* On est au Copacabana Palace, à Rio de Janeiro, et nous rencontrons Gilbert à l'Esplanada Hôtel, à Sao Paulo. Il accompagne Pills qui a un succès gentillet. Le seul qui ramasse tout, c'est le pianiste, vivant comme il n'est pas permis, bougeant, trépidant. Après le spectacle, vers trois heures, quatre heures du matin, Jacques va se coucher et Gilbert chante pour nous, les comédiens, les copains, comme on “fait un bœuf”. Il me dit : “Ecoute ce que je viens de composer.” Depuis, enchaîne José Artur, lorsque nous nous croisons, je lui rappelle cette période. »

Les longs mois de tournées seront à l'origine d'un choc musical. Un soir, par hasard, Gilbert assiste au tour de chant de Judy Garland et en ressort bouleversé. La jeune américaine fabuleusement vocale et pathétique exerce une fascination sur lui, à tel point qu'il retourne au théâtre tous les soirs pour l'entendre. Plus tard, il l'évoquera dans une chanson, *La balade américaine.*

Dans le théâtre d'à côté
Judy Garland chante en vedette
Comme un mendiant j'vais ramasser
Les miettes
Et je l'écoute avec passion
Dans le soleil des bravos
J'apprends à vivre en chansons
Quand elle chante
« Somewhere over the rainbow »

A Québec, en hiver 50-51, le climat est habituel pour un Québécois (moins quinze degrés), pas pour un Niçois. A Santiago du Chili, le thermomètre atteint trente-sept à l'ombre, Gilbert meurt de chaleur. Qu'importe ! Il est heureux et joue chaque soir les mélodies de Bruno Coquatrix, Loulou Gasté, écrites pour Jacques Pills. Parallèlement, il découvre les nouveaux rythmes américains.

Fin 1950, à Sao Paulo, Jacqueline François, accompagnée par Raymond Bernard, succède à Jacques Pills. Raymond et Gilbert sympathisent autour du piano. Ils ne s'oublieront pas.

Pendant la tournée (plus de douze mois), Pills et Bécaud écrivent *Je t'ai dans la peau* et l'imaginent interprétée par Edith Piaf. A leur retour d'Uruguay, ils n'auront qu'une idée, la présenter à leur égérie. Edith prend la chanson et... Pills ! Le 22 mai 1952, la nouveauté est inscrite au programme de l'émission télévisée *Plaques tournantes.* Gilbert bascule alors dans un univers que Claude Lelouch fera revivre trente ans après dans le film *Edith et Marcel.*

« La nuit, chez Edith Piaf, à Boulogne, dans la fumée bleue des cigarettes, on travaille, mais on s'amuse aussi, on mange des escalopes à la crème, on enchaîne les bières et les cafés. Je me couche toujours très tard – quand je me couche ! Une fin de matinée, vers midi, je débarque chez Edith, elle dort encore. Dans le salon, arrive un garçon de vingt-huit ans ("Je m'appelle Charles Aznavour"... "Moi, c'est Gilbert Bécaud"). Charles a mis un terme, peu avant, à son association avec Pierre Roche. Nous écrirons ensemble *Méqué,*

méqué, Donne-moi, Viens, Terre nouvelle et bien d'autres chansons dont je ne me souviens plus. C'est loin, il y a une éternité ! »

« Charles a beaucoup de mal à faire son trou – constate Pierre Roche quelques semaines avant sa disparition. Il écrit, travaille, Gilbert Bécaud arrive "dans le portrait" comme on dit à Montréal. Il me remplace en tant que compositeur. Et Charles commence quelques temps plus tard à chanter seul les chansons que Bécaud crée avec succès. Il veut en faire autant, mais on lui envoie des tomates, c'est incroyable ! Au contact de Piaf, Gilbert et Charles apprennent le métier, mais Edith n'est pas très tendre, on ne peut pas dire qu'elle les aide vraiment, elle est décidée à favoriser Jacques Pills plutôt que son pianiste chef d'orchestre. Je me souviens de certains titres écrits en collaboration par Piaf et Bécaud, particulièrement *Légende*, une chanson pratiquement inconnue. »

« Aznavour, on dira "débuts quelconques", nous confie Delanoë. La rencontre avec Piaf m'impressionne beaucoup plus. Avec Charles, les débuts de rapports sont quelconques, la fréquentation reste tiède. Avec le temps, ça changera... »

Lorsque Edith s'offre quelques jours de repos dans le Midi, à Cassis, où le directeur de L'Alcazar de Marseille met sa villa à disposition, Pills, Bécaud, Aznavour et les musiciens sont du voyage. Tout juste installés, ils repartent pour la traditionnelle tournée d'été, la Savoie, la Suisse, le Midi, la Normandie, la côte Atlantique avant la Hollande et la Belgique ! Vie de rêve ou vie d'enfer ? Quand Charles quitte la scène, il veille aux éclairages avec Gilbert. Il faut tout faire, l'accompagnement, les valises à porter, les chansons à composer. Bref, ils ne dorment jamais. Si par hasard il leur arrive de se coucher, Edith qui s'est reposée entre-temps arrache Gilbert des bras de Kiki : « Allez hop, au boulot ! Un, deux, trois... partez ! »

Après une pause de quelques jours, Bécaud ne reprend pas la tournée. Le 2 septembre 1952, Edith et Jacques, inséparables, s'envolent pour New York où ils vont célébrer leur union, il n'est pas du voyage. « J'en garde un souvenir riche et douloureux, mais même si je la détestais, je la vénérais aussi, alors finalement, il vaut mieux être fustigé par quelqu'un d'exception que flatté par un imbécile. »

Concrètement, après un excellent départ, l'incompatibilité d'humeur s'est installée entre Edith et Gilbert qu'elle surnomme « le jeune chien », Aznavour étant affublé d'un autre sobriquet peu glorieux : « le génie con ». Bécaud a demandé une faveur, il aimerait rencontrer Louis Amade, l'un des paroliers préférés de Piaf qui participe parfois aux « funambulesques veillées » de la chanteuse. Edith propose donc un rendez-vous à Amade :

« — Louis, connais-tu ce musicien-compositeur qui est l'accompagnateur de Pills et qui se nomme Gilbert Bécaud ? Ce gars-là veut faire des chansons avec toi et il me harcèle pour que je te le présente. Il a beaucoup de talent. Veux-tu le recevoir ?

« — Bien sûr ! Qu'il vienne demain à 10 heures. »

Amade, chef de cabinet du préfet de Seine-et-Oise, griffonne à la hâte quelques mots sur son bloc-notes, à la page du 3 septembre 1952 : « 10 h. Gilbert Béco (Edith Piaf). »

Sursitaire, Gilbert souhaite aussi le rendez-vous pour tenter d'obtenir la possibilité d'accomplir son service militaire à Paris, il n'est pas encore père de famille, mais cela ne saurait tarder. Pierre Delanoë le conduit dans la 4CV prêtée par son père. Discret, il l'attend devant la préfecture de Versailles, laissant Bécaud mettre en place, seul, la charpente d'une carrière surprenante.

« L'instant reste gravé dans ma mémoire, le bureau est vaste et extrêmement impressionnant, j'y suis introduit par un huissier en grande tenue, moi, je me recoiffe, j'arrange ma cravate, je me sens un peu fébrile. Amade vient alors vers moi, très gentil, et avec son accent rocailleux, il me met tout de suite à l'aise : “Gilbert, installe-toi”. »

Louis Amade reçoit ainsi le jeune homme de vingt-cinq ans, « bouillant de force créatrice », et bavarde avec lui. Gilbert raconte, il est né à Toulon, « de parents modestes et bons », il a été avec son frère aîné dans les maquis du Vercors sous l'occupation, avant d'habiter à Paris, après Nice. La confiance s'installe très vite. A la fois précurseur, catalyseur et initiateur, Amade évoquera souvent cet instant : « En définitive, c'était mon double qui venait vers moi. Par conséquent, je m'étonnais moi-même, c'est ce que je voulais, c'est ce que j'attendais, il arrivait, donc je ne pouvais qu'être étonné partiellement, et pas complètement. »[6]

Ce matin-là, Gilbert découvre *Les croix des hommes*, un manuscrit que d'autres compositeurs – notamment Marguerite Monnot – ont déjà refusé. Ecrit une nuit de brouillard et de pluie, au retour de

Montfort-l'Amaury, le poème d'Amade le fascine. Il le met dans sa poche et rejoint la voiture où l'attend Delanoë. Pendant le retour, ils relisent ce texte qui n'a aucun rapport avec ceux qu'ils ont l'habitude de travailler, il est plutôt léger d'ordinaire, le compositeur, avec ses textes « bulles de savon » !

« Gilbert me rejoint avec une dizaine de feuillets dont *Les croix*, raconte Delanoë. Il vient dîner chez moi, j'habite alors à Courbevoie où j'ai un vieux piano Louis-Philippe acheté aux enchères, il y jette quelques notes et fredonne. *"Et moi, pauvre de moi, j'ai ma croix dans la tête..."* »

Rentré chez lui, rue Vaneau, Bécaud se met sérieusement au travail, puis rappelle Amade. Mamico l'accueille avec une extrême gentillesse. Gilbert, au piano, commence à chanter (« *Mon Dieu qu'il y en a des croix sur cette terre* »). Louis écoute « sa » chanson et lui demande de la rejouer.

« Je lui ai donné mon poème la veille alors que je ne sais pas s'il peut chanter, quelle voix il a, ni rien. (...) Je suis tellement accroché, bouleversé par cette voix. C'est un chanteur amateur mais il apporte une expression tellement forte, tellement puissante, tellement géniale que je dis : "Ce gars-là, il faut en faire une vedette, la future vedette des jeunes des années qui viennent..."[7] »

La discussion s'engage entre le pianiste et l'auteur qui va le diriger vers l'interprétation. Passionné, Gilbert enchaîne *Viens*, sur un texte d'Aznavour. Louis le fait parler, de tout et de rien, de son frère Jean et de Mamico qui, depuis le début de la scène, sont demeurés dans la cuisine. « Je savais bien – dit-elle inondée de joie – que quelqu'un viendrait un jour pour reconnaître le talent de mon fils. » Mis en confiance, Gilbert évoque aussi Kiki qu'il veut épouser le plus vite possible malgré le peu d'enthousiasme de leurs parents et le fait qu'ils vont être plus que jamais sans le sou. Depuis six ans, ils s'aiment et ne se quittent pas, c'est une évidence. En pleine période militaire, les jeunes gens se marient et Mamico accueille le couple dans l'appartement familial. Alors Gilbert sollicite l'intervention de Louis pour une affectation toute proche. L'activité dans le massif du Vercors pendant la guerre compte comme service militaire, mais il reste quatre mois pour se libérer totalement[8].

Fin octobre, à la base aérienne du Bourget, Delanoë lui envoie *Mes mains* dans une lettre. Sans tarder, Bécaud écrit la musique

que l'on connaît. Lucienne Boyer crée la chanson à l'Alhambra. En peu de temps, la partition se vend à plus d'un million d'exemplaires, chiffre colossal si l'on songe qu'il s'agit, pour l'essentiel, d'une diffusion de bouche à oreille.

Le « caporal-chanteur » ne perd pas son temps. Un jour, il persuade ses supérieurs de faire venir un piano. Lors de nos entretiens, Gilbert, non sans une certaine ironie, évoque cet épisode musclé :

« Avec des camarades de chambrée, nous partons en camion militaire chez moi, rue Vaneau. Ma mère n'est pas là, je n'ai pas la clé... Nous entrons par la fenêtre de la cuisine et enfonçons la serrure de la porte pour pouvoir passer le piano. Je n'ai pas le temps d'attendre Mamico pour la prévenir. Quand elle rentre, elle croit à un cambriolage et va porter plainte, je n'ai même pas pensé à lui laisser un mot ! »

Le 20 décembre, à 14h15, au Foyer du Soldat, à la Base 104 du Bourget, Varel et Bailly, Micheline Dax, Michel Emer, Jacqueline François, Paul Péri, Simone Alma, Martory apportent leur concours gracieux, sans oublier Bécaud et son piano... Luis Mariano n'est pas annoncé, il est la vedette « surprise ».

Quarante-huit heures après, Louis Amade présente « sa découverte » à Versailles, dans les salons du Trianon Palace. Tenant à transmettre son émotion aux invités, il termine son allocution par :

« Jusqu'ici, j'avais amené auprès de vous, dans ce Rotary Club de Versailles, les vedettes les plus largement consacrées, les plus aimées du grand public. Aujourd'hui, j'ai voulu tenter une autre expérience et je tiens par la main et conduis vers vous un jeune militaire, garçon absolument inconnu de Paris ou d'ailleurs. (...) Je lui ai donné mes poèmes, il en a fait ses chansons. Ensemble, nous allons partir pour une aventure extraordinaire, côte à côte, avec notre rêve. Je vous présente le caporal Gilbert Silly et je vous annonce, dès cet instant, Gilbert Bécaud ! »

Après son tour de chant, le directeur de l'hôtel de Noailles, présent dans la salle, l'engage pour les réveillons de Noël et de la Saint-Sylvestre, sans musicien, sans éclairage, sans micro, mais avec une jolie femme...

« Je passe pour cinquante francs par soirée ! En plus, le dîner nous est offert. Je me souviens que Kiki est enceinte jusqu'aux yeux. Je chante ce soir-là devant des dîneurs en manque de gros rires, avec des serpentins autour du cou et des chapeaux ridicules : il y a deux ou trois tablées dans ce grand restaurant. J'interprète quelques morceaux dont *Les croix* et les chansons que j'ai écrites avec Edith pour Jacques Pills : *Ça gueule ça madame*, *Je t'ai dans la peau*, des trucs de ce genre, bref..., le peu de titres que j'ai. Les gens sont très étonnés, je hurle. D'ailleurs, ce soir-là, je casse le piano. On nous offre quand même notre réveillon, puis ma femme et moi nous rentrons tous les deux tranquillement. »

A l'orée de 1953, tous les éléments du puzzle sont en place, il n'y manque plus que la pièce maîtresse, celle qui va permettre à l'artiste de dépasser les frontières d'un parisianisme insuffisant à son appétit de conquête : l'enregistrement d'un disque qui va marquer le vrai démarrage de sa carrière.

Une explosion à l'Olympia

1953-1959

Louis Amade s'active pour obtenir une première télévision le 2 janvier 1953 dans l'émission Plaques Tournantes, puis il organise une rencontre avec Georges Lourier, présentateur de radio, qui lui est redevable de son engagement chez Pathé-Marconi comme directeur des variétés. Un soir à 21h, pendant que le chanteur, en tenue d'aviateur flanqué d'un modeste galon, sort de la caserne, Amade et Lourier dînent ensemble chez ce dernier, entourés d'amis du métier.

« Gilbert nous arrive inquiet et peureux. Nous le faisons se restaurer un peu, puis le poussons littéralement vers le piano. (...) Il chante *Les croix*, il y met tout son cœur, toute sa voix, toute sa panique. C'est un "moment", c'est "le moment". Je regarde Lourier et ses invités, je vois luire deux larmes dans les yeux d'une jeune femme. (...) Le délire dans la petite assistance. »[1]

Lourier l'embrasse, alors que quelques minutes avant il ne le connaissait pas, et lui dit :

« Sache, Gilbert, que dès cette minute, tu fais partie de la maison Pathé-Marconi. Demain, tu signeras ton contrat. »

Le rendez-vous est pris, Bécaud paraphe le document qui va bouleverser sa vie. Un dimanche, Amade est invité avec les duettistes Varel et Bailly chez l'éditeur Raoul Breton et son épouse qu'on appelle « la Marquise », dans leur propriété de Méré, près de Montfort-l'Amaury, en Seine-et-Oise. Pendant le dîner, Louis évoque sa découverte :

« — Ah oui, me dit Raoul Breton, qui est-ce ?

« — Oh ! un jeune inconnu de vingt-cinq ans qu'Edith Piaf m'a présenté afin que je lui donne des paroles. C'est un excellent musicien, mais ce dont personne ne se doute, c'est qu'il a une voix très caractéristique qui va révolutionner le métier. Il s'appelle Gilbert Bécaud.

« — Comment, Bécaud chante ?

« — Oui, Bécaud chante, et vous allez voir ce qui va se passer... »

Raoul Breton, découvreur de Damia, Mireille, Trenet, est l'ami, le confident, le conseiller, sentant d'instinct ce qui est beau et ce qui ne l'est pas, ce qui est « public » et ce qui l'est moins. Chevalier, Trenet, Piaf, Mireille... lui doivent beaucoup. Etre édité par Breton représente un atout non négligeable. Gilbert bénéficie de sa confiance, il n'oubliera jamais.

Les débuts de *C'était mon copain*, ne sont pas simples. Amade a rédigé le poème d'un seul jet en novembre 1952, un soir, avec des images dans sa tête, des souvenirs de la guerre d'Espagne, de la Résistance, d'amis blessés, mutilés ou tués. Rue Vaneau, il rejoint Bécaud et plante le décor :

« Ferme les yeux. Je vais te donner l'ambiance : une petite ville où il pleut. La caserne peu à peu s'illumine. En face, il y a un coin de rue avec un bec-de-gaz. Les pavés sont humides, le vent siffle, c'est triste. On entend un appel de clairon. »[2]

Sur un des premiers magnétophones à bandes existant et appartenant à Edith Piaf, Gilbert enregistre une musique de mort, avec des tambours et des bruits de combats en fond. Puis, avec Louis, il file chez Pathé-Marconi pour faire écouter la chanson : *« J'avais un seul ami et on me l'a tué... »* Air blasé et déçu du directeur artistique, consternation d'Amade et de Bécaud. *C'était mon copain* est cependant retenue dans le lot de chansons, mais, on le constate, sans enthousiasme.

Après sa première télévision, Bécaud se produit le 8 janvier à Paris sur Scène, un nouveau café-concert dans le quartier des Champs-Elysées. Le plaisir d'y découvrir des talents encore ignorés n'est pas le moindre attrait de cette formule traditionnelle. Précédant Lily Fayol, huit jeunes artistes font leurs premières armes. Dans les coulisses réduites à leur plus simple expression, Gilbert ne tient pas en place (« Ça n'en finit pas, c'est trop long..., t'as pas une cigarette... ? »). L'animateur François Valbray bredouille quelques mots et, sans plus tarder, annonce « Gilbert Bécaud ». Alors, on se dirige rapidement vers le piano, en évitant de regarder le public, on se cale devant l'instrument et on se lance sans réfléchir, le temps de trois chansons (*Les Croix, Moi je sais, Viens*). Pas une de plus. Par chance, Marcel Frère, journaliste à *Combat*, le remarque. Il rédige le compte-rendu du programme, y insère une photo et favorise largement le pianiste-chanteur dans son article, en notant sa préférence pour *Viens*, « rapide et primesautier » (!) :

« Gilbert Bécaud, qui compose pour Edith Piaf, Jacques Pills, Jacqueline François, Jean Bretonnière et Yves Montand, paraît pour la première fois sur une scène. Déjà, sa jeunesse, ses manières directes, la fraîcheur de son inspiration et son rythme assuré font de lui un interprète original, résolument moderne. »

Gilbert passe une nouvelle fois à la télévision. Entre-temps, Amade contacte les cabarets. Parmi ses relations, le directeur du Chat Noir répond sans tarder par un courrier à la sous-préfecture de Versailles le 26 janvier :

« Mon cher Louis, tu sais avec quelle joie j'accueillerai Gilbert Bécaud. Veux-tu donc lui dire de me rencontrer de toute urgence. Je voudrais qu'il soit en tête de mon nouveau programme, prévu pour vendredi prochain. Merci, Louis, merci toujours, merci encore. Je t'embrasse. »

Au Chat Noir, le 30 janvier, l'assistance est clairsemée. Qu'importe, Gilbert chante *Méqué, méqué, Vol de nuit, Les croix, Quand tu danses, Viens*... Le lendemain, autre rendez-vous avec le public des cabarets, il chante au Liberty's, chez Gaston Bayeux, un personnage pittoresque plus connu sous le pseudonyme de « Tonton ».

Le 2 février, jour de la Chandeleur, on enregistre le premier disque 33 tours : *Mes mains, Les croix*... Dans l'après-midi, le téléphone sonne dans le studio de la rue Magellan (« Monsieur Bécaud, c'est un garçon ! »). Pour fêter la naissance de Gilbert Jacques – surnommé « Gaya » –, l'heureux papa emmène les musiciens au bistrot du coin. Il s'aperçoit qu'il n'a pas assez d'argent sur lui, heureusement le patron est compréhensif...

Libéré de ses obligations militaires, Gilbert prend à peine le temps de déposer ses chansons à la Sacem : *Vol de nuit, Ça gueule ça madame, Je suis folle* et *Cartes postales*.

Bien avant, Piaf avait admirablement défini celui qui n'était alors que le pianiste de Jacques Pills (« Un gars du Midi, l'œil espagnol et l'air d'en avoir plein le buffet ! »). En scène, Gilbert reste immuablement accroché au piano, il s'avère impossible de lui faire quitter son instrument le temps de deux ou trois chansons. Et voilà donc le signe du destin, un vilain panaris ! Il assure néanmoins une semaine au cinéma Forum, à Liège, où il se produit gratuitement entre les réclames et le grand film, en « numéro de complément ». Handicapé par le bandage, Bécaud ne peut plus jouer, il engage François Vermeille, un jeune musicien, pour l'accompagner. Les spectateurs du Liberty's et du Drap d'Or où il chante simultanément le découvrent debout sur la scène.

« Le premier soir de cette nouvelle présentation, raconte Louis Amade, Gilbert me dit : "Ou bien ce soir je me casse la gueule ou bien c'est le triomphe et alors c'est parti pour de vrai." »

Le fameux costume bleu électrique est découvert par les directeurs du Drap d'Or, les frères Traviani. Ils l'offrent d'ailleurs au jeune chanteur. La coupe en est signée Max Evzeline, qui restera son tailleur attitré. Dès le 6 février, premier jour de son contrat, Gilbert sympathise avec les deux frères corses qui le gardent à leur table. Ils le conduisent chez le meilleur chemisier des Champs-Elysées et lui achètent une cravate... à rayures et une chemise en soie. Pour les chaussures, même empressement : du daim bleu pâle. Le soir, sur la scène, l'ensemble est du plus bel effet. La cravate à pois vient rapidement remplacer celle suggérée par les Traviani. Ces derniers protègent la nouvelle vedette contre Edith Piaf, inquiète du succès grandissant de Bécaud qui risque de porter ombrage à Jacques Pills. Edith va jusqu'à demander à la direction du Drap d'Or de choisir entre Gilbert et elle. Les frères Traviani ne sont pas du genre à se laisser intimider, ils prient l'artiste consacrée de prendre la porte avant qu'ils ne se fâchent.

Gilbert ne veut pas essayer *C'était mon copain*, il estime la chanson trop sombre pour un public venu manger, boire et se distraire. Finalement, sur les instances de Louis Amade, le directeur du cabaret s'adresse au public en ces termes : « Je vous signale que Gilbert vient d'écrire une chanson qu'il ne veut pas chanter. Il a peur de vous ennuyer, car elle est triste, elle a pour titre *C'était mon copain.* » La nouveauté obtient un tel succès qu'il faut la bisser.

Le Drap d'Or, Le Liberty's, Chez ma tante, Le Lido, Chez Patachou..., c'est la course au cachet toute la nuit, pas vraiment la fortune ! De plus, il faut s'offrir un bon pianiste, il pense alors à Raymond Bernard, ex-musicien de Jacqueline François, orchestrateur de talent. Les deux hommes trouvent un arrangement, ils partageront équitablement les cachets. Le 20 février, les frères Traviani présentent à nouveau Bécaud, pour la première fois en vedette.

« Un soir, se remémore Raymond Bernard, on a six cabarets à faire à Paris et un gala en dehors, à quarante kilomètres, en Seine-et-Marne. Complètement dingue. C'est en plein hiver, on laisse les voitures en marche. A chaque prestation, notre impresario envoie un télégramme : "Il n'en reste plus que cinq..., que quatre..., que trois..." Et après le dernier passage, à Meaux, il nous dit : "Vous voyez que vous pouviez le faire !" »

Le 21 février, grâce à l'intervention d'Amade, Bécaud se produit à nouveau dans les salons du Trianon-Palace, à Versailles. Luis Mariano est en tête d'affiche, Gilbert, en « minuscule ». Le lendemain, après son premier passage au Drap d'Or, les frères Traviani lui offrent la vedette. Nostalgie chez Roger Pierre et Jean-Marc Thibault, révélés à la même période :

« Avec Gilbert, nous sympathisons tout de suite. Il passe au Perroquet Vert. Un jour de relâche, il vient nous voir à L'Amiral, la vedette du spectacle c'est Jean Richard et, justement, ce soir-là, il est retenu sur un tournage avec Sacha Guitry et ne peut pas nous rejoindre. Le directeur est catastrophé, je lui dis : "Ecoute, dans la salle, j'ai un copain qui est chanteur. Je l'ai vu à l'A.B.C., ce n'est pas mal." Je demande à Gilbert : "Jean n'est pas là, est-ce que tu veux le remplacer ? – Mais tu es fou, que veux-tu que je fasse ? Ah toi alors, toi alors... Allez, donne-moi un peu de maquillage !" »

On annonce au public la défection de la vedette, consternation dans la salle. « Voici un jeune chanteur, un espoir. Il ne s'est jamais produit à L'Amiral, vous ne le connaissez pas, je vous demande de l'accueillir chaleureusement, car il a accepté de remplacer Jean Richard. Gilbert Bécaud ! » Le piano n'est pas sur scène, mais sur le côté. Gilbert s'y installe directement et attaque *Méqué, méqué*, *Mes mains*... Il fait un triomphe. Le directeur lance à Roger Pierre : « Mais qu'est-ce que c'est que ce gars-là ? Je n'ai jamais vu ça depuis Piaf en 1943 ! Va le chercher et demande-lui le montant de son cachet ! »

« — Trois mille cinq cents francs, j'ai ça au Perroquet Vert !

« — Mais pour qui se prend-il ? Il est fou ce garçon, il a la grosse tête, c'est trois mille francs ou rien du tout ! »

Gilbert refuse énergiquement. Quelques mois plus tard, il passera à La Villa d'Este, à côté, pour dix fois plus cher !

Les premières parties de spectacles, à l'époque, regorgent de numéros de music-hall qui permettent aux jeunes talents de s'affirmer. Parmi eux, une attraction laisse le public pantois, Myr et Myroska, un mystère de la télépathie jamais dévoilé. André Myr se souvient : « Notre première rencontre est une véritable surprise. Nous arrivons d'un contrat à l'étranger. Nous passons en vedette américaine et nous l'écoutons, postés sur un des côtés des coulisses. Il joue, crie, tape sur le piano, le démonte en morceaux, fait un succès impensable. Nous nous regardons et, par transmission de pensée, nous concluons : "C'est un fou, mais il ira loin !" A l'entracte, nous le félicitons dans sa loge et lorsque je lui dis que je suis Toulonnais comme lui, il nous embrasse en poussant un "ouais" qui deviendra célèbre. »

La prestation au Moulin-Rouge, début avril, est moins réjouissante. Après cinq caniches acrobates, cinq perruches savantes et Marga Leergo – une bombe mexicaine –, Bécaud entre sur l'immense plateau et présente ses chansons, inadaptées à l'endroit et au public. Dans un article mal ficelé, un journaliste peu perspicace émet un avis qui n'engage que lui. Qu'importe !, Gilbert cumule les cabarets, il n'a pas de voiture personnelle. Louis Amade le conduit, puis André Michel, directeur de l'usine Ford, lui prête un véhicule, c'est un gage de confiance. Enfin, Gilbert achète sa première voiture et... se fait verbaliser. Sans tarder, Amade contacte la direction de la Police Générale :

« Le compositeur-chanteur Gilbert Bécaud (qui est en train de devenir une grande vedette) s'est fait épingler hier soir (le 15 mai) à l'Etoile avec sa voiture n° 8.692 AR 78 pour avoir klaxonné. Je vous demande pour lui la bienveillance : il ne klaxonnera plus la nuit... »

L'anecdote souligne la protection rapprochée de celui qui, peu à peu, devient un mentor pour le jeune homme.

Toutes les mélodies de cette époque tissent ce qui va devenir la patte, le style même du Bécaud de demain. Après les années avec

Marie Bizet, Jacques Pills et Edith Piaf, Gilbert « sent » parfaitement son public. Déjà les premiers clichés : la main sur l'oreille ! Cette attitude va entrer dans la légende de l'artiste, telle celle de Julio Iglesias ou de Michael Jackson, avec quelques variantes. Il se prépare à affronter sa première grande scène parisienne, Bobino. Maurice Chevalier, qui est à l'origine de découvertes célèbres, lui prédit une carrière courte (« Si tu n'arrêtes pas de casser ton piano et de bouffer ton micro, tu es marron »). Malgré ce, Chevalier lui adressera un témoignage d'amitié le 25 juin 1953 :

Cher Gilbert Bécaud,
Je n'ai pas eu assez de temps pour vous dire l'autre soir combien j'avais été touché de votre gentillesse, puis de votre vrai talent. Indiquez-moi le jour et l'endroit où vous chanterez sur une scène à Paris. Je tiens à vous revoir de face, et sans avoir froid... Je crois bien que vous êtes le meilleur « nouveau » que j'aie vu depuis longtemps. Je suis à Marnes jusqu'au 16 juillet.
Bonne chance
Maurice Chevalier

Avec la parution des premiers soixante-dix-huit tours en série, les événements s'accélèrent. Le Landerneau du spectacle s'agite. Les « anti-Bécaud », ce sont les nostalgiques d'une chanson plus mélodieuse, plus recherchée. Le rejet des réfractaires avivant la ferveur des fidèles, on assiste aux prémices d'un déchaînement hystérique sans précédent.

Ecrite avec Pierre Delanoë et Frank Gérald, *Quand tu danses* permet à Gilbert de remporter le Grand Prix du Disque, décerné à Paris le 6 novembre 1953, en l'Hôtel de Rohan, sous l'égide de Vincent Auriol, président de la République. L'heureux lauréat savoure la récompense en compagnie de Jean Cocteau. Quelques mois plus tôt Amade les a présentés l'un à l'autre :

« La première fois qu'Amade m'amène Gilbert Bécaud à la campagne — je ne l'ai encore jamais entendu —, il me faut réussir un dessin de lui pour son programme. Or, je fais le portrait d'un premier communiant, d'un garçon très sage et sans la moindre fougue, car c'est de la sorte qu'avec sa modestie, sa timidité, sa gentillesse, il se présente à moi les yeux baissés. (...) Enfin, je l'ai vu et entendu moi-même et j'ai ri de mon dessin de sainte nitouche. Gilbert Bécaud, c'est la folie qui est le vrai miracle de l'enfance et que les grandes personnes cachent comme une honte. »

Bobino affiche Suzy Solidor et Les Garçons de la Rue le 23 novembre, Gilbert fait partie du programme[3]. Il habite alors chez les parents de Kiki, à Issy-les-Moulineaux. Sur l'instigation de Louis Amade – et après son intervention auprès de René Leduc, maire de Meudon –, Gilbert, Kiki et Gaya vont s'installer en haut de la route des Gardes dans un joli pavillon (deux pièces et une cuisine) environné de fleurs et de verdure, à quatre kilomètres de Paris. Kiki y régale les auteurs de pain-bagnats dégoulinants d'huile d'olive afin de leur donner les forces nécessaires à la création.

Le 25 janvier 1954, à huit jours de son premier Olympia, Bécaud, dans une soirée de gala, reçoit le prix de la révélation de la chanson, au même titre que Georges Brassens et Philippe Clay. Il chante ce soir-là avec tout son cœur et son jeune enthousiasme, mais la presse qui couvre la soirée n'est pas des plus tendres.

Bruno Coquatrix, depuis peu directeur général de l'Olympia, affiche Lucienne Delyle et Aimé Barelli[4]. Nous sommes le 5 février, la date est importante, décisive. « Pourvu que le petit tienne », murmure Bruno. Avec seulement quelques mois de carrière, « le petit » tient pendant deux semaines, le temps du programme d'ouverture. Propulsé du jour au lendemain dans la cour des grands, il crie, hurle, sa peur le motive, loin de toute stratégie, il est le pur plaisir. Interprète aux couleurs du temps, il redonne de l'énergie à la chanson d'amour. Bécaud et Aznavour conserveront ce mouvement dans leurs compositions communes avec parfois des variations de rythme, d'orchestrations radicales ou plus simplement, un mot remplacé ici ou là. Dans *Je veux te dire adieu*, Aznavour tisse sa « jouissance », Bécaud ne se sent pas à l'aise, il remplace le mot par « souffrance ». A l'Olympia, le public réclame *La ballade des baladins, Les croix*. Gilbert rit de bon cœur, mais ne bronche pas, s'en tenant au programme établi...

« Je voudrais vous chanter une chanson que je viens d'écrire avec Charles Aznavour. C'est l'histoire d'un homme très malheureux – ça arrive... –, et si au cours de ce texte, quelques mots peuvent choquer un peu l'oreille en passant, vous voyez ce que je veux dire, de toute manière je n'en suis pas responsable car c'est "lui" qui a écrit les paroles ! Je n'ai fait que la musique, par conséquent je ne veux pas être tout à fait “dans le coup”. Seulement, je pense que ce n'est pas pour ces quelques mots que nous devions laisser la chanson dans le tiroir, alors nous l'avons faite quand même, ça s'appelle *Je veux te dire adieu.* »

Le rythme de sortie des premiers disques est tel qu'il laisse envisager l'explosion de la vedette. Dans son ombre, omniprésent, Amade reste discret. Au fil des galas en province, Bécaud adresse deux ou trois cartes postales à son protecteur. Il ne signe pas « Gilbert », mais « Singlantane » (petit lézard, en catalan), un surnom donné par Amade.

En 1954, sa cote ne cesse de grimper. « Agitateur » avant l'heure, il se démène et le succès lui est acquis. Pierre Delanoë va l'aider, il vient de quitter l'administration pour rentrer à Europe numéro 1. La nouvelle station privilégie les chansons de Gilbert. Auteurs fondamentaux dans le triumvirat, Amade et Delanoë sont à jamais liés à Bécaud, l'effet « Maurice Vidalin » se fera sentir plus tard. Chacun, avec sa touche personnelle, contribuera à la réussite du chanteur.

« — Louis, dépêche-toi de me faire chanter, j'en meurs d'envie.

« — Ne te tracasse pas, tu vas voir, ça va aller très vite et tu me demanderas bientôt de ralentir un peu le rythme tant tu seras saturé par les engagements... ! »

1955. Un an s'est écoulé depuis la réouverture de l'Olympia. Cette fois, Bruno Coquatrix lui offre « la vedette ». Conscient de l'enjeu, Gilbert souhaite roder un nouveau tour de chant. Deux agents artistiques se succèdent, d'abord Johnny Stark, très occupé par une vaste tournée avec Tino Rossi, puis Emile Hebey, plus disponible. Ce dernier organise dans l'urgence un périple avec, le 12 Janvier, Paris en point de départ via Rabat où Bécaud débute au Colisée Cinéma. Meknès, Oran, Alger, Bone, Tunis..., jour après jour, pendant près de deux mois, d'abord dans les pays du Maghreb puis en métropole, notamment à Marseille, Bécaud teste les nouvelles chansons [1].

Ce passage dans la cité phocéenne se situe 37 rue Vincent-Scotto, aux Variétés, près de la Canebière. En réalité, les Marseillais ont découvert Bécaud quelques mois avant, au Vamping, sous l'égide de Tony – le patron de l'établissement – et de Paul Mauriat, chef d'orchestre et directeur artistique des lieux.

« A cette époque, nous engageons des artistes, le plus souvent inconnus, notamment Gilbert Bécaud. Lorsque je l'entends pour la première fois, je pense : "Ce type-là fera une carrière formidable." Alors, je dis à Tony, notre patron : "Il faut le prendre." Et nous signons le contrat. Malheureusement, entre-temps, notre établissement brûle et il faut ajourner tous les projets. Quelques semaines après, à la réouverture du Vamping, Bécaud arrive chez nous, il est déjà une vedette et demande un prix conséquent ! Il a des doutes sur l'engagement conclu depuis des mois. La direction tient bon : "Non, on a signé ce contrat-là qui est ridicule maintenant, mais il est signé, il est signé... !" Et Bécaud fait son concert sans problème... »

A Marseille, le public s'il a souvent écouté les chansons à la radio connaît en revanche fort peu *Les croix* qui reste essentiellement un morceau fait pour la scène. Gilbert annonce son titre, entraînant alors un immense éclat de rire. En Provence, quand on vous traite de « croix », vous passez pour un imbécile (« C'est une croix, ce type ! »). Bécaud le racontera plus tard : « Quand j'ai annoncé *Les croix*, ils se sont écroulés ! » Parmi les spectateurs déchaînés, le comédien Philippe Lemaire manifeste bruyamment son admiration. Un véritable feu d'artifice avec *Quand tu danses* et *Viens*. La salle tout entière suit, haletante, conquise. Le public en redemande.

Louis Amade raconte une anecdote surprenante sur Gilbert en tournée :

« Un jour, déçu par l'un de ses spectacles, Gilbert regagne en voiture Grenoble où il doit chanter le soir. Le gala de l'après-midi, à Voiron, s'est bien déroulé, avec le succès habituel, mais il conserve en lui la sourde impression d'avoir bâclé son tour de chant..., il est probablement le seul à s'en être aperçu, mais cette idée le dérange. Traversant un petit village, Gilbert s'arrête brusquement devant l'église, pénètre dans la sacristie, et abandonne entre les mains du prêtre qui ne le reconnaît pas une belle liasse de billets :

« Monsieur le curé, vous devez avoir des malheureux dans votre commune, voici de l'argent pour eux... »

Le père, abasourdi, pose quelques questions sur la source de cette manne céleste. Gilbert est évasif, finalement le prêtre, accepte, bénit et donne l'absolution...

La veille du grand soir, toute l'équipe se produit au Cyrano, à Versailles, Claude Luter et son orchestre terminent la première partie. Amade griffonne quelques notes jubilatoires sur le programme officiel (« Piaf a fait 1 600 places, Les Compagnons 1 620, Gilbert 1 789 ! »).

Coquatrix et Bécaud ont décidé de la gratuité de la première matinée à l'Olympia le 17 février pour tous les collégiens, les étudiants, les employés, les ouvriers... Bruno invite sa vedette à déjeuner, histoire de décompresser. A leur retour, à 16 h – une heure avant l'ouverture des portes –, ils aperçoivent un attroupement incroyable devant le music-hall : cinq mille jeunes, informés par Radio Luxembourg et Europe numéro 1, se battent pour pénétrer à l'intérieur.

« Je suis à mon bureau à Versailles, raconte Amade. Mes amis de la Préfecture de Police me téléphonent : "Ton Bécaud fout la révolution sur les boulevards, nous sommes obligés d'envoyer des renforts !" »

Dans l'Olympia, ce ne sont que hurlements. Vingt-deux fauteuils partent en poussière, trois glaces du hall volent en éclats. On avance même que deux mille personnes brisent tous les sièges, que dix mille se bousculent au dehors. Où s'arrête l'anecdote, où commence la légende ? Gilbert tente une annonce en voix « off » : « S'il vous plaît, nous donnons aujourd'hui une représentation gratuite pour vous, mais j'ai beaucoup d'amis qui passent en début de programme. Soyez gentils, essayez de vous tenir un peu afin que l'après-midi soit agréable. »

Les artistes composant la première partie [2] s'attendent à un chahut général. Surprise, le public se montre obéissant. Lorsque Gilbert apparaît, les spectateurs ponctuent ses chansons dans un brouhaha de fauteuils cassés, il devient leur Dieu, il cristallise leurs désirs, leurs passions. Ce sont deux heures mémorables, hors du temps, uniques dans la mémoire de l'Olympia. Les jours suivants, l'hystérie continue de plus belle, le music-hall est en état de siège. Les jeunes répondent à Gilbert, à ses cris, à ses gestes, à ses rythmes. Au promenoir, un admirateur anonyme, Claude Lelouch : « C'est là que je connais Bécaud. On va casser tous les sièges à l'Olympia. Je m'en souviens parfaitement. Il répond à mon enthousiasme, je suis complètement synchrone... »

Le nombre de représentations reflète le succès de l'époque : tous les soirs à 21 h, matinées les lundi, jeudi et samedi à 15 h, dimanche à 14 h 30 et 17 h 30 ! Il arrive à plusieurs reprises qu'Amade pressente intensément une erreur de son interprète. Au moment redouté et sans que rien n'ait pu le laisser présager, Gilbert se trompe. Une telle complicité est rare et se manifestera toujours dans leur façon de travailler. Les rapports avec Pierre Delanoë sont parfois en dents de scie. Pierre est un « personnage », et son caractère peut surprendre. Gilbert plaisante en évoquant ce côté « emporte-pièce ». Durant nos entretiens, il reviendra sur leurs échanges, les coups de gueules « historiques », les fâcheries et les retrouvailles. Le 17 février 1955, volontairement, Delanoë n'assiste pas à la première. Bécaud n'apprécie pas et lui téléphone vers trois heures du matin. Avant de raccrocher, Gilbert lui donne en pénitence un texte « sublime » à écrire pour le lendemain... Pierre referme son cahier au lever du jour, il vient de terminer les paroles de *Je t'appartiens*. Dans la foulée, Gilbert composera la musique, nettement influencé par ses études classiques.

Electrisés par le phénomène « Bécaud », les médias s'en emparent et l'amplifient. « Monsieur 100 000 volts » ! La presse américaine aurait – dit-on – donné le surnom. Quoi qu'il en soit, l'appellation ne va plus le quitter. En peu de temps, on sait tout du chanteur..., ses costumes droits, ses cravates à pois. On critique la vigueur avec laquelle il martèle les touches du piano. On commente sa curieuse manie de porter la main près de l'oreille comme s'il voulait retenir en lui les sons. Sans cesse, la question revient. Dans les années cinquante, il n'y a pas (ou peu) de « retour », l'orchestre joue très fort, on ne s'entend pas. Gilbert adopte simplement « un truc de musicien » bien connu des chanteurs classiques.

Le journal *Fémina* distribue un disque incluant un extrait de *Passe ton chemin*. Gilbert touche à la publicité pour vanter la Vespa avec *Ça c'est formidable...*, puis il entame une longue tournée après Paris, accompagné par Raymond Bernard et son ensemble. Il jouit d'une popularité inouïe. Jean-Michel Boris, le neveu de Bruno Coquatrix, pour lors machiniste à l'Olympia, s'occupe de la régie de Bécaud pendant les voyages. Les débuts à Nancy sont prometteurs : l'équipe se retrouve dans un bar au coin de la place Stanislas. Whisky pour tous, y compris pour Jean-Michel qui, pas vraiment habitué, s'étale dans le ruisseau ! Une époque où tout artiste qui tourne utilise le piano de la ville visitée. Boris, près de la scène, ouvre l'œil :

« A Limoges, quand Bécaud se met au piano, ça sent tout de suite le roussi : une vraie casserole ! Je suis dans les coulisses, et chaque fois qu'il sort de scène, il me traite d'assassin ! Il est dans une colère noire. Comme en prime, le son est ignoble, il s'offre un petit plaisir : il prend les micros, deux vieux Mélodium et les fracasse l'un contre l'autre. Ensuite, il démolit le piano touche par touche, minutieusement, et dit avec une grande sobriété : “Comme ça, ce piano ne jouera plus jamais.” »[3]

Le 3 avril, Gilbert, de passage à Montréal, est invité par Jean Drapeau à signer le livre d'or de la ville. Puis vient l'été débridé, avec partout le succès... Gilbert est encensé mais ses cordes vocales ont besoin d'une semaine de relâche. Il enregistre malgré tout la mythique *Ballade des baladins* et file en Algérie faire un triomphe. De Casablanca, Emile Hébey envoie plusieurs télégrammes exaltés à Louis Amade. Le 25 juin, la première dépêche se passe de commentaire : « Permanent triomphe de Gilbert – malgré événements locaux et période actuelle véritable Bérésina du music-hall – de nature à faire rougir de confusion ennemis et pessimistes – et il ne s'agit encore que d'une préface. » Cinq jours plus tard, un nouveau pli arrive d'Alger : « Toujours même succès indescriptible – journaux Oran relatent succès effrayant Gilbert Bécaud. »

« J'ai réellement été surpris de la vitesse à laquelle tout est arrivé. En un an, je me suis retrouvé super-vedette, alors que vraiment je n'avais pas les possibilités de l'être, je n'avais pas assez de chansons. C'est un peu comme si on avait confié à un nouveau capitaine un énorme bateau en pleine mer. Je me souviens d'un gala à Valence où on m'avait envoyé “en récital”. En fait, mon tour comprenait huit chansons, pas une de plus. Quand l'organisateur m'a demandé à quel moment je faisais l'entracte, ma réponse a été rapide : “Mettez l'entracte où vous voulez, je ne sais pas...” » Happé dans un tourbillon, Gilbert, tout feu tout flamme, déroule ses huit chansons d'un seul tenant. « A ma sortie de scène, la question n'a pas tardé : “Bon, à quelle heure on reprend ?” Vous imaginez le scandale lorsque j'ai lancé : “On reprend quoi ? Moi, c'est fini, c'est tout ce que j'ai.” »[4]

Après une dizaine de galas dont un spectacle étourdissant au Casino de Châtelaillon le 9 juillet sur la côte océane[5], Bécaud pense déjà aux lendemains. A l'échelon international, il envisage la sortie des premiers disques, une stratégie audacieuse dans un profil de carrière extra-muros. Outre le Maroc, l'Algérie et la Tunisie, Gilbert s'offre le Canada, la Belgique et les Etats-Unis, avec en point d'orgue sept semaines à Hollywood, lors de l'inauguration du Gallery Hilton Hôtel. Totalement inconnu, il chante uniquement en français. Le premier soir, début septembre, la réception est telle que lorsque les voitures atteignent l'entrée, de longues trompettes sonnent comme au Moyen Age. Dans cet univers décalé où les éléphants sont en rose, où les hélicoptères inondent la foule de confettis dorés, Gilbert passe sur scène trois fois par soir devant un public de fermiers qui ne comprend rien à ce qu'il chante... Le flop est retentissant ! Néanmoins il noue des rapports amicaux avec Conrad Hilton. Le dernier jour, impressionné par le dynamisme et la pugnacité de l'artiste pendant les sept semaines de l'engagement, celui-ci propose un contrat en blanc, signé, sans prix... ! Bécaud conservera toujours ce document.

Fred Mella, le soliste des Compagnons de la Chanson, rencontre souvent Gilbert : « Je fais quelques clichés de Gaya, puis avec les Compagnons, je pars en tournée à New York. Il y produit son spectacle. Kiki, sa femme, l'accompagne et me demande un jour de lui apporter les photos à l'hôtel. Mon ami Jean Broussolle vient avec moi. Plus tard, dans la soirée, Gilbert nous dit : "Tiens, si on faisait une chanson avec Jean ?" Il se met au piano et, au départ, nous joue une petite ritournelle, ce qu'on appelle en terme de métier, "le café au lait" ("La, la la, la la, alors, raconte-nous..."). Il ne sait pas quoi dire, il commence et puis, c'est parti *"Elle est arrivée, je la voyais qui marchait qui marchait devant moi... "* »

Jean Cocteau est élu académicien le 20 octobre. Gilbert fait partie des invités, il revient des Etats-Unis, et dès le lendemain fait sa rentrée à Bobino avec en première partie Jean Valton et Danièle Dupré. Ce passage dans la célèbre salle de la rive gauche est inattendu mais confirme l'explosion du début d'année à l'Olympia.

En Belgique, l'hebdomadaire *Pourquoi pas* met à la une « le nouveau fou chantant » et le croque affublé d'une camisole de force, entre chaises volantes et piano cassé ! A Radio-Luxembourg, Bécaud propose *Couventine*, une chanson inédite, à André Claveau qui l'accepte avec enthousiasme. Elle est cosignée par Maurice Vidalin, qui, par le passé, a déjà travaillé avec Gilbert. La collaboration entre les deux jeunes gens n'a pas évolué jusqu'à ce jour.

« Je suis là, nous raconte Paule Vidalin, lorsque mon mari et Gilbert composent la chanson. Bécaud doit se produire en Suisse, mais, enrhumé, complètement aphone, il ne peut chanter. Je lui concocte un remède miracle (moitié jus d'orange, moitié whisky) et le morceau est composé dans l'ambiance que vous devinez, ce n'est pas triste ! »

Dans l'immédiat, Gaya a deux ans. Son père et Amade lui dédient une chanson. L'enfant appelle Louis « Palou ». « Pa » comme parrain et « Lou » comme Louis. Exceptée une adaptation nippone, la *Berceuse pour Gaya* ne rencontrera qu'un timide succès. A cette période, Wal-Berg – accompagnateur de Charles Trenet et de Léo Ferré à leurs débuts – assure en grande partie les arrangements et la direction d'orchestre en studio. Conservatoire, piano-bar, les premiers pas de Gilbert rappellent ceux de Wal-Berg. Cependant, Raymond Bernard s'imposera rapidement.

Dans les environs de Montpellier, Marcel Réval anime de nombreux galas. La télévision est peu répandue, les petits concerts se multiplient. Le soir, un public fourni vient applaudir des inconnus. Aux côtés de mon père, Jacques Dinnat (futur régisseur de Gilbert) chante l'opérette, et André Aubert excelle dans ses imitations avant de tenter l'aventure parisienne. Plus tard, après quarante ans de cabarets et seize Olympia, l'humoriste nous racontera les « galas-galères » de ses débuts à la Maison du Peuple à Béziers, évoquant ses interminables parties de cartes avec Gilbert et le chansonnier Gabriello dans le car des premières tournées.

« Ensuite, je participe plusieurs fois au programme de l'Olympia et souvent, lors du spectacle de répétition générale qui a toujours lieu à Versailles, Gilbert entre sur scène derrière moi pendant que je l'imite, ce qui provoque l'enthousiasme des spectateurs. »

Nostalgique, André Aubert évoque les années cinquante : « A l'Olympia, une habilleuse, derrière le rideau, tient à ma disposition un verre d'eau dont je viens de prendre une gorgée à chaque fausse sortie. Un soir, c'est Gilbert qui me tend le verre et, revenant sur le plateau, j'ai bien du mal à me débarrasser d'une lampée de whisky. Ça fait drôle quand on ne s'y attend pas ! A son tour, entre les chansons, il vient tirer une bouffée de ma cigarette. Vite fait. Je me souviens aussi d'une phrase qui me fait rire, un jour où j'obtiens un certain succès : “Tu vois..., quand tu veux !” Il adore être imité et ne le cache pas. Chaque fois que je le rencontre, nous tombons dans les bras l'un de l'autre. »

« Quand je suis, moi, au mieux de ma forme, certains soirs..., c'est tout simplement parce que j'imite André Aubert m'imitant. »

Le 8 février 1956, sur le fronton de l'Olympia, un oiseau rouge perché sur un nuage blanc gazouille sur fond bleu. Les trois couleurs annoncent la rentrée de Gilbert[6]. Au programme, de nouveaux succès, notamment *La corrida.* La chanson voit le jour lors d'un spectacle taurin à Lunel, aux portes de la Camargue. Impressionné, Gilbert propose le sujet à Louis Amade : la description d'une corrida vue sous le double aspect d'un combat de mort et d'une fête populaire, la mer, à quelques pas, contraste par son calme et sa beauté avec la folie et la sauvagerie des hommes. Louis écrit sans peine les trois premières pages, « une véritable thèse » :

« *La corrida*, j'en ai facilement trois cent cinquante, quatre cents grammes ! Un paquet comme ça, un camion ! Je dois louer un hangar pour mettre toutes les feuilles par terre... ! On ne peut pas les poser sur le piano, il y a toute une rame. Vous imaginez. Louis raconte tout sur le taureau, sur la maman du taureau, sur le père du toréador, sur la sœur du président... Et il écrit, écrit toujours en alexandrins. Il me dit avec son accent rocailleux : "Regarde ça"... Je m'installe au piano et tout a pratiquement le même dessin, la même construction, je suis vraiment angoissé. »

Le travail s'avère long et difficile, Amade et Bécaud perçoivent différemment la chanson. Un an est nécessaire pour élaguer et aboutir à la version définitive, elle n'est pas « commerciale », mais obtient un immense succès.

Pour *Le pianiste de Varsovie,* il en va autrement, Delanoë et Bécaud n'ont jamais visité, jusqu'ici, la capitale polonaise. Selon Gilbert, l'inspiration de la chanson est due à un fait divers : la rencontre avec un homme qui joue du piano, sans aucune prise avec la réalité. Le musicien, polonais, coincé en France par la guerre, aurait pu devenir un virtuose, mais il vit dans l'oubli.

Je n'sais pas pourquoi
Cette mélodie
Me fait penser à Chopin
Je l'aime bien Chopin

Je jouais bien Chopin
Chez moi à Varsovie

Jean Cabanel, journaliste au quotidien *Le Cri du Peuple*, n'est pas convaincu : « Des cravates d'azur au maillot jaune, puis à la culbute, il n'y a qu'un pas. Ce faux-pas, il l'a peut-être fait l'autre soir en demandant à ses intoxiqués d'écouter une chanson "en l'honneur de Chopin". Croyait-il "avoir", par un biais romantique, le public qui n'était pas venu spécialement pour bramer devant un "sexy" ? Pourquoi, dans une autre chanson, fait-il rimer "Méditerranée" avec "galets". Il chante – mais est-ce donc chanter ? – jusqu'à l'enrouement, le délire et la sueur. Gilbert, gare à la chute ! »

Maria Sandrini (Les Trois Ménestrels) est plus laudative : « On est mis en supplément au programme de Gilbert. A l'époque, il y a une vedette anglaise, une américaine et une formule inventée par Coquatrix : "le supplément au programme", qui ressemble à ce qui se faisait autrefois dans le music-hall, l'audition, notée en rajout, sur le bord de l'affiche. C'est la première fois que nous passons à l'Olympia. Au moment de l'avant-première, au cinéma le Cyrano, à Versailles, nous chantons *La ballade des baladins*, l'un des premiers poèmes de Louis Amade pour Bécaud. Madame Breton sait que c'est notre chanson fétiche, elle demande à Gilbert si nous pouvons la conserver ("Oui, ça m'ennuie un peu, car je termine avec elle. Enfin, qu'ils me la chantent"). Il est dans la salle au Cyrano et on l'interprète devant lui. A la fin, Bécaud lance : "Ils la chanteront !". C'est magnifique. Nous sommes morts de trac. Dans les coulisses, avec une serviette et un verre d'eau, exactement comme un soigneur de boxeur, il nous encourage. On lui dit : "C'est fantastique ce que vous faites, extraordinaire." Il nous rétorque : "Pas du tout, de toutes façons, si le programme est bien avant moi, je serai très bon et le public aussi." »

La presse adore faire des classements, des concours. *Music-Hall*, le magazine mensuel de la variété française, attribue chaque année ses trophées, répliques des Oscars hollywoodiens. Le 14 mai 1956, pendant l'émission télévisée *La joie de vivre*, Jean Nohain reçoit les gagnants. Bécaud arrive en premier, devant Eddie Constantine, Luis Mariano, Charles Trenet et Yves Montand. Piaf prenant la tête des chanteuses plébiscitées, Edith et Gilbert se congratulent devant les caméras et plaisantent en promettant de revenir une autre fois chanter en duo ! Au cours de la soirée, Les Compagnons de la Chanson entourent « la môme » pour entonner leur succès commun, *Les trois cloches*. Avant l'introduction, Gilbert se faufile entre les artistes, s'accroupit pour éviter les caméras et ajuste malicieusement le micro à hauteur d'Edith. Un clin d'œil qui nous renvoie quelques années en arrière...

Pendant l'été, Gilbert se produit partout, Monaco, Sainte-Maxime, Saint-Raphaël, etc.[7]. Un soir, au Palais de Chaillot, à Paris, un homme monte sur le plateau, présenté par l'animateur Pierre Louis. Il va bientôt personnifier « Monsieur 57 ». Pendant la durée du spectacle – deux heures –, il s'agit de réaliser un costume à ses mesures. C'est ainsi qu'on peut voir alterner sur la scène de Chaillot les ballets Hô et les artistes du ciseau de l'aiguille. Les mains fragiles des ouvrières font des miracles sur les rythmes de Bécaud, dont le tout nouveau *Alors raconte*. Avec la complicité de Raymond Bernard et ses musiciens, Gilbert électrise le public et chahute son piano.

« Pour trouver un succès pareil, constate Roger Pierre, il faut remonter loin, à... Tino Rossi ! Je suis vraiment fasciné par ce garçon qui, à l'époque, me ressemble un peu : il est mince, les cheveux noirs, j'ai en quelque sorte "un frère chantant". »

Dans un univers d'argent, de filles offertes et de planning-marathon, Jean Silly assure la régie et facilite le quotidien de son frère. Une vie de vedette que les chansonniers pastichent sans retenue. Bécaud est un paradoxe vivant, capable de passer d'un instant à l'autre de la naïveté d'un enfant au sérieux d'un chef d'entreprise avec une intelligence innée. Il n'a jamais l'air de lire la presse ou de s'intéresser à l'actualité, et pourtant il sait tout sur tout. C'est probablement grâce à sa faculté d'analyse et à sa rapidité d'action. Il est en perpétuel mouvement, compose en parlant d'autre chose et capte le moindre signe qui alimentera son intuition.

L'artiste semble très attiré vers le cinéma d'autant plus que l'amitié est à l'affiche pour le film *La vie est belle*. Roger Pierre et Jean-Marc Thibault n'ont pas assez d'argent pour engager des acteurs. Francis Blanche, Jean Richard, Philippe Clay, Jean Poiret, Michel Serrault, les amis comédiens qui participent viennent gratuitement ou presque : on leur offre un rasoir électrique !

« Roger, tu es mon copain, je veux participer, je vais te chanter le générique ! »

« Les paroles naissent en une nuit, se souvient Roger Pierre ("Si si si si la vie est belle, Si si si si le monde est bon..."). On les signe ensemble avec Jean-Marc, mais je les écris tout seul devant Louis Amade. Bécaud pour sa participation fait la musique et paie ses musiciens ("Allez, les gars, on va enregistrer un morceau supplémentaire, c'est pour Roger !"). Lorsque la chanson est prête, le producteur râle encore d'avoir à payer la bande : "Votre Bécaud, il me coûte cher !" »

Par la suite, Gilbert obtient un premier grand rôle sous la direction de Marcel Carné : *Le pays d'où je viens* aux côtés de Françoise Arnoul et d'un débutant, Claude Brasseur. Transformé en père Noël, Bécaud est attendrissant. Pourtant, le tournage est parfois laborieux, ponctué de crises et de tensions entre le réalisateur et la vedette. Amade, qui assiste aux prises de vues, évoquera quelques incidents. Néanmoins, Carné et Bécaud se séparent réconciliés. Les souvenirs de Françoise Arnoul sont plus positifs :

« J'ai toujours été une fan de Gilbert, bien avant de tourner à ses côtés. Je suis vraiment épatée par ses talents de comédien, de justesse, de grande connaissance et cette prise de recul nécessaire par rapport à un double rôle. On rit tellement, Gilbert, Louis et moi. Il existe un vrai bonheur sur ce plateau. Je tourne avec l'un des plus grands metteurs en scène, celui des *Enfants du Paradis*. Marcel Achard signe les dialogues et je joue avec Gilbert... ! Louis Amade et Pierre Delanoë écrivent les textes en relais, Raymond Bernard vit le film avec nous, c'est une vraie fête ! »

Pourtant Bécaud est surpris, les premiers jours sont difficiles. Décalé devant les caméras, il finit par trouver ses marques, jouant deux personnages à la fois.

La première du *Pays d'où je viens* se déroule dans l'immense salle de quatre mille deux cents places au Gaumont Palace, à Paris.

Le tout-Paris vient soutenir Gilbert dans ses débuts d'acteur. La projection terminée, Line Renaud se précipite vers Marcel Carné et le serre avec effusion dans ses bras. Pleurant et souriant à la fois comme à son habitude, elle déclare d'une voix qui porte loin : « Bravo, vous avez merveilleusement montré qu'un chanteur peut être un bon comédien de cinéma. » Le film se hisse à la septième place des meilleures entrées de l'année « 56 ». « Ce n'est pas un succès, confie Françoise Arnoul. Gilbert n'est pas assez disponible, ses priorités sont ailleurs. »

Et pourtant, en France, le cinéma s'avère en pleine expansion, le public se presse dans les salles obscures pour découvrir Brigitte Bardot dans *Et Dieu créa la femme*, un film de Roger Vadim. Une chanson – *Mon cœur éclate* – ponctue le long métrage. C'est une affaire à suivre....

Tous les impresarii programment Bécaud dans leurs spectacles, mon père anime les premières parties. De Narbonne à Ax-les-Thermes en passant par Juan-les-Pins, Cassis ou Genève, les kilomètres défilent, Gilbert massacre le piano sous ses doigts, tout en présentant *La passion de vivre* :

Harponné par la vie et planté sur des cibles
Le garçon d'aujourd'hui se cramponne à sa foi
Dans sa poche un couteau, dans la main une Bible
Sa passion d'exister prend forme d'attentat

En décembre 1956, c'est le début d'une nouvelle aventure pour l'Olympia, une exclusivité avec Europe numéro 1. L'émission s'appelle *Musicorama*, elle retransmet les premières en direct, Christian Barbier va en assurer la présentation. Bécaud entre en scène avec une sveltesse de torero et broie le plancher sous son talon[8]. Un souvenir émouvant pour Nicole Cuissard (« Nicky »), petite fan de quatorze ans :

« J'habite alors en Bretagne, Bécaud est l'idole de toute mon école. Le rêve de ma vie, c'est de lui serrer la main ! Lorsque j'arrive à Paris, il passe à l'Olympia, un music-hall que je ne connais pas. Quant à Bécaud, je ne sais même pas à quoi il ressemble, sauf par quelques clichés dans les journaux. Inutile de vous dire que je dois économiser centime par centime pour payer mon entrée (dix francs !). Je ne suis pas bien placée et les éclairages ne sont pas ceux d'aujourd'hui : je ne distingue qu'une tache blanche à la place du visage de mon idole. Auto..., Autographe..., je ne me souviens plus. Je l'attends devant l'entrée des artistes et lui tends mon ticket de métro qu'il signe ! il s'aperçoit alors que je suis paumée et me propose de revenir le voir quand je le veux, par les coulisses. A l'époque, il y a des matinées les jeudis, samedis et dimanches. J'y suis à chaque fois ! Puis, je commence à traîner dans les loges, c'est quelque chose de fabuleux. Jamais je n'aurais pu imaginer ça. Par la suite, je suivrai pratiquement tous ses Olympia. »

Rapidement, Gilbert et son frère prennent Nicky sous leur aile et la protègent. Jean lui donne son numéro de téléphone personnel. Elle l'appelle souvent, notant les horaires des vols de la vedette vers l'étranger, les retours. Bécaud aime bien l'admiratrice acharnée et la dépose parfois chez elle, à Boulogne, sur son chemin. La petite fan veillera plus tard sur la sérénité de son grand homme.

Gilbert a réellement besoin d'un havre pour continuer à composer en toute quiétude et poser ses valises. Le premier contact avec la maison du Chesnay est un coup de foudre. Cette demeure avec parc est faite pour lui. Il le sent immédiatement, qu'importe si le prix est trop élevé, tant pis si les clés que le vendeur lui a confiées n'ouvrent pas toutes les serrures : d'un geste assuré, il brise la vitre qui le sépare du bonheur et, accompagné de sa femme et de Louis Amade, il pénètre dans cette maison qui est déjà la sienne. Au fond du jardin, il construira une cabane, comme les gosses, un endroit bien à lui où il pensera, n'en doutons pas, ses plus belles chansons.

La gentilhommière est à quelques kilomètres de Paris, encore la campagne à une époque où le béton n'a pas tout dévoré aux alentours. Une belle bâtisse avec des lampes douces et des plafonds fleuris, un grenier à stimuler le rêve, des caves impressionnantes, un piano à queue, une baie vitrée donnant sur le bassin, un jardin aux arbres centenaires, le gravier crisse sous les pas, petite musique de jour qui fait paraître lointaine la rumeur assourdissante des salles de spectacle. Gilbert va s'y ressourcer. Le téléphone est omniprésent, Kiki filtre les communications, assise sur le divan vermillon, à côté de la bibliothèque.

Il y ajoutera bientôt différentes parcelles de terres plantées de châtaigniers, achetées à des voisins. Souvent, Kiki et Mamico font la cuisine, la table est bonne, les invités s'y régalent. Souvenir d'un pot-au-feu préparé par Marlène Dietrich... !

L'été 1957, dans sa « fureur de vivre », Bécaud retrouve un public différent chaque soir. Félix Marouani a préparé un planning où les kilomètres de ville à ville sont mentionnés avec une logique méticuleuse, voiture, vol pour les trajets importants, relâche réparatrice après une série conséquente. Aucune zone d'ombre dans l'agenda, Jean assure la régie sur le lieu des concerts. Louis Amade est tenu régulièrement informé des positions du calendrier. Profitant de quelques jours de congé, il rejoint Gilbert sur la Côte d'Azur et profite du voyage en train de nuit pour concocter un poème : *Je garde ma soif.* Dans ce texte qui va devenir *Il fait des bonds... le pierrot qui danse*, il est question d'un artiste qui se rit des conseils de prudence pour s'élancer vers des sommets d'inconscience...

Vingt minutes suffisent à Gilbert et à son complice Delanoë pour écrire *Le jour où la pluie viendra*, une après-midi de juillet, par trente degrés à l'ombre. Charles Aznavour, Raymond Bernard et Louis Amade travaillent dans l'une des pièces principales au Chesnay, chez Bécaud. Par petites touches – une phrase rattrapée au vol, un lapsus, une hésitation, une mélodie insoupçonnée –, chacun traque la muse. Louis et Raymond réfléchissent ensemble pendant que Gilbert cherche une musique sur les mots de Charles.

« A dix-sept heures, nous raconte Delanoë, j'arrive, mais je n'ai rien à faire, Gilbert m'entraîne dans l'une des chambres d'enfants autour d'un piano droit. Il plaque des accords, on attend. Je regarde par la fenêtre, je vois un nuage épouvantable et je dis "le jour où la pluie viendra". Dans l'instant, Gilbert joue les premières mesures de la chanson. En un quart d'heure, tout est terminé, on redescend voir les autres qui continuent à sécher et on se fout de leurs gueules, naturellement... »

Pendant l'été, l'Olympia a fait peau neuve. Bruno Coquatrix inscrit pour la cinquième fois le nom de Bécaud au-dessus du hall d'entrée, avec en première partie Suzanne Gabriello et Dalida[1]. A cette occasion, Gilbert pose pour les journalistes, présentant son premier trente-trois tours de format trente centimètres. Le jeudi 19 septembre, soir de la générale, boulevard des Capucines, la Garde Républicaine forme une haie d'honneur pour Jeanne Moreau, Annie Girardot et tout ce que Paris compte de personnalités. Les parents de Gilbert sont troublés devant tant de reconnaissance. Dans le noir, le public est incontrôlable. Une fan du balcon lance : « Mange-moi ! »

Bécaud dort peu, il est épuisé, ses cordes vocales enflammées ne résistent pas. Au troisième soir, il entre en scène comme une mécanique, après une gorgée de whisky. Au bout de quelques minutes, c'est le malaise, la voix ne suit plus. Il entame malgré tout *La corrida*, sort une première fois et demande qu'on prévienne Bruno Coquatrix. Alors, il enchaîne un nouveau titre, mais ne peut arriver au bout. Atterré, il commande le baisser de rideau, chancelle et s'écroule dès sa sortie de scène dans les bras de Raymond Bernard.

Suzanne Gabriello improvise (« Bécaud ne peut plus chanter »). « Qu'il vienne ! Qu'il vienne ! Bécaud ! Bécaud ! » crie-t-on de toute part. Deux fauteuils sont cassés à l'orchestre, l'Olympia s'emplit de hurlements. Coquatrix monte alors sur la scène et annonce le remboursement ou la validation des places pour une autre représentation. Lorsqu'il ouvre les yeux, Gilbert est allongé dans sa loge, il ne comprend pas. L'impact de la défaillance est démesuré dans les journaux, un véritable hallali. *France-Soir* titre : « Tant va la cruche à l'eau... » Bécaud n'en reprend pas moins son spectacle le jour même de la parution de l'article, soutenu par les encouragements de tout son entourage, notamment un télégramme de Charles Trenet : « Ne t'en fais pas, ça m'est arrivé cinq fois ! »

Courageusement, Gilbert retourne à ses galas, la critique n'est pas toujours tendre, Eugène Ionesco et Henri Jeanson chahutent le chanteur par voie de presse, les fans déchaînés s'engagent dans la polémique, et dans ce climat belliqueux, les excès flambent de part et d'autre. Mais Gilbert suit sa route et tourne *Casino de Paris* sous la direction d'André Hunnebelle. Il y partage l'affiche avec Caterina Valente, devenue vedette à part entière, et Vittorio de Sica.

« C'est extraordinaire, enchaîne Caterina. Dix ans après notre rencontre, chacun de nous ayant fait son chemin, nous nous retrouvons, “la grande vedette Caterina Valente” et “la grande vedette Gilbert Bécaud” ! Travailler avec Gigi, c'est merveilleux, cela m'aide d'autant plus que je traverse une période difficile : pendant le tournage, mon père est très malade – il disparaîtra peu de temps après. Gigi s'en occupe, il m'emmène à l'hôpital, me demande toujours des nouvelles de papa, ils se connaissent bien, Gilbert, c'est mon frère qui me tient la main, me donne du courage et ça, on n'oublie pas ! »

Compositeur, acteur, interprète, les trois facettes de Gilbert se rejoignent dans ce long métrage tonique. « A l'époque, je parle deux ou trois mots d'allemand, heureusement, je suis doublé. C'est amusant car Vittorio de Sica, lui, parle italien, vous imaginez la difficulté au montage final ! »

Parmi les chansons « essentielles » des années cinquante, voici *Les marchés de Provence* aux premiers pas chaotiques. Souvenir de balade d'Amade et de Bécaud dans un marché du Midi, entre deux galas, un petit matin au mois d'août. Louis propose l'idée. A l'Hôtel Provençal, à Juan-les-Pins, les deux complices se penchent sur le projet sans le terminer. Amade quitte la tournée et retrouve Gilbert, moins décidé, début septembre, au Chesnay. Effrayé par une telle accumulation de figues, de pêches, de thym, d'estragon et d'échalote que les maraîchers du cours Saleya à Nice ne renieraient pas, Bécaud refuse de poursuivre la chanson. Devant l'empressement d'Amade et l'encouragement de Jacques Emmanuel, un ami commun, il se laisse convaincre et l'enregistre. Christian Barbier, hors micro d'Europe 1, nous en parlera près de quarante ans plus tard et Emmanuel Berl l'évoquera dans ses chroniques 1954-1971 comme l'un des exemples les plus significatifs des titres à accent méridional. Bien après, lorsque Gilbert chantera son enfance, les intonations du Midi resurgiront entre « calanque » et « castagne ».

En 1957, 1958, il faut le voir livrer ces *Marchés*, hurlant les noms des fruits, des légumes, des poissons, totalement habité par la chanson. Lorsqu'il sort de scène, hors public, il crie encore. Seul dans son univers, il longe l'arrière du plateau, caché par le rideau de fond, et continue à débiter sa litanie très longtemps.

Les marchés de Provence et *Alors raconte* sont illustrés par Brigitte Bardot à la télévision.

« Une sirène, je ne sais pas, un miracle, un scandale, un gâteau... Je passe une très bonne journée à travailler avec Brigitte sur ces deux chansons. (...) Le système à la télévision n'est, alors, pas du tout le même que maintenant. Les émissions sont pour la plupart en direct, ce qui donne une réelle sincérité. (...) On répète huit jours avec les techniciens, les musiciens, et puis le soir, c'est "attention speakerine, quatre, trois, deux, un..." »[2]

1957, année d'amour, année terrible. La rumeur rassemble Bardot, future héroïne du film *Babette s'en va-t-en guerre*, et Bécaud. Pas moyen d'y échapper...

« Pendant deux ans et demi, nous avons une relation d'enfer. De la démence pure. En pareil cas, on saute dans son rôle d'amoureux, tout est permis. Quand je chante à l'autre bout du monde, je loue des avions privés pour passer une heure avec "elle". A l'époque, Brigitte Bardot, c'était quand même... Je n'allais pas rater une occasion pareille. Même l'ayatollah Khomeiney aurait succombé ! A un moment, il faut choisir entre mes enfants et la grande aventure. Je ne regrette rien, même si ça coûte un peu... beaucoup. »[3]

Les femmes, il en parlera souvent, il ne fera pas qu'en parler. La soixantaine passée, toujours gaillard, il avouera : « J'ai beaucoup créé, j'ai beaucoup aimé... » Plus tard, Gilbert racontera sa folie amoureuse, puis la blessure de la séparation dans une chanson (*Mea culpa, mea culpa*). Il y est question d'une Marlène, pour déguiser la vérité.

« Marlène, je l'évoque, car nous étions très proches, mais il n'y a pas eu d'histoire d'amour. La femme en question était danseuse, très célèbre aussi. Cela m'a démangé de la nommer mais je ne l'ai pas fait. (...) En réalité, si je dis mea culpa aux femmes, c'est parce que j'ai toujours fini par leur donner dans mon cœur moins de place qu'aux enfants qu'elles m'ont faits. »[4]

De cette rupture vont naître deux textes magnifiques de Maurice Vidalin, *Le mur* et *C'était moi*. « Cette dernière chanson a toute une histoire, nous confie Laure, l'épouse de Maurice. Je ne sais pas si je peux vous en parler... Au départ, c'est une composition pour Sacha Distel, alors amoureux de Brigitte. Après, la vie fait que... et Sacha ne la chante pas – je ne crois pas. Gilbert l'enregistre et prend l'aventure à son compte. »

Celui qui se disait professeur de tendresse
Qui se moquait de toi quand tu ne voulais pas
Celui qui se vantait d'avoir eu des princesses
Et de se fiancer mais de n'épouser pas...

A la fin des années quatre-vingt-dix, Laure Vidalin hésitera à évoquer cette aventure. Bécaud restera aussi discret, il ne souhaitera pas y revenir. Brigitte Bardot, de son côté, s'en chargera largement. La vie sentimentale de Gilbert prend alors un tout autre tour : Kiki met au monde leur deuxième fils, Philippe... Les enfants d'abord !

Au Chesnay, entre deux instants de répit dans un grenier « extraordinaire », il imagine une petite maison de bois au fond du parc : « la cabane » surgit sans tarder comme par enchantement. Son toit est garni de terre et de fleurs. Chacun s'active à sa réalisation, Gilbert, Jean, Raoul Breton, Pierre Delanoë et Louis Amade. La musique en dénominateur commun, les bâtisseurs enchantés colorent les vitres au vernis, comme les vitraux des églises. Dans les nuages des Gitanes, entre piano, magnétophone et quelques breuvages au goût prononcé..., avec pour tout décor, la cheminée et le bois verni, la cabane va devenir l'antre du compositeur, un lieu interdit, privilégié, où seuls quelques rares amis auront accès. Pour écrire, chacun part d'une idée, d'une expression qui accroche, paroles et musique naissent en même temps et deviennent inséparables. Depuis quelques mois, le duo d'artisans des mots – Amade et Delanoë – a accueilli Vidalin dans son giron. Le répertoire devient plus homogène. Les trois auteurs ont compris dès le début de leur collaboration que le chanteur n'est pas uniquement leur interprète : ils doivent entrer dans le jeu du personnage, collant dans leurs textes les mots et le monde de Bécaud. Il est à noter que Gilbert a l'intelligence de s'entourer de paroliers très caractéristiques et complémentaires. Amade induit le côté poétique, littéraire en somme. Delanoë a le sens du mot juste, le contact avec la réalité, la touche grand public qui, manifestement ouvre les portes du succès à Bécaud. Vidalin, c'est le délire, le grain de folie. Chacun des trois se fond en un seul pour magnifiquement servir le compositeur, lui livrant ainsi le meilleur de soi pour créer une carrière de légende.

« Louis, Maurice et moi avons chacun une "spécialité", estime Delanoë. Amade fait des trucs extraordinaires. Bécaud n'est pas parolier, mais il a des idées ! Avec lui, le système est qu'il n'y en a pas ! On se rencontre pour travailler, on ne sait absolument pas ce qu'on va faire, sauf Amade qui a déjà écrit ses poèmes. Vidalin a souvent une idée, moi quelquefois mais pas toujours ! »

C'est alors, en septembre 1957, qu'intervient Jacques Emmanuel, le scénariste du *Pays d'où je viens*. Il propose à Gilbert un livret, issu d'un long métrage de Flaherty, *Man of Aran*, appuyé sur le roman de M. Synge, *Les îles d'Aran*. Bécaud écoute, cette histoire dramatique d'amour torturé le marque, il visualise, entend sa musique[5]. Rapidement, il évoque d'une manière grave et profonde « quelque chose comme le *Porgy and Bess* français, plutôt un mimodrame, une grande chanson élargie à la mesure d'une scène lyrique ». Et chacun se lance sur *Lointains rivages*, la première appellation de l'*Opéra d'Aran*. Delanoë et Amade s'organisent, se répartissent les rôles, puis très vite, on abandonne la formule, on écrit individuellement les parties. Des nuits interminables peuplées de femmes en jupes et caracos de laine garance, un univers de fêtes liturgiques et d'enterrements arrosés au whisky.

Dans la cabane, Bécaud compose, sans chercher à faire du déroutant, du surprenant. Il essaie au contraire de réhabiliter la mélodie et le bel canto, adaptant les textes transmis au fur et à mesure :

« Entre Amade et Delanoë qui écrivent chacun des personnages différents, Emmanuel, qui travaille le scénario, et moi, l'atmosphère est parfois très tendue. Pierre et Louis n'ont pas la même approche. »

« Gilbert a un caractère de cochon, affirme Delanoë. Moi aussi ! On l'a compris tous les deux. On s'affronte assez souvent, on n'a pas la même culture. La mienne est classique, avec une conception de l'écriture, pourtant c'est quelquefois lui qui a raison ! C'est là où je ne suis pas trop bête, je m'adapte à l'animal et je lui donne parfois raison, ça lui plaît bien ! »

Lorsqu'il se heurte à une difficulté de création, Bécaud quitte ses compagnons et seul, en silence, fait le tour du jardin, à la recherche d'une idée, en évitant les allées et en franchissant les fourrés. Dans les manuscrits d'Amade, plus tard, nous retrouverons le récit des premiers pas d'*Aran* :

« En moyenne, deux brouilles par soirées, à réveiller les habitants de la grande maison à cent mètres de là. Parfois, au milieu des cris, Gilbert se lève et court jusqu'à la charmille où est installée la table de ping-pong. Une partie nocturne calme les esprits. (...) A quatre, cinq heures, lorsque l'inspiration est féconde, on se sépare. Seul, Gilbert compose dans sa cabane. Au dehors, le jour se lève. C'est l'heure morose où l'on mesure le chemin à parcourir. »

Nuits d'espoir, de génie, nuits de lassitude. Le travail ne consiste pas à enchaîner des chansons comme les anciennes *Accroche-toi à ton étoile*, *Passe ton chemin* ou *Pauvre pêcheur* aux phrasés lyriques, mais à construire avec rigueur. Les exigences de l'opéra sont strictes, il faut prendre sa place dans une mécanique qu'on ne contrôle pas tout seul. L'aventure promet d'être ardue.

Paradoxalement, ailleurs, la vie continue. En 1958, Bécaud ne cesse d'être « l'idole des jeunes » pour un public avide de sa présence, et même si les galas le détournent de son opéra, il se doit de respecter ses tournées avec bonne grâce. Barcelone, Madrid, Paris, la France[6]... Lors d'une série de concerts, une chanteuse de la troupe invite tous les artistes à manger un cassoulet monstrueux, chez elle, dans la région de Castelnaudary. Dans l'après-midi, l'équipée sauvage, entraînée par Gilbert, fait une course de moto et saccage tout le jardin. Mamico ne cherche aucune parade pour excuser la folie dévastatrice des artistes... « Ils sont tous fous, mais c'est mon fils qui l'est le plus ! » Elle suit la tournée, prête à aider en toutes circonstances. Jean s'occupe de la régie, des encaissements. Il arrive toujours le premier sur les lieux des spectacles. Plus d'une fois, les admiratrices le prennent pour Bécaud, la ressemblance est frappante.

Le 31 août, mon père, Marcel Réval, présente à nouveau « Monsieur 100 000 volts » dans le Tarn. Du haut de mes dix ans, je me trouve pour la première fois en présence de Gilbert Bécaud et, oserais-je l'avouer, juste avant que le spectacle ne commence, je m'endors profondément dans les coulisses. Si j'avais su... !

Certains journaux baptisent le futur *Opéra d'Aran* « Opéra-fantôme » : Bécaud l'évoque sans cesse, affirme que les « grands airs » sont prêts et que l'œuvre sera de facture classique. Il en parle mais ne le matérialise toujours pas. Il dit aussi que New York et la Scala de Milan sont déjà alléchés tout en soulignant l'intérêt de l'Opéra de Paris pour sa création. A la télévision, Jacqueline Joubert présente largement Bécaud dans ses *Rendez-vous avec* :

« Gilbert est au piano, en direct. Dans cette émission, les artistes arrivent avec une petite formation rythmique. Plus tard, nous aurons les bandes son. On n'a pas d'argent pour faire venir les chanteurs et les musiciens sont très chers. Avec un “play-back”, évidemment, c'est plus facile et quand on travaille vraiment bien chez soi, le résultat est parfait. Bécaud passe partout : La joie de vivre, Les trente-six chandelles.... Je me souviens particulièrement d'une émission où Gilbert est entouré de Fernandel, Marcel Amont et Pierre-Jean Vaillard qui "arrange" les invités. C'est très bien fait, le texte sur Bécaud est très drôle. Naturellement, Gilbert est le premier à en rire. (...) On demande à des femmes connues de poser leurs lèvres sur un mouchoir pour faire des bécots, un cadeau pour Gilbert ! Tous les artistes qui viennent dans mes émissions savent que je les respecte beaucoup. Je fais le nécessaire pour les mettre dans un écrin. Je ne demande pas au réalisateur d'avoir sans cesse la caméra fixée sur moi, comme le feront plus tard les présentateurs. »

Lorsqu'on lui propose le sujet de *Croquemitoufle*, Bécaud se souvient de Claude Barma qui avait dirigé une séquence de *Casino de Paris*. La mélodie reste dans les mémoires même si le film n'est pas un succès. Acteur et réalisateur s'estiment, mais pour Gilbert, l'heure est triste : Albert Silly, le mari de Mamico, qui n'a jamais divorcé, meurt. Louis Bécaud, le père de Gilbert, disparaît également quelques jours après, victime d'une longue maladie. Les deux hommes se sont croisés plus d'une fois (il valait mieux ne pas les réunir, il fallait surtout ne pas les réunir...). De nouvelles lois sont votées, mais Mamico ne les connaît pas. En vingt-quatre heures, après le décès d'Albert Silly, elle pourrait épouser Louis Bécaud et porter son nom, mais elle l'ignore. Par la suite, conseillé par Amade, Gilbert se battra de toutes ses forces pour que lui et sa famille s'appellent Bécaud.

L'artiste ne peut que réagir à sa peine, les événements ne lui laissent pas le temps d'écouter son chagrin, tout va très vite. Juché au premier étage d'un derrick, il brave le vent du désert et entonne *Salut les copains*. A ses pieds, trois mille pionniers fêtent le premier jour de l'année 1959. Un « réveillon » inhabituel au cœur du Sahara. Accompagné de ses musiciens, il est descendu d'un DC-3 pour chanter à Hassi-Messaoud devant les pétroliers qui, depuis un an, font couler l'or noir français. Sitôt rentré, après une série de concerts, on retrouve sa trace dans le midi de la France.

« Hier, j'ai rencontré Marcel Pagnol que j'admire beaucoup. Il envisage de faire un remake de *Marius*. Me voyez-vous dans ce personnage ? Il va falloir que je perde mon accent pointu... ! »

A Toulon, près de la rade, chez lui, Gilbert songe à sa prochaine télévision. Puisqu'on ne lui offre pas un grand rôle au cinéma, un vrai rôle de comédien, « sans chansonnettes », il se pique au jeu. Conscient de ses possibilités d'acteur, il sait qu'il peut aller au-delà des bluettes musicales avec scénario ficelé tout exprès pour lui (« je suis amoureux, j'offre des fleurs, c'est barbant... ! »). Il choisit des extraits du *Petit Prince*, de *Don Juan* aux côtés de Jose Luis de Villalonga, Il sera aussi *Marius*, face au comédien Henri Vilbert qui incarnera César.

Le 10 février, Claude Barma réalise l'émission. Une heure avant sa diffusion en direct, il hésite à donner le top de départ. Panique sur le plateau. La veille, les répétitions prévues à quatorze heures, avaient commencé très en retard. Jusqu'à la dernière minute, avec la subtilité qu'on imagine, la chaîne met en doute le talent de Bécaud comédien, on cherche un film de cinquante minutes pour remplacer le show. Finalement, tout se déroule admirablement et Gilbert apparaît entre autres dans la chanson *Hermano*. C'est un ballet fascinant, dansé devant l'artiste, par le faisceau lumineux d'un projecteur. Dans la séquence finale, il devient magicien avec un sens poétique très sûr et une parfaite connaissance des ressources de la technique. En revanche, l'émission ne donne pas les résultats espérés : les propositions au cinéma n'affluent pas et Bécaud reste Bécaud chanteur.[7]

Avec *Le rideau rouge*, *Marie, Marie* et *L'enterrement de Cornelius* (dédiée à Sidney Bechet), sa cote est au plus haut. Il est le premier loin devant Montand, Brassens et Trenet. L'homme est spontané, sans calcul de carrière. Lors d'une répétition pour un gala sportif au stade de Courbertin, ne le voit-on pas grimper malicieusement au sommet d'une imposante pyramide avec les athlètes du Bataillon de Joinville ?

Hors frontières, le débordement excessif des « tean-agers » en proie à une hystérie collective oblige les policiers bruxellois à faire évacuer l'Ancienne Belgique. Une ère nouvelle est née qui balaye tout sur son passage. Pour sa prochaine rentrée à l'Olympia le 9 février 1959, après l'avant-première à Versailles[8], Bruno Coquatrix a peur des manifestations et de leurs conséquences sur la salle, mais tout semble se passer au mieux, le programme est de qualité[9]. Lorsque l'artiste quitte la scène, elle est nimbée de bleu, sa couleur de l'espoir.

Marlène Dietrich enregistre *Marie Marie*. Durant nos entretiens,

Gilbert l'évoque à plaisir : « On est très amis, très intimes. Avec ma famille, nous l'accueillons au Chesnay où elle vient parfois se réfugier. C'est une femme très discrète, l'élégance même. Elle habite de temps en temps chez nous. Lorsque je rentre de l'Olympia, elle fait la cuisine ou bien, le lendemain, le petit déjeuner de Gaya... »

A la radio, Gilbert chante *Le mur, Hermano, La cruche, Croquemitoufle, Ran tan plan* et *Le rideau rouge*. Simultanément diffusée par les juke-box, cette dernière chanson et les premiers succès d'Elvis Presley, des Everly Brothers, connaissent un engouement sans précédent. Véritables machines à disques, les juke-box, qui, dès 1956-1957, ont largement servi d'amplificateur aux succès de Bécaud, ont un pouvoir considérable sur les jeunes en chandail et en blue jeans, symbolisant la nouvelle génération.

Un soir, à Reims, Bertrand de Labbey fait connaissance avec Gilbert à l'issue d'un spectacle. Les deux hommes discutent très sérieusement pendant une heure. C'est une histoire dont on reparlera plus tard.

Outre une tournée estivale épuisante et le cinquième anniversaire de l'Eurovision où il dirige les quatre-vingts musiciens du grand orchestre de Radio Luxembourg, Bécaud participe au gala de la Nuit de Saint-Cyr, auréolé par la présence du général de Gaulle. Le président est plutôt froid, mais peu à peu, le premier résistant de France résiste de moins en moins à l'entrain et au charme de Bécaud. A la fin, le général lui-même donne le signal des applaudissements...

« Monsieur, je ne vous connaissais pas et on m'avait dit que vous étiez, en scène, un excité à la limite de contorsions et de transes ridicules. Or, je viens de voir et d'entendre un artiste plein de talent, de gentillesse, de mesure et de tact. De tout cœur, laissez-moi vous féliciter. »

C'est en septembre 1959, aux pieds des Pyrénées, dans l'Ariège, que je découvre véritablement Bécaud. Le temps est exécrable, le public fuxéen attend sagement sur les gradins malgré les nuages. Jacques Hélian et son orchestre chauffent l'assistance qui en a grand besoin. Je découvre le spectacle des coulisses bâchées dans l'urgence. Il est à mes côtés, un pardessus marron jeté sur sa tenue de scène, il fume, il rit avec mon père qui présente le spectacle. L'orchestre attaque, Bécaud entre en scène les bras ouverts..., il chante sous la pluie.

Age tendre et succès fou

1960-1969

« Ils ne se sont jamais dit – Le plus petit mot d'amour – Ils se promènent dans la vie – Comme des copains de toujours – Ta la la la la la la – Ils se retrouvent à minuit – Sous l'horloge du carrefour – Ta la la la la la la la – Age tendre et tête de bois. »

En 1960, dans la cabane, le magnétophone tourne, une équipe du magazine *Marie-Claire* assiste à la naissance d'un texte : « Le côté blousons noirs ne ressort pas du tout. Ils se rencontrent à minuit, c'est là que tu dois changer (Gilbert chante) : "Ils ne se sont jamais dit le plus petit mot d'amour – Elle s'habille comme lui..."

« — Je ne suis pas une machine à fabriquer des chansons, lance Delanoë !

« — Moi non plus, mon vieux. Après tout, nous sommes dans le même bateau ; si tu donnes tout ton art, donne-le ou alors donne tes droits aux petites sœurs des pauvres et tu pourras faire des réflexions personnelles !

« — Les petites sœurs des pauvres, c'est plutôt mes petites sœurs à moi, tu sais !

« — Pousse dans les mots, sois dur !

« — Tu sais bien que les mots durs ne passent pas !

« — Mais si ! Entre dedans ! »

Au bout de quelques minutes, Delanoë revient avec la version définitive

Elle s'habille comme lui
D'un pantalon d'un blouson
Quand on les rencontre la nuit
On dirait deux garçons
.../...
C'est le temps des n'importe quoi
Age tendre et tête de bois

Dans le Rhône, à Lyon, le spectacle se déplace dans la rue, pour les cent ans du *Progrès*. Invité par le journal dans les locaux de la rue de la République, Bécaud apparaît au balcon, devant une foule en délire, prélude à l'ovation du soir au Palais d'Hiver. Même enthousiasme chez nos voisins suisses où plus de huit cents personnes se serrent dans une salle prévue pour quatre cents. Sifflets, acclamations, rappels sans fin, salut les copains !

La saison estivale bat son plein, Bécaud prépare un nouveau tour de chant[1]. Lorsqu'il se produit au Casino de Canet-Plage, dans les Pyrénées Orientales, Amade en vacances à Ille-sur-Têt vient le rejoindre. La loge est garnie de glaïeuls, les admiratrices s'impatientent, attendant un mot, un signe. Aux côtés de Gilbert, dans les coulisses, Danièle Gaubert – l'une des révélations de la nouvelle vague du cinéma – papillonne. Pendant ce temps-là, à Paris, Pathé-Marconi prépare un plan de bataille unique pour la rentrée.

L'absent est incontestablement le succès de l'année. La chanson évoque en filigrane la disparition de Raoul Breton, l'ami des premiers jours. Amade, l'auteur du poème, s'explique : « Tout ce qui a une apparence de forces inconnues inquiète Gilbert et il s'en détourne. Il est la vie, il est l'expression du soleil sans nuages, du ciel étoilé, de l'amour vivant. S'il chante *L'absent, C'était mon copain, Mère douloureuse...*, c'est parce que j'ai toujours mis dans mes chansons de hantise la note irrémédiable de l'espoir. »

Bécaud est annoncé dans *Cinq Colonnes à la Une*, l'émission-phare de la télévision française dans les années soixante. Entre un reportage sur Jacqueline Bouvier, l'épouse de John Kennedy, candidat à la présidence des Etats-Unis, et un film sur les événements proches des frontières du Congo, les caméras de Jean Pignol filment les confidences du chanteur sous un titre sulfureux : « la confession de Bécaud ». En fait, il n'a rien à avouer, mais la présentation ne lui déplaît pas. Alors il entre dans l'action avec une gentillesse désarmante.

« Je m'accuse de gagner beaucoup d'argent mais je ne le fais pas exprès. Je cours après par frayeur parce que j'ai été pauvre. Alors, à force, j'ai quarante millions d'impôts à payer et je me demande ce qui m'arrive. Je m'accuse d'avoir déjà vendu deux millions de disques... Je m'accuse de ne pas être une marionnette bien au point, comme certains l'ont écrit. Un jour, je chante, le lendemain, non... Alors ? Je m'accuse d'être un chanteur, je ne m'y habitue pas. »

« Pauvre ? » L'affirmation semble excessive. Lorsqu'il revient sur son enfance, Bécaud évoque souvent le temps des chemises reprisées et des verres consignés que rend sa mère pour en tirer quelques sous, ou bien des vieilles bouteilles que l'on conserve à la cave en prévision de jours plus difficiles encore. On peut se demander pourquoi ? Sans doute pour mieux savourer sa réussite. Les années quarante n'ont certes pas été florissantes, mais la guerre y était pour beaucoup et rendait la vie malaisée à tout le monde.

A nouveau filmé pour la télévision, Bécaud présente des extraits de l'*Opéra d'Aran*. François Mauriac pressent, dans sa chronique de *L'Express*, une future bataille d'Hernani : « Le Bécaud de l'Olympia est-il un faux Bécaud ? Le vrai serait alors l'adolescent fervent, génial et timide, et qui a envie que tout le monde l'aime. L'échantillon qu'il nous donne de son opéra et qu'il chante avec sa voix de music-hall, en s'accompagnant au piano, m'a beaucoup plu, presque trop : ce Bécaud qui désire tellement plaire et qui aime qu'on l'aime, je crains que sa musique n'en fasse les frais. Nous verrons bien... »

« Bécaud a le courage d'être excessif », déclare Jean Cocteau. Cigale, fourmi ? L'avenir semble lui appartenir. Dans une voiture bleue impressionnante conduite par son frère, Gilbert traverse l'été sans s'en apercevoir. Il triomphe avec *L'Absent* et teste *Tête de bois* avant le prochain Olympia, prévu du 22 septembre au 20 octobre. Au programme, entre autres, neuf chansons « oubliées » lors du passage précédent, relevées par Amade dans un feuillet habituel où il consigne tous les détails concernant le concert. [2]

La création des Editions Le Rideau Rouge se situe à cette période. Raoul Breton vient de disparaître d'une crise cardiaque sur « le bateau du dernier voyage » quelque part dans l'Atlantique, en direction de New York.

Une émission fait les beaux soirs de nos télévisions sans satellites, Aimée Mortimer la présente : « Vous devriez m'écrire un beau Noël que nous ferions interpréter par des chœurs d'enfants. » Avec l'exaltation qu'on imagine, Gilbert pense aussitôt à une œuvre plus vaste, plus structurée..., une messe ! Amade songe à l'un de ses poèmes, *L'enfant à l'étoile* : la notion de « cantate » s'impose d'elle-même et en sept jours et sept nuits, tout est fait.

« Je connais Bécaud à cette époque, nous confie Georges Prêtre. Nous sommes tous deux chez EMI Pathé-Marconi. L'idée lancée, il lui faut une direction classique. Nous avons un ami commun chez Pathé, Michel Glotz. Tout démarre là. Après la cantate, j'assiste à la naissance d'*Aran*, je vais souvent à la cabane, Gilbert me fait tout entendre au fur et à mesure. Parfois, je participe, c'est formidable. »

Trente ans après, Glotz qualifiera Bécaud de « génie de la musique ». Entre-temps, ses pas l'auront porté vers La Callas, vers Karajan, et les propos sur notre musicien n'en auront que plus de valeur.

Ce n'est qu'au moment de réaliser l'enregistrement télévisé de *L'enfant à l'étoile* que Gilbert songe au cadre de la cathédrale Notre-Dame-de-Paris. Il sollicite une audience auprès du cardinal Feltin en vue de lui exposer ce qui l'a poussé à composer une cantate et pourquoi il veut l'interpréter dans une église. Celui-ci l'accueille avec une paternelle affection et lui exprime sa joie de voir aboutir son projet. Il le dissuade cependant, pour des raisons pratiques, d'enregistrer à Notre-Dame et l'oriente vers Saint-Germain-l'Auxerrois, l'église des rois de France. Deux cents exécutants – l'Orchestre Philharmonique, Maîtrise et Chœurs de la Radio Télévision Française – travaillent l'accompagnement sous la direction de Georges Prêtre.

Tu vois ce n'est rien
Trois pèlerins
Grands équipages
Tu vois ce n'est rien
Entre les mains
De Dieu

Amade évoque un appel téléphonique de Bécaud, tard dans la nuit : « Je sors de la répétition générale. Quand la dernière note a été jouée et chantée, je me suis effondré en pleurant tant c'était beau ! »

« Georges Prêtre est tellement gentil... Il ne me snobe pas du tout. Sans lui, je ne sais pas comment je m'en serais tiré. D'autant plus que je suis terriblement enrhumé et ma voix ne doit pas réjouir les anges. En chantant ma cantate de Noël, je fais un vœu qui, je l'espère, sera exaucé : "Toi qui tiens la toute petite et minuscule étoile de Gilbert Bécaud entre tes mains, si tu ne trouves pas trop mauvaise la musique de cette cantate qu'avec amour j'ai composée pour toi, fais que ce soit un premier pas vers la représentation de mon opéra..." »

Le 14 décembre 1960, devant les caméras, les voûtes de Saint-Germain éclairées par les projecteurs résonnent des chœurs de la RTF avec un soliste de choix : Gilbert Bécaud, avant la diffusion sur le petit écran le 24, en « première audition mondiale » dans l'émission d'Aimée Mortimer et d'Alain Boudet.

La nuit de Bethléem
D'étoiles et de vent fou
Recevoir ce soir-là dans ses ruelles
Deux étrangers

Bécaud n'oubliera jamais cette nuit de Noël auréolée de sa cantate, une réelle pièce classique, formidable ouverture vers l'œuvre d'une vie, un opéra.

L'enfant à l'étoile est enregistrée début 1961 en studio avec tous les interprètes originaux. Puis le chanteur retourne à son schéma traditionnel, une série de concerts produits par Roland Hubert avec en première partie la jeune Annie Fratellini :

« Gilbert m'apprend qu'on peut se balader avec un micro et ce qu'on n'a pas l'habitude de faire dans les années soixante : tourner le dos. Du moment qu'on vous entend, vous pouvez bouger. Jean, son frère, le suit et prend des notes sur le succès des chansons pour savoir s'il doit les remettre le lendemain. Jean est un homme silencieux, efficace. Bécaud lui doit beaucoup. »

Les voyages sont souvent à l'origine de nouveaux morceaux, on l'a vu pour *Les Marchés de Provence* ou *La corrida.* Un jour, dans un avion, Gilbert rencontre Elga Andersen. L'actrice meurtrie vit un drame, la fin d'un amour. Elle se confie à son compagnon de vol, qui ne se décide pas à la laisser seule et en détresse. A l'arrivée, il lui propose de venir prendre un petit déjeuner réparateur au Chesnay. A quel instant la jeune femme prononce-t-elle la question qui fera le tour du monde... ? Vers neuf heures du matin, Gilbert raccompagne la comédienne, puis appelle Delanoë :

« Viens vite, j'ai un truc formidable mais il faut consommer pendant que c'est chaud. »

Dans l'instant, Pierre est là et Gilbert lui raconte l'infortune d'Elga Andersen. La musique jaillit naturellement : les deux notes répétées (fa-la), sur un discret roulement de batterie, introduisent le mouvement lancinant, sur une structure de boléro annonçant le désarroi amoureux. Quelques semaines après, en tournée en Belgique, Bécaud est rejoint par son parolier à l'hôtel Amigo, à Bruxelles : il faut terminer le morceau. C'est avec hésitation que Gilbert découvre les paroles, il n'y croit pas mais inclut malgré tout la chanson dans son nouveau quarante-cinq tours et demande à Raymond Bernard de travailler l'orchestration. Toutefois, avec toujours autant de réserve, il l'enregistre « du bout des lèvres ». Chez Pathé Marconi, même réticence, la promotion favorise un autre titre, *Toi le musicien.* Cependant, les premiers passages en radio sont déterminants. Contre toute attente, *Et maintenant* pulvérise les records et s'en va toute seule au sommet.

De Belgique, Gilbert nous envoie également *La grosse noce*, un pied de nez à son opéra, un truculent tableau conçu en joyeuse collaboration avec Maurice Vidalin :

« La musique lui plaît, l'idée de base est un mariage mexicain mais la bière aidant, elle dérape, glisse, nous échappe... et devient une grosse noce bavaroise ! En une nuit, on écrit un morceau parfaitement inchantable. Alors, le lendemain, au réveil, nous devons tout reprendre et faire le tri dans nos folies de la veille. »

Ein tag in Paris mit einen grosse Mademoiselle
Paris Tour Eiffel und die Folies Bergères
Wollen sie fraulein, promenades, caramels ?

« Ce qui amuse beaucoup Vidalin, nous confiera plus tard Delanoë, c'est que ça lui permet de "faire des rencontres" en toute quiétude ! Moi, une fois de temps en temps, je ne dédaigne pas ce genre de choses (rires de Delanoë...), il m'arrive de les accompagner en Allemagne, en Belgique[3]. Ce qui est bien, c'est que Vidalin est pris en charge en arrivant par des journalistes pour leur raconter sa vie, et moi, j'en ramasse les retombées... : je suis le parolier vacant, l'autre étant occupé ! Bref, j'ai de très bons moments : j'arrive juste après la vedette, je profite des circonstances. A Berlin Ouest, c'est effrayant, on fait une foire ! On ne se couche pas ou à peine à six heures du matin. C'est rigolo mais fatigant. En Belgique, alors là... il y a toutes les "nanas", les accros du fan-club qui me prennent en charge, je suis l'un des objets du club ! Un animateur ! Je sors de là épuisé mais plutôt ravi ! »

La trentaine triomphante, Bécaud reste le chanteur le plus sollicité par les auditeurs d'Europe numéro 1 avec Brassens et Distel. Son aura est si grande que Neuilly-Plaisance, dans la banlieue est de Paris, s'offre un week-end frénétique, saluant le chanteur, sa vie, son œuvre et ses cravates. La petite cité débaptisée devient « Bécaud-Ville », avec fanions de couleurs aux fenêtres, dans la rue de Varsovie, la rue des Baladins, l'avenue de l'Olympia et autres appellations extravagantes. Les vitrines, ornées de photos et d'affiches, sont décorées sur les thèmes des chansons déversées par les haut-parleurs. La fièvre collective redouble sous une pluie de confettis, de serpentins avec un défilé de chars. Bécaud se mêle à la foule, serre des mains, saute par-dessus la portière sur l'arrière de la Mercury bleue à capote pliée conduite par Jean. Devant les marques de sympathie trop pressantes, il faut fuir et escalader la maison du maire ! Le soir, sur scène, c'est l'apothéose.

Au Chesnay, Gilbert retrouve un silence providentiel, essentiel. Loin de la foule, les chansons naissent et se perdent parfois. Delanoë, Vidalin, Amade et de rares intimes comme Georges Prêtre, Georges Auric, connaissent le travailleur de fond, cloîtré dans sa « cabane-laboratoire » où la lumière du jour ne pénètre jamais. A l'image du Chesnay, de l'autre côté de l'océan, loin des grandes métropoles, Natashquan est le refuge d'un professeur de français, Gilles Vigneault.

« C'est après un concert, à l'hôtel Clarendon, à Québec. Je suis tout jeune et je commence à écrire et à chanter des chansons, Gilbert représente quelqu'un comme qui on aurait voulu chanter et avec qui on aurait voulu composer ! Je l'avais connu par la radio avec *Méqué, méqué* (Vigneault fredonne en riant !). Ce gars-là m'avait intéressé, sa chanson était charmante. Je vais le voir en coulisses, je lui dis mon admiration. Quelqu'un à cet instant lui précise : “C'est un auteur-compositeur, il s'appelle Gilles Vigneault.”

« — Ah... ! Tu écris ?

« — Heu oui, j'écris des choses...

« — D'où viens-tu... ?

« Alors, je lui parle de Natashquan, des histoires de mon père, des pas dans la neige. Gilbert est dans l'instant enthousiaste, comme un adolescent. “Oui, oui, on va faire une chanson, écris-moi quelque chose sur Natashquan... !” On passe des nuits à rigoler et à rêver de chansons. Gilbert s'étant fait monter un piano dans sa chambre, je commence :

« — Natashquan pour moi c'est p'tit Pierre avec ses pièges, Natashquan pour toi c'est loin...

« — Attends, attends un peu !

« Et là, Gilbert se lance et ne traîne pas pour imaginer une mélodie, il en trouve trois différentes ! L'image que je garde de lui, c'est un enfant qui s'amuse, qui a plaisir à jouer avec la musique, avec les paroles et qui a hâte d'être en scène et de chanter, ce n'est pas pour rien qu'on l'a appelé “Monsieur 100 000 volts” ! Chose curieuse, on est “scorpions” tous les deux. Gilbert a un an de plus que moi. Entre scorpions, on s'entend comme larrons en foire, je dis ça, mais je ne crois vraiment pas à l'astrologie. Enfin, nous avons trouvé des ressemblances amusantes.... J'écris un autre texte, *La fille de l'eau*, la chanson est moins bonne, Gilbert ne la fera pas avec raison. Lorsqu'il enregistre *Natashquan*, je suis ravi, je trouve cela très agréable. »

Même dans les plus forts instants de sa carrière, l'artiste n'en demeure pas moins un homme attaché à ses racines :

« En ce moment, je fais des démarches pour changer légalement de nom afin que mes enfants puissent s'appeler Bécaud. Mais je voudrais m'arranger pour garder également le nom de Silly afin de ne pas laisser mon frère et ma sœur qui me disaient dernièrement : “Alors, tu nous quittes ?” »

Il s’y emploie de tout cœur, cela reste une priorité en cette fin d’année 1961.

Début janvier, après une exceptionnelle représentation de *L’enfant à l’étoile* par les concerts Pasdeloup au Palais de Chaillot, à Paris, le compositeur retourne dans sa tanière et met la dernière main à l’*Opéra d’Aran* tout en préparant un nouvel Olympia[4]. Le 25 juin marque l’ultime accord de l’orchestration. Il faut maintenant réaliser le montage scénique, assumer une énième tournée d’été et solutionner le problème de plus en plus préoccupant de ses cordes vocales. Cette activité débordante nécessite une organisation de chaque instant. « Assez désordonné, toujours pressé et pas tellement d’accord avec l’horaire. » Ce sont les premiers mots de Jacqueline Joubert lors de nos entretiens.

« J’ai plusieurs fois reçu Gilbert dans mes émissions. Il est l’inexactitude faite homme. Il est facile, adorable, charmant mais n’a aucune notion de l’heure. Alors, pour l’émission suivante, je lui dis : “Tu viens à quatorze heures, je te ferai passer tout de suite”, et Gilbert me certifie : “Je serai là, sois tranquille”. J’ai besoin de lui à... seize heures et il est arrive à seize heures pile. Il n’en reviendra pas ! »

La présentatrice et son mari Georges de Caunes créent l’histoire de la télévision française, précurseurs d’un style nouveau dont leur fils Antoine deviendra plus tard le porte-drapeau. Pour l’heure, le petit bonhomme est en vacances à Trouville, les pieds dans le sable. Bécaud, entre deux galas, se repose dans sa maison de Saint-Arnould, qui surplombe Deauville, entouré de Jeannot (son frère), « Sissi » (Pierre Sisser, le directeur de sa maison d’édition), Pierre Delanoë et Palou (Louis Amade). Il y a aussi Gaya, Pilou, et le fils de Raymond Bernard. Bécaud n’aime pas rester seul. Pour être heureux, il lui faut tout son monde.

« Gaya invite souvent Antoine, raconte Jacqueline Joubert. Ils sont très copains. Un jour, Gilbert chante dans la région, nous allons le voir, j’emmène maman et Antoine, tout petit. On va l’applaudir et dans sa loge, il me dit : “Tiens, je passe te voir demain matin, on ira à la plage ensemble !” J’ai à cette période une femme de chambre d’origine italienne que je n’avertis pas. Le lendemain, il sonnc. Quand elle voit Bécaud, elle se trouve mal et tombe en arrière, presque raide ! Sympathique journée de détente où Gilbert emmène Antoine, lui achète des jouets et se baigne avec nous. »

Ces heures entre parenthèses ne sont pas coutumières dans une vie à cadence excessive. L'été 1962 est éprouvant, Gilbert s'extériorise sans retenue, en fait il accumule la fatigue. S'il chante jusqu'à l'épuisement, il décide de surmonter les obstacles, rien ne le fera changer d'avis. Les autoroutes sont inexistantes, plus d'une fois, les musiciens restent bloqués dans des files de voitures catastrophiques. Impossible de joindre Gilbert, alors on appelle Louis Amade, à Paris. Et dans l'instant, Louis trouve les mots qui apaisent : « Où êtes-vous exactement, indiquez-moi l'endroit avec précision... Bien, alors, ne bougez pas, attendez... ! » Quelques minutes plus tard, deux motards surgissent et ouvrent la route jusqu'au lieu du spectacle ! Dès la fin du concert, quelques heures de sommeil (quand c'est possible... !) et on repart pour la prochaine ville.

A ce rythme, le corps ne suit pas : fin août, Gilbert se produit sur la scène du Casino d'Eté au Palm Beach de Cannes, et se plaint après le concert de l'air frais. Le lendemain, le 19 août, au Palais des Festivals, pendant la balance, il ne se sent pas dans son état normal et doit s'arrêter. Aucune amélioration dans les concerts suivants. « Rien de grave, dit un médecin appelé en urgence. Vous avez des nodules sur les cordes vocales, ce n'est pas alarmant, mais il n'est pas question de chanter pendant un mois ! »

Le verdict est brutal, sans appel. Le 24 août, à 20 h 15, avant l'annonce des journaux, Jean télégraphie à Louis Amade :

« Jusqu'à ce jour, triomphe partout, mais voix fatiguée. Gilbert doit annuler reste tournée. Vu docteur, pas d'inquiétude. Sommes Hôtel du Cap... »

Cette aphonie déclenche un signal d'alarme, Bécaud se repose au Cap d'Antibes, mais maudit rapidement son inaction et demande un billet de retour pour Paris ! Dès la fin août, les répétitions d'*Aran* commencent. Le choix est fixé depuis quelques mois sur le Théâtre des Champs-Elysées, Gilbert aurait préféré l'Opéra, cependant il est trop marqué par son côté variétés pour être accepté d'emblée dans le temple officiel de la musique classique.

« Auric l'aurait certainement présenté plus tard, nous confiera Georges Prêtre, mais les éditions Salabert veulent créer *Aran* en

1962, dès la fin de la composition. Je pense que c'est trop tôt pour le présenter à l'Opéra. En préparant le public, on pourrait le faire dans ce cadre prestigieux un ou deux ans après, mais... »

Avant la répétition générale filmée pour *Cinq Colonnes à la Une*, deux séances sont réservées aux membres du Lion's Club et des Jeunesses Musicales de France. Pour *France-Soir*, Jacqueline Cartier assiste à l'une des dernières mises au point :

« Hier soir, Gilbert Bécaud était à 200 000 volts. J'ai calculé qu'il a fumé deux paquets de cigarettes et a arpenté au moins trois kilomètres de parterre dans sa soirée. Au bar voisin, il a commencé au temps de pause, un verre de vin rouge, qu'il n'a pas pris le temps de boire, et il a refusé le sandwich que le décorateur Bernard Daydé lui proposait pendant le premier acte. Pour tromper sa faim, sans doute, Bécaud se mangeait les poings ("Un tour de chant à préparer à côté de 'ça', c'est du tilleul..."). »

Puis vient la première, le 22, Cravenne compose un parterre de prestige : « Je suis en quelque sorte son attaché de presse, chargé des relations publiques depuis la fin des années cinquante. Je m'occupe de cette soirée avec Félix Marouani, l'agent attitré de Gilbert. »

Dans la salle, toutes les célébrités encouragent Bécaud : La Bégum et Marlène Dietrich à la place d'honneur dans leurs loges respectives, Françoise Sagan, Edwige Feuillère, Romy Schneider, Suzanne Flon, Catherine Deneuve, Juliette Gréco, François Mauriac, Francis Poulenc, Charles Trenet, Georges Auric, Jean Cocteau, Jean Marais, Roger Vadim, René Clair, Roger Hanin... Brigitte Bardot, invitée et annoncée, n'est pas présente.

Gilbert retient son souffle, l'ouverture des cuivres retentit, suivie par l'attaque du chœur :

Dans l'Etat libre d'Irlande
Surgis du fond de la mer
Quelques rochers, quelques landes
L'île d'Aran...

Le rêve lyrique se réalise. Du travail d'orfèvre en deux actes et sept tableaux. Dans son livre de souvenirs, *Les balcons du ciel*, Margherita Wallmann évoque les péripéties de la réalisation et les mois précédant la création, alors qu'elle ne connaissait pas Bécaud. La première réponse est nette, catégorique et sans appel (« Non, je n'ai pas le temps »). Gilbert entend : « Croyez-vous que j'aie du temps à perdre avec vos billevesées, moi qui consacre mon existence à mettre en scène les opéras les plus traditionnels du monde. Vous êtes des amateurs, des débutants et d'abord, qui est ce Bécaud-classique ? Connais pas ! Allez vous rhabiller ! » Amade souligne « l'entêtement forcené de Gilbert qui appelle pour lui fixer un rendez-vous impératif à Rome, le lendemain, avant de sauter dans l'avion ».

Elle accepte sans conviction : « Margherita fond littéralement sous le charme de Gilbert qui, moitié debout, moitié assis au piano dans l'appartement grandiose de la prestigieuse Italienne, fait le plus beau numéro de sa vie. Et Dieu sait qu'il s'y connaît ! Il lui joue et chante l'*Opéra d'Aran*, lui raconte l'histoire inventée, maintenant devenue réelle. Il fait tant et si bien que Margherita ne peut que dire oui en ajoutant, ce qui est encore plus merveilleux : "Dès que votre opéra est terminé, appelez-moi et je suis le lendemain à Paris." A l'instant où Gilbert prend l'avion du retour, le plus grand fleuriste de Rome inonde littéralement de roses l'appartement de Margherita. Trois mots sont joints : "Merci, je t'embrasse... Gilbert." »

« C'est finalement à la Scala que je le connais, raconte Margherita Wallmann : il vient voir une de mes productions. Son apparition à l'entracte sur le plateau, où il me cherche, fait sensation... Quelques semaines plus tard, il m'envoie une bande : l'intégrale de l'*Opéra d'Aran* joué et chanté par lui, agrémenté de commentaires encourageants. Séduite par sa jeunesse, la nouveauté et aussi la perspective d'avoir du temps pour répéter sans restrictions syndicales et dans un véritable esprit d'équipe, j'accepte... »

Des musiciens authentiques comme Georges Auric, Francis Poulenc, ou encore le musicologue René Dumesnil saluent l'atmosphère d'*Aran*. Dans les colonnes du *Figaro*, Bernard Gavoty (alias Clarendon) se montre convaincu. Les autres journalistes oscillent entre les louanges et la dérision, cette attitude est constante parmi les médias. Amade reviendra souvent sur la première représentation d'*Aran* :

« Inquiet au dernier degré, Gilbert à côté de moi dans un coin sombre de la salle commence de me tenir la main dès que s'ouvre le rideau. Il ne la lâche que lorsqu'il s'aperçoit très vite que le public retient son souffle... »

A l'entracte, Marlène Dietrich accompagnée de Jean-Claude Pascal passent dans les coulisses pour témoigner leurs encouragements... La salle s'éteint à nouveau. Lorsque les amants d'Aran disparaissent dans le néant de brouillard carbonique, le public éclate en applaudissements. Entouré de tous les participants à cette fantastique aventure, Bécaud se retrouve sur scène, avec Amade et Delanoë, et récolte les cris, les bravos. A son tour, Jean Cocteau monte sur le plateau :

« Tu as désobéi aux impératifs de la mode en n'écrivant pas une œuvre d'avant-garde. C'est bien pour cela que tu as fait un vrai opéra. » Le compositeur croule sous les félicitations, cependant les avis sont partagés.

« La France a un grand défaut, estime Georges Prêtre : on vous met des étiquettes. Si Bernstein avait été français, on l'aurait critiqué. Ce n'est pas possible, Bécaud ne peut pas être un grand chef d'orchestre, un compositeur de musique dite légère et en même temps, écrire une cantate, un opéra. C'est un ostracisme absolument stupide ! »

En deux mois de représentations, avec deux troupes en alternance, soixante mille spectateurs, le pari de longévité d'une telle œuvre sur une même scène est gagné. « C'est dur, nous avoue Georges Prêtre, les frais du théâtre des Champs-Elysées s'avèrent très lourds. Il faut vraiment remplir à fond pour les couvrir. Je dois partir au Metropolitan Opera continuer mes contrats avec de grands orchestres américains et je ne peux assurer toutes les représentations. Je fais les six premières, Bado et Lombard prennent le relais. »

La salle tourne presque à sa capacité maximale. Ce « presque » est lourd de conséquence pour Bécaud et son équipe. Le théâtre est aux trois quarts plein chaque soir, ce qui est plus qu'honorable dans cette folle aventure, mais pas suffisant. Pour couvrir les frais, ainsi que nous le précise Georges Prêtre, il faudrait une salle pleine :

« Nous perdons donc de l'argent tous les soirs, raconte Amade. Nous l'avions prévu. Gilbert hypothèque sa maison du Chesnay,

Pierre sa maison de Fourqueux et moi, celle des week-ends à l'Etang-la-Ville... » Heureusement, chacun rentrera dans ses fonds, mais des années plus tard, Gilbert s'en souviendra encore.

Une basse de l'Australie
Un baryton de Bulgarie
Une prima donna de la Scala
Et deux ténors de l'Opéra
Sont venus en Irlande
Sur ma demande
Sont venus dans l'île d'Aran
.../...
La belle aventure s'il le faut je jure
Que je la recommencerai

« Aran est assez controversé – conclut Georges Cravenne – et critiqué par certains tenants de l'opéra classique, plus habitués à jauger le vernis que le support, mais cette aventure hors du commun aboutit tout de même à un beau succès qui donne à Gilbert une dimension supplémentaire. »

Le lendemain de la première, Bécaud s'envole pour ses tournées aux Etats-Unis et au Canada : « *Aran* m'a coûté une fortune, et je dois maintenant mettre les bouchées doubles pour tenter de combler un énorme trou. »

Le plan de vol via Tel Aviv, Athènes, Beyrouth, Téhéran, New Delhi, Bangkok, Hong Kong, Tokyo est extravagant, mais Bécaud se plie aux horaires selon un programme rigoureusement établi[1].

« C'est en 1963 que je prends réellement le départ pour ma course autour du monde, du Japon au Mexique en passant par le Canada ou l'Europe, nous chantons partout, et avec mon orchestre, nous prenons des cachets très modestes, à la grande surprise des organisateurs... Il faut bien arriver à nous expatrier pour que nos chansons traversent les frontières. »

De retour dans le Midi, Bécaud et Aznavour renouent leur collaboration. « J'y suis..., nous raconte Fred Mella. Aznavour, c'est "mon frère", le parrain de ma famille. C'est amusant, nous passons des vacances communes à Saint-Tropez. Avec Gilbert et Charles, nous faisons du bateau et le soir, nous nous retrouvons dans une espèce de grenier merveilleux, vraiment très beau. Charles donne une idée de départ, Gilbert se met au piano, j'ai la chance d'être l'auditeur d'un spectacle privilégié. »

Et c'est alors qu'une collaboration semble prendre forme, mais elle est bientôt avortée, sans raison apparente. Une impression bizarre se dégage de cette association, comme si, réunis, les deux artistes n'avaient pas donné le meilleur d'eux-mêmes, gardant chacun pour soi ce que l'un pouvait apporter à l'autre. Un peu comme si la montagne avait accouché d'une souris. Répondant à un journaliste qui lui demande pourquoi cette reprise de relations n'aboutit pas sur plus de titres ensemble, Bécaud lance : « Demandez à Aznavour. »

« Peut-être que Charles dit la même chose, nous confie, évasif, Fred Mella. Il y a une histoire d'édition. Ce sont des petits problèmes de métier et des histoires vraiment personnelles. »

On est loin des premières chansons communes des débuts où tout semblait si spontané. José Artur évoque cette rencontre heureuse qui se termine d'une manière un peu décevante (« Ils sont bien moins fâchés que l'opinion ne le dit et moins amis que ce qu'ils pourraient le faire croire »).

La période est créatrice, le paradoxe naît cependant de *Quand Jules est au violon*. La chanson occupe les esprits de Vidalin et de Bécaud durant deux années. Dix versions avant la définitive.

Quand Jules est au violon
Et Léon à l'accordéon
Faudrait avoir trois jamb's de bois
Pour ne pas danser la polka

« Pour *Les tantes Jeanne*, toute "une nuit d'égarements" avec Maurice Vidalin, c'est dans un hôtel, à Monaco, on enregistre, on rit, on boit un peu aussi... et alors, le lendemain, on écoute la bande : c'est truculent, ce n'est pas possible, il faut tout refaire, c'est difficile d'enlever du texte... »

Ah les jolies vacances
Quand une tante Jeanne venait
Ah les jolies vacances
Que notre tonton se payait

Le 30 septembre, encore un Olympia ! Le répertoire n'a aucune ride[2]. Pour la première partie, Bruno Coquatrix et Jean-Michel Boris songent aux Beatles signés à un prix ridicule, mais leur popularité n'est pas reconnue, il faudra patienter quelques mois.

« *L'orange*, nous raconte Pierre Delanoë, nous l'écrivons pour la rentrée, c'est souvent le cas pour des nouveautés. Gilbert me dit :

« — Je n'ai rien de nouveau, faut que tu te creuses et que tu trouves quelque chose.

« — Bien mon commandant... !

« Je me mets au garde à vous, je cherche, je ne trouve pas. On se retrouve huit jours plus tard...

« — Alors... ?

« — Alors rien, je suis sec, pas inspiré, je ne trouve rien, il ne fait pas beau... !

« — Ecoute, Pierre, il me faut une chanson d'ici demain ! Dis-moi le premier mot qui te passe par la tête.

« — Orange !, lance Delanoë. Bon, qu'est-ce qu'on fait avec une orange ? Si on la mange, ça n'a aucun intérêt, si on l'épluche c'est ridicule, si on la cultive ce n'est ni le lieu ni la saison, il y a un truc qui est intéressant, c'est qu'on la vole !

« Le geste de voler est un geste dramatique. Vous savez, je travaille toujours très bien dans l'urgence, quand je suis sous la matraque. Je commence à écrire "l'orange du marchand, c'est toi qui l'as volée...". Le thème de l'étranger, etc. Ça devient une chanson "costaud". Là-dessus, Gilbert trouve un thème musical et nous avons l'une des chansons fortes de son tour de chant. J'ai donc réussi mon coup, mais j'ai bien failli le louper ! »

L'analyse que Bécaud nous fait de sa musique exprime le contrepoint entre chœurs, orchestre et chanteur, la nécessité absolue de tout « mettre à plat », car il est impossible en l'occurrence de travailler tout seul avec un magnéto, il faut agir comme pour l'*Opéra d'Aran,* il doit tout écrire, c'est très difficile.

Le 10 octobre, à quelques heures d'intervalle, Edith Piaf et Jean Cocteau quittent le monde des vivants. Cent mille admirateurs défilent devant la tombe de la chanteuse. Bécaud se montre discret sur ses relations avec Edith, il y fera référence dans les chansons. Peu de temps avant la disparition de Cocteau, Amade et Bécaud s'étaient rendus à Milly-la-Forêt. Ils avaient longuement parlé. Rien ne laissait prévoir ce qui allait arriver.

Fortement impressionné par le décès de Cocteau, Amade écrira en octobre 1964 quelques vers intitulés « La mort d'un poète », mais n'en retiendra finalement que l'idée directrice.

Quand il est mort le poète
Quand il est mort le poète
Tous ses amis

Tous ses amis
Tous ses amis pleuraient

Gilbert saisira parfaitement le ton dépouillé, la simplicité, souhaités par Louis, et destinera la chanson à Marie Laforêt. Finalement, sur les conseils d'Amade, il la gardera et l'enregistrera. Auteur et compositeur pensent avoir créé « une chanson facile à chanter et à retenir ». L'avenir ne les démentira pas, le texte et la mélodie accrocheront dès la première écoute et le morceau deviendra aussitôt un classique du répertoire.

Et c'est pour ça que l'on trouve
Et c'est pour ça que l'on trouve
Dans ce grand champ
Dans ce grand champ
Dans ce grand champ des bleuets

Après la soirée au cours de laquelle Gilbert crée la chanson à l'Olympia, Amade repasse tard dans la nuit à son bureau de la préfecture de police. Sur sa table de travail, une immense brassée de bleuets avec ces simples mots : « De la part de Jean Cocteau. » Troublé, Louis rentre chez lui et pleure...

Au cours de nos entretiens, Albert Raisner nous racontera la participation de Bécaud à sa première émission *Age tendre et Tête de bois*, et les chorus d'harmonica improvisés alors autour de lui : « Quand nous avons filmé *Et maintenant* et *Quand il est mort le poète*, nous n'avons fait qu'une prise, contrairement à bien d'autres chanteurs pour qui il en fallait trente-six.... »

Ainsi naissent les chansons, chacune a son histoire. Un jour, Pierre Delanoë donne un argument de départ. L'héroïne est une « Russe rousse, Natacha des lointaines Russies... » Gilbert est réticent. Ratures, le projet reste en suspens et traîne plusieurs mois jusqu'à la phrase décisive (« La Place Rouge était vide »). En fait, Bécaud cherche une Russie plus moderne. Avec Delanoë, ils souhaitent donner l'impression de rapprochement entre « des pays fermés depuis longtemps ».

La Place Rouge était vide
Devant moi marchait Nathalie
Il avait un joli nom mon guide
Nathalie

Gilbert écrit la musique en cinq minutes – ou presque... – dans la cabane. On connaît la suite. Le milieu des années soixante représente certainement l'une des périodes les plus prolifiques. *Nathalie, L'orange, T'es venu de loin*, dominent leur époque. Principal succès de la tournée printemps-été 1964[3], *Nathalie* dépasse toutes les prévisions, la chanson s'ancre profondément dans la mémoire collective, à tel point que les employés de l'Etat Civil n'en finissent pas d'enregistrer les naissances des petites « Nathalie ».

A la télévision, une série fait fureur, *Au nom de la loi*, avec son héros Steve Mac Queen. La carabine à canon scié de « Joss Randall » est célèbre dans le monde entier. La fameuse Winchester est adjugée à quinze mille francs au cours d'une vente aux enchères au profit de l'Association pour les Villages d'Enfants. L'heureux acquéreur s'appelle Bécaud et les actualités télévisées du moment rapportent son insolite rencontre avec Steve Mac Queen. Gilbert ne se séparera jamais de la carabine, elle est toujours accrochée au mur de sa chambre sur la péniche.

Par la suite, très discret dans ses actions humanitaires, l'artiste soutiendra de nombreuses opérations, notamment l'initiative « Noël au lit », pour les enfants malades. Il acceptera la présidence du comité de soutien à la recherche dans l'Association France Parkinson aux côtés du professeur Lermitte. Bécaud s'impliquera également dans des actions au sein du Variety Club, de Care France, du Téléthon, des Restos du cœur. Sa participation à la lutte contre le sida, le cancer et ses liens étroits avec d'illustres chirurgiens comme les professeurs Barnard et Cabrol seront parfois médiatisés, mais il se gardera d'en faire état, et ce n'est que par voie de presse ou par quelques indiscrétions que l'on pourra mesurer la qualité de l'investissement humanitaire d'un homme généreux sans ostentation.

L'Olympia « 64 » débute par un titre augurant les mouvements hippies à venir, *Les enfants du voyage*, une « petite chose » composée à la hâte pendant les concerts précédant la rentrée[4].

Pour Raymond Bernard, qui l'accompagne sur scène, un seul mot définit Bécaud : « excessif ! » : « Dur avec lui-même et les autres, mais aussi plein d'amour en même temps. Très exigeant dans le travail, paresseux au possible et... travaillant plus que n'importe qui ! Quand Gilbert est fatigué après une série de galas, de voyages interminables, il rajoute une ou deux chansons à la fin de son spectacle, alors que d'autres les retirent : ça, c'est Bécaud ! Je l'adore, c'est un homme formidable, un frère. »

Autour de « Raymond », Pierre Lemarchand à la batterie, Alix Bret à la contrebasse, Harry Katz à la guitare : un nouveau venu de vingt-six ans originaire de Belfort, Gilbert Sigrist. Plus tard, ce dernier évoquera ses premiers concerts au Canada, une télévision à Hambourg...

« Je travaille avec Rika Zaraï et la première partie qui précède Bécaud dans les Galas aux Etoiles, du vrai music-hall comme cela aurait dû toujours exister. L'opportunité pour une foule d'artistes avant que les vedettes n'optent pour la formule récital. Lorsque je joue, je l'aperçois dans les coulisses, il m'écoute. Tout véritablement part de là, il me demande si je veux l'accompagner à l'issue de la tournée. »

Rika a quelques soucis de santé et s'en confie un soir à Gilbert qui la regarde fixement pendant une ou deux secondes et lui dit : « Ma petite, il faut chanter, chanter, chanter et encore chanter. »

La phrase énigmatique déroute Rika. « A cette époque-là, je reste sur ma faim, je ne comprends pas. Jeune débutante, j'arrive en France et je suis très heureuse de faire partie de cette tournée. Gilbert apprécie mes chansons, tant en français qu'en hébreu. Je connaissais ses disques en Israël et je n'imaginais pas me retrouver un jour avec lui. Pendant plus de vingt ans, je chanterai sans problème, comprenant ce que Gilbert voulait me dire en 1964 : au-delà de toute retenue, il faut garder la trajectoire, voir seulement l'objectif pour passer au-dessus de tout empêchement. C'est l'énergie que Gilbert m'a transmise. »

Sigrist fait son entrée dans l'équipe. « Je débute avec Bécaud. La veille, à l'avant-première habituelle, à Versailles, je dois jouer la *Polonaise* à la fin du *Pianiste de Varsovie*. Au moment opportun, j'arrive dans les coulisses : le noir total, l'horreur ! Affolé, je cherche le piano et je commence à jouer. Au radar, pas vraiment à l'aise, je rate quelques notes... »

En sortant de scène, il va trouver Bécaud pour s'excuser. Ce dernier éclate de rire (« Ouf, dit Sigrist, j'ai cru que tu allais me mettre un aller simple pour Belfort ! »).

« Baissez-moi les violons..., faut pas exagérer ! » A l'Olympia, Bécaud suggère, relève les micros. Jean – toujours discret – règle minutieusement les éclairages, Gaya est délégué aux rafraîchissements. Vidalin et Delanoë font les cent pas entre la coulisse et la salle, par moment, ils rejoignent leur interprète sur le plateau. Visiblement, l'enjeu est de taille : Gilbert se produit pour la première fois en récital à Paris[5].

Le soir de la dernière, avant de s'envoler pour l'Italie[6], Bécaud précise : « Je tiens à m'excuser de la mauvaise qualité de ma voix ce soir. Nous avons beaucoup chanté ces jours-ci ! Rassurez-vous, le reste va très bien... »

Le public, debout, ne veut pas le laisser partir.

« Je suis fatigué, je n'en peux plus, je voudrais dormir. »

« Le 24 avril 1965, raconte Georges Cravenne, quelques mois après la sortie de *Nathalie*, Gilbert donne un tour de chant à Moscou. L'Union Soviétique est à ce moment-là très fermée au monde extérieur et l'invitation d'un artiste de variétés françaises constitue un événement. Au cours d'un déjeuner entre Amade et Delanoë, Bécaud me dit : "Je voudrais bien que ma tournée là-bas ne soit pas totalement ignorée en France. Est-ce que tu n'aurais pas une petite idée pour qu'on en parle ? C'est une étape importante et je tiens beaucoup à ce qu'il y ait des répercussions dans mon propre pays." Je lui suggère alors de déplacer pour la première fois le Tout-Paris en Union Soviétique. Le projet lui convient, j'organise le voyage en caravelle Air France avec l'ambassade de l'URSS. Moyennant une participation aux dépenses, je propose à quatre-vingt-six personnalités de passer quarante-huit heures à Moscou. Pour mes invités, cette ville symbolise l'univers soviétique, le prolétariat, le contraire de l'idée qu'on se fait d'eux. Je dois dire que je rencontre un accueil formidable. Tous sont désireux de faire un tel voyage, alors assez difficile à envisager pour des étrangers... La vicomtesse de Ribes, Elsa Martinelli, Pierre Cardin, Hélène Rochas, Curd Jürgens, Marcel Achard, Marcel Bleustein-Blanchet, Bernard Buffet, Régine..., on assiste tous au triomphe de Bécaud dans l'immense salle du Palais des Congrès de Moscou. Notre délégation a même les honneurs du ministre de la Culture – Mme Furtseva. Le succès est fantastique. »

Pour agrémenter le voyage, Cravenne programme un déplacement à Léningrad. « On se promène sur la plus grande avenue de la ville, et tout d'un coup, on aperçoit, du bout de cette artère, une mer de drapeaux rouges, des milliers qui s'avancent vers nous. Un spectacle extraordinaire, tous mes amis – notamment de nombreuses femmes en vison – se mettent à marcher devant. On découvre alors que nous sommes le 30 avril : les ouvriers, les syndicats répètent le défilé du 1er mai. Mes invités sont photographiés en première ligne et la photo du Tout-Paris devant les drapeaux rouges paraît dans *Jours de France, Paris-Match*. Le cliché provoque un scandale, comme si mes amis avaient voulu se moquer des travailleurs soviétiques. Peu de temps après, à Paris, je rencontre Georges Pompidou, Premier ministre, qui me dit : “Alors, c'est vous qui provoquez les scandales internationaux... ?” Je passe sous silence les remarques diplomatiques de l'ambassadeur de l'URSS en France. Gilbert espérait qu'on parlât de ce voyage : notre opération avait atteint largement ses objectifs. »

Elle parlait en phrases sobres
De la Révolution d'Octobre
Je pensais déjà
Qu'après le tombeau de Lénine
On irait au café Pouchkine
Boire un chocolat...

Nathalie est d'abord considérée avec beaucoup de suspicion par les autorités soviétiques qui veulent interdire à Bécaud de l'interpréter au cours d'une émission de télévision : il menace de s'en aller et de ne rien chanter du tout, puis finit par obtenir la présence d'un interprète officiel qui dissèque le texte, mot à mot, avant de donner son feu vert ! Lorsque Bécaud se produit à Léningrad (Saint-Pétersbourg), il chante *Le Pianiste de Varsovie*. Avant la fin de la chanson, Sigrist rejoint le piano, derrière le rideau et commence à jouer. Il n'a pas repéré un technicien du théâtre qui dort sur le tapis, contre l'instrument.

« Dès les premières notes, il sursaute et, affolé, me fait signe de ne pas faire de bruit, et gesticule tant et plus pour m'empêcher de jouer, il ne comprend pas pourquoi je tape si fort sur ce piano, dans les coulisses. Par la suite, nous en rirons, mais sur le moment, c'est plutôt gênant ! »

Après les grands froids en Russie et les premières représentations de l'*Opéra d'Aran* à Montréal[1], il est bien agréable de retrouver la chaleur du Midi. Entre deux concerts, Bécaud passe quelques heures avec Jacques Brel, près de Saint-Tropez. Il en reste le souvenir d'un projet de chanson...

C'était Versailles, c'était Berlin
A l'enterrement de notre amour, Paris sera Berlin...

« Non, attendez : “On était Versailles...” Je ne sais plus, je ne me rappelle pas de la suite. On fait des tas de projets, mais on ne se connaît pas bien, nous sommes assez loin l'un de l'autre. Pas du tout le même “feeling”. Je me rappelle d'un jour où Brel vient me chercher à l'Olympia, un dimanche (le lundi est jour de relâche). On se rencontre à côté, au Bar Romain, où on passe la nuit, puis toute la journée du lundi et la nuit qui suit ! Au bar ! C'est trrrrès spécial ! D'ailleurs, là-bas, ils s'en souviennent encore (“Ces deux-là, ils sont raides !”). On refait le monde trois ou quatre fois, facile ! On doit épuiser tous les sujets. Puis, on ne se revoit pratiquement plus. Salut ! Salut ! »

L'été 1965 s'achève à Deauville, un soir pluvieux du mois d'août :

« Delanoë arrive avec les paroles en me disant : “C'est une chanson sur de Gaulle !” Il me rassure aussitôt : “Pas de message”. Je préfère ça, je ne suis pas branché sur la politique politicienne. J'ai pourtant quelques craintes, sortir une telle chanson du vivant du général de Gaulle... ! A ce moment-là, j'ai avec lui des relations privilégiées. Pourquoi ? Je ne sais pas, je n'ai pas de raisons, mis à part notre signe du zodiaque en commun, mais cela ne suffit pas pour créer des liens. Je suis personnellement très ami, très lié au Général, comme ça, d'une manière apolitique. Je ne suis pas “militaire” non plus, c'est d'homme à homme. Quand je compose *Tu le regretteras*, je ne lui en parle pas. Le jour où nous enregistrons la chanson, Jacques Helmann – un garçon qui est dans le show-business –, vient dans le studio et nous lance : “Vous êtes ‘gonflés’, les gars ! En pleine période électorale !” C'est incroyable mais on ne le savait pas, on ne s'était aperçu de rien. Au moment de sa sortie, après une seule diffusion à la radio, *Tu le regretteras* provoque un scandale, un tollé général, et les stations retirent la chanson illico. »

C'est vraiment très dommage
Toi qui es mon ami
On n'est plus du même rivage
Quand on parle de lui
Cet homme légendaire
Au milieu des vivants
Le jour où on l'enterre, je te parie cent francs...
Tu le regretteras, tu le regretteras
Tu le regretteras longtemps

« La communauté pied-noir est furieuse ! J'ai beau répéter "si vous écoutez bien, vous verrez que ce n'est pas une chanson politique, je ne prends pas position, donnant tort ou raison...", le climat reste tendu. J'aurais pu parler de Winston Churchill, de Kennedy. J'ai simplement un rôle de témoin à jouer. Alors, je reçois des menaces. Très gentiment, Enrico Macias m'aide auprès de ses amis. Je n'oublierai jamais le service qu'il me rend alors, car je commence à avoir des problèmes, des inscriptions sur ma maison..., on m'envoie des policiers protéger ma famille. La presse grossit l'affaire. Je ne suis pas un homme à scandale – quand je soulève le petit doigt, on n'en parle pas forcément ! Je comprends très bien les Français d'Algérie, ils ont du mal à écouter la chanson. Je dis simplement "Et tu verras qu'un jour, tu le regretteras, tu le regretteras..." Tout le monde est contre lui, plus tard, tous s'en réclameront... »

Sur France-Inter, José Artur invite souvent Bécaud dans le *Pop-Club* :

« Je me souviens particulièrement d'une émission où il rencontre Barbara. La chanteuse n'est pas encore devenue cette sorte de gourou de la jeunesse homosexuelle, elle est alors le modèle d'amour de petites filles qui l'idéalisent. Passer au *Pop* est une sorte de consécration, je veux mélanger les genres : Ferré et Hallyday s'y rencontreront, comme Sylvie Vartan et Jean-Jacques Debout, Pierre Perret, Yves Montand et Serge Reggiani, ou encore Brassens et Yvette Horner..., c'est ça qui m'amuse. Je ne connais pas assez Gilbert dans sa vie privée, mais je le suis parfois dans sa petite cabane, au Chesnay. J'anime aussi une autre émission, un magazine de la jeunesse : je prends des grands noms tout aussi différents, les Beatles, Jean Rostand... et je les présente à un groupe de gosses et d'adolescents. Je me souviens de Gilbert au piano, entouré d'enfants : il joue, chante et les séduit. Il adore les mômes et plaire, on ne fait pas ce métier si l'on n'aime pas séduire, ou alors on est un déchiré marginal ! Bécaud n'écrit pas les textes de ses chansons ou très rarement, mais il les manie très bien, c'est un excellent musicien, un symbole de vie, un homme capable de faire de la musique pour monsieur-tout-le-monde et pour des gens de salle de concert. On peut l'écouter dans un boui-boui, une salle de cent personnes ou à l'Ancienne Belgique, à l'Olympia, à Pleyel et pourquoi pas à l'Opéra. »

« Je connais tellement Bécaud !, explique Raymond Bernard. Quand il me joue quelque chose, je sais d'avance ce que je vais écrire. Il finit par prévoir ce que je vais imaginer sur sa musique ! D'où la nécessité de se séparer, à un certain moment, pour déboucher sur quelque chose de nouveau, tant pour lui que pour moi. »

Après un deuil personnel, « Raymond » souhaite passer la main. Gilbert Sigrist déjà dans l'équipe depuis 1964, prend sa place de pianiste et directeur musical. Néanmoins, Raymond va assurer pendant plusieurs années la majorité des arrangements en studio.

Il faudra bien que ça arrive, je partirai
Il faudra bien que ça arrive, je partirai
Tu pleureras, j'en pleurerai
Tu haïras, je te plaindrai
Mal installé entre deux rives, je partirai...

Bécaud trouve dans la vie matière à nourrir ses auteurs. « La route 66 » est riche : *Je partirai*, chanson en parfaite symbiose avec le caractère de son interprète, *Mes hommes à moi*, *Seul sur son étoile*, *Le petit oiseau de toutes les couleurs* (composée à la naissance d'Anne, son troisième enfant). Les aspirants au succès sont légion et les adaptations, au goût du jour, ainsi *The ballad of the green berets*, traduite par Louis Amade et enregistrée par Bernard Tapy (orthographe de l'époque... !), un débutant au talent prometteur que sa maison de disques compare à Gilbert Bécaud. Une nouvelle génération attend son heure. Albert Raisner s'essouffle, les idoles dégringolent.

Bécaud multiplie ses apparitions à la télévision, chante en Italie[3], puis en Hongrie et en Allemagne de l'Ouest où il participe à des spéciales télévisées.

« Je suis toujours parti. Il y a énormément de monde autour de moi. Ça rentre, ça sort, ça vient et je ne peux pas avoir de vie tranquille. D'ailleurs, il m'arrive rarement d'être au coin du feu chez moi avec Philippe et Gaya, mais je garde un contact très suivi. (...) Par exemple, où que je sois, tous les matins avant l'école ou le soir quand ils rentrent, je les appelle et je "dirige" leur instruction, leur emploi du temps, mais enfin, on ne peut pas appeler cela une vie de famille. »[4]

Philippe est tout le portrait de son père, élégant et galant. En 1965-1966, il va à l'école de l'Abbaye aux bois, près de la rue du Cherche-Midi, à Paris. A l'heure de la sortie, il fait un bout de chemin en compagnie de camarades de classe, notamment la jeune Jocelyne. Parfois, une cigarette à la main, il croise son professeur de français. Comme il est interdit de fumer, Philippe salue le « prof » en prenant bien soin de cacher la cigarette derrière le dos, avec un grand sourire innocent, l'attitude n'est pas sans évoquer un certain atavisme.

Eternel voyageur, Bécaud pulvérise les records de spectateurs au Longacre Theatre de Broadway, au Théâtre Philharmonique de Berlin, à l'Arena Maurice Richard à Montréal et au Royal Festival Hall à Londres. Sous la plume de Hebe Dorsey, le *New York Herald Tribune* du 2 novembre fait une comparaison savoureuse et étonnante :

« Bécaud est aussi français que le camembert, mais voyage heureusement beaucoup mieux ! »

A contre-pied du courant pop music, des paradis artificiels et de la génération hippie, psychédélique, Gilbert et Maurice Vidalin écrivent *Les petites mad'maselles*, avec la participation légère des musiciens de scène qui n'hésitent pas à danser et jouer la comédie.

Ces petits animaux-là
C'est pas fait comme nous
Ça nous ressemble pas
Pourtant c'est fait pour nous
Tout pour nous
C'est doux comme de la soie
Ou froid comme l'acier
Quelquefois c'est en bois
Quelquefois en papier
Plié... Comm'ça...

Le 8 octobre, *Aran* est affiché pour la première fois en Belgique, présenté par l'Opéra de Wallonie au Théâtre Royal de Namur. Ensuite, Gilbert envisage un deuxième enregistrement de l'opéra dans un autre esprit, plus accessible à un public élargi, rapprochant l'art lyrique et les variétés[5]. Cette fois, il s'attribue un rôle, succédant au baryton Gottlieb et fait appel à Virginie Vee, ex-membre du célèbre trio Les Peter Sisters.

« J'ai toujours aimé ses chansons. Avec Maurice Vidalin, Gilbert m'écrit *Où sont mes dix-huit ans ?* Avec Raymond Bernard et Pierre Delanoë, *Chante-moi*. En ce temps-là, il est rare pour un artiste de composer ses propres chansons et d'en écrire pour d'autres, c'est un grand honneur pour moi ! Je fais alors quelques télévisions en France et en Allemagne avec Gilbert, puis nous partons ensemble en tournée. Un soir, en compagnie de Pierre, Louis et Maurice, il me fait part de son projet de réenregistrer *Aran*, et me propose le personnage de Mara. L'expérience est enrichissante et Bécaud dans le rôle de Mickey se montre brillant. Travailler avec Gilbert, c'est magique, inoubliable ! »

Raymond Bernard orchestre les nouveaux arrangements. « Un grand moment de plaisir dans ma vie de musicien. J'ai cent personnes à diriger dans le studio, c'est formidable, unique. »

Bécaud parvient à mélanger en une seule composition un style très apprécié aux Etats-Unis (*Porgy and Bess, West Side Story...*). Pour *Aran*, des chanteurs lyriques comme Roger Soyer abordent la variété et Gilbert avec Virginia Vee tentent d'approcher un certain classicisme. Plus tard, Georges Prêtre reviendra sur la deuxième version de l'*Opéra d'Aran* :

« Là, je crois que Bécaud a peut-être fait une faute. Quant à jouer la carte traditionnelle, il faut la jouer à fond. Il a voulu mettre des effets de variétés qu'il ne faut pas mélanger. Ou on fait un opéra en musique symphonique de jazz, ou alors il reste comme on l'a créé au début. Gilbert a imaginé que cela marcherait mieux. Je pense qu'il faut rester au premier stade. D'ailleurs, il l'a rejoué souvent dans sa première version. J'aime beaucoup Bécaud. Pour moi, qu'il soit "classique ou variétés", je ne mets pas d'étiquette et de barrière, il est un artiste, un compositeur, avec un grand A. »

Une chanson, alors, va "fleurir" sur toutes les lèvres, son histoire est inattendue. Retour arrière... L'inauguration de la Maison de la Radio par le général de Gaulle vient de s'achever. Amade raccompagne un de ses collègues de la préfecture. En quittant le quai Kennedy, l'aile avant droite de la voiture qui les précède heurte un massif de fleurs et une rose blanche tombe. Un jeune gardien de la paix règle la sortie des véhicules, il accroche au mousqueton du ceinturon son bâton blanc, ramasse la fleur, puis canalise la circulation à l'aide de la rose. « C'est bien, mais il n'empêche que si un gars est en infraction, il lui collera un PV. » Amade, amusé, lance à son interlocuteur : « D'accord, mais l'important c'est la rose ! »

Louis Amade termine son poème pendant les vacances à Saint-Laurent-de-Cerdans en août 1965, il figure dans le recueil *L'éternité plus un jour*. La chanson est composée au Chesnay au début de février 1967.

Toi qui marches dans le vent
Seul dans la trop grande ville
Avec le cafard tranquille
Du passant
Toi qu'elle a laissé tomber
Pour courir vers d'autres lunes
Pour courir d'autres fortunes
L'important
L'important c'est la rose
L'important c'est la rose
L'important c'est la rose
Crois-moi...

« Nous écrivons *L'important c'est la rose* pour nous amuser, en une demi-heure, dans la cabane. Le lendemain, nous passons une autre demi-heure à la revoir. (...) Il est fort tard dans la nuit. Et Gilbert me dit : “Faisons maintenant une vraie chanson...” La vraie chanson, c'est bien celle que nous venons d'écrire comme on fait une blague... »

Aux Etats-Unis, c'est le triomphe pour *Wat now my love* (*Et maintenant*) : trente-sept semaines de présence au sommet du hit-parade avec la version d'Herb Alpert. Sony and Cher, Frank Sinatra, Elvis Presley, la liste des interprètes est infinie. L'Amérique découvre Bécaud dans un album regroupant les adaptations de ses succès et des titres plus populaires Outre-Atlantique. Jamais dans l'histoire de la chanson française, un morceau n'aura plus de retentissement planétaire à part *Comme d'habitude* et *Les feuilles mortes*. Le public londonien lui aussi est sous le charme. Christian Barbier, qui assure la retransmission au Royal Albert Hall, nous rappelle :

« Pour travailler à Londres, je connais quelques difficultés, des problèmes de syndicats. Gilbert s'arrange pour que j'aie une petite place. Grâce à son intervention, je peux faire mon émission assis parmi les spectateurs, à la limite de l'interdit. Il y a des lois et un étranger ne peut toucher à la technique comme ça. On habite à l'Hôtel Savoy. Je suis assez surpris, il y a un piano dans sa chambre, un piano droit qu'il fait suivre pour pouvoir continuer à travailler et composer. La scène du Royal Albert Hall est particulière : les spectateurs sont devant, sur les côtés et derrière. Pour Bécaud, parfaitement bilingue, l'accueil est extrêmement chaleureux, tout se passe sans problème, d'autant plus qu'à cette époque, les Français qui se produisent à Londres sont peu nombreux. »

Le régime de création s'accélère. Dalida enregistre *Je reviens te chercher*, Gilbert multiplie ses facettes.

Je reviens te chercher
Je savais que tu m'attendais
Je savais que l'on ne pourrait
Se passer l'un de l'autre longtemps

« Je ne peux pas vous dire dans quelle peau je me sens le mieux. (...) Il est beaucoup plus aisé de chanter une chanson dramatique qu'une comique qui requiert une attention de chaque seconde. Tenez, par exemple, *La grosse noce, Les petites mad'maselles* sont difficiles. Alors qu'on pourrait s'imaginer que *L'orange* est l'une des plus épuisantes. Eh bien, pas du tout ! *Mademoiselle Lise* est éreintante, les paroles vont vite et sont compliquées à mettre en place. Il faut vraiment une minutie, un travail de Romain pour déclencher un rire de bonne qualité, alors qu'un drame passe toujours plus facilement. Bizarrement, lorsqu'on entre en scène avec l'envie de s'amuser, ce sont les chansons tristes que l'on chante le mieux ! »

Mi-août 1967, me voilà en Ardèche au Casino de Vals-les-Bains dans la loge de Bécaud, entre quelques serpents à pois pendus à un cintre et plusieurs uniformes d'alpaga bleu sous des housses entrouvertes. A partir de cet été, je chante dans les premières parties. A dix-neuf ans, j'éprouve moins de trac à me retrouver seul en scène qu'avec Bécaud face à face. Il m'accueille avec une grande gentillesse, nous évoquons ma passion du spectacle et il m'accorde son parrainage. Ni l'un ni l'autre alors, n'imaginons la suite et les livres qui, plus tard, naîtront de cette première entrevue. Quelques flashes, des mots d'encouragements soulignés par un tutoiement inattendu, il va rejoindre le public qui le réclame. Je l'accompagne dans la descente des marches entre les loges et la scène. Près du podium, dans les jardins du Casino, un coupé Mercedes. Bécaud profite de la proximité pour attraper un paquet de cigarettes négligemment posé entre les deux sièges. Les musiciens l'attendent.

Des années après, Frida Boccara soulignera la chaleur humaine du chanteur et « la sensation qu'on éprouve face à quelqu'un d'important ». Cette présence, Odette, la sœur de Gilbert, l'évoque également :

« On a toujours l'impression que dans ses yeux, ses silences, il y a ce quelque chose, cet au-delà qu'il cherche et qu'il ne peut atteindre. »

« Vous vous trouvez parfois avec n'importe qui, bombardé vedette, poursuit Frida Boccara, et puis, en parlant avec lui, vous vous dites : "Il ne fait pas le poids !" Certains artistes confient qu'en dehors de la scène, ils n'ont rien à vous apporter. C'est déjà bien qu'ils s'en aperçoivent ! Avec Gilbert, c'est tellement autre chose ! »

Dans les coulisses à plusieurs reprises, en province et à l'Olympia[6], Annic et moi, jeunes mariés, retrouvons Bécaud et ses dernières chansons, notamment *La rivière*, un morceau de roi.

T'as pas lavé tes mains
Qu'est-ce que t'as, t'as pas faim
T'as pas embrassé ta mère, t'as pas salué ton père
Dis à ton frère qu'il arrêt' de faire couler tant d'eau...

La rivière, peu connue du grand public, reviendra dans tous les témoignages des futurs musiciens comme la chanson de référence, la préférée..., la nôtre aussi, celle d'un interprète magnifique qui, en quelques minutes, vous entraîne au bord des larmes.

« Toi, tu es mon régisseur ! »

Dans les studios de Joinville, à quelques jours du Palmarès de la Chanson [1], Jean-Christophe Averty tourne un show en couleurs. Vingt chansons filmées, autant d'hommages à la peinture moderne. Jacques Dinnat se présente, recommandé par Félix Marouani : il totalise quatre ans de régie pour Roger Pierre et Jean-Marc Thibault et trois ou quatre mois avec Sacha Distel.

« Je ne m'entends pas trop avec Sacha et, en janvier, je le quitte. Félix Marouani me rappelle le 1er février 1968 en m'annonçant : "Tu pars avec Bécaud !" On me dit qu'il est un type difficile, compliqué, coléreux, j'ai une certaine appréhension. Dès les premières minutes, il m'accueille par "Toi, tu es mon régisseur !". Je n'ai pas l'intention de le tutoyer, mais Gilbert m'envoie le "tu" à la figure. Je le tutoie à mon tour, il me lance : "Tu pars avec moi !" »

Demain, c'est Grenoble, l'ouverture des Jeux Olympiques, avant Paris et *Le Palmarès de la Chanson*. Jusque-là, Jean s'est occupé de Gilbert. Entre frères, c'est naturel. Sur un petit différend, ils se séparent et Dinnat prend le relais, il va y consacrer quinze années de sa vie. [2]

Le soleil de mai revient sur la France mais les esprits sont frondeurs. Partout barricades, pavés et boucliers, le printemps est à la grogne ! De Gaulle en difficulté, Georges Pompidou, alors premier ministre, fait face. Quelques semaines après – et sans relation avec les événements – Pompidou reprend Nietzche et s'écrie à l'Assemblée nationale : « Dieu est mort ! »

Pierre Delanoë sent que cette phrase terrible peut faire l'objet d'une chanson (« Un truc bizarre où je refais carrément la Genèse. Mais ce n'est pas la naissance de l'homme qui est en cause, c'est celle de Dieu »).

La musique jaillit sous les doigts de Bécaud, c'est *L'un d'entre eux inventa la mort,* une folie métaphysique de six minutes, un conte fantastique qui va figurer dans le prochain album. Chanson-procès de Dieu, en toute simplicité, ou parabole signifiant qu' « il » redescendra sur Terre et sera de nouveau crucifié.

Il y a des millions d'années
Quand le diable n'était pas né
Tous les hommes étaient immortels
Mais l'un d'entre eux qui était le plus fort
L'un d'entre eux inventa la mort

« Dieu est mort, Dieu est contesté par les hommes qui recherchent la vérité, c'est en quelque sorte, un reproche, une plainte. »

Loin de la fureur politique de ce printemps particulier, Gilbert voyage autour du monde. Chaque soir, il jette des cravates à des publics exaltés.

« Gilbert aime bien la foule, saute dans la salle, constate Jacques Dinnat. Il remonte sur scène à pieds joints et souvent, son pantalon craque ! On va vite en chercher un autre dans sa loge et en fin de chanson, il sort de scène, se change rapidement et revient sur le plateau. Le public sourit, ça passe comme ça, c'est sympathique. Les cravates ? Elles lui reviennent assez cher... Je lui dis souvent : "Ecoute, Gilbert, tu ne jettes pas ta cravate ce soir !" Il la sacrifie quand même, alors, je l'engueule ! »

Un jour, c'est la chute sur les spectateurs du premier rang, un instant d'émotion qui entraîne quelques jours de repos forcé. Jean-Claude Lassère, à la console son, s'en souviendra au-delà des années quatre-vingt-dix. A Châtelet, le chanteur voit rouge : cette petite ville belge possède la triste réputation d'être le festival de la tomate ! Après une première partie émaillée d'incidents – sonorisation défaillante, remarque désobligeante d'un musicien sur les Flamands –, la température grimpe et lorsque Bécaud apparaît, la première tomate jaillit. La tradition est respectée, Gilbert Sigrist et l'orchestre s'arrêtent, l'artiste fixe le public. Va-t-il se fâcher ou considérer qu'il ne s'agit là que d'un acte isolé ? Il reprend *Il fait des bonds...*, sa chanson d'entrée. Cette fois, le projectile heurte de plein fouet son épaule. L'œil de Bécaud vrille l'assistance : « Puisque tu as le grand courage de me prendre pour cible, viens le faire ici, sur le podium ! » Sans réponse à cette invitation, il reprend son spectacle, et par cette attitude ferme, ramène instantanément le calme pendant la durée de son tour. Nicoletta, qui enchaîne, n'a pas la même chance...

« Aberrant, reprend Jacques Dinnat, c'est un plaisir comme un autre de balancer des tomates. Inimaginable. Evidemment, on a tous relégué l'incident au rayon des mauvais souvenirs. »

A quelques milliers de kilomètres, les chars soviétiques font leur entrée dans Prague. Le président de l'Assemblée, Smorkowsky, prononce une brève allocution :« Quelles que soient les contraintes, le peuple tchèque gardera l'espoir. » Sur la demande du président, la radio de l'ancienne capitale de Bohême diffuse en français une chanson de Bécaud :

Dans ta veste de drap blanc
Il fait froid comme en Bohême
Tu as le cœur comme en carême
Et pourtant
L'important c'est la rose...

Profitant d'une pause dans les tournées, Gilbert Sigrist accompagne Barbara pour une série de galas dans les Maisons des Jeunes et de la Culture : « Le beau Romanelli est à l'accordéon. C'est l'époque où la chanteuse tourne *Frantz* avec Jacques Brel. Elle souhaite que je reste toujours avec elle, et mon retour chez Bécaud me fait tomber en disgrâce. Lui non plus n'est pas tendre ("Alors, tu pars avec ta mante religieuse ?"). »

En février 1969, avant la rentrée parisienne, on rode le nouveau tour notamment à l'Ancienne Belgique, Virginia Vee et Julien Clerc assurent la première partie. Le jeune homme commence à faire parler de lui. On le présente à Gilbert qui écoute *Ivanovitch* et lui dit : « Je n'y comprends rien, mais ça me plaît, je t'emmène, tu commenceras le spectacle. » Comme d'habitude, Bécaud fonctionne à l'instinct, la sympathie entre les deux artistes est immédiate et réciproque. Le 18 février, Julien passe dans le spectacle de l'Olympia, se limitant malgré lui à quatre chansons[3].

Gilles Vigneault garde un souvenir amusé de cette série de concerts :

« Il nous arrive quelque chose de drôle, tout à fait anecdotique, sur le moment, nous rions comme des gamins : dans sa loge, il y a un gars à côté de moi qui me ressemble comme un frère jumeau. Gilbert nous regarde l'un puis l'autre, et nous dit : "Natashquan, c'est qui ?". Bien sûr, je lui précise : "C'est moi !", ça ne pouvait pas être "l'autre" ! Je garde toujours un certain respect pour Bécaud, une certaine tendresse : même à l'époque, il m'avait semblé toujours plus jeune que moi, tellement c'était un enfant qui jouait avec les mots et avec la musique. Par la suite, nous nous croisons en tournées, nos spectacles se chevauchent, un jour avant, un jour après... Nous nous laissons des petits messages de bienvenue sur les photos dans les loges. "Bonjour Gilbert... !" "Salut Gilles, comment vas-tu ?...." »

Dans le nouveau répertoire de Bécaud, *Badabing beng bong...* est signée Maurice Vidalin :

Oui, j'écris ce qui me plaît
J'écris ce que je veux
Mais quand j'écris Liberté
Ça les dérange un peu...

En Afrique du Sud, Gilbert chante dans plusieurs salles, pour les Blancs. Jacques Dinnat et Jean-Claude Lassère sont très surpris : « Pour monter le spectacle, constate Jacques, tout le personnel technique est de couleur, et le jour du gala, exclusivement blanc. Un Noir n'a pas le droit d'être sur scène pour toucher au matériel ou pour voir la vedette. Ça nous choque tous, et Gilbert le premier. Bécaud a un chauffeur noir qu'il veut inviter au spectacle, mais les organisateurs lui interdisent l'accès à la salle. S'il passe outre, le concert est annulé. Gilbert insiste pour que son chauffeur occasionnel se fasse tout petit, se glisse en coulisses : ils ne veulent rien savoir, il faut le vivre pour le croire ! Nous marchons dans les rues de Johannesburg, dans les parcs. Sur tous les bancs publics, on lit "european only". Exclusivement pour les Blancs. Les autres doivent s'asseoir par terre ! Idem pour les bus, et les commerces, séparés en deux : côté blanc, côté noir ! Le premier dimanche, personne ne nous en a informés, les restaurants, les magasins sont fermés. Ce jour-là, nous ne mangeons rien. Le dimanche suivant, au Cap, l'équipe se retrouve avec des provisions au bord de la mer ! Bécaud chante en français et quelques titres en anglais, la langue du pays. Pour les concerts en Afrique du Sud, il compose judicieusement son répertoire, occultant certaines chansons qui peuvent prêter à polémique. (...) Un soir, pour nous détendre, nous allons dans une boîte européenne un peu bizarre, assez spéciale. Gilbert s'amuse, puis on danse tous les deux ensemble, on fait les fous, c'est nécessaire, nous sommes si loin de chez nous. »

Cette notion revient systématiquement dans nos entretiens avec les musiciens, les techniciens. Souvenirs des soirées-caviar en URSS, après le concert où l'on se regroupe dans une chambre pour boire et parler de la politique du pays. Des moments forts, fraternels.

« Lorsque Bécaud se produit au Japon ou en Afrique du Sud, il appelle constamment sa famille. Il l'aime, c'est sans problème, mais la musique passe souvent avant tout, il est toujours à la recherche d'une mélodie, c'est sa vie ! »

Pendant l'été, à Woodstock, des centaines de milliers de jeunes Américains forcent l'entrée d'un mégaconcert où, pendant trois jours vont se produire les plus grandes stars du rock. Le phénomène hippie est à son apogée. En France, les festivals se multiplient. Parallèlement, Bécaud chante un peu partout. A l'automne, il entreprend une nouvelle tournée après quelques jours de travail dans son chalet de Crans-sur-Sierre, en Suisse, où il termine, avec Amade, *A remettre à mon fils quand il aura seize ans* (sur les rochers de Sainte-Hélène, Napoléon fait don des vestiges de sa gloire, comme des échecs de son existence, à son fils qu'il ne reverra jamais).

Mon nécessaire d'or des heures de bataille
Dont je me suis servi aux matins exaltants
D'Iéna, de Friedland, d'Eylau, de Montmirail
Le remettre à mon fils quand il aura seize ans...

Cet empereur qu'on exile a toujours fasciné Bécaud, au même titre que de Gaulle. S'il affirme son admiration pour ce dernier, sa passion pour Napoléon est moins connue, il en parle peu. Il ira visiter l'Ile d'Elbe, à bord de l'*Aran II*. On le verra également se recueillir avant un récital sur la butte qui surplombe la plaine de Waterloo. Ce soir-là, il ne participe pas à la mise en place et se présente au théâtre une demi-heure à peine avant le concert. On sait que les deux hommes sont « scorpion », avec comme dénominateur commun une forte propension à l'égocentrisme, des tempéraments instinctifs au magnétisme fascinant, des passionnés ne reculant devant rien pour exprimer leur puissance. L'exigence peut basculer dans l'excès, mais quoi qu'il en soit ce signe commun rapproche indéniablement le chanteur et l'empereur.

A remettre à mon fils quand il aura seize ans ne figure pas dans le spectacle de la tournée. A Narbonne, début décembre 1969, Bécaud teste *Je t'aimerai jusqu'à la fin du monde* alors inédite et *La cavale*, de Pierre Delanoë : deux chansons cadeaux pour le public venu l'applaudir dans la cité audoise. Une soirée inhabituelle : pour la première fois, Annie et moi administrons un concert de Gilbert, entre Roland Hubert, producteur des Galas aux Etoiles, et le capitaine Babou, commandant le corps des sapeurs-pompiers de la ville et co-organisateur. Installation scénique, coulisses, arrivée des musiciens et des artistes. Nous échangeons quelques mots avec Gilbert Sigrist et les musiciens. Jacques Dinnat, le nouveau régisseur, est sympathique, et Nicole Cuissard (la petite fan des années cinquante), toujours présente :

« Je commence à m'occuper de bricoles pour Gilbert, le verre entre deux chansons, les coulisses, raconte Nicky. Je suis toujours là mais je n'y vais plus en stop : il a demandé à Jacques de me prendre dans sa voiture. Je ne fais pas partie de l'équipe officiellement, mais je suis toutes les tournées, je vais où je peux, même au Japon ! C'est fantastique. A partir de là, pour tous ses Olympia, je m'occupe de la loge. Gilbert a un régisseur, bien sûr. Mon rôle ? En fait, je ne suis rien..., c'est difficile à dire. Il arrive souvent que des admirateurs un peu trop pressants arrivent dans les coulisses. On n'a pas le droit de les renvoyer : c'est son public et Bécaud en a besoin. Il faut être correct, diplomate, surtout lorsque Gilbert veut être un peu tranquille. Ça se passe toujours très bien. Louis

Amade m'a demandé un jour de l'accompagner à la radio pour raconter mon aventure. Je n'ai jamais accepté. Depuis le début, j'étais "fan", vraiment fan à l'époque des idoles : je le suis toujours. »

En première partie, Isabelle de Funès, Jean Courtil, Julien Clerc et Frida Boccara.

« Gilbert m'apprend l'humour, nous confiait Frida. Comment chanter une chanson drôle dans le style de *Quand Jules est au violon* ou *Mademoiselle Lise* ? Je "pique" ça à Bécaud. En travaillant avec lui, Brel et Brassens, je peux multiplier les styles pour faire un vrai tour. Si vous chantez pendant vingt-cinq chansons "Ma femme est partie ou mon grand-père s'est cassé la jambe...", ce n'est pas drôle, ça devient vite lassant. Son intensité dramatique me frappe beaucoup dans des morceaux assez forts comme *Mes hommes à moi, La cavale.* Pendant toute la tournée, on ne voit pas le temps passer : Gilbert écoute, caché près du rideau, debout, observe. Je vois ça rarement chez d'autres artistes, et nous, avec Julien, on est là en coulisses, baba, à le regarder ! »

A Narbonne, après le spectacle, toute la troupe se retrouve au bar de l'Europe, face au Palais du Travail. Roland Hubert nous entraîne quelques minutes dans un coin de la salle, nous parlons « boutique » discrètement, avant de rejoindre Gilbert, assis sur un canapé dans le salon de l'hôtel-restaurant. Savourant le moment présent, il n'est pas pressé de s'en aller, la compagnie est bonne : « On déshabille la soirée, on cause.... » Champagne !

« Ce gala est très particulier, nous rapporte Frida. Nous faisons des coups pendables avec les musiciens. Que ce soient les miens, ceux de Julien ou de Gilbert, nous sommes complètement "frappés". Tous les soirs, la police nous retire nos passeports, nous les restituant le lendemain matin. C'est incroyable : on change les meubles dans les étages, tout un déménagement, c'est affolant et absolument pas du goût de Roland Hubert. Avec ses gants, ses sentiments, il ne se mêle pas à nos folies. Malgré tout, le lendemain, il éclate de rire en nous lâchant : "Quelles bêtises avez-vous encore faites cette nuit ? Quand même, la réputation des Galas aux Etoiles... !" Roland est un homme charmant, bien élevé. Je voyage avec ma sœur qui s'occupe de ma régie, il nous emmène dans sa voiture. Chaque jour, il nous arrête dans les restaurants les plus extraordinaires, avec toujours des Bourgognes merveilleux, tout en jouant dans le style : “Chère amie, vous prendrez bien quelques belons...” Je vais vous raconter une soirée mémorable (depuis, le temps a passé, on peut en parler) : à Narbonne, ma chambre est tout à côté de celle de Roland Hubert. Gilbert vient me voir et me dit : “Est-ce que tu permets que, dans l’après-midi, j’installe un micro dans ta chambre jusqu’à celle de Roland, tout en passant par les balcons ? Je veux lui faire une farce monstrueuse : lui qui est à cheval sur les principes, on va lui envoyer une putain de grosse Rosy et on va enregistrer tout ça ! Ce que je te demande, pendant qu’on écoutera tous de chez toi, c’est de téléphoner à Roland, en lui disant que tu as très mal à la tête et que tu voudrais aller chez lui prendre de l’aspirine.” »

Gilbert paye le portier pour trouver une fille qui veuille bien se prêter au jeu. Jean-Claude Lassère installe le micro indiscret. Après le concert et la réception des organisateurs, chacun regagne ses quartiers. Gilbert et Frida, ensemble, attendent la suite des événements comme deux gamins. La fille frappe à la porte de Roland et entre. Le magnétophone enclenché, Frida intervient :

« — Allô, cher Roland, il m’arrive une chose épouvantable, je ne parviens pas à fermer l’œil. Si je ne dors pas, ce sera affreux, je serai enrouée demain soir. Il me faut absolument des cachets d’aspirine. Je viens les prendre chez vous !

« — Mais non, mais non, chère amie, je vous les apporte, ne vous dérangez pas.

« — Roland, je suis sûre que vous êtes en robe de chambre, vous n’allez pas vous promener ainsi dans un couloir d’hôtel ! »

Frida insiste lourdement. Bien entendu, le producteur ne veut rien entendre et vient lui apporter l’aspirine. Gilbert ne se montre pas et Roland, gêné, retourne dans sa suite :

« Attendez, chère amie, vous ne savez pas à qui vous parlez... ! »

« C’est cocasse, nous raconte Frida. Généralement, ce sont les femmes qui disent : “Vous ne savez pas à qui vous parlez.” La fille est trop collante, Roland s’aperçoit que quelque chose ne va pas : il veut la payer, pourvu qu’elle s’en aille, mais elle n’accepte pas et fait durer la plaisanterie pour Gilbert ! On passe une soirée inoubliable : mettre une fille de mauvaise vie dans le lit de Roland Hubert, faut le faire ! Le lendemain, il nous lance : “Vous avez dû bien rire sur mon dos !” Ça, c’est signé Bécaud ! »

Monsieur Pointu, s'il vous plaît !

1970-1979

« Avec Maurice Vidalin, on a souvent une technique pour écrire des sujets un peu étranges (*La rivière, Jules, Lise...*), des chansons très "spectacle". *La vente aux enchères*, c'est une improvisation de Maurice qui, après quelques bières, s'exprime, mouchardé par un petit magnétophone. Quand il part se coucher, je relève tous les bons mots, je les mets de côté et je fais la musique après. Quand tout est fini, il répare techniquement certains changements de temps qui ne collent pas, ce qui est trop flou, mais le jet le plus important se fait "dans le bordel". Vidalin n'écrit pas, il dérive. *La grosse noce, Les tantes Jeanne*... ont été, au départ, improvisées et ensuite maîtrisées. Si vous les écoutez bien, vous trouvez des trucs assez bizarres qu'on n'écrit pas sur le papier, des images scéniques qui sortent comme ça, qui frappent mais qui n'ont pas tellement de relations entre elles. *La vente aux enchères* est très agréable à chanter. On l'interprète de trois façons différentes : vous pouvez en faire deux escrocs, la vie et la mort, ou du kabuki (avec des positions). En la bougeant, elle change de signification par l'interprétation. Si vous prenez *L'important c'est la rose*, quelle que soit votre intention, ce sera toujours *L'important c'est la rose. La vente aux enchères* est le seul morceau d'acteur que je connaisse qu'on bouge ainsi, d'une atmosphère drôle à une très grave ou alors complètement dingue, bizarre ! Je n'en vois pas une autre de ce style, même chez mes camarades. D'abord, ce n'est pas une chanson, on appelle ça "un truc". Elle peut varier entre cinq minutes et un quart d'heure. Vous vous rendez compte, on a dix minutes d'élastique..., de silences, de réflexions, des volte-face, des envols, des blancs comme ça qui jettent une espèce d'angoisse. De plus, quand on a un bon partenaire comme Monsieur Pointu, c'est formidable. Vous savez, Vidalin, Amade, Delanoë ont tous la technique pour vous écrire quelque chose d'intéressant. Maurice, son efficacité ne se révèle totalement que lorsqu'il est véritablement sincère. Pour cela, il faut lui enlever le crayon et le papier. Tous mes morceaux ne sont pas des succès. Parfois, on fait des faces "A" qui ne marchent pas et des faces "B" qui ont plus de chance. On n'est pas des usines à chansons, on ne sait jamais si ça va marcher, il n'y a pas de loi. L'essentiel, c'est de "rester vrai". J'ai interprété *L'aventure* parce qu'elle avait de très belles paroles, mais on ne peut pas dire qu'elle ait été un succès. *La rivière* n'est pas vraiment une chanson, mais elle permet à l'acteur de se défendre. »

Plus tard, Bécaud citera *La vente aux enchères* parmi ses préférées : « Le public l'appelle tout bonnement "Monsieur Pointu". Le personnage est si pittoresque que le spectateur a oublié le titre exact, il a retenu seulement le surnom. Le pseudonyme est resté, on appelle maintenant sa femme, Madame Pointu ! »

Approchez, messieurs dames, approchez... approchez aux enchères. Préparez la monnaie. Moi je suis là pour vous vendre et vous pour acheter... Des lots exceptionnels... Des prix exceptionnels... Du rêve pour pas cher... A ma vente aux enchères...

A la fin de l'été, Maurice Vidalin vient d'écrire la chanson. Avant la tournée au Québec, Bécaud lui demande de trouver le personnage central : « un violoneux ». Vidalin et Sigrist partent donc en « repérages » pour une journée d'auditions organisée par le producteur Michel Gélinas. Le musicien souhaité doit aussi dire une partie du texte. « Ce n'est pas grave, estime Maurice, il suffit de lui mettre les paroles par terre... ! » Une amie québécoise intervient : « Je connais un type qui s'appelle "Pointu" et qui joue du violon, il dit toujours : "la vie est triste, mais le bonheur est pointu !" » En réalité, Bécaud pense à quelqu'un de chez Robert Charlebois, mais lorsque ce dernier arrive avec son instrument en métal, il ne sait pas intervenir en tant que comédien, il s'avère impossible d'aller plus loin. Deux autres passent le casting : « Vous êtes trop petits, ça ne va pas », lance Vidalin sans détour.

« Lorsque je fais la connaissance de Bécaud, nous raconte Paul

Cormier (M. Pointu), je joue à l'hôtel Lafayette à Montréal. Claude Saint-Jean, l'agent de Patrick Norman (choriste de Gilbert), informé des auditions, me contacte. Surpris, je me demande s'il ne me fait pas une blague.... Mon batteur et moi partons donc à la Place des Arts, il faut y aller après tout, je suis toujours sceptique, mais au téléphone, je viens de parler à une personne à l'accent français (Gilbert Sigrist), alors... A l'entrée, je me présente : "Bécaud, c'est ici ? J'ai rendez-vous avec son chef d'orchestre..." Et là, je vois arriver le pianiste de Bécaud, qui s'en vient ben tranquillement les mains dans ses poches, pas nerveux du tout. Il me regarde et dit : "Vous êtes M. Cormier ? Suivez-moi...". Entre-temps, mon batteur amène mon ampli. Sigrist regarde mon matériel, une affaire énorme et semble me dire : "Mais qu'est-ce que tu vas faire avec ça !" La grande pièce est vide, seulement un piano et une chaise, je me demande ce que je fais là ! Sigrist commence à installer les partitions : "Pourquoi tu ouvres ça, je ne sais pas lire la musique..." "Ah bon, et comment allez-vous faire... ?" "Ecoute, chante la chanson et puis je vais me débrouiller ! Donne-moi les feuillets, je m'en vais aller voir un de mes copains qui sait lire, il me l'apprendra..." "Non, ce n'est pas possible, ce n'est pas comme ça que ça marche, on a besoin de vous tout de suite." Et Sigrist commence à jouer, fredonne la mélodie et me dit : "Vous allez être obligé de répondre à 'des lots' lorsque Gilbert Bécaud s'adresse à vous." Il sort alors un papier et écrit "Premier lot", "Deuxième lot", etc. Je ne connais rien à la "toune", j'improvise, c'est un peu "la misère", alors, subitement, je dis à mon batteur : "Va me chercher une caisse de bière !" Sigrist me regarde ("10h. du matin, une caisse de bière, oh là là..."). J'installe toutes les bouteilles sur le piano, bien sûr, si Bécaud arrive, "j'y dirai" pas que je bois, mais dix bouteilles sur un piano... ça frappera son imagination. Sigrist me dit : "Tu fais ce que tu veux, moi, mon travail, c'est de présenter le morceau et de faire passer l'audition." J'ouvre une bouteille, mon batteur également et nous continuons à "pratiquer". Et là, Sigrist m'arrête : "Attendez, il faut que j'appelle Gilbert !" Je m'interroge vraiment, il se met en retrait et demande probablement à Bécaud de nous rejoindre. Impassible, j'attends la suite...

« Il est alors en conférence de presse dans une salle à côté. Je sais que d'autres violoneux ont auditionné avant moi. Avant son arrivée, la porte s'ouvre et des journalistes, des photographes pénètrent dans la salle, des cameramen s'installent. Bécaud arrive, les regarde et leur dit : "Laissez-nous s'il vous plaît !", puis remarque les canettes de bière sur le piano (je veux l'impressionner et je crois que j'ai réussi mon coup !). Il se dirige vers moi, j'ai mon violon dans les mains, mais je suis certain que je ne ferai pas l'affaire, alors je me conduis de façon inhabituelle, je lui dis "Tu prends une bière... ?" "Oui !" (Bécaud ne boit pas de bière, mais il ne veut pas me décevoir, il avale une gorgée et repose la canette !). "Un, deux, trois, on y va... !" On prend le morceau en fa. Au bout de quelques mesures, il nous arrête et dit "Non, on le fait en sol !" Une chance..., cette tonalité est plus facile ! Avant de recommencer, il me lance : "Est-ce que tu es capable de me faire une intro country ?" Je démarre, il esquisse quelques pas, commence le morceau, et je comprends ce qu'il attend de moi. "Monsieur Cormier, s'il vous plaît... !" et j'enchaîne : "Premier lot... La grande aventure... !" Il ne sait pas que par le passé j'étais à la contrebasse à côté de chanteurs country et que je participais aux sketches entre leurs pièces musicales. "Ok, dit Bécaud, ça suffit, je retourne à ma conférence." Il se recule, me regarde et pense tout haut : "Chapeau melon, col roulé, tu garderas tes godasses de cow-boy, tu travailles dans un club, je crois... Ce soir, c'est ta dernière ! Demain, tu te reposes et après-demain, on travaille ! Aujourd'hui, tu vas continuer à répéter avec mon chef, moi je m'en vais, je suis occupé, salut !"

« Voilà, ça n'est pas plus long que ça. Et je me dis : "Bon, cette fois, c'est vrai, je ne rêve pas !" Je pense néanmoins qu'on va faire un petit tour au Québec et que l'aventure s'arrêtera là. Le soir, au Club, j'annonce à mes musiciens : "C'est mon dernier soir, demain je me repose car je vais travailler avec Bécaud." Tous les serveurs se mettent à rire ("Cormier avec Bécaud... !"). Mon batteur qui m'a accompagné leur confirme l'engagement, puis vient vers moi et me murmure : "Tu sais ce que Bécaud a soufflé à son chef d'orchestre ?" "Non !" "Quand il danse et qu'il fait le tour du piano, il a dit en parlant de toi : 'Ce gars-là, je l'emmène en Europe, je le booste, je le booste !'" Je n'avais rien entendu, mais mon batteur n'avait pas loupé la remarque. Le 2 septembre, trois jours avant le premier concert, nous commençons les répétitions.

« La première fois que nous faisons *La vente aux enchères*, nous sommes à Joliette, à une demi-heure de Montréal, nous partageons la même loge, je me laisse maquiller par la compagne de Gilbert, Kitty Saint-John, qui utilise son propre fard mais ce n'est pas encore tout à fait au point, la blancheur de mon visage laisse un peu à désirer. Je fais les cent pas en attendant le début du concert. Au bout d'un moment, il me dit : "Arrête de marcher, tu fais toujours ça avant de travailler ? Kitty, donne-lui un bon scotch, ça va le calmer !" Rien ne change, je continue à aller et venir, Gilbert me garde à côté de lui, dans sa loge. Avant Montréal, on rode la chanson dans d'autres places [1], le premier jour, au Séminaire de Joliette, je me demande si je vais être à la hauteur, je réalise que je suis à côté d'une "vedette", nous ne faisons pas de véritable répétition tous ensemble, uniquement avec les musiciens, j'ai tout en tête... Après le spectacle, il me dit : "Prends-toi un scotch !" C'est sa façon de me faire savoir qu'il n'est pas mécontent de moi. La deuxième journée, à Sainte-Thérèse, nous faisons une répétition plus solide..., je me procure du vrai maquillage de clown et je me grime moi-même. A Sherbrooke, durant le raccord de l'après-midi, Gilbert fait venir deux mimes professionnels qui m'enseignent la façon de me maquiller. En scène, il m'appelle "Monsieur Cormier", "Monsieur Pormier" et un soir, tout naturellement : "Monsieur Pointu" ! Rapidement, il me demande si je suis d'accord pour l'accompagner dans ses concerts hors Québec. Irène, mon épouse, me dit : "Vas-y, c'est ta chance, ne manque pas ton coup !" Le contrat a une fin, c'est du 5 au 22 octobre, le Québec et la Belgique, puis du 28 octobre au 22 novembre, l'Olympia, ça se termine là... ! »

Le 13 octobre, pour son premier concert en France, Monsieur Pointu doit jouer au château de Versailles après une grande réception. Au programme, le spectacle des grandes eaux vu de la galerie des Glaces, le dîner au champagne dans la galerie des Batailles, le grand orchestre de la Garde républicaine, la Batterie napoléonienne et le tour de chant de Bécaud ! Au dernier moment, *La vente aux enchères* est supprimée.

« Moi, dit Gilbert, je ne chante pas devant ces gens soûls, ils ont trop bu ce soir ! Paul, on ne fait pas ta chanson, mais sois tranquille, tu seras payé, viens..., je vais te présenter l'un des gardiens du château, il va te faire une visite spéciale, rien que pour toi, avec des endroits où les touristes n'ont pas accès. »

Bécaud aborde sa nouvelle rentrée parisienne[2], accompagné par le grand orchestre sous la direction de Jean-Claude Petit. Il arrive très tôt, fait sa balance, échange deux ou trois plaisanteries avec l'équipe, reprend avec les musiciens une nouvelle mélodie qui trotte dans sa tête, revoit les bases d'une orchestration qu'il souhaite améliorer, partage le verre de l'amitié avec Pointu, puis se retire dans sa loge fleurie et décorée à son goût. Là, il se concentre et tente de calmer sa nervosité grandissante. Pendant des années, Mamico reste auprès de lui, attentive. Il passe ensuite son costume et traîne derrière le rideau rouge pour « humer » la salle qui l'attend. Le trac l'envahit... Le régisseur crie « stand by », les musiciens attaquent, alors il s'avance... le public le reconnaît, il crie, Gilbert est heureux, il chante. Certains soirs, Kitty l'attend sur le côté de la scène, si discrète ! Entre deux morceaux, Gilbert la rejoint.

La fin du spectacle se déroule selon un rite immuable. Vingt minutes avant la fin, le petit ballet des rappels commence, de faux rideaux en vrai départ, Gilbert se cache et réapparaît radieux, la bouffée de fumée à demi cachée, la gorgée de whisky rituellement avalée avec le peu de discrétion qui devient un jeu dont les spectateurs ne se lassent pas. Une affectueuse complicité avec un public qui rit et qui en redemande. Des cris fusent réclamant *Nathalie* (« Pas celle-là, elle est vieille... ! »), ou la merveilleuse *Ballade*, et cette communion, sans cesse renouvelée jusqu'au dernier bravo, jusqu'au moment où les émotions s'apaisent..., quand le spectacle est terminé.

« Vous voyez Bécaud ne pas chanter *Et maintenant, La rose, Le poète, Nathalie...* ?, explique Jacques Dinnat. Le public ne serait pas satisfait, Gilbert, lui, ça l'embête un peu. Quand il compose son tour de chant, je l'entends souvent soupirer sur le choix de *Nathalie.* Il y a des jours où il préférerait l'oublier, mais il ne peut pas ne pas la mettre...."

Dehors, devant l'entrée des artistes, les admirateurs tiennent bon.

« Un soir, nous raconte Monsieur Pointu, Gilbert signe des autographes, une fille s'avance, dévoile un sein et dit : "Tiens, tu signes sur celui-là !"... Là, mon Gilbert s'exécute et après ça s'en vient me trouver : “Paul, viens, viens, tu fais l'autre sein !” On n'est pas habitué à ça, chez nous, au Québec, mais enfin, ça l'amuse, alors je le fais ! »

L'agenda nous conduit au Japon, à la Martinique, à la Guadeloupe, en Amérique du Sud, en Belgique, en France, en Bulgarie – notamment à Sofia où un enregistrement public est réalisé. En mars 1971, François Rolland, jeune guitariste, va entrer dans l'équipe. Pierre Dor'Ragon doit partir, il faut le remplacer. François assiste à un récital à Fontainebleau, pendant les Galas des Etoiles[3]. Il en ressort à la fois ébloui et raide d'inquiétude car la tâche lui paraît nettement au-dessus de ses moyens. Mais la tournée n'est pas terminée et le musicien n'a pas le temps de se familiariser avec les morceaux.

« Je suis habitué à lire les partitions et ça ne me fait pas peur. Je demande donc à Gilbert Sigrist, son chef d'orchestre, de me fournir les musiques et là, première surprise : il me répond qu'il n'y en a pas et me donne une bande magnétique contenant l'intégralité du récital en me suggérant de tout apprendre par cœur. Ouf ! Sacré boulot, mais bon, je m'y attelle en prenant soin de reprendre note pour note pour la moindre nuance que fait Pierre Dor'Ragon, ce qui n'est pas une mince affaire vu l'envergure du monsieur, guitariste émérite qui connaît le répertoire sur le bout des ongles. La tournée, une répétition et boum ! Dès les premières notes, Gilbert me dit de jouer ce que je veux mais que ce n'est pas la peine de reprendre ce que joue Dor'Ragon. Et allez donc, des heures de travail effacées en trois secondes ! Je ne suis pas au bout de mes surprises..., je pense pouvoir répéter assez longtemps, mais au bout de quelques chansons, on se donne rendez-vous pour le prochain gala. J'apprends ainsi sur le tas au fur et à mesure des concerts, des télés, des enregistrements, etc. ce que Gilbert attend de son guitariste, ou plutôt de ses guitaristes, car nous sommes deux à cette époque et je dois rendre hommage à Harry Katz, mon collègue de la six-cordes, pour sa qualité de jeu, sa patience, ses conseils et surtout son extrême gentillesse qui me permettent de m'intégrer à cet orchestre que j'ai toujours trouvé fabuleux et dont je suis maintenant l'un des membres. Un rêve de gosse devenu réalité... Ce que je découvre, c'est que Gilbert a un instinct pour “sentir” si on lui convient ou pas et ce ne sont pas seulement les qualités musicales qui lui importent, mais plutôt que nous sachions jouer sur un autre plan que la musique elle-même : il faut pénétrer au cœur de la chanson, là où les notes ne sont plus l'élément essentiel. C'est difficile à décrire, mais c'est vraiment une façon d'envisager les choses que je n'ai jamais connue auparavant. »

Au même instant, Bécaud travaille les thèmes musicaux du nouveau film de René Clément *The house under the trees/La maison sous les arbres*. Le réalisateur appelle Gilbert jusqu'à seize fois par jour pour lui donner des indications sur les images qui ne sont pas encore tournées. Une véritable épopée... Sur la demande de Gilbert, Christian Gaubert orchestre un des thèmes du film, Delanoë juxtapose son talent à la mélodie. Le résultat est surprenant, mais sans lendemain, *La Chine* n'arrive pas à passer la rampe. Au fil de ses colonnes consacrées aux « tubes », *L'Express* mentionnera la tentative, établissant un parallèle entre *Nathalie* et la nouveauté.

Yang Tchou Kiang est venu de loin
Yang Tchou Kiang arrive à Pékin
Quelle ville, c'est la Chine
Comme lui, il y en a plein

« Vous savez, lorsque j'ai écrit *Le pianiste de Varsovie*, certains ont imaginé que je me prenais pour Chopin. Quand j'ai chanté *Nathalie*, “ils” ont dit : “C'est une chanson communiste”. Pour *la Chine*, ils ont affirmé que je glorifiais Mao ! »

Qu'importe..., Delanoë et Bécaud, associés à Guy Carlier, reprendront le même thème plus tard. Sans un instant de répit, Gilbert se produit en février au Royal Bose à l'Americana, à New York, pendant quatre semaines. En France, les festivals se multiplient, mais la période dorée de la pop music touche à sa fin, le fiasco de nombreux rassemblements dans le Sud annonce son déclin.

Gilbert émaille sa route de succès, les trois dernières années ont vu naître *Le bain de minuit, La solitude ça n'existe pas, L'homme et la musique, L'un d'entre eux inventa la mort, La rivière, Charlie t'iras pas au paradis* et *La vente aux enchères*, superbe répertoire pour un artiste en pleine maturité.

L'Olympia revient régulièrement dans la carrière de Bécaud avec quelques particularités qui font la différence. Il remplit à nouveau la salle mythique pendant plus d'un mois, du 2 février au 6 mars 1972 avant de reprendre sa course[1]. Monsieur Pointu qui, pendant les tournées, s'inquiétait exclusivement de sa propre prestation, regarde pour la première fois Gilbert en scène.

« J'ai brusquement l'impression de le voir évoluer chez lui et soudain, je sens mes larmes couler sur mon maquillage, ce diable d'homme est dans son élément comme jamais. »

La nouveauté se situe dans la composition de l'orchestre : seize musiciens dont un quatuor à cordes. Le délire est permanent au sein de la formation et pas seulement dans les coulisses, mais à chaque instant de la journée. Au début des « seventies », la tenue vestimentaire de François Rolland – blouson vert pomme et pantalon rouge – le fait ressembler à une borne d'incendie du Québec. La mode est acidulée, l'humeur au beau fixe, les blagues sont l'apanage d'une jeunesse exubérante et Gilbert n'est pas le dernier à participer et à rire, nous raconte François :

« Un jour, notre éclairagiste imagine mettre une lampe au fond des timbales, en se débrouillant pour qu'elle s'allume à chaque fois que le percussionniste, Gilles Perrin, les actionnerait. L'opération doit se faire juste avant de rentrer en scène, sinon l'oreille absolue de Gilles détecterait le stratagème à la balance de 18 h. Il s'en rend compte juste avant le lever du rideau, sans savoir ce dont il s'agit, mais ne peut élucider l'histoire, car le spectacle commence. Dès qu'il se met à jouer, la timbale s'allume et nos sourires aussi. Le bus est le lieu idéal pour les blagues les plus insensées :

« Il faut passer le temps et tout est bon à ceux qui ne dorment pas pour imaginer les farces les plus machiavéliques. La bande des Niçois excelle à ce petit jeu et les éternelles victimes sont les violonistes fraîchement sortis du conservatoire. Pendant un trajet, nous passons par l'ex-RDA et il faut transiter par les contrôles du mur de Berlin, les Niçois (qui mal y pensent, bien sûr), subtilisent le micro cravate d'un des violonistes pendant son sommeil et le font pendre au-dessus de sa tête. Réveillé juste avant le passage du mur, on le cuisine sur ses opinions concernant le régime communiste, elles sont largement défavorables et il s'en donne à cœur joie jusqu'au moment où on lui montre le micro qui pend au-dessus de sa tête. On lui dit que ses propos sont arrivés aux oreilles d'espions qui vont forcément l'arrêter à la frontière. Emoi du jeune musicien qui croit dur comme fer à toutes ces inepties. Quand le policier allemand de l'Est monte pour examiner nos passeports, il s'arrête longuement sur celui de notre violoniste (sur recommandation de notre part évidemment), on croit qu'il va avoir une crise cardiaque. Il se voit déjà dans les geôles de l'Est, privé de nourriture et torturé moralement, bref, l'horreur. Un ami qui joue dans un orchestre de Berlin vient nous voir dans les coulisses et se fait passer pour un policier chargé de suivre le dissident, tout s'amplifie. D'autant que le lendemain, nous repassons le mur dans l'autre sens avec forcément les mêmes angoisses. Eh bien quand après des heures de panique, on lui avoue finalement que tout ça, c'est de la blague, il ne veut pas nous croire ! »

A l'inverse du quatuor à cordes[2] – trois de ses membres sont de jeunes solistes sortant tout droit du Conservatoire –, la section de cuivres est composée d'instrumentistes aguerris et toujours prêts à accumuler les plaisanteries les plus extravagantes, les jeunes constituent la cible rêvée. Le dernier canular..., il faut peindre les violons en bleu pour une question d'esthétique de scène. Les pauvres musiciens se désespèrent devant un tel sacrilège : leurs chers violons (valant souvent une fortune, d'ailleurs), les peindre en bleu ? Quelle hérésie ! Un seul juge peut prendre cette décision ultime et malgré tout impensable : Bécaud !

« Prévenu par les cuivres de la requête des violonistes, Gilbert les reçoit et, marchant dans la combine, leur annonce que malheureusement les impératifs de la scène sont ce qu'ils sont, il va falloir peindre les violons en bleu. Tête des musiciens, après les avoir laissés mariner un peu, il finit par leur dire que tout ceci n'est qu'un gag. Ce ne sera pas pour autant la fin des plaisanteries destinées à nos chers violonistes... »

« Un jour, nous raconte Gilbert Sigrist, nous sommes tous les trois dans la voiture : Bécaud, Bernard Levitte et moi. Arrivés sur les lieux du concert, Bernard descend de son véhicule, se dirige vers quelques badauds et lance très fort en pointant son doigt vers nous : “Là, regardez, c'est Charles Aznavour dans la voiture !” Bien entendu, Bécaud, le premier, éclate de rire ! »

A Roubaix, Abbeville, Liège, Bruxelles, Anvers ou à Paris dans son nouvel appartement de l'Etoile, rue Anatole de La Forge, les matins se ressemblent. Pour être précis, c'est la voix qui défaille. A cette heure-là, Gilbert ne répond pas au téléphone. Plus que jamais, l'artiste délègue les responsabilités : il change de secrétaire et appelle Monique Scherrer auprès de lui. Elle restera officiellement jusqu'en 1989, assurant le secrétariat personnel de Gilbert et dépendant directement de lui. Bien qu'elle ne soit jamais employée par le Rideau Rouge, Bécaud lui confie, au siège de ses éditions, un bureau qu'elle occupera pendant près de dix-sept ans...

En août, sur la Côte d'Azur, Gilbert rencontre Alain de Ricou, il va lui confier les commandes de ses éditions.

« Ce qui me frappe particulièrement au Rideau Rouge, c'est l'esprit d'équipe extraordinaire, organisé autour d'un seul homme, Bécaud, qui cultive pour des raisons professionnelles l'art d'être absent et qui délègue sans discrétion ses pouvoirs. A l'époque, je suis “directeur général” et lui, “président”. On ne se voit pratiquement pas, je dois le rencontrer une fois par an... Gilbert ne pèse jamais sur la direction artistique, il se considère simplement comme l'un des musiciens de la maison, ni plus ni moins, il est même très jaloux quand d'autres font plus de droits que lui. Avec sa bénédiction, tout ce qu'on peut gagner repart dans la création, et très partiellement dans la sienne d'ailleurs. Tout sert à produire et à faire exister d'autres compositeurs... »

Lorsque Bécaud et Alain de Ricou jettent les bases de leur collaboration, tout se fait dans la bonne humeur : Vidalin est présent ainsi que Kitty – la maman d'Emilie, la petite dernière qui vient d'avoir deux mois (le divorce avec Kiki, la mère de Gaya, de Philippe et d'Anne, a été officialisé le 7 mars 1972).

« Je n'ai pas de secret extraordinaire, je me suis marié avec Monique Nicolas qui m'a fait trois enfants, deux garçons, Gaya, Philippe, et une fille, Anne. Ensuite, j'ai eu Jennifer avec Janet, puis une autre fille, Emily, avec Kitty. Mes enfants s'appellent tous Bécaud. Ne me demandez pas les dates, je suis incapable de vous les donner. L'ordre, c'est ça ! Si j'ai d'autres nouvelles, je vous téléphonerai... »

Bécaud en confidences, c'est un vagabondage incessant peuplé de clins d'œil complices et d'aveux qui n'ont pas l'air d'en être ! Plus tard, éludant par une boutade tout ce qui a trait à question sur sa vie privée, Gilbert reviendra néanmoins sur les trois femmes de sa vie :

« Toutes sont ravissantes. Elles m'ont fait des beaux bébés. Nous nous retrouvons souvent, pour dîner, pour les Noël, et personne ne s'engueule ! Ce n'est pas le genre de la maison. Si quelqu'un hausse le ton, on saute sur le champagne, on boit un coup et ça se termine comme ça ! »

Renato Tortarolo, journaliste italien, mentionnera l'attitude des admiratrices de Bécaud, qui, depuis le début, l'adorent – comme d'autres aujourd'hui s'embrasent pour les rock stars : « Ma lei lo sa di essere stato un "tombeur de femmes" ? » La réponse ne tarde pas : « Moi ? Eh bien, dites-le à ma femme... ! » Bien sincèrement, je n'en ai pas fait vaciller autant que ça. Ce sont les femmes qui choisissent, pas les hommes ! »

Gilbert est très « famille ». Plus d'une fois, dans l'appartement près de l'Arc de Triomphe, Jacques Dinnat aide à décorer la maison pour Noël. « Il donne beaucoup d'amour, estime Jacques. Compte tenu de son caractère, il arrive qu'on ne le lui rende pas assez. Nous savons que Gilbert nous aime, même s'il ne nous le dit jamais. Lors d'une tournée à l'étranger, il n'est pas satisfait du repas qui nous est offert. Sans hésitation, il va derrière, en cuisine, et fait cuire les steaks pour toute l'équipe, il les veut saignants : "Laissez-moi faire, laissez-moi faire, je m'en occupe, les musiciens seront contents !" Parfois, lors de la mise en place, il participe et monte aux échelles pour aider les techniciens. C'est sa façon à lui de nous aimer... »

Souvent, le soir, après le spectacle, Monsieur Pointu attend Bécaud à sa sortie de scène et Gilbert, dans un geste affectueux, prend le musicien dans ses bras. « Attention, tu vas salir ton costume, je suis tout blanc ! » Peu importe, l'amitié est au rendez-vous !

Si Bécaud demeure Le chanteur de son époque, il désire toujours plus, le cinéma n'a jamais cessé de l'intéresser, le métier de comédien le passionne, cependant, dans *Un homme libre*, le long métrage qu'il tourne à partir de septembre, il refuse de chanter. Si le nom de Roberto Muller, le réalisateur, nous échappe un peu, ceux de Claude Lelouch à la production et d'Olga Georges-Picot, Christiane Minazzoli, Charles Gérard... éveillent notre curiosité. Pendant les six semaines des prises de vues, Bécaud change de rythme de vie : il n'habite plus au Chesnay, mais à Paris. L'homme de la nuit se lève de bonne heure, s'implique totalement dans le rôle de son personnage – celui d'Henri Lefèvre, un architecte névrosé qui se cherche et ne se trouve pas. Cette fois, le héros est mal dans sa peau. « Je crevais d'envie de jouer quelqu'un qui soit différent de moi. » Gilbert imagine son personnage, le façonne avec la même précision qu'il apporte à la mise en scène de ses chansons.

Contrairement à ce que l'on pourrait penser, compte tenu de son éducation musicale classique, la vision de Bécaud n'est pas « musicale », mais théâtrale.

« Lorsqu'on commence à répéter de nouveaux morceaux, constate François Rolland, il faut rapidement passer sur le contenu harmonique pour en venir très vite à leur mise en valeur par les procédés les plus divers. Le plus employé est le face à face avec un des musiciens, libre de tout mouvement : sax ou guitare de préférence. A partir de là, un dialogue musical improvisé s'installe qui commence doucement pour enfler progressivement jusqu'à devenir presque insoutenable et qui finit par s'apaiser : la chanson peut débuter. Le piano de Gilbert souffre, la guitare ou le sax hurle sans retenue poussé par le chanteur qui ne leur laisse pas le temps de respirer, mais c'est sûr, le public s'y laisse prendre. Gilbert aime pousser les choses au paroxysme et s'il demande "fort", il faut que ce soit très fort, et au contraire, le "piano", réclame pianissimo, comme un murmure. Combien de fois ai-je entendu ce leitmotiv : "les nuances" ! Dans *Le petit oiseau de toutes les couleurs*, c'est Michel

Gaucher qui officie et ses duos avec Gilbert sont souvent magnifiques. Ce n'est pas la prouesse musicale qui intéresse Gilbert mais l'expressivité et ce pouvoir de capter l'auditeur qui en découle. Malgré tout, il peut y avoir des exceptions. Par exemple : une chanson qui ne trouve pas son public, c'est *La rivière*. Je suis chargé de la réorchestrer et on tente de faire tout ce qu'on peut pour qu'elle passe la rampe, mais ça n'accroche jamais vraiment. Quel dommage, c'est l'une de mes préférées. Alors quand on me demande : "Tu penses que telle ou telle chanson va marcher ?", je suis extrêmement prudent dans mes pronostics. Gilbert est sensible au fait de ne pas avoir deux morceaux qui se suivent dans la même tonalité. Quand je lui rétorque que le public ne s'en aperçoit pas, il me répond que si, même inconsciemment. C'est vrai que la musique reste un domaine de la perception humaine encore largement à explorer, en particulier, ce pouvoir de créer l'émotion avec certain assemblage de sons ou le dégoût avec un tel autre... Quand nous avons terminé le spectacle, nous laissons nos instruments sur scène et la tentation d'aller récupérer ma guitare avant que quelqu'un ne la fasse tomber est grande. Mais Gilbert ne veut pas nous voir réapparaître tant que le public est présent. "La magie du spectacle", dit-il. Ce sont toutes ces petites choses que j'apprends avec lui qui font de l'espace scénique un endroit familier où je me sens chez moi. En général, nous répétons les nouvelles chansons à la balance sur un vague canevas harmonique que nous joue Gilbert. Chacun apporte sa touche personnelle, on laisse tomber puis on y revient le lendemain. Parfois, il n'y a pas de paroles, souvent une simple idée. Jour après jour, la chanson prend forme, se défait, repart sur une autre piste et parfois ne se termine jamais. Beaucoup sont testées en public avant d'atteindre leur style définitif et d'être enregistrées. *L'indien* en est un exemple frappant. La version disque est réalisée aux studios Pathé, à Boulogne-Billancourt avec l'orchestre de scène après plusieurs semaines de tournée. »

Les effets sonores, chez Bécaud, sont souvent de première importance. « Précisément, à l'époque, il existe un moment très attendu dans *Quand Jules est au violon* ! C'est un sifflet qui doit être produit par le synthétiseur, mais le réglage est délicat, avec une manette qu'il faut amener juste au bon endroit pour déclencher le son juste. Bernard Levitte, chef/synthé, est donc "responsable du sifflement" et rate le coup trois soirs sur quatre. Gilbert s'approche de lui à cet instant, on sent une petite angoisse dans le camp de l'électronique, on entend généralement un "pffuuuu" lamentable, tout le monde éclate de rire et la chanson continue dans la bonne humeur. Ce sont des petites choses internes comme celle-ci qui font notre réel plaisir de jouer ensemble tous les soirs. »

Dans *L'indien* – vingt ans avant le film *Danse avec les loups* –, Bécaud prend parti pour les peuplades d'Amérique, victimes de l'envahissement et de l'égoïsme blanc. Si la chanson est enregistrée, c'est à Félix Marouani, agent et ami de Gilbert, que nous le devons. Parce que c'est un morceau que Bécaud et Vidalin sont sur le point d'abandonner. Par bonheur, l'impresario est le témoin de cette aventure dans une chambre d'hôtel aux Etats-Unis. Au même instant, il entend aux informations des commentaires sur la révolte des Indiens, il fait l'impossible pour que le projet aboutisse.

Le premier grand chef de ma tribu s'appelait Aigle Noir
D'un seul coup de poing
Il abattait un bison en lui brisant les reins Aigle Noir
Et guerre après guerre les blancs se sont installés
Et ont changé jusqu'au nom des hommes
C'est ainsi que dans notre village nous avons
George Washington Aigle Noir
Franklin Delano Roosevelt Aigle Noir
John Fitzgerald Kennedy Aigle Noir...

Lorsqu'ils évoquent les concerts au Québec, les musiciens revoient Félix Marouani, Michel Gelinas et Johanne Croft, la directrice omniprésente de la tournée. Gilbert prend parfois le volant du car ou pilote un avion. Il y rencontre Max-Gros-Louis, un homme très grand, carré.

« A ce propos, nous rappelle François Rolland, lors de l'un de nos concerts à Québec, nous recevons la visite sur scène de Max-Gros-Louis, chef des indiens Hurons en grand costume d'apparat. Il vient remercier Gilbert à sa manière de cette chanson qui lui plaît, c'est très impressionnant. Ce qui l'est moins, c'est que lors d'une de mes premières tournées au Québec, je vais au village Huron à côté de Québec (la ville), espérant y retrouver ce que je connais à travers les westerns de mon enfance. Quelle n'est pas ma déception de n'y trouver aucun tipi, mais des indiens habillés comme vous et moi, roulant en voiture américaine et habitant dans des maisons normales. De plus, Max-Gros-Louis, ça ne sonne pas aussi bien que Sitting Bull ou Géronimo, mais qu'y faire ? Depuis, je m'y suis habitué... »

Bécaud jubile, en 1973 le cinéma lui propose un nouveau rôle dans *Toute une vie*, sous la direction de Claude Lelouch, avec Marthe Keller. Francis Lai signe les thèmes musicaux du film en dehors des propres interventions chantées de Gilbert. Plus tard, à la fin des années quatre-vingt-dix, Lelouch reviendra pour nous sur cette période :

« Lorsque je tourne *Toute une vie*, j'ai effectivement besoin de bonnes chansons et d'un chanteur qui joue un rôle important dans le film. Evidemment, je pense tout de suite à Gilbert que je vais voir. Entre scorpions, on se comprend sur-le-champ. Je le "dirige" dans une ambiance formidable et j'utilise ses morceaux que j'adore, qui sont la marque de son grand talent. Bécaud a accompagné ma vie et je vais le voir souvent dans ses récitals. Il évoque l'énergie et quand il chante, on a l'impression qu'il le fait toujours pour la première fois, avec un enthousiasme qui se dégage de lui en permanence. Je crois qu'il est de plus en plus "Monsieur 100 000 volts". Sur le plan artistique, il nous a tous influencés, c'est sûr. Je ne tourne qu'une fois avec lui parce que sa carrière de chanteur lui prend beaucoup de temps, mais je ne désespère pas un jour de le rappeler comme comédien. »

« Dans le film, je joue mon rôle de Gilbert Bécaud, ce qui me met souvent en porte à faux parce que, malgré tout, c'est un rôle, pas ma vraie vie. J'aime beaucoup Claude Lelouch, nous sommes très amis et nous allons bientôt tourner encore, peut-être, une comédie musicale... C'est assez facile de se laisser diriger, canaliser par un Lelouch, un Carné, un Barma. Tout dépend bien entendu du metteur en scène, du rôle que vous jouez. Même s'il a certaines exigences, le cinéma n'atteindra jamais la dureté du music-hall et du cirque. La scène, c'est plus compliqué. En général, les acteurs qui viennent du music-hall sont meilleurs, l'inverse n'est pas prouvé. Bien sûr, quand je chante, je suis mon propre maître. Devant une caméra, c'est autre chose, mais ça ne me dérange pas et lorsque je donne ma confiance à un réalisateur, j'aime bien être dirigé. Avec Lelouch, vous avez une liberté dans le dialogue. Aucun metteur en scène ne m'a mis plus à l'aise qu'un autre. Je ne suis jamais mal dans ma peau, je joue avec la caméra – j'ai un don pour ça –, je la connais, je la sens... Il m'est arrivé de faire face à des conditions astreignantes. Là, c'est assez dur pour les nerfs, particulièrement quand la scène est risquée, osée, comme dans une séquence du film *Un homme libre* de Roberto Muller. J'ai d'ailleurs demandé d'édulcorer des scènes d'amour qui allaient très loin. Ça, c'est très difficile à tourner. Il n'y a pas de sincérité bien entendu, sinon... où va-t-on ? (éclats de rire). Ce sont des scènes précises au millimètre, très fatigantes : "Non, ne te penche pas, ne l'embrasse pas comme ça... Non, plutôt comme ça... Encore un petit peu... Là, voilà ! Plus haut le bras... Non, de trois quarts... Tu me la refais !" »

Le film s'achève, le chanteur regagne son appartement parisien et entre à nouveau en scène du 23 octobre au 9 novembre 1973, mais cet Olympia vire au cauchemar, les polypes deviennent vraiment gênants. Gilbert est inquiet, il finit de justesse et dans un état épouvantable, mais va jusqu'au bout avec une volonté inébranlable. Dans tous les spectacles, Bécaud reste abordable, après le concert, il reçoit gentiment ses admirateurs avec un mot sympathique, une plaisanterie aux lèvres, il respecte son public réellement, sans faux semblant, contrairement à d'autres qui fuient le contact. Mais là, il est sur la corde raide. Epuisé, il essaie de se soustraire à la traditionnelle séance d'autographes.

« — Gilbert, il y a un monde fou qui t'attend...

« — Non, je ne peux pas, Jacques, dis-leur... »

Et Dinnat, automatiquement, affronte deux cents personnes rivées à l'entrée des artistes (« Monsieur Bécaud ne signe pas de photos ce soir »).

« Je ne suis pas toujours correct, mais comment faire ? Personne ne bouge ! Et lorsque Gilbert sort, les admirateurs se plaignent ("Votre régisseur, vous savez, il n'est pas sympathique, etc."). Et Bécaud, avec le plus grand sérieux, me fait tout tomber sur le dos. »

« La musique, la chanson, c'est ma vie. Quand je ne chante pas, je suis énervé, la scène c'est mon trop-plein qui déborde... »

A l'automne dernier, Maurice Druon, ministre des Affaires culturelles, décide de décorer Gilbert de la Légion d'honneur. Il en avise Louis Amade, nous sommes en plein Olympia, Bécaud est enroué, ses polypes lui donnent bien du souci. Louis prend alors le téléphone et le réveille pour lui annoncer la bonne nouvelle. Gilbert, comme à son habitude, s'en tire par une pirouette :

« Ah ! La Légion d'honneur ! Crois-tu que ça va me donner un peu de voix pour ce soir... ? »

Comme dans tous les grands moments, comme dans toutes les interviews, cette timidité qui se cache derrière une boutade, l'émotion est toujours présente mais elle est souvent masquée, par pudeur sans doute. Quoi qu'il en soit, notre homme est décoré et le soir, à l'Olympia, un grand trait rouge barre le piano bleu :

« Je donne ma légion d'honneur à mon piano, il le mérite bien ! »

C'est la seule démonstration publique qu'il s'autorise. Pour le reste, la « cérémonie de remise » se fait le 14 janvier 1974 : Amade est son parrain de Légion d'honneur, la famille se groupe, presque au complet, même Jean, son frère, et Mamico sont là. Gaya est à l'écoute, au téléphone depuis Crans-sur-Sierre. Amade prononce les mots rituels[1], Mamico, avec tendresse, fixe le ruban rouge au revers du veston et Gilbert s'enfuit rapidement pour ne pas laisser place à l'attendrissement, le premier prétexte est le bon, comme toujours pour l'insaisissable !

Après sa dernière alerte vocale, il faut agir sans tarder. Trois polypes à extraire, ce n'est pas le bout du monde, mais l'opération inquiète Gilbert qui redoute la perte de la couleur de sa voix. Le geste chirurgical effectué, il doit attendre trois semaines avant d'émettre le moindre son. L'angoisse est intense, mais l'inaction ne vaut rien décidément à notre chanteur qui cherche désespérément une activité muette autour de lui et voilà qu'elle se présente sous une forme qui semble le séduire. L'aventure de *La plus belle histoire* commence avec Georges Auric et Gilbert Sigrist. Les musiciens ont adopté les poèmes d'Amade inspirés de l'Ancien et du Nouveau Testament. « Félix Marouani demeure le cerveau de cette entreprise, nous confie Gilbert Sigrist. C'est lui qui nous a contactés, Auric, Amade et moi, et qui a demandé à Gilbert de faire la mise en scène. »

Secondé par Claude Tissier, Bécaud se forge une solide équipe : Janet Woollacott (la maman de Jennifer, l'une de ses filles) a la responsabilité des « mouvements des artistes ». Pour la direction musicale, Christian Gaubert maîtrise parfaitement les arrangements de Christian Chevallier et d'Hervé Roy. Pendant les répétitions à l'église de La Salpêtrière, Gilbert conseille, dirige efficacement le montage à mi-voix ou par gestes, avec un intérêt non dissimulé. Sa voix revient lentement..., un jour, il n'y tient plus, profitant d'une répétition avec ses musiciens, il chante *Les temps viendront*, un des thèmes de *La plus belle histoire* (« C'est beau et très bien fait, nous dit Jacques Dinnat, Gilbert recouvre sa voix et interprète la chanson de Sigrist. »). Ce chant libérateur des cordes vocales représente un soulagement général, comme si toute la vie du petit monde de Bécaud était suspendue à ses lèvres, un soupir, et la voix s'enfle et redevient pleine. Lorsqu'il évoque pour nous cette époque d'inquiétude latente, il se souvient de la somme de travail qu'elle représente : « La mise en scène n'est pas mon métier, mais j'aime ça. Au départ, c'est un disque et je veux trouver des symboles, pas une croix, c'est trop facile, alors on a l'idée d'une sculpture en fond de scène sur laquelle, au final, l'image d'une couronne d'épines coiffe toute la salle, puis une bulle blanche se gonfle sur le plateau et on y projette l'image de la terre, c'est très curieux, l'écran est humain : trois chanteurs alignés avec les bras écartés. C'est Léon Zitrone qui fait le commentaire ! »

Le 23 avril, le « mystère moderne » est créé en l'église Saint-Roch à Paris. Les interprètes : Céline, Mary Cristy, Caroline Grant, Jean-Louis Rolland et Gérard Wagner ont vingt ans, l'âge des apôtres.

« Je ne participe pas au spectacle, uniquement à la version studio, nous précise Yves Duteil, je réalise alors mon premier album. Je suis très impressionné par l'enregistrement des *Temps viendront*, car Gilbert Bécaud est là, derrière la console, il est l'un de ceux que j'ai le plus souvent chantés à mes débuts, à la guitare (*Nathalie*, *L'important c'est la rose* et bien d'autres...). J'ai toujours eu pour lui beaucoup d'admiration. »

Le décor de *La plus belle histoire* est réalisé à partir de diapositives qui reproduisent les remarquables compositions religieuses de Guy Cambier[2].

Peu de temps après, Bécaud enregistre ses nouvelles chansons, *Félicitations*, *Il y a des moments si merveilleux...*, avant d'être l'invité vedette de Jacques Chancel dans *Le Grand Echiquier*, sa voix a alors retrouvé toute sa vigueur, Gilbert est satisfait. Il a mérité quelques jours de vacances et part avec Philippe et Gaya à Saint-Tropez chez son ami Félix Palmari. Pierre Delanoë et Maurice Vidalin sont du voyage et tant pis si maître Pierre n'apprécie pas vraiment le soleil, au moins a-t-il le temps d'écrire à l'ombre le brouillon du *Bal masqué*. Le manège est reparti et Frank Thomas y prend sa place...

« J'ai rendez-vous avec Bécaud un dimanche après-midi dans son appartement près de l'Etoile. Je me retrouve devant lui, assez impressionné. Il me dit alors une phrase terrible : "Est-ce que vous avez des idées majeures ?" J'avoue qu'on ne m'avait jamais posé cette question. De toutes façons, les trois qui sont passés avant moi – enfin, les réguliers – ont tout fait. Je reste avec lui pendant deux ans, on fait deux Olympia et le jour où je rencontre Francis Lalanne, je me sers de ce que j'ai appris : les entrées de scène, les sorties... J'avais travaillé avant avec d'autres artistes, des vendeurs de disques, mais je n'avais jamais rencontré un véritable artiste créateur. Je ne sais pas si l'on s'en rend bien compte. Pour ma part, je désire tout reprendre, pas une fenêtre qui n'ait pas été ouverte avant moi. Je lui propose *La cathédrale*, ensuite on fait *Le Rhône*, *L'Amour c'est l'affaire des gens...* »

Le 22 octobre 1975, après une tournée au Japon, Bécaud retourne à l'Olympia, Frank Thomas assiste à sa rentrée[3] :

« Je suis tous les soirs les chansons, en coulisses. Je peux vous dire que c'est absolument étonnant. La scène, c'est l'endroit où il est le meilleur, infiniment heureux. Les détracteurs vous disent que c'est du mécanisme, c'est faux, Bécaud n'a aucune recette quand il chante, il n'a jamais rien appris. Il répète dans sa tête, et sur scène, il invente, il crée le bis, ce n'est pas le public, il l'impose... »

Un soir de première, comme toujours, Jacques Dinnat donne le top pour le début du concert. Gilbert dit simplement : « Je suis prêt, tu me dis quand on peut démarrer ! »

« Les musiciens s'installent dans le noir, roulement... : "Mesdames, Messieurs... Gilbert Bécaud !" Pendant son entrée, des personnalités, des artistes invités s'installent encore dans la salle ("Assis ! Assis !") : un vacarme chuchoté. Gilbert s'arrête net comme un piquet sur l'avant-scène et précise au public : "Quand le calme sera là, je reviendrai !" Et il part un soir comme celui-là ! Et c'est moi qui prends ! Bécaud est adorable, charmant, mais pour le spectacle, il est intransigeant, il se dépense, se surpasse, il aime les choses bien faites et veut que tout soit parfait. Quand c'est important, il fait son signe de croix avant d'entrer ! Sur scène, Gilbert prend un plaisir à brouiller les pistes, il me regarde en coulisses et je comprends tout de suite ce qu'il veut, je sais qu'il y a une porte ouverte ou une lumière gênante, alors je pars en courant et je trouve l'anomalie. Tout en continuant son spectacle, il nous fait comprendre ce qui ne lui plaît pas. Gilbert aime bien les interviews, les photos, mais il a en horreur les gens qui lui balancent des coups de flash dans la figure pendant qu'il chante. Je leur fais la chasse. Sans flash, ça le gêne moins... »

Pour *La première cathédrale*, les couleurs s'enchevêtrent et fusionnent, symbolisant la construction de l'édifice. Sur la scène rénovée en arc de cercle, les paroles sont scotchées au piano, le filage du programme, des lambeaux de chansons. Dans l'équipe des musiciens, Benjamin Cohen, l'ex-batteur de Claude François. En coulisses, Bruno Coquatrix, serein en apparence, malmène nerveusement son cigare. Parmi les nouveautés, *Le ciel*, superbement soulignée, les musiciens se figent, pétrifiés sur des nuages mouvants. A l'issue de la première, après quinze minutes de bravos, Romy Schneider, éblouissante, offre une rose à Bécaud, sous le regard amical de Claude Lelouch.

Le 18 mai 1976, Bécaud chante à Washington pour la célébration du bicentenaire des Etats-Unis devant les présidents Valéry Giscard d'Estaing et Gerald Ford. L'après-midi, l'équipe technique s'affaire. Au centre d'une salle impressionnante, on déroule un magnifique tapis avec interdiction d'y marcher ! Où poser le piano ? Au moment de le transporter, Jacques, le régisseur, souhaite de l'aide. Quelqu'un entre dans la salle à cet instant, Dinnat l'interpelle, l'inconnu se met à son service le plus naturellement du monde, et sans rechigner. Une fois terminé, il réalise que son aide n'est autre que l'ambassadeur de France ! Bernard Brunet, l'homme d'affaires de Gilbert, remarque le manège, mais ne bouge pas, préférant rapporter l'anecdote à Bécaud :

« — Tu te rends compte, Dinnat a demandé à l'ambassadeur de l'aider !

« — Mais personne ne m'a rien dit, rétorque le régisseur. »

Le soir, Gilbert interprète ses succès. *Quand il est mort le poète* et *L'important c'est la rose*, les deux chansons favorites du président français, ne sont pas au programme : on insiste, il s'exécute de bonne grâce, toutes les personnalités reprennent en chœur. Il faut aussi évoquer *200 years ago*, un texte original de Pierre Salinger, l'un des hommes de confiance de John F. Kennedy, mis en musique pour la circonstance par Gilbert.

« Qu'est-ce qu'on fait ? », lance Bécaud à Pierre Grosz. « A cette période, je n'écris pas depuis longtemps, et Gilbert a envie d'aborder une nouvelle génération d'auteurs. Je viens de travailler avec

Jean Ferrat (Bécaud a toujours eu beaucoup d'intérêt pour lui). Il sait que j'ai fait des premiers textes pour Michel Jonasz, notamment *Les vacances au bord de la mer*. Je n'en parlerai jamais avec lui, mais je pense que c'est pour ça qu'il souhaite me rencontrer. »

Cette collaboration de six mois entre les deux hommes va leur permettre de mieux se connaître et de s'apprécier. Fin juin, Gilbert enregistre un premier titre, *Monsieur Cousteau*, avec en filigrane les idées annonciatrices d'écologie.

Prends-moi sur ton bateau
J'ai peur qu'il n'y ait plus que des photos
Pour raconter un jour aux gens
Ce qu'était l'océan avant
Avant que le fond de la mer
Ressemble au sable du désert

« C'est très en avance, se remémore Pierre Grosz, on ne parle pas beaucoup de sauver la planète à ce moment-là. On se voit sans idée préconçue. Il décide d'enregistrer en juin dans le chœur de l'église Saint-Roch et engage un ensemble extraordinaire de quatre-vingt-dix violons. L'orchestrateur Christian Chevallier, qui fait une grande partie de cet album, est présent pour une chanson de Maurice Vidalin, *Ce soir, je te dis tout*, un thème assez grave. Je fais alors la connaissance de Maurice, il me prend à part et me chuchote : "Je peux te parler ? C'est bien joli, on est content que tu viennes travailler avec Gilbert, mais surtout ne laisse jamais tomber ton copain Jonasz." Je trouve ça bien, car Michel n'est pas très connu alors. En fin d'après-midi, lorsque nous nous séparons, Chevallier me dit : "C'est vraiment dommage de rassembler tout ce monde pour une seule chanson !" En plaisantant, avec un clin d'œil, Bécaud lance : "Justement, Pierre Grosz est là, on va en faire une deuxième, tu l'auras demain matin !".... "Alors, qu'est-ce qu'on fait... ?" Et l'idée me vient d'écrire sur une naissance. L'autre texte de Vidalin est sombre, j'ai un sujet plus rayonnant : une fille qui a un enfant sans être mariée. Nous travaillons jusqu'à l'aurore du jour suivant et Chevallier nous envoie un coursier pour prendre la cassette. *Ma copine et son enfant* est ainsi enregistrée dans la foulée du morceau de Vidalin. Lors de cette collaboration avec Gilbert, la nouveauté pour moi est de travailler dans des endroits inhabituels, comme des hôtels, pendant les tournées. Nous composons notamment *Amoureuse de la vie* pour Dalida. A cette époque, je viens de lire l'ouvrage de Jean Malaurie sur les Esquimaux. Ce livre me frappe et j'en fais part à Gilbert, je suis étonné de voir qu'une société humaine choisit d'aller vivre dans un endroit aussi terrible. Je pense faire une chanson un peu ethnographique sur la rudesse de leur vie, et finalement on part dans l'opposé, on en fait une chanson comme un jeu, avec un autre éclairage : *La légende de l'Eskimo et du mimosa.* C'est plus réaliste, parce que pour les Esquimaux, vivre leur vie ne représente pas un exploit extraordinaire. Je lance une idée : Gilbert provoque et appelle une écriture qui va lui ressembler. Beaucoup d'hommes publics agissent ainsi, on n'y pense pas assez. Pudeur et timidité à la fois, l'énergie, le côté solaire, la puissance... »

A l'approche de la cinquantaine, Bécaud s'est offert le septième ciel au quarantième étage de la tour France, un gratte-ciel pour trois enfants ! Gaya, vingt-trois ans, Philippe, dix-huit ans, et Anne, dix ans. 1976 marque surtout son union avec Kitty. Pour ne pas se perdre dans ce dédale, quelques éclaircissements s'imposent : Kitty est déjà la marraine de Jennifer, née de Janet, elle-même marraine d'Emily ! Bécaud se lance parfois dans cette équation assez ardue. En réalité, la marraine d'Emily est Helen Banks, la compagne de Gilbert Sigrist. Difficile de s'y retrouver ! Kitty est omniprésente dans l'univers de Bécaud, ravissante et douce, toujours très discrète : un trait de caractère marquant dans la vie des femmes qui ont traversé celle de Gilbert.

« A cette époque, se souvient Alain de Ricou, je représente Neil Diamond, je fais réaliser de nombreuses versions françaises de ses chansons pour Nana Mouskouri, Eddy Mitchell, Serge Lama... Lorsque je pars de chez Pathé, Neil, en fin de contrat, souhaite me rejoindre au Rideau Rouge, il me dit : “Je viens chez toi !” Lors d'un concert à Paris, il me téléphone une nuit à trois heures et je profite de son appel pour lui conseiller de rencontrer Gilbert qui est en fait, par mon truchement, son éditeur en France. Neil a déjà enregistré l'une de ses chansons (*Let it be me*). Je les réunis, ça se passe à Paris, tout en haut de la tour France. Au bout de vingt minutes, je me fais virer, bien gentiment, mais virer quand même.

Ils restent tous les deux et à partir de cet instant, commencent à écrire ensemble. »

« C'est difficile de faire l'amour devant quelqu'un ! », nous lance Bécaud, malicieux : « Neil est un personnage assez caché, comme Bob Dylan, un peu sombre, un type avec qui je m'entends très bien, un bon copain. »

Après le vaste appartement de la tour France, Gilbert achète deux bâtiments en ruine et quelques champs dans le Poitou. Le 24 décembre 1976, il apparaît sur le parvis de Notre-Dame-de-Paris, devant les notables réunis autour d'Anémone Giscard d'Estaing. Un cadre exceptionnel pour la chanson *La première cathédrale.*

La crosse de l'évêque
Frappe par deux fois
La porte aux clous d'or
Et l'on chante au parvis
Les pieds nus on suit
Les bourgeois d'abord
A genoux la ville
C'est ici ton cœur
La joie te délivre
Dans cette clameur
Jamais on n'a approché d'aussi près les étoiles
Qu'en bâtissant un jour
La première cathédrale
Alleluia

Même s'il semble reproduire à l'infini ses « Olympia », de plus larges publics viennent alimenter son goût pour la démesure. Après une nouvelle tournée au Québec [1], le pays de l'ami Pointu, il s'épanouit durant un mois au cœur du music-hall parisien du 8 novembre au 8 décembre 1977, puis s'en va à la conquête d'autres théâtres. « Je ne cesse de voyager, je pars tout le temps, j'ai besoin de chanter en public, c'est ma drogue... »

« Nos passeports ressemblent à des atlas tant il y a des tampons de tous les pays, estime François Rolland : Japon, Brésil, Argentine, Venezuela, Liban, Russie, Grèce, Québec, Canada anglais,

Mexique, Tchécoslovaquie... A Mexico, nous jouons trois semaines à l'hôtel Del Prado, tous les jours sauf le dimanche. L'orchestre en profite pour visiter les pyramides aztèques, aller à Acapulco et faire toutes les excursions possibles dans un pays que pratiquement personne n'a encore visité. Gilbert, lui, ne sort pas de sa chambre où on a installé un piano, il passe le plus clair de son temps à écrire de nouvelles chansons... Lorsque nous sommes en scène, la complicité est absolue, il fait un geste et tout l'orchestre suit comme un seul homme. Nous avons d'ailleurs des signes conventionnels qui passent inaperçus pour les spectateurs : face au public, Gilbert écarte les mains dans son dos et hop, c'est le signal de départ d'une nouvelle chanson, un "ouais man !" c'est le moment de saluer, chaque attitude a son importance et la réponse est instantanée. »

Depuis le début des années soixante-dix, Monsieur Pointu est entré dans la légende[2]. Un personnage à part, à la fois dans les chansons de Gilbert et dans la vie, le héros type issu d'une bande dessinée :

« Le verbe haut quand il le faut, tout doux quand il dialogue, il joue du violon comme personne, constate François. Les soirées à Montréal chez Paul et Irène, sa femme (surnommée "Boule de neige" par Gilbert), restent à jamais gravées dans nos mémoires. Quand après le repas, il sort son violon et que tout le monde se met à danser, ce sont des moments intenses de bonheur. Impossible de rester insensible à la joie de vivre, la vie tout simplement qui émane de cette musique jubilatoire offerte du fond du cœur. A l'époque, Paul est un solide buveur de bière mais, comme d'habitude chez ce genre de personnage hors du commun, cela ne semble guère perturber son équilibre. La preuve nous en est donnée lors d'un Olympia où il monte en scène au début du spectacle alors que tout le monde attend Gilbert. Ce soir-là, on sent que son arrivée est plus hésitante que d'habitude, et quand il s'approche du plateau, on le voit se pencher presque à l'horizontale vers la salle (j'exagère un peu, mais c'est si bon d'arranger les souvenirs pour qu'ils soient encore plus beaux). Je suis en train d'enlever ma guitare pour le rattraper quand je le vois se redresser et partir vers les coulisses avec un sourire radieux. Je comprends alors que les lois de l'apesanteur peuvent être défiées par certaines personnes sans qu'une explication rationnelle ne soit fournie. »

Jacques Brel, de son côté, évoque la tristesse d'*Orly*, « *avec ou sans Bécaud* », une chanson de solitude, une séparation. L'album va atteindre des records. Malade, Brel a fui Paris et depuis les lointaines îles Marquises en compagnie de Madly, il regarde voguer ses ultimes compositions. Le 10 mars 1978, à Leyzin, dans le canton de Vaud, en Suisse, Claude François enregistre ses nouvelles chansons en anglais, des titres inédits. Après la séance, le repas se termine un peu tard. A l'aéroport de Genève, « Cloclo » est attendu sur la piste réservée aux petits avions de tourisme. Le chanteur arrive in extremis pour décoller. Le lendemain, un flash spécial d'information annonce l'électrocution de la vedette. Bécaud, en tournée en Allemagne[3], est abasourdi. Avec Claude, c'est un peu de nous tous qui s'en va, il représentait la jeunesse, tout ce qui était la vie. Bien sûr, Gilbert lui avait « chipé » sa femme, Janet, quelques années auparavant. Malgré tout, ils s'étaient retrouvés et s'appréciaient. Il existe quelques documents télévisés des émissions des Carpentier où Gilbert au piano, Claude aux tumbas, entonnent réciproquement les chansons de l'autre dans un medley très rythmé. Combien de fois avons-nous revu la séquence où les deux hommes vêtus de rose et de bleu ciel chantent à l'unisson et avec une malicieuse complicité *Les cerisiers sont blancs.* Ils sont à ce moment-là les deux chanteurs français les plus appréciés et même si quelques turbulences ont perturbé leur amitié, le public est heureux de leur bonne entente retrouvée.

Bécaud est en proie à cet instant à une boulimie d'orchestrations, une nécessité de toujours remanier les morceaux pour en tirer une autre essence. Lorsqu'ils sont habillés de neuf, l'artiste va les roder hors de nos frontières[4]. François Rolland évoque pour nous une reprise de *Marie, Marie* :

« Gilbert me laisse carte blanche, et comme je viens de sortir d'un stage intensif de guitare "finger-picking" avec Marcel Dadi, je lui concocte un arrangement guitare folk très inspiré d'une chanson de Simon et Karfunkel intitulée *Kathy's song* et qui emploie cette technique[5]. Je suis seul avec lui au piano. Le premier soir, tout est OK, j'ai droit à un "ouais, man, exactement !" à la fin de la chanson, je sors ravi et lui aussi. Le lendemain, il me demande d'en faire un peu moins, le soir d'après encore et au bout de quelques jours, on se retrouve avec des arpèges classiques qui n'ont plus rien à voir avec ce que j'ai imaginé au début. J'en garde une certaine amertume, je comprends plus tard que ce n'est pas mon jeu de guitare qui est en question, mais la façon d'illustrer la chanson qui ne lui convient pas. Dans ce cas, il ne faut pas que les spectateurs soient distraits par un effet quel qu'il soit. Aujourd'hui, je peux comprendre ses motivations, mais en ce qui concerne cette chanson, je reste persuadé qu'il n'avait pas raison. »

Les musiciens et les techniciens se retrouvent sans cesse à la tour France. Quand on arrive au quarantième, on tombe directement chez lui, il a acheté l'étage au complet (six appartements transformés en un seul). Le salon est immense, cerné de baies vitrées. A côté du canapé crème, Gilbert a prévu une petite estrade où trône le fameux piano dont on dit qu'il fut transporté par hélicoptère. C'est la vérité, l'image persiste dans le public, comme une légende. En fait, l'instrument est descendu et remonté des dizaines de fois avant et après les concerts. Les allées et venues des musiciens se terminent régulièrement dans la spacieuse cuisine où l'on parle « usine » en partageant des repas de fortune. Tout autour du salon, les chambres des enfants, celle de Kitty et de Gilbert à l'étage supérieur, avec une particularité : quand on gravit les marches, on déclenche le chant des petits oiseaux qui sont censés réveiller l'artiste en douceur. La salle de bain s'apparente à une piscine, on appuie sur une télécommande, le toit s'ouvre et Gilbert se baigne en plein ciel.

Il travaille beaucoup dans sa chambre claire, souvent Dinnat est le premier à découvrir les nouvelles chansons (« Jacques, assieds-toi, écoute ce que je viens de composer... »).

« J'ai mon chien avec moi, Prince, un petit caniche. Parfois, Gilbert le pose à côté de lui, sur le piano, et Prince écoute la chanson ! Dans les spectacles, en tournée, le chien reste dans la loge de Bécaud. Dès que les techniciens enfilent leur tenue, le caniche s'immobilise pour toute la soirée, il se couche et ne bouge plus jusqu'au dernier refrain. "Tu ne vois pas qu'il arrive sur scène avant la fin du concert ? – Eh bien, Jacques, je le prendrais, je le mettrais sur le piano !". »

Gilbert laisse son appartement à ses collaborateurs, sans réserve. Un jour, il donne les clés à son régisseur pour admirer le feu d'artifice (« Tiens, tu prends les clés, emmène qui tu veux ! »). « Bien sûr, on ne pas chez n'importe qui, on va tout de même chez Gilbert Bécaud ! La vue sur Paris est extraordinaire. »

« Une autre fois, se souvient François Rolland, je suis à la tour France, car Gilbert veut que nous écrivions des grilles pour les futures séances. En l'attendant, nous nous racontons des bêtises, Philippe – son fils – et moi : il me joue un truc qu'il veut enregistrer, et perdus dans nos pensées, nous laissons Gilbert de côté à son arrivée. Quelqu'un dit "A table !" et comme un seul homme, nous nous précipitons à la salle à manger et nous engloutissons le repas en nous racontant des blagues de gosses de notre âge. Je dis "de gosses" exprès car même si j'ai alors plus de trente ans, j'ai toujours dix ans de retard sur "mon développement intellectuel", donc en gros, nous avons à peu près le même âge virtuel, Philippe et moi, et c'est sans doute pour ça qu'on s'entend bien. A la fin, quand Gilbert me dit qu'on pourrait peut-être regarder ce pour quoi j'étais venu, je réalise que je n'étais finalement pas convié à ce repas, mais comme "on avait l'air d'être si bien ensemble" Philippe et moi, il n'avait pas voulu nous déranger. Curieuse réaction pour un être aussi impatient quand il s'agit du travail. Dès qu'il est question de ses enfants, c'est totalement différent. Je me souviens qu'à une répétition à l'Olympia, Gilbert, accoudé à son piano, regarde la sono et demande à haute voix : "Qu'est-ce que je pourrais faire pour mieux entendre tout le monde ?" Gaya lui rétorque : "Consulter un bon oto-rhino." Il sourit et on se regarde en se demandant qui d'autre qu'un de ses enfants pouvait lui faire une telle réponse. »

A la tour France, Philippe compose *Musicien de jazz, Love supersonique*..., des futures chansons pour son père. En 1978, après sa transcription par Maurice Vidalin, Bécaud enregistre les titres écrits avec Neil Diamond, notamment *C'est en septembre*. Le succès de Diamond peut constituer un tremplin pour le lancement de la chanson en France. Gilbert a le goût du risque, il relève le défi de l'Américain et donne à la version française le même impact que son équivalent outre-Atlantique. Comme lui, il réussit avec brio et place *C'est en septembre* en première position dans le nouvel album. Un duplex est établi par satellite sur un plateau de télévision, la conversation s'engage entre les deux vedettes qui fredonnent ensemble leur succès, séparés par des milliers de kilomètres et un océan.

Les oliviers baissent les bras
Les raisins rougissent du nez
Et le sable est devenu froid
Au grand soleil
Maîtres baigneurs et saisonniers
Retournant à leurs vrais métiers
Et les santons seront sculptés
Avant Noël...

Le 6 août, à Digne, pendant la balance, Gilbert Sigrist est victime d'une terrible électrocution. Le pianiste restera longtemps éloigné des scènes, mais non de la musique, il composera des thèmes pour le cinéma et des chansons sur les poèmes d'Amade. Une période charnière racontée par François Rolland :

« Après l'accident de Gilbert Sigrist (il s'électrocute devant nous en tenant un micro et en touchant un poteau de l'installation d'éclairage avec son autre main), nous continuons la tournée la mort dans l'âme et terminons le 17 aux arènes de Carthage, à côté de Tunis : un gala mémorable, avec panne d'électricité, la foule envahit la scène, se resserre comme un étau pendant que Jean-Claude Lassère grimpe en haut d'un mât pour rétablir le courant ! A notre retour, j'ai une grande surprise : c'est l'appel téléphonique conjoint de Bécaud et Sigrist (c'est plus clair que si je dis "Gilbert et Gilbert") pour me demander d'assurer l'intérim en tant que chef d'orchestre. Sigrist doit être "arrêté" pendant un bon mois. Interloqué, je réponds oui sans trop savoir ce qui m'attend. J'avais aidé Gilbert Sigrist à transcrire sa comédie musicale *(La plus belle histoire)*, j'étais toujours présent quand il fallait écrire la musique sur papier et je participais volontiers aux arrangements, mais de là à penser que je pouvais assumer le rôle de chef d'orchestre... Je sais que c'est provisoire, mais quand même, remplacer ce musicien que j'admire, c'est costaud. Le "chef d'orchestre" est une véritable institution, une des bases de notre petite communauté, quelque chose d'important et qui semble devoir être conservé ad vitam eternam. Dès qu'un détail l'ennuie, Gilbert s'exclame : "Chef !", et aussitôt on passe le flambeau à celui du moment qui doit se dépatouiller de l'histoire. Des problèmes d'intendance en général. "Chef, je suis dans ma loge..." est un autre leitmotiv que l'on entend souvent. Le briefing avant le spectacle, accompagné évidemment d'un petit verre de whisky, est sacré... ! »

Le guitariste prend donc ses nouvelles fonctions au mois d'octobre avec un pianiste tout neuf qui lui semble être l'homme de la situation. Une télévision à Düsseldorf, une tournée en Hollande afin de se roder et départ pour le Japon. Les gags ne sont pas toujours délibérés : il y a une chanson où l'orchestre se fige dans une position donnée. Il faut rester ainsi tout le long du morceau, comme des statues de cire. Une bande magnétique diffuse alors un play-back instrumental composé d'un grand orchestre à cordes. Gilbert chante en se promenant à travers la forêt de prétendues statues. C'est *Le ciel*... Ce jour-là, Jean-Claude Lassère lance le magnéto. Pour des raisons inconnues, la musique défile beaucoup plus vite que d'habitude. Gilbert ne se démonte pas et chante la plus « courte » chanson de son répertoire devant des Japonais médusés !

« Je sens bien que c'est pas le grand amour entre notre chanteur et le nouveau pianiste (Philippe Lhommet), mais j'espère que ça va s'arranger au fil des galas. Au départ pour Tokyo, Air France nous souhaite bon voyage, une charmante hôtesse nous offre à chacun un petit panier de boissons alcoolisées en guise de bienvenue. A l'escale de Moscou, notre pianiste a déjà tout englouti et hante la boutique free-shop pour s'acheter force vodka. Autant dire que l'arrivée à Tokyo est plutôt délicate pour sa tête et que l'ambiance pianiste/chanteur ne va pas en s'améliorant. Le tourneur japonais ressemble à sa caricature, il est suivi d'un petit bonhomme qui répond au nom d'Ono. Dès qu'un problème se présente, le producteur se met à hurler façon samouraï : Onooooo ! et le petit homme accourt pour résoudre le problème. Le manège n'échappe à personne et pendant une grande partie de la tournée, on entend résonner des "Onooooo !" proférés évidemment par différents musiciens dans tous les coins des coulisses. A chaque fois, le petit homme apparaît, se demandant d'où vient le cri et finissant par y perdre son japonais. Nous trouvons souvent derrière le plateau, des fans, des jeunes femmes, habillées de robes bleues à pois blancs. Et aussi des personnes ayant appris les chansons de Gilbert phonétiquement, parfois sur des disques enregistrés en scène avec les commentaires de notre chanteur en pleine action. Ce qui donne pour une interprétation japonaise phonétique : “Tu l’auras, hein Harry, ton bateau blanc.” Le “hein Harry” qui s’adresse directement à Harry Katz est fidèlement reproduit comme seuls les Japonais savent le faire, mais sans doute n’ont-ils jamais vu la traduction exacte... »

François sourit en évoquant une époque qui restera sans doute la plus riche et la plus excitante de sa vie de musicien.

« Après des concerts en France, quelques télés, une tournée en Allemagne et plusieurs dates ici et là, où je finis par acquérir le statut de chef définitivement, je sens que les frictions avec mes collègues de l’orchestre deviennent trop lourdes à supporter. Je réfléchis longuement et j’annonce ma décision de me retirer du jeu. Un dernier gala à Reims et voilà. Je suis resté presque dix ans aux côtés de Gilbert et j’ai connu tout ce qu’un musicien peut rêver. Travailler avec Bécaud n’est pas un job ordinaire. Nous ne venons pas “faire un cachet”, mais nous participons à un spectacle où tout le monde se sent entièrement concerné. Je revois toujours les regards de Louis Amade et de Maurice Vidalin admirant Gilbert sur scène comme si c’était la première fois. Sa force est de vous emmener dans son monde et de vous faire croire que c’est le vôtre. Nous travaillons avec une telle foi que rien ne semble pouvoir nous résister. Nous passons après d’énormes vedettes du moment – dans certains festivals – sans que jamais le doute de faire moins bien ne nous effleure. Au contraire, nous sommes certains de faire beaucoup mieux. Et miraculeusement, c’est souvent le cas. Le moteur c’est évidemment Gilbert et je m’en rends compte quand je le quitte et que j’accompagne d’autres artistes, certes avec de grandes qualités, mais jamais avec cette force de persuasion qui est la sienne. Tout le monde s’accorde pour penser que c’est un homme exceptionnel, même s’il a des défauts. Il peut être difficile à vivre parfois, et alors il est encore plus dur qu’un autre, tous ceux qui le connaissent vous le diront. Pour moi, seuls les bons souvenirs persistent. »

Les deux hommes se reverront un jour à l’Olympia pour la « réouverture ». Gilbert, en sortant de sa loge, pousse un cri : « François ! », le chanteur et son guitariste s’étreignent dans la complicité retrouvée.

Le départ d’un chef d’orchestre pose un problème de confiance, il s'agit en effet d'une situation à haute responsabilité. Le nouveau venu, en l'occurrence, sera Jean-Pierre Dorsay :

« Premiers souvenirs de rires en Tchécoslovaquie où nous nous enfermons dans une chambre d'hôtel avec quelques bouteilles, puis en Yougoslavie où la police arrête l'orchestre pour un contrôle d'identité : impossible d'aller au gala ! Heureusement j'ai ma carte de garde-pêche avec sous mon nom la mention "police". Grâce à cela, je réussis à faire libérer mes amis musiciens et le récital a lieu, je me demande encore ce qui serait arrivé... Toujours parfaitement organisés, ces galas à l'étranger représentent la plus grande partie de notre vie. L'accueil y est merveilleux. Je me souviens particulièrement d'un de ces voyages, assez irréel, un chapitre à lui tout seul. Nous partons, engagés par la marque L'Oréal. Le retour est rude, car, pour dormir, je prends un médicament dont j'ignore l'effet hypnotique secondaire. Les copains et Gilbert en profitent pour me dire dans mon sommeil que je suis chez moi à la maison, alors je me déshabille et me réveille tout nu, à Roissy ! Tout le monde m'applaudit, Gilbert le premier ! »

La tournée au Japon est exténuante. La journée commence à huit heures trente par une conférence de presse et se termine le soir à l'issue du spectacle. En Amérique du Sud, c'est l'enfer, Gilbert doit faire jusqu'à dix-huit radios pirates par jour. Ce genre de vie n'est pas une sinécure. A Rome, l'organisateur part avec la recette. Félix Marouani dédommage toute l'équipe comme si de rien n'était, mais le transporteur n'est pas payé, il refuse de restituer le matériel. Jacques Dinnat et Jean-Claude Lassère restent plusieurs jours en Italie à négocier, en liaison téléphonique quotidienne avec Félix Marouani qui les envoie à la Scala de Milan où le directeur fait l'avance nécessaire. Les deux techniciens peuvent enfin récupérer les instruments, les projecteurs et la sonorisation... Ils sont passés à côté de la catastrophe...

« Nous vivons dans l'anecdote, ponctue Gilbert. C'est monnaie courante. Quand il ne se passe rien, c'est là l'anecdote ! Une alerte à la bombe en Allemagne, une en Italie, revendiquée par les Brigades Rouges... Nous ne quittons pas la salle pour autant. Vous nous voyez partir en courant ? Nous sommes tout de même responsables des gens qui viennent nous voir. Vous savez, je pense que tout m'est arrivé : le plafond qui dégringole, la corbeille qui s'écroule sur lc parterre, toute une rangée de projecteurs qui atterrit devant les musiciens (quatre cents kilos d'un coup !), des gens qui tombent du balcon, un de mes chefs d'orchestre qui prend une décharge électrique. C'est comme pour un pilote, s'il a trois mille heures de vol, il a dû traverser des moments bizarres et difficiles. Ce sont les aléas du métier. »

Gilbert publie *Un instant d'éternité*. La chanson n'occupe pas une place essentielle dans sa discographie, mais permet l'entrée en piste de Michael Kunze, un auteur allemand généreux, et celle de Claude Lemesle, par le biais de l'adaptation.

Un instant d'éternité
C'est bon à prendre, à prolonger
Un défi à l'infini
Un pied de nez au paradis...

« Lemesle, c'est "le petit dernier", c'est moi qui l'introduis dans la baraque », plaisante Delanoë.

« Comme sa mémoire n'est pas très bonne, Pierre dit qu'il m'a présenté à tout le métier (Dassin, Sardou, Iglésias...), c'est loin d'être la vérité : enfin, pour Gilbert c'est vrai ! Je vais le rejoindre deux jours à l'hôtel Amigo, à Bruxelles où il est en concert. Dans sa chambre, il y a un piano, le travail peut commencer. *Un instant d'éternité* est notre première collaboration, je n'adapte pas vraiment la chanson écrite en allemand, je ne suis pas le texte original, Gilbert me laisse toute liberté. C'est mon premier quarante-cinq tours avec lui. La face "B" de ce disque s'appelle *Quand j'serai plus là*, et celle-là, c'est une originale, nous l'écrirons ensemble à Paris, en haut de la tour France. »

Les années soixante-dix touchent à leur fin. Gilbert a enthousiasmé un public cosmopolite, il n'oublie pourtant pas la France, sa nouvelle ferme dans le Poitou l'attire, elle représente une aspiration naturelle au calme et à l'authenticité. Pour un homme qui assure deux cent cinquante concerts par an, elle devient une nécessité.

Un Niçois à Broadway

1980-1988

Jean-Claude Lassère, atteint de claustrophobie, envisage de sauter de l'avion au-dessus de Madrid !

Dunkerque, Genève, Bruxelles, Monte-Carlo... En 1980, Bécaud entraîne dans son sillage des musiciens tout neufs : Daniel Carlet et Leonard Raponi alors bassiste dans un club. Depuis quelques temps, Gilbert se focalise sur le piano de concert ! Avec Jacques Dinnat, ils envisagent d'enlever le pied de devant et de le remplacer par des bottins, mais ça ne va pas..., ça penche beaucoup trop ! Gilbert résout rapidement son problème et le piano bleu modifié le précède désormais dans tous ses déplacements.

Aux Etats-Unis, Neil Diamond dépasse les deux millions d'album de *September morn.* Gilbert trouve le moment opportun pour écrire une comédie musicale. Entre deux gitanes, il évoque une nouvelle association avec Diamond et avance le nom de Bob Dylan pour le livret de l'adaptation d'un roman d'Emile Ajar sur le roi Salomon. Avec les années, le projet va évoluer vers une autre œuvre d'Ajar : *La vie devant soi.* Difficile alors d'évaluer la somme d'obstacles qu'il rencontrera systématiquement. Le producteur et metteur en scène américain Hal Prince, un grand du métier, va imposer sa loi, Diamond et Dylan ne feront pas partie de l'aventure.

L'Olympia 1980 est imprégné de tristesse, Bruno Coquatrix n'est plus depuis le printemps 79 : « Gilbert, nous raconte Jean-Michel Boris, était très attaché à Bruno, ils s'estimaient. Bécaud, "c'est la famille", à chaque rentrée, nous parlons beaucoup, il essaie toujours de trouver des idées pour que son spectacle soit différent.

C'est vraiment l'un des artistes qui soignent le plus leur mise en scène. Le premier, il me fait rajouter un praticable devant le plateau, chez nous, on appelle ça "le camembert de Bécaud", il prend quarante-deux places... Gilbert veut pénétrer la foule. Une fois, on fait une longue passerelle qui atteint le milieu de la salle, et assis sur un fauteuil en plastique, il va comme ça chanter au milieu des spectateurs. Bécaud est indiscutablement un homme de contact, il aime se sentir entouré et même, à certaines occasions, il y a derrière lui une estrade où le public prend place. Ces admirateurs assistent au concert sous un angle insolite. Pendant le récital, Gilbert marche vers eux, tournant le dos au parterre... "Qu'est-ce qu'on peut faire ?" La question revient à chaque rentrée. Une fois, on prend un orchestre de quarante-cinq musiciens : contenir ce monde-là sur la scène de l'Olympia tient de l'exploit, on aménage tout un étalement d'estrades. Une autre année, il invite une chorale, puis tombe dans la magie : tout un système pour lui permettre de s'envoler tout d'un coup dans le ciel. La poésie du spectacle, toujours l'enrichir d'un plus. A un moment donné, Gilbert passe pratiquement tous les ans, ce qui à mon avis n'est pas tellement bon. Je pense alors qu'il faut laisser reposer, se faire désirer, mais il a envie de se retrouver sans cesse sur la scène de l'Olympia, alors... »

On peut évoquer les rideaux de fin de spectacle, Boris a un doute :

« Il y a même certains soirs où je trouve qu'il en fait un peu trop. Je le lui dis... A un moment, dans les bis, je trouve qu'il exagère. Qu'il double deux ou trois chansons sans que les spectateurs le demandent, c'est vraiment beaucoup ! Faire mousser les rideaux, je trouve ça très bien, c'est un champion du genre, il sait faire applaudir comme personne ! »

A côté de l'entrée des artistes, rue Caumartin, le Bar Romain, dirigé par Lucien et Janine Papillon.

« Bécaud est chez lui, rien ne transpire, nous confie Lucien. Toutes les vedettes défilent, nous prenons quelques notes pour mémoire, mais à mon départ du Romain, je déchirerai mes carnets. Gilbert, je le connais bien, sa ferme est à La Bussière, dans le Poitou, où est née mon épouse... » Ecroulé dans un fauteuil, près du bar, Bécaud accuse la fatigue et se demande comment il va pouvoir chanter. Entre deux cafés et une énième cigarette, il retrouve Christian Barbier.

« Gilbert et moi, c'est une fidélité sans faille, j'ai dû assurer une dizaine de premières à l'Olympia et quelques autres à Londres, au Royal Albert Hall. Je l'ai connu ici à Europe 1 à l'époque où je présentais le journal. C'est un ami, un vrai. Il est intervenu pour que je continue d'assurer ces premières. Europe 1 étant mariée à l'Olympia, la station a fait tous les Musicorama jusqu'en 1972/1973. Par la suite, quelques difficultés se sont présentées entre notre maison et Coquatrix. "Divorce" est un bien grand mot, disons qu'il y a eu des problèmes dans l'exclusivité. Assurant ces reportages, j'étais un peu le point de mire, le prétexte à la séparation. Avant l'une des dernières retransmissions, Gilbert avait dit : "Si ce n'est pas Barbier qui fait la première, on verra comment on fera... !" »

L'heure du spectacle approche. Bécaud s'agite, se lève, se rassoit, ne tient pas en place. Dans les coulisses ou sur la scène, il garde la même énergie, bouge jusqu'à l'arrivée d'Amade, puis de Mamico, quatre-vingt-deux ans, toujours fidèle aux Olympia de son fils, avec chaque fois un appartement loué près du music-hall. Les cinq semaines de récital seront ponctuées notamment par RTL qui diffuse le concert dans l'émission de Max Meynier, *Les routiers sont sympa*. La critique est unanime et salue *Credo*, un nouveau texte de Delanoë, mais aussi la modernité des arrangements de *Viens nous aider/Apocalypse now*[1] :

Faut repartir à zéro
Ça se sent et ça se dit
On n'est pas bien dans notre peau
Le monde est devenu petit
Les gens qui t'ont cloué en croix
Mais c'est pas bien mais c'est pas nous
Mais cet enfant qui meurt de froid
Pourquoi ?

Tout vibrant de son succès, Bécaud s'en retourne à la Bussière – à Saint-Pierre-de-Maillé. La maison est plantée dans la terre d'un coin de France où l'on prend le temps de vivre et de respirer.

Chaque enfant y possède son appartement, on s'y retrouve autour de la grande table de chêne avec les amis de passage. Les discussions sont animées, elles durent parfois toute la nuit. Notre homme n'est pas un couche tôt. Dans la journée, gare aux écorchures dues à l'élagage des arbres ou à la coupe du bois pour l'immense cheminée du salon ! Gilbert et Kitty font du cheval, on se promène avec les chiens, les seuls contacts avec le monde extérieur s'expriment par la sonnerie du téléphone. Cette ferme représente le retour à la nature indispensable à l'équilibre du chanteur, le havre nécessaire à la composition de sa « musical comedy ».

Annoncés par les médias, les projets se précisent. Bécaud mentionne pour la première fois *Madame Roza* et sa création à Broadway en octobre 1981, parallèlement aux dernières chansons en préparation. Fort du résultat d'un sondage – plus de soixante-dix pour cent de son public annonce moins de trente ans –, il multiplie les concerts, rode une nouvelle chanson de Vidalin (*Les gens*), mais l'aventure américaine mobilise toutes ses pensées.

Le 10 mai 1981, François Mitterrand succède à Valéry Giscard d'Estaing. Jack Lang est nommé à la Culture. Le ministre semble particulièrement attentif. Le témoignage recueilli à la fin des années 90 révèle son estime pour Bécaud :

« Rares sont les grands de la chanson française qui aient trente Olympia à leur actif. Un monument dans le monument. La quête d'un monde meilleur à inventer, présente dans de nombreux textes, sa prodigieuse vitalité scénique, son aptitude à restituer la nostalgie du music-hall..., autant de signes qui font que Bécaud est farouchement, viscéralement, un éternel adolescent. A côté de ses premiers fauteuils cassés au cours de ses spectacles des années cinquante, parce qu'il était alors en prise avec la jeunesse de son temps, il est une autre image d'un Gilbert Bécaud électrisant : celle d'un ambassadeur formidablement juvénile de notre patrimoine à l'étranger. »

Le 29 octobre, en fin de soirée, Georges Brassens sort de la vie comme s'il sortait de scène, sans fleurs ni couronnes...

« Je le connaissais très peu. Au début, Brel et moi passions dans le même établissement (La Villa d'Este). On nous appelait d'ailleurs "les trois B", Georges, Jacques et moi, on se rencontrait dans la cuisine, derrière : "Tu passes quand, toi ?" Le patron de la boîte nous laissait assez libres : “Vous y allez quand vous voulez !” Brel nous disait : “J’ai rendez-vous au bordel avec une copine, si ça ne t’ennuie pas, je chante maintenant.” Et il se produisait avant moi ou avant Brassens, on s’amusait comme ça. On buvait beaucoup de vin rouge, déjà ! Georges, je ne l’ai pas vraiment connu. Vous savez, chez les chanteurs, les acteurs, c’est assez difficile de se livrer. J’ai passé trois jours avec Brel, mais je ne prétends pas le cerner, il y a une sorte de timidité entre nous. Je ne sais pas comment vous dire cela : “Seuls, les perroquets parlent, et ce ne sont pas des oiseaux de haut-vol !” Quand on est ensemble, on évoque notre discipline avec une certaine pudeur. Un compositeur exprimera mieux son état à un médecin ou à un plombier qu’à un de ses camarades, c’est comme ça ! Aucun acteur n’apporte vraiment quelque chose à l’autre, ce n’est pas un jeu d’équipe, on est seul, on travaille seul et on meurt seul. En général, quand un chanteur rencontre un autre chanteur, il faut qu’ils se connaissent depuis très longtemps pour échanger des confidences et partager, sinon ils n’échangent que des “esbroufes”. Brassens, tout le monde aurait voulu écrire avec lui, comme avec Brel et bien d’autres. Dans les médias, on se balance des souhaits et parfois, une demi-heure après, on n’y pense plus. Là, c’est vrai, j’aurais bien voulu travailler avec lui. »

Mû par on ne sait quel ressort, Bécaud reprend sa route, toujours accompagné de sa joyeuse équipe. Jean-Pierre Dorsay n’oublie pas les Fernet-Branca du petit matin, à Orly, pour tenir le coup : « Ah !, les nuits à l’étranger... On se retrouve tous dans une chambre, après les concerts, à faire les fous et à rigoler. Nous sommes souvent une quinzaine de personnes entre Gilbert, les musiciens et les techniciens. Je me souviens particulièrement d’une tournée au Mexique, nous couchons à Guanajuato. Une nuit invraisemblable : les portes et les tiroirs s’ouvrent tout seuls, on se croirait dans le film *L’Exorciste*. Cette nuit-là, nous ne l’oublierons jamais ! »

A mille cinq cents kilomètres au nord de Montréal, dans la région de la Baie James, la partie méridionale de la baie d’Hudson où l’on procède à la construction de l’un des plus importants complexes hydroélectriques du monde, s’élève un chantier dont la superficie représente la moitié de la France et qui emploie des milliers de travailleurs. C’est là qu’au début de juin 1982 Bécaud vient chanter. Il fait encore très froid, les lacs sont à peine dégelés. La mise en scène est réaliste, dans les décors naturels, sur la crête du barrage... Si nous ne devions retenir qu'une seule télévision, nous choisirions sans hésitation cette réalisation de Bernard Picard : dans une émission hors normes, Bécaud se produit dans les conditions du direct, auprès de son piano déposé par un hélicoptère sur les falaises rocheuses, il retrouve son ami, le chef huron Max Gros-Louis. Les images sont sublimes.

Le Québec est un lieu de prédilection pour la troupe. Jacques Dinnat se souvient d'une nuit très particulière : « Alerte à la bombe. La direction de l'hôtel nous réveille tous. Affolés, nous rejoignons le car et nous nous éloignons de l'établissement. Au bout de quelques minutes, je commence à demander aux musiciens : "Et Gilbert, quelqu'un l'a prévenu ?" Visiblement, Bécaud n'est pas avec nous dans l'autobus. Personne n'a tapé à sa porte pour le réveiller. On retourne à l'hôtel : plus d'alerte, terminé ! Gilbert et Kitty dorment toujours. Le lendemain, quand on lui raconte l'histoire, inutile de s'appesantir sur son "Merci les gars !" C'est vraiment indépendant de notre volonté, je ne sais plus ce qui s'est passé dans nos têtes, chacun a pensé à soi. Avec le recul, ça fait drôle tout de même. Une bombe aurait explosé, nous aurions eu un sacré problème de conscience... »

Pas de véritable rentrée en 1982, seulement un concert à l'Olympia le 18 octobre au profit de la Ligue contre le Cancer. A cette occasion, il chante *Ce soir je te dis tout*, qu'il n'a jamais osé créer sur scène. Un texte difficile à vivre intensément jusqu'au frisson, une chanson terrible sur le refus de la maladie et l'espoir dans le combat.

Dans un tout autre genre, *Désirée* est l'un des succès des années 80. « Kunze l'écrit en allemand, ensuite Lemesle le travaille sans connaître le texte initial. Je le "dirige" seulement vers la même idée. On se met au piano tous les deux et c'est parti ! La spontanéité est sauve, même si quelquefois l'histoire varie ! »

Tu ressembles à la musique que tu danses
Tu es violence, cadence et décadence
Robot, rebelle, madone des décibels
Deux grands yeux métal

Comme un ciel sans étoile
Deux scotch, un rock, on parle, on rit, on danse
Super gadget de discothèque qui danse...

Désirée imprime la mémoire populaire au même titre que *Nathalie* ou *Et maintenant*, elle donnera du fil à retordre à Gilbert qui met un certain temps à assimiler le flot des paroles, et à plusieurs reprises, nous trouvons sur les scènes des concerts des « pompes » judicieusement camouflées avec sur le piano le refrain, sur le rideau un couplet de cette chanson au rythme enlevé.

A Charleroi, Jacques Dinnat quitte le groupe pour des raisons de santé après quinze années de bons et loyaux services. C'est la passation de pouvoirs entre Dinnat et Eric Jutard, la relève. L'ex-régisseur l'évoque avec mélancolie :

« Pour ma dernière année avec Gilbert, j'ai avec moi José Val Despinosa, le jeune Eric Jutard à qui j'apprends la régie et Laurent Vidalin, le fils de Maurice, aux lumières. Quand je pense à Bécaud, je n'ai qu'un regret, c'est de l'avoir quitté. C'était nécessaire. J'étais fatigué, avec la perspective d'une opération des deux jambes, Gilbert m'a obligé à prendre cette décision. L'homme ? C'est un type extraordinaire, je l'adore comme s'il était mon propre frère ! »

Cette chaude amitié, la complicité, le respect, sont les notions reprises systématiquement dans nos entretiens. Musiciens, techniciens, auteurs les évoquent sans exception et à chaque instant.

« Je choisis Noah, toi Wilander... ! » Les paris sont ouverts : devant leurs télévisions respectives, Bécaud et Vidalin se passionnent pour la rencontre au sommet de l'année, diffusée en direct de Roland-Garros. Pendant la partie, ils n'arrêtent pas de se téléphoner, échangeant leurs impressions entre chaque set. Super Noah ! « Allô, Maurice, j'ai gagné mon pari ! »

C'est alors qu'un nouvel amour entre dans la vie du chanteur : un piano translucide, signé Schimmel, à l'épreuve des tremblements de terre et des chocs violents sur le clavier... Gilbert joue en alternance avec son piano bleu, aux pieds sciés. Il défend ses dernières chansons sur la scène de l'Olympia à partir du 30 septembre 1983[2]. L'une des plus applaudies est sans conteste *Desperado*, un texte de Claude Lemesle.

« Point de départ de la chanson, Bécaud ? Lemesle ? Ça dépend, c'est lui, c'est moi. Parfois, Gilbert m'apporte une musique toute faite, avec une idée comme *Desperado*. Souvent, on cherche un texte ensemble : lui trouve un départ de mélodie ou moi les premiers mots, l'un va avec l'autre, c'est très variable. Il n'y a pas de système auquel on se tienne perpétuellement. Au contraire, il faut faire la surprise, changer les méthodes, varier les plaisirs, ne jamais démarrer de la même façon. En ce qui concerne *Desperado*, Gilbert a la musique entièrement composée et le titre. A partir de là, j'écris. »

Trois feuilles de cahier, avec quelques ratures, suffisent à Claude Lemesle pour un premier jet (*Comme un révolutionnaire – A qui on vient de dire – Que sa cause est foutue...*). Rayés, supprimés, on peut trouver mieux, alors, jaillissent les mots, ceux qui collent avec la musique, ceux qui donnent la couleur exacte au tableau :

Dans des spasmes de néon
Pleure un bandonéon
Ses larmes de tango
Et ma chambre a pris la mer
J'échoue à Buenos Aires
Largué par un cargo...

Le décor est planté, la voix de Bécaud le sublime, le bandonéon de Dorsay en exprime toute l'essence. Plus tard, Daniel Carlet y ajoutera sa touche avec une litanie qui emportera l'admiration. C'est certainement le morceau le plus fort du récital, Bécaud le possède et le transmet magnifiquement.

Le 6 novembre, en fin d'après-midi, Gilbert annonce au public : « Du premier rang d'orchestre au dernier rang du balcon, vous aurez tous du champagne ! »

Autour de lui, les musiciens et le personnel de l'Olympia sillonnent la salle avec des magnums, offrant un verre à chacun des deux mille deux cents spectateurs. Pour la « dernière », Bécaud fête sa décoration de Commandeur de l'Ordre des Arts et des Lettres, remise par Jack Lang avant son entrée en scène, en présence de Kitty et de deux de ses enfants.

Gaya qui se définit volontiers comme un « généraliste en communication » connaît bien son père :

« La race des Bécaud est tout à fait particulière. Un Bécaud rêve beaucoup plus que la normale. Beaucoup plus gai et beaucoup plus triste aussi. Bref, une sorte d'extraterrestre qui serait né sur la terre. Je suis fier de faire partie de ces spécimens peu nombreux des petits du Bécaud. »[3]

Plusieurs fois, par le passé, Gilbert a évoqué le racisme. On se souvient du thème de *L'orange*. Au milieu des années 80, la chanson *Mustapha Dupont* – autre texte de Pierre Delanoë – est révélatrice. Malgré les bonnes volontés des gouvernements successifs, les heurts, la violence, demeurent un sujet sensible. En France, le rappel de la guerre d'Algérie ravive les passions, écorche ceux qui en ont vécu le drame et éveille leur nostalgie. Le maître mot est l'intégration, il revient dans tous les discours comme un contrepoint à celui de l'immigration.

Mustapha Dupont
Il est né entre Constantine
Et Joinville-le-Pont
Dupont Mustapha
C'est un bon Français
Comme toi et moi

Instigatrice de plusieurs ouvrages en Algérie traitant d'une littérature encore ignorée en France, Christiane Chaulet-Achour ne connaît pas le texte de *Mustapha Dupont*. Il faudra attendre des années et notre intervention, entre deux cours et dans une ambiance citadine pesante, pour que ce professeur à l'Institut des Langues Etrangères de l'Université d'Alger réussisse à nous faire parvenir ses propos :

« On ne demande pas à la chanson la densité et la complexité d'un poème même si, par certains aspects, ils adoptent les mêmes "techniques". Destinée à un large public, elle a une existence sociale spectaculaire, surtout lorsqu'elle est portée par une personnalité artistique aussi médiatisée et consacrée que Gilbert Bécaud. *Mustapha Dupont* me semble vouloir contribuer à l'acceptation de l'intégration des "français" d'origine étrangère. Le fond musical type "oriental", puis la conjugaison de prénoms arabes transmettent le "message". »

C'est ça les couleurs de l'équipe de France
Entre bleu d'outremer et Provence
Tu prends un lillois un peu marseillais
Un rital un peu polonais
C'est rouge, orange, jaune, vert, bleu
Indigo violet

« L'argumentation continue sur les thèmes de base développés pour plaider pour l'intégration. Une petite audace : ces Français “colorés” peuvent faire partie de la diplomatie française. »

Abdou Mamadou
Diplômé des universités
D'un peu partout
Mamadou Abdou de notre
Ambassade de Moscou

« Audace bien circonscrite par le refrain qui semble substituer au tricolore le polychrome et transforme la nation en équipe sportive, mais qui revient à ce tricolore par l'affirmation du chanteur qui s'implique dans le choix d'appartenance en jouant sans trancher vraiment sur droit du sol, droit du sang. »

Malgré un certain « patchwork » apprivoisé, « francisé », des mots simples et efficaces, *Mustapha Dupont* ne rencontre pas le succès escompté. « Bécaud et moi avons loupé complètement notre coup, estime Delanoë. Pourtant on ne peut pas trouver mieux pour illustrer ce qui se passe actuellement. Nous avons eu le Prix de la Licra, un point c'est tout. »

Gilbert s'envole pour New York travailler sa comédie musicale. Plus tard, glissant sur la moquette de la péniche, nonchalamment appuyé contre le divan de cuir noir, il revit pour nous les premiers pas de sa pièce chantée, bien différente de *Madame Roza* :

« Au début des années 80, les Américains me demandent de faire une comédie musicale avec le film de Jean-Charles Tachella, *Cousin Cousine*, ça ne m'inspire pas du tout, je ne trouve rien à “bouffer” là-dedans qui soit vraiment intéressant. On appelle ça “la viande” : il n'y a pas assez de viande pour faire une comédie musicale. De plus, Tachella a promis le scénario à des acteurs “off Broadway”, il est très ennuyé. Je cherche donc un autre sujet. J'ai les producteurs, l'argent, mais il manque une belle histoire ! Je tombe sur *La vie devant soi* (*Madame Roza*), tout va très vite... »

En 2001, Gilbert ne reviendra pas sur les péripéties de cette aventure : tant de complications. Pour l'instant, en 1980, il persuade les Américains d'acheter les droits du roman de Romain Gary (Émile Ajar). Malheureusement, les problèmes affluent : l'auteur meurt avant d'avoir résolu le problème de cette cession. L'investissement atteint six millions de dollars. Devant une telle somme, la réflexion des financiers s'impose et elle n'en finit pas, un flop serait fatal !

Bécaud anticipe et annonce sa comédie musicale à Broadway en septembre 1983, puis finalement à Londres, au Lancaster Theatre au printemps 1984, suggérant son arrivée à New York un an plus tard ! La création de *Madame Roza* n'est pas encore pour demain. Il fonce à nouveau dans la bataille américaine avec un entêtement sans demi-mesure, il espère toujours Broadway, ce « kilomètre carré de néons et de théâtres » l'obsède.

« Bécaud a un défaut, nous souffle Dinnat : il s'engage précipitamment et après, regrette, mais ne peut plus reculer. Il a tellement envie de réaliser son projet qu'il l'annonce toujours un peu vite en affirmant : "Je le fais." Gilbert se lance à fond et, pour arriver à ses fins, dépensera une fortune, rencontrera souvent des contretemps, des empêchements, mais ne déviera pas d'un pouce. »

Les années 80 sont celles d'une obstination exemplaire et d'une pugnacité non dissimulée. Bécaud imagine Bette Midler dans une version filmée de sa « yiddish mama ». Captivé par ses projets, il va et vient entre la France et les Etats-Unis, assurant malgré tout avec le don d'ubiquité qu'on lui connaît la tournée française qui suit l'Olympia « 83 » jusqu'au 14 décembre à Montargis. Nous le retrouvons quelques jours à Crans-sur-Sierre, dans le chalet familial pour les fêtes de fin d'année.

L'air est pur, la neige est bonne, mais il n'attend pas au-delà du 2 janvier 1984 pour repartir à New York, bien décidé à faire aboutir les négociations. Plus d'une fois, dans la même semaine, il est en décalage horaire, Paris-New York, New York-Paris, pour les concerts à assurer à travers le monde[4]. Il envisage de participer à la distribution de sa comédie musicale et de partager l'affiche, à

Londres, avec Angela Lansbury. Celle-ci réserve sa réponse, son agenda est surchargé par le tournage de la série télévisée *Murder She Wrote* (*Arabesque*, en France). On imagine très bien l'artiste aux multiples facettes se glisser aisément dans la peau de Roza, mais le succès du feuilleton nécessite un travail considérable qui ne laisse de chances à aucun autre projet.

Le 22 janvier 1985, Gérard Majax aide Gilbert Bécaud à concocter un Olympia « magique », toujours friand de mise en scène inventive, le chanteur va « léviter » dans les cintres de ce théâtre qu'il connaît si bien. Les répétitions ont lieu dans des salles réservées autour de Paris, Fernand Baudou et Jean-Pierre Dorsay officient alors aux synthétiseurs [1].

« Gilbert plante le décor, nous raconte Jean-Pierre Dorsay. Il délègue les pouvoirs à son chef d'orchestre – moi, en l'occurrence – pour toute la partie technique. J'écris les arrangements et je dirige les musiciens. Cela représente un travail considérable : Daniel Carlet et Leonard Raponi me secondent efficacement. Ils sont tous deux excellents. Nous reprenons la chanson jusqu'à ce qu'elle soit vraiment parfaite, nous modifions parfois l'orchestration, puis Gilbert l'essaie sur le public ou en studio. La "routine", ça n'existe pas, la mécanique, il la laisse aux autres. En répétition, ses rapports avec les musiciens sont chaleureux, il nous offre un petit coup de scotch, nous fait livrer des sandwiches. Toujours très aimable, détendu. En revanche, sur scène, c'est tout à fait différent, il est "Bécaud". Là, tout redevient extrêmement sérieux, on n'a pas le temps de rire ou de faire des blagues. »

Parfois, Gilbert n'est pas satisfait d'un technicien ou d'un musicien. Le verdict est immédiat : « Toi, je te vire ! » Le lendemain, tout est oublié... Sur scène, il accepte les surprises, mais à condition que ce soit bien fait. Par exemple, un jour, à l'Olympia, les musiciens attaquent « Joyeux anniversaire », une gerbe immense descend du plafond, Mamico rentre sur scène, et les placeurs traversent la salle, portant à six un gâteau géant à partager.

A propos de ces plaisanteries bon enfant, Jacques Dinnat nous raconte un souvenir qui le met en joie :

« En Belgique, une petite fille à robe bleue à pois blancs lui porte sur scène un bouquet. D'année en année, de récital en récital, elle grandit et la robe avec... Un jour, je lance le pari de m'habiller comme elle et de porter les fleurs à Gilbert. Et je le fais ! Kitty me maquille et me prépare. Lorsque j'arrive sur le plateau, je lui tends le bouquet, après *Nathalie*. Il me regarde, un peu perdu, et je lis dans ses yeux : "Mais je le connais... !" Puis, il part dans un éclat de rire, m'arrache la perruque et me présente au public. Dans la même folie, il nous a toujours dit qu'un jour, il se présenterait nu, complètement nu, avec pour tout vêtement, une cravate, une grande cravate à pois qui cacherait... Mais ça, vous le devinez..., on l'attend encore ! »

« Effectivement, nous confie Leonard Raponi, il n'aime pas les gros gags sur scène, sauf si c'est lui qui les provoque. Parfois, il vient nous chercher ! Le spectateur ne remarque rien, cela reste entre nous. Un petit coup d'œil, un geste furtif... »

Madame Roza s'anime à l'Olympia, le temps d'une chanson, un simple extrait interprété avec un garçon de dix ans, dans le rôle de Momo. Après quelques concerts à l'étranger[2], le plus difficile reste à faire : créer cette fameuse comédie musicale !

Début 86, Bécaud apparaît sur TF1 dans une émission à haut risque et en direct : *Le Jeu de la Vérité*, de Patrick Sabatier. Gilbert jure de répondre en toute sincérité. Il reste alors intégralement impliqué dans la réalisation de *Madame Roza* qui occupe toutes ses pensées, le passage de Georgia Brown est un instant privilégié, important et fragile à la fois. Sous pression, on le sent déçu de ne pouvoir créer le spectacle en France... Il en annonce cependant la sortie à Baltimore en décembre 1986.

Cette émission trop brûlante n'est pas opportune. Une polémique autour du terrible accident de travail de Gilbert Sigrist revient à la surface, Gilbert est pris à partie directement par un téléspectateur, les questions fusent, il ne peut y déroger, se montre alors sous un jour trop violent et perd le contrôle de la situation. Jean-Michel Boris en témoignera avec une franchise absolue : « Gilbert s'est fait du mal, les gens ont trouvé ça scandaleux. Et pourtant, lorsque j'ai eu mon infarctus, il a été adorable avec moi. Bien sûr, ce n'est pas une compensation. En fait, à la télévision, Bécaud perd parfois ses moyens. Sa timidité se transforme en maladresse. »

Jean-Pierre Dorsay reviendra également sur cette période difficile :

« J'ai fait une hémorragie cérébrale, il y a environ une dizaine d'années et Gilbert s'est montré vis-à-vis de moi d'une amitié, d'une générosité assez fantastiques. Il n'y était pas obligé, il a été parfait. Lorsque j'ai eu une attaque due à un excès d'hypertension et de fatigue, je me suis retrouvé à l'hôpital. Dès ma sortie du coma, il m'a téléphoné pour me demander si j'avais la télévision. Il m'a apporté un magnétoscope, des fleurs, des journaux. Suite à mon état, j'ai raté une tournée en Hollande, il n'a pas tenu compte de mon absence et j'ai touché l'intégralité des spectacles. Quand on dit qu'il s'est conduit de façon incorrecte avec Sigrist, je ne comprends pas... Néanmoins (quelques mois après l'électrocution) le "scandale" éclate, Bécaud et Sigrist s'affrontent devant les tribunaux, les médias s'en mêlent, "l'affaire" ébranle le public, le doute s'installe. La séparation sera irréversible entre les deux hommes qui pourtant s'estimaient. »

Le fait est là, Gilbert Sigrist fait abstraction des mauvais moments pour ne se souvenir, avec une grande philosophie, que des instants privilégiés :

« *La plus belle histoire* me reste en mémoire, avec la chanson *Les temps viendront* qu'il avait chantée admirablement : un moment rare, ce n'était pas sa musique. Vous savez, j'ai une telle vision des chanteurs qu'il m'est à la fois facile et difficile d'en parler. Bécaud, c'était une expérience magnifique pour le spectacle et les voyages. Les bons moments : avant d'entrer en scène, le trac..., j'étais vraiment dans l'intimité de Gilbert... Dans les interviews, les concerts, on me questionne souvent sur ces problèmes. Invariablement, je réponds par la même formule : "C'était un divorce sans pension alimentaire !" Il m'arrive d'imaginer quelquefois que je me mets au piano sur une scène, un soir, que je joue l'entrée de *La ballade des baladins* comme je l'ai fait si souvent... et Gilbert chante, alors, dans la folie du spectacle, nous sommes à nouveau réunis... »

Ainsi va la vie, trop vive et trop dure avec ses actes manqués qui laissent toujours un peu d'amertume. Les premiers jours de l'été arrivent et avec eux, une excellente nouvelle : « *Madame Roza* est prévue pour la rentrée. » Visiblement satisfait, Bécaud clôture les Journées Internationales Georges Brassens au théâtre de Sète. Un écran géant est tendu devant la scène : reculant son spectacle, Gilbert salue ainsi l'équipe de France, qualifiée pour les demi-finales de la Coupe du Monde, face au Brésil. C'est un soir très spécial, les amateurs de chanson ne rateront pas le match. Michel Platini manque son tir, mais Luis Fernandez pulvérise les espoirs brésiliens... Après la retransmission, Jean-Pierre Foucault remet les prix des journées Brassens en compagnie du président Delanoë entouré des membres du jury : Claude Lelouch, Sabine Azéma, Juliette Gréco... Pendant ce temps, en coulisses, Gilbert retrouve Jacques Dinnat et lui demande malicieusement de trouver un ballon de foot. Aucun problème pour l'ex-régisseur. Et Bécaud entre en scène en shootant dans la balle qui atterrit sur nos genoux, à la corbeille.

Les âmes en allées
Où s'en vont-elles
Où êtes-vous Van Gogh, Mozart et Utrillo
As-tu gagné ton ciel
Pauvre Verlaine
Et toi ton bateau ivre
Monsieur Rimbaud...

Les âmes en allées, De quoi demain sera-t-il fait ?, La relève, Desperado, Little red boy avec un sax haut perché, ... Le bain de foule traditionnel, Gilbert passe le micro à Nana Mouskouri, spectatrice du premier rang, pour un refrain de *L'important c'est la rose.*

Malgré les départs de Jean-Pierre Dorsay et de Patrick Rousseau, les musiciens assurent :

« L'an dernier, au moment de l'Olympia, nous confie Leonard Raponi, Dorsay était débordé, il m'avait demandé de faire des arrangements avec Daniel Carlet. Gilbert a vu que cela se passait bien, que je n'étais pas un "manchot", que je ne savais pas que jouer de la basse... Petit à petit, j'ai pris un peu d'importance et ce qui aurait très bien pu arriver à Carlet m'est tombé dessus : je me suis occupé de la direction musicale et des arrangements scéniques. Daniel est un gars super, mais très occupé par son affaire musicale (studio de répétition, location de “backline”), il était peut-être moins disponible que moi. »

Les répétitions de *Roza* battent leur plein jusqu’au 17 décembre 1986. Baltimore, enfin ! La « générale » ! Bécaud, Julian More (l’auteur du livret), Hal Prince (le metteur en scène) sont acclamés. Mais le triomphe reste celui de Georgia Brown, interprète de Shakespeare et de Brecht, qui sublime le rôle de Simone Signoret au cinéma.

Loin des applaudissements, une nouvelle déstabilise Gilbert : l’ami de toujours, Maurice Vidalin, succombe à une crise d’asthme. Gilbert n’ignorait rien de sa maladie et s’était souvent confié à ses musiciens :

« On devrait louer un grand panneau publicitaire en face de sa maison et écrire en grosses lettres : “On t’aime Momo, on pense à toi.” Chaque matin, en se levant, il verrait notre message, ça lui donnerait un bon départ pour la journée... »

Vidalin était un parolier imprévisible, alliant avec bonheur la fantaisie et l’émotion dans les chansons de scène, un homme humble, certainement le plus proche des musiciens et des techniciens, chacun pouvait discuter avec lui accoudé à un bar et partager une bière. Avec son lyrisme débridé et son sens de la formule choc, la route de Vidalin, ancien légionnaire, est jalonnée de chansons. « Ça l’aurait amusé qu’on parle de sa “Légion” – nous confie son épouse – parce qu’il était complètement antimilitariste ! A la fin de la guerre, engagé dans l’armée de l’air à vingt ans, son seul but était de décoller, voler, voyager... et on lui a fait trimballer des sacs à Villacoublay ! Au bout de deux jours, il en a eu ras le bol et il est parti. Déclaré déserteur, il a eu peur d’être fusillé, c’est ainsi qu’il a abouti dans la Légion ! Un jour, comme ça..., Maurice a brûlé toutes ses photos, tous les manuscrits de ses poèmes... »

« Maurice Vidalin, je l’ai toujours vu caché derrière un arbre !, constate Alain de Ricou. Je le connaissais très bien, il travaillait quand il en avait envie. Il fallait vraiment le sortir de sa forêt pour qu’il s’y mette. Bécaud y réussissait assez souvent mais pas toujours avec facilité. J’ai vu Maurice refuser d’écrire pour certains chanteurs. J’ai essayé de le faire collaborer avec Henri Salvador. Bien qu'ayant beaucoup d'amitié pour Henri, Maurice n'était pas convaincu. Il était complètement à l'écart, vraiment pas un acharné du show-biz, il prenait souvent la balle au bond et la laissait aller... »

« Vidalin..., je n'ai jamais vu un homme aussi sympathique, nous dit Leonard Raponi. Sa disparition m'a beaucoup touché. Savez-vous que Maurice roulait en mobylette dans les rues de Paris, depuis son domicile de Rueil-Malmaison jusqu'à l'Olympia ? Ça m'a toujours fait sourire. Pour moi, les plus magiques chansons au niveau du spectacle sont celles de Vidalin ! Tous les musiciens adorent *La rivière*, c'est certainement l'une des plus belles... »

« Maurice était solitaire, toujours discret, nous murmure son épouse. Il avait horreur des gens du métier, ce n'était pas son truc, cela ne le concernait pas beaucoup. Il était très droit, pas du tout comme certains "crabes" de la profession. Souvent, il me disait : "Tiens, avec Gilbert, on est comme un vieux couple, avec des manies, des réconciliations." Maurice, quand il aimait, c'était à fond, Gilbert était une moitié et lui, l'autre ! "Quand on aime, on compte pas..." Cette expression, on la retrouve dans *Les tantes Jeanne*. Avant lui, personne ne l'avait employée. Depuis, c'est devenu courant et ça le faisait beaucoup rire..., en même temps, il était un peu flatté ! Lorsque Maurice et Gilbert composaient, tout se passait en même temps, ils démarraient ensemble et le texte initial était souvent loin du définitif... La première version des *Tantes Jeanne* était très "salle de garde". *Le mur, L'indifférence, Le petit oiseau de toutes les couleurs*... étaient ses favorites. Dans les ultimes chansons, il y avait *La retraite*, un thème qui ne plaisait pas beaucoup à Gilbert. Pour Maurice, c'était très dur, il avait eu de graves problèmes de santé. Les six derniers mois, un léger mieux s'était fait sentir et il avait récupéré, puis... »

« Maurice Vidalin a commencé avant moi, nous raconte Delanoë. A la fin des années quarante, il allait jouer les "barons" à Auteuil, sur les champs de courses, il menait une vie de patachon (c'était un drôle de pistolet...). Il s'est assagi après, "embourgeoisé" mais il avait gardé sa vivacité d'écriture. J'ai toujours dit que pour moi, le meilleur c'était Vidalin. C'est vrai que ses chansons sont toutes bonnes. C'était un gars très marrant, drôle, un compagnon de voyage idéal que Gilbert utilisait beaucoup, il l'embarquait souvent avec lui. Moi, il essayait de m'emmener aussi, mais je ne marchais pas, j'étais occupé, soit fonctionnaire, soit directeur à Europe numéro 1..., il y a avait toujours quelque chose qui m'empêchait de voyager et puis, surtout, j'étais marié, avec trois enfants. Maurice n'était pas un père idéal, pourtant, c'était un type bien. »

« Nous devions écrire une chanson ensemble, se souvient Claude Lemesle, à force de le dire, ça n'est jamais venu. On l'aurait fait, j'en suis sûr, mais Maurice est mort prématurément. Nous nous entendions très bien. Sur le plan de l'esprit, je me sens plus proche de Maurice que de Louis ou de Pierre. Quand je suis arrivé dans le métier, il m'a toujours témoigné énormément de sympathie, d'affection, non seulement pour ce que j'étais, mais pour ce que je faisais. Je dois dire que... – "Momo, tu m'engueules si je dis une bêtise !" – je sentais une certaine admiration d'un aîné pour un jeune. J'avais fait un truc pour Michel Fugain qui s'appelait *Comment vas ta vie grand-père ?* et je me souviens de Fugain qui était en train de répéter la chanson avec La Compagnie : "Comment va le monde, qui a tellement changé, en quelques saisons de la chandelle à l'électricité..." Et Maurice entend ça, pourtant, ça n'avait rien d'extraordinaire, mais il aimait bien la fin des vers, il m'avait dit en plaisantant : "Oh putain, tu es le fils de Trenet !" On avait passé des soirées ensemble à picoler, à parler des filles, et je sais qu'il me voyait d'un bon œil, peut-être pas comme son successeur ou son fils spirituel, mais il m'avait à la bonne. Je ne veux pas vexer Pierre en disant ça (je sais qu'il est d'accord avec moi) mais vraiment, de tous les auteurs, Maurice était le plus grand ! Il écrivait pour de nombreux interprètes, certains journalistes le lui reprochaient ! Enfin, vous imaginez Vidalin dire à un artiste qui l'appelle : "Non, tu n'es pas assez bien pour moi, je ne veux pas travailler pour toi !" Je n'ai aucun mépris pour personne : je pense qu'un artiste qui a l'assentiment du public a forcément une cote d'amour... Une première fois, Maurice m'a donné l'élément de départ d'une chanson, la musique n'était pas très bonne et j'ai foiré lamentablement le texte, son idée était excellente et je l'ai ratée. Il m'a engueulé au téléphone ("Eh bien, dis donc, ce n'est pas la peine que je te donne une idée !"). Une autre fois, c'était une chanson pour Michel Fugain qui s'appelait *Moi monsieur*, l'histoire d'un type qui avait réussi, c'était un peu avant la lettre *J'aurais voulu être un artiste*... Dans ce morceau, le type chantait : "Je me suis fait tout seul et sans conscil ma place au soleil...” Et dans le dernier couplet, j’inversais la phrase et disais “je me suis fait tout seul et sans soleil ma place au conseil” ! Vidalin était fou de rage : “T’as pas droit de faire ça, tu es un grand auteur, des renversements comme ça c’est minable, t’es technique !” Il avait tort, c’était bien ! Maurice, quand il avait un truc à dire, il le faisait sans détour... »

« Gilbert et Maurice souhaitaient écrire une nouvelle chanson, un peu dans l’esprit de *La vente aux enchères*, nous confie Monsieur Pointu. Le thème était une courte histoire entre Bécaud et Pointu qui se rencontrent, nous l’avons évoquée, nous l’aurions interprétée à deux, comme *La vente*... nous n’en avons pas eu le temps... »

Et Vidalin s’en va, laissant derrière lui la trace indélébile de son talent. Gilbert en souffre : « Le public perd un homme exceptionnel et moi, un copain... »

Fort du succès de Baltimore, Hall Prince, qui avait longtemps douté, transporte *Roza* sur la scène du Mark Taper Forum à Los Angeles. Loin de la fureur et des pressions des théâtres new-yorkais, la salle ne désemplit pas. Pour parvenir à Broadway, *Madame Roza* prend le chemin des écoliers. Bécaud fait preuve d'un dynamisme forcené pour convaincre les producteurs de leur participation via New York. Le montage financier de la comédie musicale (quatre millions de dollars) est impressionnant : cinquante choristes, vingt-cinq musiciens, la reconstitution du quartier de la Goutte-d'Or, bouche de métro comprise... Gilbert brûle de toutes les ardeurs. Il espère Broadway, mais Broadway attend-elle *Roza* ? Les Américains se perdent dans les subtilités et se montrent de plus en plus exigeants. Malgré le succès à Baltimore et à Los Angeles, on doit refaçonner le livret, ce qui entraîne un travail d'écriture considérable. Le perfectionnisme outre-Atlantique ne laisse rien au hasard ! A huit jours de la générale, les contrats sont remis en question !

Certes, le fantôme de Simone Signoret hante toujours les mémoires – l'actrice était venue à Hollywood recueillir l'Oscar du meilleur film étranger décerné à *La vie devant soi* –, mais la transformation opérée par Georgia Brown se révèle époustouflante. Le décor est déconcertant, implanté sur la scène du Royal Theatre, il comporte des escaliers branlants, des lits en pente raide, un poste de télévision qui débite les reportages du Tour de France (en français)..., Gilbert semble bien s'en accommoder.

Le 1er octobre 1987, le public de la première l'ovationne :

« Bravo, Monsieur Bécaud ! » « Le compliment était français, l'accent ne l'était pas. Les applaudissements ont alors redoublé, la salle s'est levée, la troupe, elle aussi, a battu des mains. Georgia Brown, "Madame Roza", a essuyé une larme furtive. Et là-bas, dans les coulisses, Gilbert Bécaud, tempes grises et teint bronzé, a poussé un soupir d'aise. A lui maintenant de se diriger vers la scène, d'un pas tremblant. Comme un débutant. Comme un néophyte. »[1]

Vingt-six ans après la première de l'*Opéra d'Aran*, le compositeur retrouve la même émotion. Il sait l'importance de cette soirée et les « premiews », les avant-premières qui « marchent à fond le tiroir-caisse » depuis le 14 septembre, ne parviennent pas à le rassurer tout à fait. Le lendemain, à longueur de colonnes, c'est la mise à l'honneur ou la mise à mort, le rideau qui tombe en moins de huit jours. Malheureusement, les critiques sont lapidaires, il en garde une blessure rude et profonde, mais l'homme est pugnace, il ne renonce pas et décide de monter sa comédie musicale en France : à partir de cet instant, l'idée ne le quittera plus.

Le retour est doux-amer, mais ne laisse pas place à la nostalgie, spectacle à Issoudun et enregistrement d'un *Sacrée Soirée* où l'artiste chante symboliquement *Le retour.*

Quand on est parti trop longtemps
De l'autre côté du printemps
C'est génial de voir les enfants qui courent
C'est le meilleur moment du voyage
Le retour

Après quelques concerts – notamment le Konzerthaus à Vienne et un chapiteau à Versailles[2] – Gilbert retourne à New York auditionner les troupes qui doivent sillonner les Etats-Unis avec *Roza.*

Si Broadway le laisse un peu sonné, en France les médias le présentent comme un monument. Quand la respectabilité vous rejoint, il faut assumer. François Léotard, ministre de la Culture dans les années de « cohabitation », souligne la forte présence de l'artiste :

« Très attaché à la chanson française et donc à la personnalité de Gilbert Bécaud, qui en est un des très rares et précieux ambassadeurs, j'apprécie son talent et la poésie de ses chansons. Son répertoire transcende les générations et les modes : c'est le propre des artistes. »

Comment ne pas accepter les témoignages de Claude Pompidou (« profonde admiration »), d'Alain Decaux (« estime pour son talent qui ne cesse de grandir ») ou de Maurice Druon : « Il est un des artistes qui, en notre temps, auront maintenu au plus haut la chanson française, et en cela, il aura aidé à la diffusion de notre langue et au renom de notre pays »...

Grand Prix du Disque de l'Académie Charles Cros, Oscar de la Chanson française, Dagverdienstkreus – la distinction la plus élevée en Allemagne – Médaille d'Or de la Sacem « pour l'ensemble de son œuvre » et autres récompenses « pour le rayonnement de sa musique et pour sa contribution au rapprochement des peuples ». Beau panégyrique d'un enfant gâté ! Mais Gilbert n'est pas un « monument », il s'en défend, se retourne d'un seul bloc en allumant sa cigarette et nous dit : « Les panthéons, ce n'est pas pour moi, ce qui me plaît, ce sont les défis, les challenges, j'ai envie de surprises et d'inquiétudes, les certitudes m'ennuient ! »

L'originalité de l'Olympia « 88 » niche dans l'alternance de deux récitals, le bleu et le rouge[3].

« A quel moment Bécaud a-t-il commencé à me faire confiance ? », s'interroge Leonard Raponi. « En fait, je suis passé d'une période où j'étais exécutant à une autre où je suis devenu directeur musical : l'étape d'une vie. Avoir plus de responsabilité et ne pas perdre le sens de l'humour, c'est un sacré morceau ! Le premier Olympia dont je me suis occupé, il avait un peu moins confiance en moi que maintenant, et c'était tout à fait normal. J'avais bien travaillé, tout était prêt, "trois-quatre", en temps et en heure, il l'a remarqué... »

Monsieur Pointu a des ennuis de santé. « Quatre pontages coronariens, ce n'est pas rien. En fait, cela s'impose, depuis quatre ans, je fais de nombreuses crises d'angine. Mon médecin me prévient des dangers d'un infarctus sérieux, mais je refuse toujours l'opération. C'est la proposition d'une nouvelle tournée avec Gilbert qui me décide à passer sous le bistouri. Je suis à cette époque fort malade et, en même temps, j'ai aussi très envie de retourner avec Bécaud. Pour être capable de le suivre, j'accepte la chirurgie. »

Le 9 août, dans la petite commune lozérienne du Buisson, près de Marvejols, l'accordéon et le folklore local ponctuent une journée inoubliable. Auréolée de blanc et de rose, la princesse Tania de Bourbon-Parme épouse Gaya – Tania, petite-fille du prince René et de la princesse Marguerite de Danemark, est également l'une des petites-nièces de l'impératrice Zita, née princesse de Bourbon-Parme.

Après la messe dans l'église paroissiale, les héros de la journée, entourés de Gilbert et de Kitty, sont acclamés par les villageois. Pendant la cérémonie religieuse, on remarque Emily, rayonnante parmi les demoiselles d'honneur, et Philippe, témoin de Gaya. Devant l'église, les habitants, revêtus des traditionnels costumes régionaux, font une haie d'honneur et donnent l'aubade. Au son des rondes languedociennes, Tania et Gaya grimpent dans un char campagnard garni de bottes de paille piquées de fleurs et fièrement tiré par un tracteur... Direction Andagnols, le domaine du prince André et de son épouse, Marina, les parents de la mariée. Méchoui à midi, baignade pour les invités l'après-midi dans le torrent voisin, et veillée aux chandelles. Trente-cinq ans déjà depuis la naissance de Gaya. Les images affluent : les premiers pas à Meudon, le train électrique dans le grenier du Chesnay, les neuf ans de Bécaud junior à la première de l'*Opéra d'Aran*, les cris de Gaya et de Philippe autour de « la cabane », les clins d'œil complices des enfants qui grandissent et quittent la maison... Une prochaine chanson...

Du sable dans les mains

1989-1998

A Marseille, Bernard Tapie, député récemment élu, mène campagne dans sa circonscription. A la Bussière, le petit village poitevin où il vit, Bécaud est candidat sur une liste sans étiquette politique et avoue « se sentir honoré par cette marque de confiance ». Il affirme qu'en cas d'élection, « on pouvait être assuré de son sérieux dans le travail qui lui serait confié ». Bécaud devient ainsi un conseiller municipal qui va sortir un nouveau disque !

« J'ai connu Gilbert Bécaud au hasard des cérémonies officielles dans le Poitou, nous expliquera René Monory, dans son bureau présidentiel du Sénat. Entre autres pour l'inauguration de la salle qui porte son nom. Nous avons tout de suite sympathisé, il m'a invité chez lui. Je suis en retard d'un déjeuner ou d'un dîner, je ne sais plus... Il va falloir trouver une solution, nous sommes tous les deux très pris. Une autre fois, je suis allé le soutenir dans un "meeting" qu'il avait organisé en faveur de son petit pays. Nous nous sommes rencontrés également sur Europe 1 dans *Persona grata*. Je devais présenter un invité surprise et j'ai pensé à lui : il a répondu aussitôt avec plaisir et lors de son passage, je me suis fais piéger bien gentiment lorsqu'il a chanté *Mes mains*. Il faut vous dire qu'il y a quelques années, dans certains repas, je me lançais volontiers dans l'interprétation de cette chanson... Je l'ai dit en direct et, bien entendu, suivant le principe de l'émission, je devais faire quelque chose d'inhabituel : les animateurs et Gilbert ont tenu à me faire chanter ce morceau, accompagné et aidé par Bécaud en personne, au piano. Je peux vous faire une confidence... Si je suis entré un jour en politique, c'est grâce à Gilbert ! Interprétant souvent sa chanson, je me suis attiré la sympathie des électeurs, qui m'ont donné leurs voix ! J'ai une grande estime pour lui, il est issu du peuple comme moi. C'est un garçon passionné, direct, sans détour. Il a le langage de tous les jours, une approche conviviale naturelle, spontanée. Il y a des gens qu'on rencontre et qu'on n'a pas toujours envie de côtoyer... Bécaud, on voudrait l'avoir pour ami ! »

En 1989, pour sa première réalisation chez BMG, Gilbert fait appel notamment à des auteurs inhabituels (Guy Carlier, Jean-Michel Bériat...). Pour se moquer un peu du temps qui passe, il favorise le texte de Didier Barbelivien, *Avec vingt ans de moins*, et s'offre une promotion efficace. Même scénario pour une chanson vérité signée Jean-Michel Bériat : *Bécaud.*

T'étais fait pour dormir dans les jardins secrets
Des filles du délire qui rentraient sans billet, sans billet
T'étais fait pour tricher tous les soirs au poker
Comme un chat égaré dans la nuit des dockers

Les paroles mettent en évidence sa double personnalité. Après avoir eu quelques craintes au sujet d'un texte aussi spécifique, Gilbert joue l'ambivalence et enregistre le morceau. A notre question concernant le « responsable » de cette inspiration, Jean-Michel Bériat répond : « C'est moi, je n'aime pas les idées des autres ! Bécaud, c'est un homme qui chante, qui voudrait finir avant de commencer, un impatient ! »

T'étais fait pour danser aux quatre coins du ring
Fait pour les jeans râpés des filles des parkings
T'étais fait pour les slows qui frottent sur le cuir
Du chrome des motos à la soie des fakirs

« Gilbert est un homme qui vous pompe votre énergie, dans le bon sens bien sûr, constate Nicky (Nicole Cuissard). En fait, il nous donne envie de lui donner. Parfois, il demande la lune, et la réalité dépasse la fiction, c'est toujours réalisable... Il faut le suivre, c'est tout. Je le comprends par des gestes, il n'a pas besoin de me parler. Un regard suffit. S'il me dit "Tu as vu Georges ?", pour moi, cela signifie quelque chose. “Bécaud”, comme “Gilbert”, est entier, très coléreux, très sentimental, très doux, il n’a pas de juste milieu, c’est tout ou rien ! »

Autre fidèle dans l’équipe, Monique Scherrer, sa secrétaire personnelle, le suit chez BMG. « Elle était merveilleuse, explique Jacques Dinnat, ex-régisseur, Monique était à la disposition de Gilbert à toute heure. Il lui téléphonait parfois en pleine nuit : “Monique, j’ai besoin de toi.” Elle arrivait aussitôt. Elle s’occupait de son courrier, en fait, plus qu’une secrétaire, c’est une amie. Aujourd’hui, malgré les changements de maison de disques, elle veille toujours sur lui... »

Dans un Paris rajeuni avec la Pyramide du Louvre, l’Arche de la Défense, l’Opéra-Bastille, Gilbert enregistre une série d’émissions diffusées sur une semaine et présentée par Pascal Sevran : *La chance aux chansons*. L’actualité est brûlante, c’est l’instant où l’Europe retient son souffle, après tant d’années d’espoir, le mur de Berlin vient de tomber. En France, les écoliers apprennent sereinement *L’important c’est la rose* dans les classes de sixième.

La carrière de Bécaud est riche, variée et sans failles. Pour Georges Marchais, alors Premier secrétaire du parti communiste, sa contribution à la chanson française est incontestable :

« Depuis le tout début des années cinquante – je me souviens de ses récitals extraordinaires à l’Olympia dirigé à cette période par Bruno Coquatrix –, et chaque fois qu’il nous revient, il sait donner au rythme une force et une légèreté insoupçonnées, à la mélodie ce nouveau qui dérange et qui plaît. De même, le choix de ses textes, sa façon d’interpréter ses chansons témoignent d’une grande exigence vis-à-vis de lui-même, d’un grand respect pour son public. Cet homme de talent a su rassembler la jeunesse, trouver place dans le cœur de générations entières et devenir au-delà de nos frontières un véritable ambassadeur de la chanson française. Il continue de lui consacrer beaucoup en lui donnant le meilleur de lui-même : son travail, sa tendresse, sa fougue. C’est tant mieux ! »

1991 est une année d’une tristesse infinie, Mamico disparaît, tout doucement.

Elle a eu cent un ans elle a fait ses bagages
Comme quelqu’un qui s’en va

Pour un très long voyage
Elle pensait qu'elle n'avait plus rien à faire ici
Et pour ne pas déranger elle est partie

Gilbert a perdu son idole, elle dort désormais auprès de Papico dans le petit cimetière provençal accroché à la colline.

Dernière tournée, ultime Olympia... ? Des points de suspension qui en disent long sur les doutes et le flottement qui s'emparent de l'artiste à l'instant où ses repères s'estompent, c'est compter sans l'énergie toute-puissante qui l'habite. Les adieux ? Pas pour lui ! L'éternel retour de Chevalier, Trenet, Barbara après la chronique d'un départ annoncé, Bécaud n'en veut pas ! A la question d'un journaliste (« N'avez-vous jamais songé à abandonner ? »), il répond « Si, si, bien sûr, au réveil » et termine par « mais après, heureusement, je change d'avis ».

Son ressort à lui, c'est la scène..., et les concerts reprennent un peu partout en Europe jusqu'à un nouvel Olympia. Gilbert délègue et confie carte blanche à Leonard Raponi pour les arrangements : « Aux répétitions, il ne fait pas la moindre remarque : "Ne changez rien, je vais me fondre dans votre travail." »

« Si nous faisions certaines chansons aujourd'hui, estime Frank Thomas (l'auteur de *La première cathédrale*), nous pourrions liquider l'âge, le réduire à ce qui est tout à fait normal. Malheureusement, il n'est pas prêt à ça, il faut le comprendre puisque les spectateurs veulent toujours retrouver ce qu'ils ont aimé. Un comédien peut bouger avec le temps, un chanteur, moins. Comment arriver à résoudre le dilemme ? Quand Brassens chantait, qu'il ait eu vingt-cinq ou cinquante ans ne changeait rien à l'affaire. Pour Gilbert, bondissant, cela peut poser un problème. Pas à lui, mais au public qui veut le voir sauter comme avant et entendre à la virgule ses chansons. Gilbert a la plus grande réserve de titres français, c'est une folie. Il doit toujours présenter les anciens morceaux, il ne peut pas faire autrement, tous les artistes sont condamnés à ça et Bécaud peut-être encore plus que les autres... A côté de Vidalin, Delanoë et Amade, nous autres, qui avons suivi, sommes toujours au banc d'école et pas près d'en décoller. Et même si nous avions tout fait avec le meilleur cœur, nous sommes très loin de monter sur la même estrade. Nous le savons tous, que ce soit Grosz, Lemesle,

Barbelivien ou moi-même. Maintenant, vous avez beaucoup de textes invertébrés que le vedettariat et la promotion enflamment, mais quand les cendres sont retombées... ! Gilbert est un artiste terrible, avec ce "truc" journalistique des 100 000 volts, cette espèce de chose insupportable qu'il a dû traîner comme une mauvaise valise ! Il donne une énergie fantastique à ceux avec qui il travaille, c'est sa première qualité. La deuxième est sa vue, il arrive sur une scène comme un artisan, il voit tout, il est à la fois au fond de la salle et dans le décor, un homme de la scène. Francis Lalanne a cette qualité, ils ont tous les deux un magnétisme, ils sont nés pour ça. Lorsque Gilbert arrive sur un plateau, il maîtrise l'espace, il a sa surface en tête. En dehors de la scène, il doute, alors il travaille sans interruption avec cette force étonnante et passe soudainement à autre chose, il ne s'arrête jamais. Pendant des années, on sait qu'il collaborait avec trois auteurs, il faisait des tournées, des enregistrements, des concerts dans tous les pays et multipliait sa vie professionnelle par dix (je ne parle pas de sa vie privée...). »

Au début des années 90, la pause semble indispensable. « En travaillant moins, constate Georges Prêtre, on reste à un certain niveau, avec la chance de pouvoir choisir. Un luxe ? Pas vraiment ! C'est dur de refuser mais il faut avoir le courage. Dans notre métier, heureusement (et malheureusement), il n'y a pas de retraite, je crois qu'on doit en profiter et ne pas attendre quatre-vingt-dix ans ! »

Un soir, dans son salon, Gilbert semble méditatif : « Comment voulez-vous en sortir ?, nous dit-il, les Français pensent que je reste à la ferme en permanence, en réalité je tourne au Pérou, au Brésil ou à New York. A partir du moment où on n'est pas en France à jouer à Montpellier, c'est qu'on se repose ! »

C'est alors que Bernard Carbonez, le patron de BMG, suggère à Mick Lanaro de travailler avec Bécaud. L'heureux producteur de Bruel, Nougaro, Hallyday, prend le temps de la réflexion, se demandant ce qu'il pourra apporter à un tel chanteur. La décision est prise, il envisage l'idée maîtresse d'un prochain album. Bécaud écoute. Lanaro lui propose de raconter l'histoire d'un compositeur-chanteur à travers toutes les péripéties d'une carrière florissante.

« Mais c'est ma vie... ! » L'hésitation n'est pas dissimulée, Gilbert se montre réticent, puis se laisse prendre au jeu : l'enfance, la scène, les amours, cinq heures de cassettes, l'artiste se raconte, jette des couleurs sur la toile. « Mick » enregistre, écoute, organise le tableau, notant chaque fois un mot, un point de départ. Pierre Delanoë, à son tour, reprend avec Gilbert les moments forts de sa vie. Le producteur dévoile le titre provisoire de l'album : *Le chanteur existe, je l'ai rencontré.* Le souhait de Lanaro, à cet instant, est de dévoiler une facette inconnue de Bécaud, de démontrer qu'il est un grand musicien de blues. Lors d'une soirée inoubliable réunissant de magnifiques musiciens français, Lanaro nous racontera son amour pour les artistes qui ont quelque chose à exprimer, et la passion avec laquelle il s'est lancé dans cette entreprise qui devait mettre au jour un nouveau Bécaud.

L'album-concept accapare Lanaro et Delanoë. Louis Amade, très fatigué, s'y implique autant qu'il est possible. Dans l'exaltation, on évoque la participation de Stevie Wonder et de Bob Dylan ! Bécaud attaque la musique... Malheureusement, dans les coulisses de la remise des 7 d'Or, Christophe Dechavanne et son équipe de *Ciel mon mardi* piègent les invités. Le principe du gag est simple : un jeune animateur, Dan Bollander, multiplie les gaffes et prend chaque fois une personnalité pour une autre. Lorsque Gilbert sort de sa loge, le journaliste « débutant » lui demande : « — Est-ce que vous allez l'avoir ? – Avoir quoi ? – Le 7 d'Or ! » Visiblement, Bécaud n'apprécie pas la « maladresse » : « Je suis Gilbert Bécaud, je chante, moi, je ne concours pas. Monsieur, apprenez votre métier, on manque de mains dans l'agriculture ! » Et vlan, il gifle le reporter avant de le traiter d'imbécile. Dans un quotidien, le geste se transforme en coup de poing ! Moment fort pour une « télé-provoque », Bécaud y fera allusion en chanson.

Pour Leonard Raponi, le fond de l'histoire c'est un peu l'organisation de la télévision en France :

« Les responsables des 7 d'Or ont fait venir Bécaud à neuf heures du matin et la répétition de son intervention s'est faite à dix-heuf heures trente ! Gilbert, en attente depuis trop longtemps, n'a pas compris la plaisanterie. Il a pris tout cela au premier degré. Evidemment, vu de l'extérieur, les gens ont tous été surpris par cette séquence de bêtisier. »

Il arrive fréquemment qu'un artiste passe à un moment ou à un autre, de l'autre côté du miroir. Quelques secondes de relâchement où l'on perd pied... Témoin, l'aventure d'Aznavour au Dôme de Marseille où l'artiste fait évacuer de la salle une spectatrice qui a osé déposer un album sur un coin de scène pendant son tour de chant. A cet instant, le public est médusé, il voit le chanteur sous un autre jour, perd toutes ses marques et ne sait plus quoi penser. Ces moments-là sont terribles dans une carrière qui risque de basculer en une seconde, car les images demeurent et frappent définitivement les imaginations.

Jean-Claude Mennessier, depuis Bruxelles, nous apporte un « contrechamp » sympathique, Bécaud est sa vedette préférée :

« Un dimanche après-midi, à Knokke, je réalise une émission depuis La Réserve. Gilbert est là, il dort. On m'indique le numéro de sa chambre, je fais monter les câbles, installer les micros. La porte n'est pas fermée à clé, j'entre, je m'approche du lit et je le réveille. Gilbert est sidéré. “Mais qu'est-ce que c'est, ça ?”, marmonne-t-il. N'en menant pas large, je susurre : “Coucou, c'est la radio !” Bécaud a la seule réponse possible : “M... !” Complètement paniqué, je coupe en disant : “Enchaînons avec un disque, Dieu sait ce que Gilbert pourrait ajouter !” Compte tenu de ce démarrage malheureux, l'entrevue se déroule le plus civilement, le plus joyeusement du monde. Nous faisons toute l'émission en direct de sa chambre, avec vocalises dans la salle de bain, ronflement de rasoir électrique et petit déjeuner. Bécaud joue le jeu avec une merveilleuse décontraction... »

« Gilbert est un Méditerranéen, parfois vif dans ses paroles, constate Jacques Dinnat. Il peut avoir des mots blessants, très durs dans la colère. Mais en réalité, il ne les pense pas. Ça part vite, après c'est dit, c'est trop tard. D'abord, tu lances un trait cruel ou moqueur, ensuite tu réalises (“Mais qu'est-ce que j'ai dit ?”). Je suis sûr que Gilbert regrette mais il ne veut pas le reconnaître, il ne s'abaissera pas, il ne peut pas, c'est lui “le patron”. En 1981, lorsque François Mitterrand est élu, Bécaud doit chanter à la télévision pendant la soirée des élections, il demande qu'on ne le coupe surtout pas pour annoncer le résultat du référendum. Compte tenu de son souhait, on ne l'interrompt pas, mais on passe en surimpression le nom de Mitterrand. Gilbert, en colère, lance : “On n'est pas des balayeurs”, il n'est vraiment pas content. Par la suite, nous plaisantons : “Tu vas avoir tous les boueux sur le dos !” Bien entendu, Bécaud n'a pas dit ça pour vexer qui que ce soit, mais il pensait : "Tout de même, nous ne sommes pas des saltimbanques, considérez-nous !" Là, une élection de président de la République c'est important, les gens attendent ça... L'enfance est déterminante dans une vie, Mamico et Odette l'ont "porté", alors il a pris ses habitudes, et le succès aidant n'a rien arrangé. Louis Amade aussi l'a mis sur un piedestal. Pourtant Gilbert ne nous dit jamais "je suis Monsieur Bécaud !". »

Paradoxalement, à côté de ce trait de caractère, l'artiste est d'une timidité insoupçonnable : « Un soir, nous raconte Claude Lemesle, je l'invite chez moi à participer à l'une des rencontres avec mes élèves, auteurs-compositeurs avides d'apprendre. Il arrive, tout surpris de trouver autour de la table du salon une quinzaine de jeunes, s'assied dans le fauteuil près de l'entrée et attend. Les premières minutes sont difficiles, Gilbert est très intimidé, moi je me sens mal à l'aise, l'atmosphère est lourde, il lui faudra plus d'une heure pour arriver à surmonter sa gêne, peu à peu, il se détend et retrouve sa malice, alors je respire. Ce trait de caractère me surprend, car je ne l'imagine pas ainsi lorsque nous écrivons une chanson, il est tout différent. Là, face à mes élèves, il se sent un peu "décalé", heureusement cet a priori ne dure pas et nous passons une soirée formidable à échanger des idées. »

En 1991, après ses prestations au Festival de la Chanson à Sauve cher à Pascal Sevran, ou à celui de Ramatuelle organisé par Jean-Claude Brialy, il reprend la route avec un rythme cadencé, un peu trop peut-être, ce qui lui fait dire : « J'en ai marre, c'est l'usure, mon prochain Olympia sera le dernier ! » L'avenir se chargera de démontrer le contraire ! Pour l'heure, au boulevard des Capucines, le répertoire sera fluctuant tous les soirs, il faut changer pour ne pas s'endormir dans l'uniformité.

« Je n'en peux plus de chanter *Nathalie*, nous confie-t-il, un matin. Vous imaginez, ça fait trente ans, tous les soirs, il y a de quoi se flinguer ! J'ai besoin de la réinventer pour en retrouver l'envie. C'est angoissant, depuis quarante ans, je suis constamment sur scène, j'ai envie d'autre chose, de cinéma, de films ! »

« Gilbert a toujours voulu faire du cinéma, nous rappelle Georges Cravenne, en évoquant *Toute une vie* et *Le pays d'où je viens*. Je l'ai invité deux ou trois fois à participer à la remise des Césars, il a chanté, remis un prix, le cinéma le travaille sérieusement ! »

A partir du 1er octobre, les chansons « rénovées » apparaissent au programme de l'Olympia [1]. La mise en scène est peaufinée : arrivée d'un petit garçon noir pour *T'es venu de loin*, fumée épaisse et roulements de tonnerre pour *L'indien*... Un soir, pendant les premières mesures d'*Et maintenant*, un clochard, arrivé là mystérieusement, saute sur la scène un litre de rouge à la main. L'effet comique est involontaire. Gilbert éconduit le trouble-fête, et le spectacle continue...

Une époque s'effiloche, Bécaud prolonge la balade en Belgique, mais derrière le rideau rouge, il ne sait plus... Montand, puis Gainsbourg tirent leur révérence. L'ardeur s'émousse, heureusement Kitty et les enfants veillent. Pierre Grosz propose alors de nouveaux titres.

« Comme en 1976, on se rencontre autour des prochaines chansons. Chaque fois que je travaille chez Gilbert, on sonne à la porte : c'est Louis Amade, il vient uniquement les jours où je suis là, nous arrêtons notre séance et nous passons une heure ensemble, il nous raconte des histoires extraordinaires, puis repart. Cette visite répétée est troublante. Nous laissons nos projets comme ça, en effet Gilbert évoque un album avec Mick Lanaro, une enclave, quelque chose de bien à part. »

Chassez le naturel... Mû par la nouveauté du concept, la flamme se rallume, il aura fallu un an et demi pour l'étincelle, six mois pour l'écriture et trois mois pour l'enregistrement.

1992. « Paris, Tokyo, New York, Toulouse » mais aussi Villeneuve-la-Garenne, Roubaix, Onet-le-Château, Graulhet..., « son agenda, il n'en peut plus, son agenda, il a le blues », et c'est reparti, les instants de complicité intense et les coups de gueule inévitables avec Delanoë. La sève qui monte, la renaissance !

« Gilbert reprend toujours le dessus, constate Christian Barbier. Depuis le jour où Vidalin a disparu, il n'a plus été le même. J'ai noté une grande différence, pas au niveau de l'homme, mais de la chanson. Les disques se sont un peu espacés, il s'est mis au vert, au Poitou. Aujourd'hui, manifestement, ça le démange, il veut présenter un Bécaud "new look", ce qui me paraît tout à fait normal. Quand on regarde autour, de nos jours, tout va beaucoup plus vite. A l'époque de ses débuts, la télé était pratiquement inexistante, c'était la radio, le disque, le vinyl, pas encore la cassette. Aujourd'hui, nous sommes passés directement au disque compact. Tous ces changements se déroulent à une vitesse impensable, il est bien évident qu'il faut suivre. Les carrières faites sur une image, sur une apparence, ne durent plus des dizaines d'années comme avant. »

Gilbert navigue entre Paris, le Poitou, la Corse et le studio Ocean Way, à Los Angeles, où il enregistre quinze titres, plus une ouverture musicale. Son « pied-à-terre » parisien devient paradoxalement une péniche, *Aran*, amarrée sur une berge de la Seine où nous le retrouverons plus d'une fois en pleine création. Pour l'heure, en équilibre sur le canapé devant la cheminée centrale, il prend le temps de revenir avec passion sur l'*Opéra d'Aran*.

« J'y tiens beaucoup, ne serait-ce que par le fait que ça m'a coûté très cher (éclats de rire !). Pour enregistrer un opéra, c'est comme pour l'écriture, il faut être très riche ou très pauvre et je ne suis dans aucune de ces catégories ! Lorsque je me suis lancé dans cette aventure, pendant les années soixante, Raymond Bernard m'a aidé au début parce que j'étais déshabitué. Malgré mon prix du Conservatoire pour la direction d'orchestre, Raymond était au-dessus de mon épaule les premiers temps pour voir si je ne faisais pas de bêtises. J'avais écrit entièrement l'orchestration. La deuxième fois, il n'a pas eu à le faire car nous avions enregistré une bande que nous avions gardée pendant de longues années, sans la faire paraître intégralement. Tous les interprètes chantaient et la technique de cette époque nous a permis de séparer tout ce monde-là dans l'enregistrement. On a pu ainsi enlever un chanteur, un choriste, une partie de l'orchestre, etc. Raymond n'a pas participé à la version 1992, il est venu l'écouter, mais il n'est pas dans ce coup-là ! Au fait, avez-vous cette dernière production ?, nous demande Gilbert tout en se dirigeant derrière son piano bleu et son synthétiseur. Attendez, voilà "la bible" ! Il ne m'en reste plus que trois, déjà... je vais vous en donner une, c'est la dernière, l'ultime version, après, je ne m'en occupe plus, j'en ai marre. Quand on enlèvera les orchestres poussiéreux, quand les divas seront ravissantes, "troussables", quand on ne viendra plus uniquement pour écouter des voix mais aussi pour l'œuvre..., quand on aura changé tout ça, on y sera enfin ! Ne me dites pas que Mozart a écrit des opéras en rêvant qu'il s'agissait de grosses dames et de gros messieurs, ce n'est pas possible ! Cela s'est dénaturé par la suite, on s'est occupé de la voix, pas du physique. Il faut enlever les rochers en carton, les orages sur des tôles, alors on verra... ! »

Début octobre, Gilbert revient au Québec, il est reçu avec effusion par un public qui l'adore. Là-bas, ils savent dire qu'ils vous aiment, qu'ils vous apprécient. La chanson française est partout, dans les restaurants, les bars, les centres commerciaux. Le 1er octobre, il retrouve Monsieur Pointu. Avec Kitty, Paul et sa femme (« Boule de neige »), il assiste dans la bonne humeur à une magnifique soirée organisée au Chic Palace de Laval pour les cinquante ans de scène du plus célèbre violoneux du Québec. Le 3, le voilà aux Francofolies de Montréal au théâtre Saint-Denis avec Enzo Enzo[2]. On dit qu'il n'a pas vu depuis longtemps la rousseur des forêts d'érables, la nostalgie s'en mêle un peu, elle a ses droits et Gilbert n'y est pas insensible. C'est là qu'il apprend la mort de son ami le plus proche, de celui qui aura veillé sur lui toujours, sa bonne étoile et son mentor : Louis Amade s'est éteint. En testament, il lui laisse une chanson, l'une des plus belles, de celles qui vous retournent une journée entière si vous les écoutez le matin et vous obligent à la mélancolie tant les paroles semblent vous concerner : *Du sable dans les mains.*

Les enfants qui grandissent
Et quittent la maison
C'est un peu le supplice
De deux générations
Celui-là court le monde
Lui se marie demain
Tourne, tourne la ronde
Du sable dans les mains
Du sable dans les mains

Après le départ de Vidalin, de Mamico, de Coquatrix, puis celui d'Amade, Gilbert se sent un peu orphelin, la période paraît teintée de gris clair, seul le disque à venir, par son originalité, fouette l'esprit du chanteur, lui donne la vigueur nécessaire et l'envie d'aller voir plus loin qui il est. Salutaire disque « blanc » qui, grâce à son style, éloigne Bécaud des sentiers battus où sa marche devient difficile.

« A Los Angeles, l'atmosphère est trouble, on s'attend sans cesse à un tremblement de terre, l'ambiance est bizarre, très très spéciale, le disque c'est du blues, du jazz, c'est pour ça que pour la première fois depuis quarante ans, je vais enregistrer aux Etats-Unis. »

Le 2 février 1993, voici enfin *Une vie comme un roman*. Les projets dévoilés deux années en arrière trouvent leur conclusion dans les locaux de la Sacem où Bécaud et Delanoë baptisent le nouveau-né, conférence de presse à l'appui. Accompagné de musiciens et de choristes américains d'une sacrée dimension, Gilbert s'est entouré du haut de gamme, s'assurant entre autres la participation d'Oren Waters, la complice vocale de Neil Diamond, dans la bande originale du film *The jazz singer*. Dès la sortie de l'album, les interviews se multiplient et Bécaud, taraudé par les journalistes, commente sa vie de chanteur. Dopé par ce retour, il s'immerge dans une promotion sans précédent et revient sur son passé, ce qui, quand on connaît le personnage, reste monnaie peu courante. Il évoque alors ses parents dans *La dame de Saint-Paul* avec respect et tendresse.

Elle comptait ses sous pour m'offrir en cachette
Les leçons de piano des plus célèbres maîtres
Mon père doutait de moi, il fallut pour y croire
Qu'il vît mon nom briller en gros sur le boul'vard
Elle m'attend les bras en croix
Au premier rang les mains en croix

A la sortie de l'école
La dame de Saint-Paul...

Quelle aurait été la réaction de Louis Bécaud au succès de son fils ? Amade l'analysait ainsi :

« Il assista impassible à ses premiers succès sans trop y croire. Il avait voulu qu'il fasse comme lui une carrière dans l'hôtellerie, il mourut alors que, jeune encore, Gilbert commençait à rayonner partout à la fois. Je le voyais de temps à autre, il parlait peu. Je ne lui posais jamais de question sur son fils. Nos pères seraient-ils heureux, seraient-ils fiers de nos combats ? »[1]

Ce sentiment filial a tant d'importance pour Gilbert, dans un sens comme dans l'autre, il revêt un intérêt constant. Gaya et Philippe ont chacun leur chanson (*Berceuse pour Gaya* et *Pilou... Pilou... hé*). Très tôt, ils ont manifesté des dispositions naturelles pour le milieu artistique.

Christian Barbier évoque Gaya, tout petit, dans les coulisses de l'Olympia. Touche à tout – enregistrement, photo, films, participation à plusieurs émissions télévisées dont *Tous à la Une*, *Les grosses têtes*, réalisation de vidéos... –, il prend rapidement une place majeure dans la production de son père. Au milieu des années 90, il s'occupe de tout ce qui est nouveau sur RTL, de la mise en place de l'information, la « couleur sonore » de l'antenne.

« On me demande souvent : "Qu'est-ce que ça vous fait d'être le fils de Gilbert Bécaud ?" Je dis toujours : "Je ne peux pas vous répondre, je n'ai jamais eu un autre père !" Ce qu'il nous a transmis, à mon frère, à mes sœurs et à moi, c'est l'énergie dans le travail. Bien sûr, il y a des angoisses, des joies, ça marche ou ça ne marche pas. Il est sûrement différent des autres pères, mais je n'ai pas d'éléments de comparaison, mes parents m'apparaissent tout à fait normaux ! Pendant l'enfance, puis l'adolescence, je n'ai pas eu de moments qui m'ont marqué plus que d'autres, rien n'est insolite : c'est ma vie quotidienne. Le plus terrible, c'est qu'arrivé à l'âge adulte, vous avez l'impression d'avoir tout vu, tout connu..., et d'avoir traversé cette vie intense avec une rapidité vertigineuse, vous êtes complètement paumé ! Il faut tout recommencer et se composer soi-même une identité. Un menuisier travaille le bois chaque jour, un boucher coupe de la viande à longueur de temps, leurs fils ne s'en étonnent pas. Moi, c'est pareil, sauf que dans le spectacle, tout est émotion, drame, tout est extériorisé à l'extrême. Je n'avais pas la sensation de vivre quelque chose d'extraordinaire. Aujourd'hui, je repense à Edith Piaf, à Jean Cocteau, à Marlène Dietrich qui me faisait manger, je me pose quelques questions et je passe mon temps à rechercher des personnes de cette qualité. »

Claude Lemesle fait allusion à la collaboration professionnelle entre Gaya et son père :

« Gilbert a le sens de la famille. Sur le plan du travail, ils sont également très unis, je crois que l'un et l'autre s'écoutent, se donnent des conseils mutuels. Là, ils ne sont plus que des "collaborateurs" qui avancent pour le bien d'un interprète et pour la réussite d'un disque. Lorsque Gaya est judicieux, il l'écoute. »

« Mon père m'a toujours dit de ne pas écouter les conseils, alors j'ai du mal à lui affirmer : "C'est génial ou ce n'est pas bon !" Pour *Madame Roza*, il a tout recommencé, j'attendrai la fin pour émettre une idée, mais comme je me suis trompé sur le destin de certaines chansons, je pense que mon avis artistique n'a pas d'importance. Quand j'étais petit, j'ai refusé d'apprendre à jouer du piano comme Philippe, mon frère, j'ai préféré me réaliser dans d'autres domaines (vidéo, radio...). C'est difficile d'influencer mon père, il a tant d'idées, de mélodies en tête, il m'étonne sans arrêt ! »

Jean-Michel Boris nous reparle de Bécaud Junior : « Je l'ai connu tout petit, puis avec les années il a pris de l'importance. A plusieurs reprises, je l'ai vu faire un remarquable travail à la console, il a appris sur le terrain, à l'Olympia... »

Pour Philippe, c'est autre chose, la musique est son domaine, il compose dès 1975 avec son père, il n'est pas rare de le retrouver au Poitou assis sur le tapis (atavisme familial sans doute) en train de rechercher une mélodie sur les cordes de sa guitare tandis que Gilbert égrène une à une les touches de son piano... La communion des deux musiciens, tête baissée sur leur instrument, est une bien belle image de la complicité fondamentale d'un père et de son fils.

Paternel, Jean-Michel Boris l'évoque souvent : « Philippe est un bon musicien, je le vois souvent. Lui aussi dit : "Je suis presque né ici !" »

Dans la famille des artistes, les filles ne sont jamais en reste ! Choristes d'un soir sur la scène parisienne lors d'une émission de

Patrick Sabatier, Jennifer, Anne et Emily entonnent *L'important c'est la rose* et participent également à l'enregistrement de certaines chansons dans la bonne humeur.

Un soir, Gilbert ouvre pour nous ses jardins secrets, sa famille c'est sa vie, il les regarde, ses enfants, avec une profonde tendresse :

« Gaya, c'est "le gardien du temple", il garde jalousement tout ce qu'il a pu récupérer au fil des années, les bandes, les enregistrements. Philippe compose surtout à l'étranger, j'aime beaucoup ce qu'il fait, pourtant je suis très exigeant, peut-être encore plus avec mes proches. Vous savez, des enfants, si j'avais pu, j'en aurais eu beaucoup plus ! Je souhaite être un bon père pour eux, je suis là dès qu'ils ont besoin de moi mais j'essaie de ne pas être pesant. C'est très difficile, c'est comme ça pour tous les parents, vous en savez quelque chose, non ? Moi, ce qui me gêne un peu, c'est d'être un père de famille sur la scène, ça me choque toujours de voir un de mes enfants dans la salle au début, je ne sais pas pourquoi, mais je trouve cela déplacé qu'ils soient présents un soir de première, je suis dans ces cas-là un peu trop "acteur", je n'ai pas envie qu'ils me voient comme ça..., ce n'est pas le rôle d'un vrai père, après ils peuvent venir, quand le spectacle est rodé, j'ai moins l'impression de m'exposer et j'aime bien être entouré des miens, les circonstances s'y prêtent davantage. »

Les mots feutrés, hésitants, de ces confidences, inspirent une réflexion sur la délicatesse d'un homme qui a su tout au long de sa vie, et malgré les tourbillons d'une carrière inimaginable, protéger les siens des fureurs médiatiques.

« Sa vie privée, constate Jean-Michel Boris, Bécaud l'a toujours préservée, c'est peut-être un de ses côtés les plus remarquables, elle n'est pratiquement jamais passée au premier plan et jamais n'est venue troubler sa vie artistique. »

En 1993, Gilbert et Kitty adoptent une petite fille du Laos, elle s'appelle Noï, elle a sept ans, ils l'ont arrachée à un pays où les massacres, les horreurs font rage.

« Je n'ai vraiment pas l'impression d'avoir fait une "bonne action"... A la ferme, il y a de la place, des animaux, des fleurs, de quoi rendre un enfant heureux, et ce bonheur, elle nous le rend bien ! »

Gaya fête ses quarante ans et ses cinq ans de mariage. Philippe a trente-cinq ans, suivi par Anne, Jennifer, devant Emily, vingt et un ans. Cette dernière rejoint l'équipe de Gilbert, secondant Eric Jutard et Nicole Cuissard à la régie.

« Travailler avec son père, c'est bien et ce n'est pas bien, estime Nicky en 1993. Je suis certaine qu'Emily aimerait trouver un autre "job", toujours dans ce milieu. Avec Gilbert, ce n'est pas pareil, c'est un peu acquis, mais elle n'apprend pas ce qu'elle doit apprendre. En plus, il n'est pas toujours patient. Anne n'est pas du tout branchée métier. Jennifer ? Je sais qu'elle aime chanter, elle a une très jolie voix. »

Sous le nom de sa maman – Woollacot –, celle-ci se lancera dans l'aventure en 1995, chez BMG. Elle signe les paroles et la musique avec Nicolas Herréra et Alive, le nom de Bécaud n'apparaîtra pas. L'éveil est intéressant.

J'aurais voulu tant faire
Pour les garder toujours
Mais la loi de la terre
Te les prend tour à tour
Du sable dans les mains qui court

« Je les ai vus partir de la maison les uns après les autres, heureusement que Noï est arrivée, et puis Gaya nous a fait Marguerite, ça y est ! Je suis grand-père ! (il éclate de rire), elle me fait craquer ! »

Le bruit court sur Paris, Bécaud va changer de music-hall pour sa rentrée, nouvelle salle, BMG pousse à la roue. Jean-Michel Boris est bien nostalgique : « C'est pour moi une grande tristesse, Bécaud va aller faire le Casino de Paris. Pourquoi ? Je n'en sais rien, il m'a dit : "Jean-Michel, il va falloir que je change." Je ne peux pas lui en vouloir. Ce qui me fait mal, c'est que, justement cette année, il présente une chanson qui s'appelle *Il est à moi (l'Olympia)*. J'avais écouté son disque. Ce concept-là est-il bon pour la scène ? Je reste un peu perplexe, en revanche, je sais maintenant qu'il fera sa rentrée ailleurs avec le maximum d'anciennes chansons. Déjà, fin avril, pour l'émission spéciale *Olympia*, on a eu beaucoup de mal à l'avoir. Nous trouvions illogique, complètement aberrant, d'imaginer le gala sans Bécaud. Enfin, je ne veux pas épiloguer là-dessus... »

Et je crie la vie comme une dernière heure
Et je vis la vie comme d'autres la meurent
Et je ris la vie pour oublier qu'elle pleure
Et je prie la vie pour un monde meilleur
Je le prends dans mes bras
Il est à moi l'Olympia...

Concrètement, en ouverture de la soirée du 27 avril 1993, sur France 2, présentée par Frédéric Mitterrand, Gilbert, sans cravate à pois, reçoit symboliquement les clés du célèbre music-hall après son interprétation de la chanson citée par Boris. Célébrant le classement aux « Monuments historiques » et la prolongation du bail de la prestigieuse salle, l'affiche rassemble une pléiade de vedettes. Au final, tout le monde réuni dans un seul chœur chante Trenet. Boris comprend que Gilbert est contrarié :

« Il a cru qu'il y avait un hommage à Charles Trenet, nous avions voulu simplement faire une évocation en chantant au final *Y'a d'la joie*. Il en a pris ombrage, on s'est quittés dans un mauvais climat, je l'ai senti. Je le connais Gilbert, je sais quand il n'est pas heureux, qu'il fait un peu la gueule, qu'il est boudeur... Je me souviens de l'opinion des dirigeants de BMG sur sa prochaine rentrée parisienne ("Nous, on ne souhaiterait pas que le spectacle se fasse à l'Olympia"). Sur un plateau, Gilbert reste exceptionnel. Moi, si j'avais avalé le quart de ce qu'il a bu, il y a bien longtemps que je serais sous la table. Il a besoin de ça..., des cigarettes..., c'est sa drogue. Enfin, ce n'est pas dramatique, il est toujours aussi magique. Aujourd'hui, on ne parle plus de sa vie amoureuse, de son histoire avec Bardot... Depuis qu'il a atteint les cinquante ans, il est davantage question de sa vie de famille, une cellule, un cocon, avec des problèmes comme tout le monde. J'ai une grande tendresse pour lui, je peux vous dire que, vraiment, ça me fait très mal de penser : "Tiens, cette année, je ne serai pas dans les rideaux pour lui tenir compagnie." J'ai bien senti que ce n'était pas simplement Gilbert, mais les gens autour de lui qui voulaient le faire sortir du "cadre ordinaire". J'ai écouté son dernier disque bien attentivement : les chansons ne me paraissent pas du même niveau que ses "grandes chansons". Ils sont tous pareils, ne croyez pas qu'Aznavour soit à l'abri. C'est très rare qu'arrivés à une certaine époque,

Première saison à Aix-les-Bains, Gilbert, six mois.

COLL. O. LAVIELLE

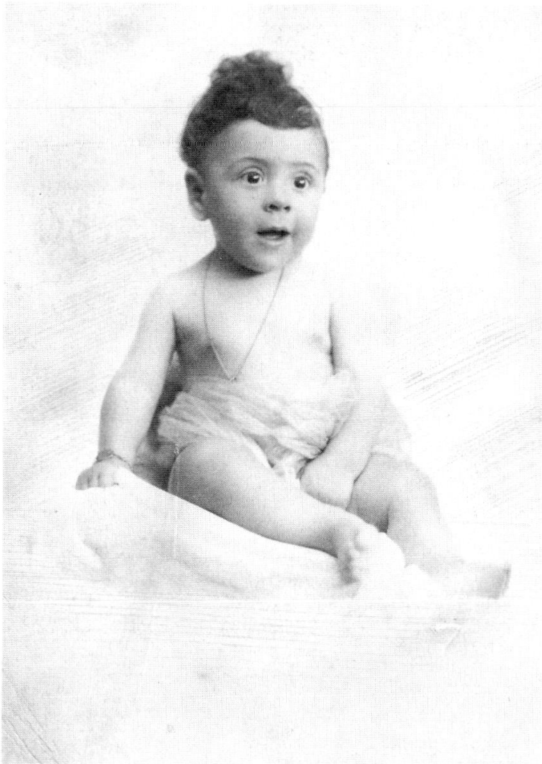

Seul, seul, seul... au volant de son premier bolide ; tout rouge !

COLL. O. LAVIELLE

Une balade « entre hommes » :
Gilbert et son père
sur la Promenade des Anglais.
COLL. O. LAVIELLE

Le goût de la première cigarette. Dix-sept ans, à Venthon (Savoie), 1944. COLL. O. LAVIELLE

Deux fous de la chanson, la révolution en marche (Bobino, 1955).

PHOTO ROGER-VIOLLET

Gilbert Bécaud et le général de Gaulle, première rencontre (Nuit de la Chancellerie, 30 mai 1959).

PHOTO ROGER-VIOLLET

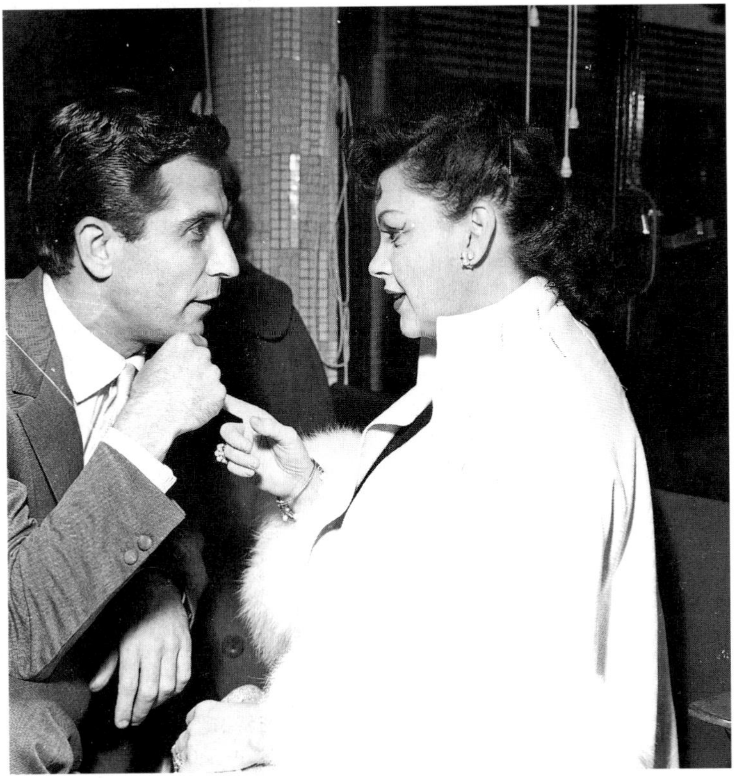

Juste au-dessus
de « l'arc-en-ciel »,
un petit coin
de paradis
avec Judy Garland
(septembre 1960).
PHOTO ROGER-VIOLLET

Johnny, Jacques et
Gilbert :
trois chanteurs,
trois styles,
mais quels talents !
PHOTO ROGER-VIOLLET

Premier amour, premières noces
(Kiki et Gilbert).

PHOTO ROGER-VIOLET

Un nounours stupéfait assiste à la rencontre d'une reine et d'une star
(Royal Performance, Londres, novembre 1976).

PHOTO D. MCKENZIE/SYGMA

Deux élégants dans les coulisses d'un grand music-hall parisien (Charles Aznavour et Gilbert Bécaud. Olympia, 19 février 1959).

PHOTO ROGER-VIOLLET

Les mêmes, à Saint-Tropez, par 40° à l'ombre (août 1975).

PHOTO J. ANDANSON/SYGMA

Un piano pour deux uniformes (avec Serge Lama, 1978). PHOTO J. ANDANSON/SYGMA

Surveillance rapprochée depuis les coulisses : trois femmes pour un chanteur.
PHOTO J. ANDANSON/SYGMA

Autant en emporte le vent du Poitou… Journée costumée pour les dix-huit ans de Jennifer (juin 1983). PHOTO J. ANDANSON/SYGMA

Mes hommes, mes hommes à moi. PHOTO G. THOMASSIN

Une tendresse centenaire (Mamico et Gilbert, 27 mai 1990). COLL. O. LAVIELLE

Avis de recherche, trois choristes retrouvent leur père sur scène à l'Olympia (1984).

PHOTO F. PUGNET/KIPA

Une « Victoire » pour la musique :
Gilbert et son trophée.

PHOTO INTERPRESS

Fin du nouveau mixage de l'*Opéra d'Aran* avec Jacques Emmanuel, Louis Amade et Pierre Delanoë (Paris, janvier 1991)

PHOTO J. ANDANSON/SYGMA

Il est à moi… l'Olympia !

PHOTO M. MOREL (A.A.L.A.)

Joyeuse Saint-Sylvestre pour la tribu Bécaud (Crans-sur-Sierre, 31 décembre 1994).
PHOTO J. ANDANSON/SYGMA

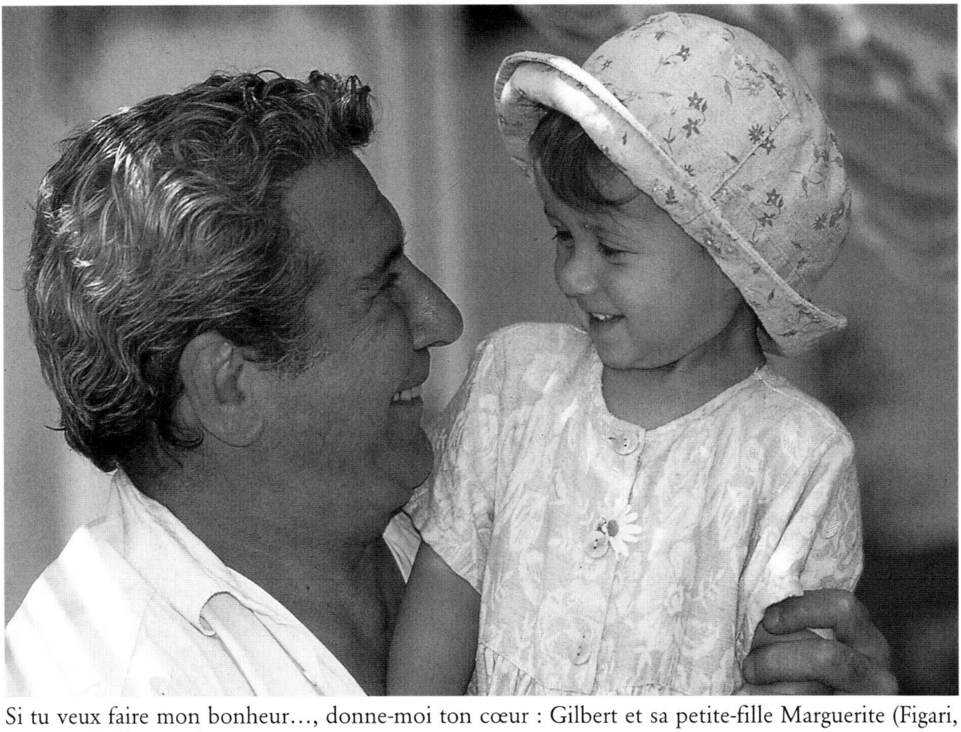

Si tu veux faire mon bonheur…, donne-moi ton cœur : Gilbert et sa petite-fille Marguerite (Figari, Corse, 6 juillet 1995).
PHOTO J. ANDANSON/SYGMA

Dans la chaleur du Québec,
une si belle amitié :
les Bécaud et les Pointu.
COLL. P. CORMIER

Les petites mad'maselles aux yeux bridés.
Tournée au Japon (janvier 1997).
PHOTO J. ANDANSON/SYGMA

Et pendant ce temps-là,
la Méditerranée.
Avec Émily, à Casa Lunga, Corse (24 juillet 1996).
PHOTO J. ANDANSON/SYGMA

Scène de la vie quotidienne : cigarette, café, détente sur la péniche.

PHOTO P. POTIER/ALAMO-CORBIS SYGMA

Bécaud et Internet. Vous avez dit « bizarre… ! »

PHOTO P. POTIER/ALAMO-CORBIS SYGMA

Gilbert Bécaud, seul maître à bord, sur sa péniche. PHOTO P. POTIER/ALAMO-CORBIS SYGMA

Mille fous chantants à Alès (4 août 2001). PHOTO A. BÉTHUNE/MIDI LIBRE

Une longue amitié (Gilbert avec Bernard Réval, sur la péniche). PHOTO M. DARDANNE

ils sortent des nouveaux morceaux qui soient de la même veine. Bécaud a toujours montré à notre égard une fidélité considérable et je ne l'ai jamais trahi en lui faisant part de mes doutes. C'est un très grand professionnel qui sera toujours en haut de l'affiche tant que l'enthousiasme l'habitera. »

Pas de rentrée 1993 au Casino de Paris, le choix se porte finalement sur le Palais des Congrès. Hubert Lemaire, le directeur du vaste espace de la porte Maillot, nous souligne le passage de Bécaud sur son plateau lors de représentations antérieures privées. Avec ou sans son artiste fétiche, l'Olympia vivra toujours. Gilbert le chante partout, favorisant également *Quand t'es petit dans le Midi.*

Lou soleou mi fa canta
Surtout quand t'es près de moi
Lou soleou mi fa la pluie
Quand t'es montée à Paris maman
Quand t'es petit dans le Midi
T'es pas petit comme ailleurs

« BMG, bien sûr, c'est une bonne boîte, estime Christian Barbier – le confident des artistes dans *Barbier de Nuit*, sur Europe 1. Mais encore faut-il qu'il retrouve ses marques, je veux dire constituer une équipe, une véritable famille et j'en reviens aux disparus. Aujourd'hui, quand on a fait une telle carrière, trouver des gens qui soient exactement de la même qualité que les autres, ce n'est pas sûr du tout. Avec Amade, ils étaient liés comme les doigts de la main. Bécaud est enthousiaste d'abord, jamais satisfait, toujours en train de courir à la fois après un passé et un nouvel avenir. Voilà le joint. De nos jours, on vit plus longtemps, mais on est vieux plus jeune. C'est l'éternel problème ! »

Accompagné par le trio André Ceccarelli, Gilbert chante dans *Taratata*, sur France 2. L'émission de Nagui enregistre l'une de ses meilleures audiences. Les chansons nouvelles y sont présentes avec deux duos inédits très percutants dont un avec Joniece Jamison et *Je t'appartiens* avec Florent Pagny. Dans *Sacrée Soirée* sur TF1, notre ami de toujours René Coll dirige son orchestre. Un soir, dans un restaurant à Barcelone, il s'ouvre à nous :

« Je suis très heureux d'accompagner un tel monstre du spectacle, c'est impressionnant. On discute un peu sur ce terrain ("On se voit ? Passez chez moi sur la péniche !"). Je le rencontre avec mon pianiste pour faire le point sur les morceaux à répéter : on ne peut plus repartir ! Nous sommes reçus comme des amis. On joue, on chante, on boit un coup, puis deux, trois... On se sépare bien plus tard avant de se retrouver pour la répétition finale sur le plateau de *Sacrée Soirée*. Des stars, j'en vois, j'en accompagne souvent, mais là, "haut de gamme !", ce type me bouleverse, je le sens complètement différent. Dans la même période, je fais Jerry Lewis, Barry White, Tony Curtis – c'est affolant, ils font tous du cinéma à tout-va. Bécaud, je le croyais prétentieux, l'histoire de la gifle peut-être... Je suis surpris, c'est un grand, un très grand. »

« Parfois, à la télévision, il est entouré par d'autres musiciens. Avec un très bon travail d'arrangeur, c'est souvent parfait, constate Leonard Raponi. Mais pour nous, son équipe habituelle, c'est autre chose. J'ai beaucoup d'admiration pour cet homme-là, malgré des détails qui me dérangent chez lui, son entêtement pour certaines petites manies, notamment la puissance de ses "retours". S'il n'a pas ça, il est complètement perdu. Parfois, il me dit : "Oui, mais l'orchestre est un peu petit..." Je n'ose pas trop le lui dire. Si je commence à aborder le sujet, on rentre dans une polémique et la conversation va durer cinq ou six heures, et peut-être sera-t-il vexé à la fin. Alors, je n'en parle pas. Il a toujours l'impression qu'on ne l'entend pas assez dans la salle, alors, il a fait prévoir par le sonorisateur des enceintes supplémentaires. Depuis les deux derniers Olympia et le Palais des Congrès, il a changé d'attitude. Bien qu'il s'adresse à moi comme si j'étais son fils ("Comment ça va, mon grand ?"), il me donne la sensation qu'il est seul, je le décrypte comme cela. Cette "solitude", je la perçois constamment, je n'en ai jamais parlé avec lui, mais je la sens. »

« *Le pianiste de Varsovie* est l'une de mes chansons préférées, nous confie Daniel Carlet. J'aime aussi *La corrida*, je ne joue pas dans ce morceau ou si peu, un trait de flûte. Depuis le départ de Pierre Dor'Ragon, on ne l'a pas remontée. Gilbert définit son tour avec précision. En quatorze ans, je n'ai pas le souvenir d'un titre supplémentaire, imprévu, en cadeau à la fin du concert. Il maîtrise parfaitement son spectacle, sur scène il assure comme personne. Il n'a pas vraiment le trac, plutôt une espèce d'appréhension du public qu'il domine au bout de quelques mesures. »

Tu cherches ce fauteuil que tu ne trouves pas
Moi j'ai peur de la peur qui m'attend à deux pas
Tu commences à sortir de ta vie quotidienne
Moi je ne pense plus... je suis déjà sur scène...

« L'album *Une vie comme un roman*, musicalement, sur un plan professionnel, est superbe, reconnaît Leonard Raponi. En revanche, sur le plan radiophonique, public, c'est un peu trop bien, ce n'est pas du Bécaud. En faisant ce disque, je pense que BMG a dépensé beaucoup d'argent en se faisant plaisir, mais il me semble que cela ne correspond pas à la fraîcheur de composition qu'avait Gilbert il y a trente ans. Je ne veux pas le vieillir en disant cela. Je pense que malgré son âge, il est un chanteur qui "dégage". D'ailleurs les nouveaux musiciens m'ont tous dit : "C'est marrant, on a fait Hallyday, Mitchell... Ce type-là, il est plus rock and roll que les chanteurs de rock !" Sur scène, notre préférence va aussi à des titres plus anciens : *La rivière*, *Et maintenant*. Pour cette dernière, nous avons une nouvelle version qui n'a plus rien à voir avec l'originale, le rythme du boléro est loin. J'ai fait une orchestration plus "synthé", plus moderne, un mélange de rock, de symphonie et Gilbert adore cet arrangement. Il me parle souvent de ses projets, me demande ce que j'en pense. Il m'écoute ou non (il ne m'écoute pas souvent, de toute façon). Quand il a une idée en tête, il va jusqu'au bout. Lorsqu'il est satisfait de ce que je lui soumets, il me lance : "A vos ordres !" Cela veut tout dire. Dans le cas inverse, je sais qu'il va réfléchir et que, finalement, il reviendra à sa première impulsion. Sur le plan musical, Gilbert est à la fois exigeant et tolérant. Par exemple, s'il y a des éléments qui l'ennuient vraiment, il se met en colère, puis deux jours après, c'est terminé : "Bon, il faut donner une seconde chance à ce gars-là, il s'est planté mais je pense qu'il va passer au-dessus de son erreur et se montrer digne." Même si le musicien ou le technicien refait la même faute, il continue à lui faire confiance. »

« Peu d'artistes savent lorsque "c'est bien" et s'éclatent sur scène avec cette force, enchaîne Carlet. Gilbert sort de scène heureux. Il le sait, le sent et n'attend pas qu'on le lui dise. C'est un grand professionnel, autodidacte, sans maîtres, sans références, avec beaucoup de caractère, très dur pour lui-même et pour les autres. Musicalement, il nous arrive d'échanger nos impressions. Il nous demande notre avis, mais en fait, il a déjà pris sa décision. Parfois, il nous écoute et change quelques arrangements qui ne lui plaisent pas vraiment : "J'ai dit ça, mais finalement, on ne va pas faire ces ponts, oublie ça !" Nos rapports avec Gilbert sont assez difficiles, car il est toujours "dans son truc", il reste assez seul. Ensemble, nous parlons de tout, de nos familles, de ses projets auxquels il nous associe, toutefois il reste solitaire, avec cette sensibilité tour à tour inquiète et paisible, mais toujours vagabonde. »

Une vie
Une de musicien quotidien
Une balade en solo... en mélo
Au fil des notes
Au fil des mots
A fleur de cœur
A fleur de peau

« Hier, j'ai rencontré Bécaud, on a déjeuné ensemble, nous confie Roland Hubert, le tourneur des Galas aux Etoiles. Nous préparons *Madame Roza* et son montage à Paris ! »

Périodiquement, avec ténacité, depuis les années 80 où il évoquait Jean-Claude Carrière pour le livret et Delanoë et Vidalin pour les chansons, Gilbert peaufine sa comédie musicale. A l'horizon 1994, le projet est ambitieux. Excepté l'opéra-rock *Starmania*, la France n'est pas prête pour ce genre de spectacle, il faudra attendre encore quelques années... Jean-Claude Carrière à la mise en scène ? C'est peu probable, ce dernier a perdu tout souvenir du projet d'adaptation annoncé.

A Paris, les colonnes Vendôme affichent le Palais des Congrès. L'artiste se repose en Corse, alternant les filages pour la rentrée et quelques concerts à Knokke-le-Zoute, Sully-sur-Loire, Deauville...

« Le bruit court que tout le monde est viré, se remémore Leonard Raponi. Dans notre métier, les rumeurs vont bon train. Cela fait quatorze ans que j'entends parler de changement, ça ne s'est jamais fait. Jusqu'au jour où, le 21 août, à Deauville, Gilbert décide de renvoyer toute l'équipe. Et je fais partie du lot ! Finalement, il rappelle ceux avec qui il veut travailler. Le mot "virer" est terrible, Bécaud veut, en fait, tout changer, mais nous, les musiciens, considérons cela comme un licenciement. Gilbert a travaillé avec certains pendant trente, trente-cinq ans. Croyez-moi, je vous le dis maintenant, cet été 1993 est le plus moche de ma vie : il faut que je supporte le fait que mes collègues ne font plus partie de ma famille et l'énormité du travail. Tout le monde, ou presque, est congédié ! On se retrouve juste avant le Palais des Congrès la gueule dans le cirage, le moral à zéro en se disant "Bon, il faut assumer..." Les "perdants" m'en veulent, ils pensent que je suis dans le coup, que je prends des décisions : il n'en est rien, c'est Gilbert le patron. Le 21 août, l'ancienne équipe est dehors, il m'appelle le lendemain : j'ai du 22 août au 7 septembre pour préparer le travail, vingt-cinq morceaux, quatorze musiciens ! Sur les quatorze, deux seulement connaissent le répertoire (Daniel Carlet et moi !). Les autres sont excellents, mais aucun ne maîtrise les morceaux. Et Bécaud est un chanteur qu'on n'aborde pas comme ça, en cinq minutes ! Pendant ces quinze jours d'écriture et d'orchestration, nous ne nous voyons presque pas. Il se retire en Corse pour réfléchir sur le spectacle, tout se passe par téléphone, on s'accorde une heure ou deux, sur la péniche, pour avoir les cassettes des chansons qu'il souhaite présenter. Ensuite, il me téléphone quotidiennement pour m'encourager. Ni lui ni moi ne savons où tout cela nous mènera. Le cadre est nouveau contrairement à l'Olympia qu'il connaît parfaitement. J'ai travaillé avec bon nombre d'artistes : aucun ne m'a appelé pour me demander simplement : "Ça va ? Ce n'est pas trop dur ? Tu t'en sors ? Est-ce que tu seras dans les temps ? T'as besoin de quelque chose ?" C'est un peu pour ça que je considère Bécaud comme un deuxième père, il vous donne des ailes. Même si vous avez trois tonnes de boulot, même si vous avez un travail de vingt-quatre heures à faire en douze heures, vous allez quand même le faire parce que c'est lui ! Pendant les répétitions, une semaine avant la première, chacun se perfectionne dans son coin. Gilbert est très énervé, il n'arrête pas de donner des directives, il ne nous laisse pas le temps d'avoir le son, d'être à l'aise pour jouer. Et lorsque nous arrivons sur la scène du Palais, d'un seul coup, il devient paisible. J'ai un problème avec l'un des musiciens qui arrive dix minutes avant le début du concert. Gilbert paraît tranquille, le spectacle se fait normalement, il doit bouillir dans un coin, mais pour une fois il ne veut pas donner cette impression d'angoisse en me faisant venir pour en discuter, boire un coup ou fumer quatre cigarettes en l'espace de deux minutes. C'est le contraste du personnage entre les répétitions, les galas en rodage et le Palais. Deux hommes tout à fait différents. »

Bécaud regrette pas Bécaud
Bécaud planté au piano tout c'que t'as pas pu faire
Offre-le à Gilbert
Comme un super banco un cadeau

Même approche, l'accent du Midi en plus, pour Serge Manuera, aux synthés :

« Après Lalanne et son frère Jean-Félix, j'ai rejoint la planète Bécaud. On s'adore, il est Niçois et moi, je suis "monté" à Paris depuis Cannes, une ville qu'il connaît bien. Dès le début, nous avons eu un excellent contact. Gilbert, c'est un dinosaure, l'un des derniers de cette pointure. Grand, très impressionnant. On m'avait dit qu'il était assez dur. Depuis que je le connais, je l'ai découvert et apprécié. Dans les morceaux que nous avons montés pour le Palais, j'adore ce trois temps qui s'appelle *La rivière*, avec le quatuor à cordes. »

« Je suis agréablement surpris, nous rapporte Yann Benoît, sans sa guitare. Avant d'entrer dans l'équipe, je ne le connaissais pas, je le trouvais assez froid. En fait, depuis que nous jouons ensemble, je découvre un autre bonhomme, très humble. »

« Est-ce l'arrivée de la nouvelle équipe de musiciens ? constate Leonard Raponi, Gilbert est d'une sérénité étonnante. Quoi qu'il arrive, il est détendu, tranquille, je ne le reconnais plus. Quand nous dînons avant le spectacle, il boit un verre avec nous, prend des nouvelles de chacun. Avant, jamais il n'aurait fait cela, il était retiré dans sa loge, seul. Peut-être y avait-il un ras-le-bol ? Désormais, dès que je commence le concert, il vient vers moi et me lance à chaque fois un coup d'œil tout en me glissant : "I love you !" Il n'est pas obligé de le faire. Aujourd'hui, Bécaud a une envie folle de travailler, il se rend compte que, sur scène, les musiciens sont heureux de jouer sa musique, malgré la différence de générations. Il veut chanter le plus souvent possible, les galas sont moins suivis qu'avant, ça l'ennuie un peu et entraîne quelques trous de mémoire, ça l'énerve. En répétition, il me demande, l'air gêné : "Est-ce qu'on pourrait rejouer les morceaux ? Pour moi, pour les paroles..." Dans *Désirée*, il est sur des charbons ardents, il ne retrouve plus ses marques, nous, c'est pareil. On a l'impression de faire un premier gala, on marche sur des œufs. Les chansons sonnent tout à fait "concert" avec une pêche d'enfer, c'est vraiment extraordinaire ! »

« Ma chance, c'est de toujours avoir des équipes formidables, nous somme soudés et prêts à tout. Sur scène, l'erreur est fatale si je rate un couplet, ils sont là, pas un geste, pas même un regard, comme un seul homme, ils me rattrapent et nous finissons ensemble ! »

Bécaud is back ! En octobre, 20 h 15, la salle se remplit peu à peu. Un camaïeu de rose, de violet et d'orange remplace le rouge des fauteuils de l'Olympia. Le praticable est en place qui va permettre au chanteur ce bain de foule qu'il affectionne.

20 h 45. Le rideau ne se lève pas : seul sur l'avant-scène, avec son splendide piano translucide, Bécaud entonne *Mes mains*. La voix est rauque, éraillée même, les demi-teintes sont malmenées. La deuxième chanson nous échappe, nous regardons cette flamme vive dans ses yeux. *Quand la musique s'arrête*, c'est le choc du rideau qui s'ouvre sur un plateau inondé de couleur où quatorze musiciens très jeunes baignent dans l'incarnat. C'est l'enchaînement des chansons. Sa vie est un roman en quelques morceaux... Coup de chapeau un peu sensible à l'Olympia avec une mise en scène à la Bécaud côté coulisses. La chorale Soleil, en direct du Cameroun, fait son apparition... Landau, vélo et on poursuit, deux fois *Mea culpa, mea culpa...* : tous en long sur le devant de la scène, quarante-deux artistes menés tambour battant par un Gilbert transporté.

J'étais fou amoureux d'une étoile
Mais la passion, les journaux à scandale
J'ai coupé l'cordon du téléphone

What now my love
La blessure de la séparation
J'l'ai soignée par une chanson
J'te d'mande pardon
Mea culpa
Mea culpa
Mea maxima culpa...

Dans les chansons anciennes ou éternelles qui suivent, quelques reprises sympathiques. *La vie de garçon*, jubilatoire. *Le bain de minuit*, imprégné de tendresse et de charme. *La solitude ça n'existe pas* avec un surprenant solo de guitare électrique de Yann Benoist. Notre préférence va aussi à *La rivière* où Bécaud, assis sur un tabouret, excelle à faire passer sur son visage l'incompréhension et l'envie. Petit morceau de bravoure qui fait souhaiter voir le chanteur redevenir acteur avec un rôle à la mesure de son talent ! Le public qui, lui, réclame sempiternellement *Nathalie* ou *L'important c'est la rose* s'en aperçoit-il vraiment ?

22 h 45, le début des rappels. Le cérémonial durera vingt minutes, montre en main. Ces instants sont peuplés de chansons incontournables et de dialogues muets entre l'artiste et ses fans. Traditionnel, un anonyme pose une cravate à pois sur la passerelle, Gilbert en fait une faveur au pied du micro. La chorale revient sous les ovations et a cappella reprend *Mea culpa...* 23 h, le silence tombe à nouveau, le pari est gagné, la salle la plus difficile de Paris a chaviré ! Bécaud peut retourner voguer, heureux, sur sa péniche.

Les projets... La vidéo et le compact du spectacle[2] ne resteront que des bruits de couloirs, seule une cassette pirate circule sous le manteau... Le 24 octobre 1993, Bécaud vit un de ses plus beaux concerts et un anniversaire hors normes : à quelques minutes du spectacle, Gaya et Tania déposent leur petite Marguerite, dix mois, dans ses bras, augurant une soirée fantastique, c'est sa nouvelle muse, son unique petite-fille, « Margot »... Dernier récital, et à la grande joie des spectateurs, le délire : ses violonistes s'installent sous un grand parapluie pour *Le jour où la pluie viendra* et renouvellent leurs facéties, coiffés d'un képi, pour *La vie de garçon*. Puis, descendant du fond de la salle comme une déferlante, les Chœurs de l'ancienne Armée Rouge, rebaptisée d'Ukraine, créent l'événement. Gilbert, très ému, arbore une casquette du groupe et chante avec lui *Nathalie*, reprenant également *Les feuilles mortes*, un classique de ces artistes prestigieux. Pour en terminer, retour de la chorale Soleil, non pas pour *Mea culpa* comme à chaque représentation, mais pour interpréter *Happy birthday* sous la direction de Smaïn, revêtu du manteau argenté du chef du groupe camerounais, scandant l'arrivée d'un gâteau géant surmonté d'une immense cravate à pois !

Après le Palais des Congrès, une nouvelle aventure se présente, sous la forme d'un rôle très fort pour Gilbert dans un épisode de la série *Navarro*. Il retrouve alors son « vieux » complice de RTL, Pierre Grimblat, désormais à la tête d'Hamster Productions. Convaincant en « Sarkis », le parrain des parrains, Bécaud tient avec détermination son Jerico – un automatique – face à Hanin-Navarro. Sous la direction de Nicolas Ribowski, peu de dialogues mais un personnage riche, difficile. Tout se passe dans le regard, l'allure, les silences d'un voyou d'envergure, un « mafioso » à l'américaine mis sous les verrous le soir du 31 décembre... Nuit bleue dans Paris. Assiégé par les fils du caïd bien décidés à libérer leur père, le commissariat prend des allures de camp retranché. Longue nuit d'angoisse et haute tension dans ce téléfilm particulièrement haletant enrichi d'un scénario plus violent qu'à l'accoutumée. La trouvaille est belle : présenter dans le même épisode Monsieur 100 000 volts et faire sauter un centre d'EDF, il fallait y penser !

« En général, les artistes préfèrent casser les habitudes. Picasso se passionnait pour faire des assiettes, des plats, de la poterie. On est souvent attiré par une autre discipline, des voies nouvelles, moins évidentes. Je déteste les gens raisonnables qui jouent avec la table au lieu de s'asseoir. Dans *Navarro*, Ribowski nous a dirigés. Intelligent, sensible, un fou comme je les aime. Pour cette série, j'ai demandé de faire des essais et insisté pour que Pierre Grimblat ne me prenne pas "pour me faire plaisir". ("Pour être crédible, je ne veux pas ressembler à Bécaud, j'ai tout à apprendre, ciné, télé, je suis ouvert à tout pourvu que l'on ne me demande pas de jouer Bécaud !"). Les rapports avec Roger Hanin ont été excellents. On est devenus amis, il m'a bien aidé, n'hésitant pas à répéter des scènes délicates avant le tournage. Cela faisait longtemps que je n'avais pas fait l'acteur ! Hanin et moi, on est tous les deux méditerranéens, de la même génération, un peu expansifs, exagérés, assez brutaux. Travailler avec lui m'a bien plu ! »

Parenthèse de carrière ou nouveau départ ? Record d'audience pour ce jeune homme de soixante-sept ans qui nous raconte avec exaltation !

« J'ai plusieurs propositions pour des films. On va voir ce que cela va donner... J'aime ce travail, je le ferais même gratuitement. J'aurais voulu jouer le rôle de Lino Ventura, face à Michel Serrault, dans *Garde à vue*. J'avais adoré ce combat d'acteurs, c'était fabuleux. Le cinéma et moi, on est souvent complices. D'ailleurs, je vais certainement adapter *Vol au-dessus d'un nid de coucou* en comédie musicale pour les Américains... »

« Gilbert ne s'arrêtera pas de chanter, nous confie Nicky Cuissard. Sa raison de vivre, c'est la chanson, son envie, la scène, je peux vous dire et je suis sûre de ce que j'avance, c'est un homme qui ne restera pas inactif. Il sera attiré par le spectacle, férocement, jusqu'à la fin de ses jours, c'est une drogue. Lorsque je l'appelle dans le Poitou, la réponse est significative : "Je me repose, mais ça commence à me gonfler, je n'en peux plus !" »

« Monsieur Bécaud, je n'aurai qu'une chose à vous dire : 100 000 volts, c'est beaucoup trop, il va falloir faire des sacrifices ! » Ce 19 juin, sur France Inter, Laurent Gerra prend les intonations d'Edouard Balladur, Premier ministre. Pour la première fois, et probablement la dernière, Gilbert chante *Casser la voix*, le succès de Patrick Bruel, face à Annie Girardot, Christine Ockrent, Denise Fabre, Brigitte Bardot, Guy Marchand, Philippe Noiret et le commandant Cousteau, témoins privilégiés de cette matinée de dimanche à la radio. Paraphrasant André Gide (« Dans la vie, rien ne se résout, tout continue »), l'artiste chante sa vie, une vie en musique, voulue à son image, sur un rythme d'enfer, remplie de joies, de blessures, d'espoirs, de lendemains qui chantent et de tonnerres d'applaudissements esclaves et libres. Une étonnante aventure entre « l'homme et la musique », évoquée dans l'émission *Rien à cirer*, animée par Patrick Font – Laurent Gerra et Frédéric Lebon prêtant leurs voix à celles des personnalités « invitées » !

Nous nous retrouverons souvent en Suisse, en Belgique, en Pologne, en France[3]. « Tu ne pourrais pas mettre un micro dans les arbres pour sonoriser les cigales ? » Le 8 juillet 1994, sur la vaste scène dressée sous les pins, à Berre, l'heure est à la décontraction. Après *Quand t'es petit dans le Midi*, Gilbert, lunettes de soleil et verre d'eau fraîche à portée de main, se remet en tête les paroles de *Désirée*. La « balance » est satisfaisante et la loge, malgré la canicule, plutôt accueillante. Sur la table, une mallette entrouverte, une bouteille de whisky. Derrière l'estrade, les organisateurs préparent une collation pour la vedette de la soirée et son équipe. Bécaud, levé depuis sept heures du matin, joue les lézards sous un soleil de plomb, il attrape une bouteille d'eau glacée et, sans ôter sa chemise, s'offre une douche improvisée, éclaboussant son entourage dans un éclat de rire.

Musiciens, techniciens, régisseur, secrétaire, toute la tribu s'installe autour de la grande table dressée. A notre droite, une place disponible, Gilbert la repère et nous rejoint. Le menu, très simple, reste agréable, et le petit vin du pays, bienvenu. Ponctuant le repas de quelques anecdotes inracontables, il est intarissable : la Corse, Bonifacio, l'avion du matin, le manque de sommeil, Lelouch, Amade et Delanoë, *Madame Roza*...

« Mes musiciens, je les change chaque trente ans !, nous lance Bécaud, amusé. Dans le monde du show-business (un mot que je n'aime pas), souvent, les accompagnateurs défilent. Chez moi, ce sont des amis de longue route, ils ont toute ma confiance. Pas la moindre critique à leur égard. Parfaits, toujours à l'heure ! Les techniciens aussi, mais eux c'est tout à fait normal, ils sont là dès le matin pour monter le matériel. Je n'ai jamais eu un musicien en retard... Une seule fois cependant, il y a... quelques années, nous avons été inquiets : à l'heure de la répétition, pas de Raymond Bernard. Finalement, à la dernière minute, il est arrivé, juste à temps pour démarrer le spectacle, il avait eu un accident de voiture. Tous, autour de moi, étaient informés, sauf moi. Complètement sonné, après s'être rapidement changé, il a assuré la soirée. A l'issue du tour de chant, pendant le salut avec les musiciens, tous en ligne, je lui ai donné la main. Je l'ai senti différent, chancelant. Arrivé dans les coulisses, il s'est évanoui, et j'ai appris l'accident. »

A Berre, l'heure du concert arrive très vite et Gilbert file discrètement. Les portes sont ouvertes depuis 20 h, le public a largement rempli les milliers de chaises disposées dans l'enceinte du parc. Au moment du café, une clameur, mêlée d'applaudissements, venue du devant de la scène, éveille notre curiosité. Avant de se changer, Bécaud, décidément dans de bonnes dispositions, a foncé dans le noir sur les premiers rangs, saluant hors scène les spectateurs étonnés et ravis de la sympathie bon enfant de leur vedette. Belle soirée sous les étoiles, semblable à tant d'autres et toujours différente, plaisir partagé entre Bécaud et son public.

Et chaque jour, un cadre nouveau, quelques souvenirs plus forts que d'autres nous reviennent en mémoire. Sous le soleil de Portofino, près de la piazzetta et des maisons aux façades en trompe-l'œil, Gilbert est torse nu dans la fraîcheur d'un rez-de-chaussée, face au podium. Nous bavardons, soudain la sonnerie du téléphone retentit... Dérangé par l'intrus – qui insiste –, Gilbert décroche le combiné, une jambe en équilibre, sur un ton enfantin mâtiné d'un superbe accent italien : « Lé signor Bécaud, il est dans son bain... On né peut pas lé déranger... Capisce ? Dans son bain... Rappeléz-lé pui tardi ! » Visiblement satisfait de son mensonge, il enchaîne comme si de rien n'était :

« J'ai commencé les nouvelles chansons, aucune n'est finie. Il y a Barbelivien, Thomas, Grosz, Lemesle, Delanoë, Bériat – un très gentil garçon, rêveur. Il ne faut pas demander aux artistes, aux auteurs, d'être normaux. » Bécaud demain... ?, « il » ne sait pas trop, il sourit ! « Bien franchement, j'hésite, j'ai des envies de comédies musicales. Les Américains me proposent d'en écrire deux, je ne sais pas trop. Nous sommes à la croisée des chemins. C'est un peu : "Qu'est-ce qu'on fait cette année ?" S'il s'agit de faire encore une rentrée à l'Olympia... J'en ai fait beaucoup. J'attends d'avoir plus de chansons nouvelles avant de me produire sur une scène parisienne. Là, pour l'été 1995, je retourne en Corse, je reviens à Paris le 14 septembre. Le 15, je paye mes impôts ! A la fin du mois, je suis au Chili et en Argentine, c'est un peu loin pour s'y retrouver, non ?

« Cet été, en Corse, entre des pique-niques au bord de l'eau et des excursions dans les petites criques de la côte, "nous" avons pas mal travaillé. J'aime ce pays de cocagne, ses habitants au tempérament un peu raide, tout à fait entier, ce caractère sauvage qui les rend si séduisants. Je m'entends très bien avec eux. Je ne suis pas un type qui roule les mécaniques, je suis... désespérément normal ! Nous travaillons actuellement sur *Madame Roza*. La création française se fera bientôt avec Annie Cordy dans le rôle titre. C'est une fantastique comédienne. Bien sûr, dans ce personnage, elle sera totalement à contre-emploi. J'attends ce moment avec impatience, je suis très heureux et fier de travailler avec elle. Annie n'a pas lu complètement la nouvelle version. Pour les autres personnages, on n'a pas encore vu le casting, je suis là-dessus d'ailleurs, je vais m'y remettre dès maintenant et terminer le deuxième acte. Avec Didier Van Cauwelaert, un très bon auteur (un Flamand né à Nice !), on termine l'adaptation. Didier et moi n'avons pas les mêmes idées, alors j'ai gardé un bon nombre de chansons de la version originale et j'en ai changé beaucoup qui n'étaient plus en situation. »

« Gilbert vient de me téléphoner hier soir, explique Annie Cordy. Il voudrait me voir le plus rapidement, ce qui n'est pas évident car je travaille actuellement tous les jours, je suis en pleine répétition à Bruxelles. Il me dit toujours : "Mon p'tit mousse, tout baigne, tout baigne !" Pour l'instant, je n'ai rien entendu. Sûr, moralement, je suis partante. Nous avons débuté ensemble notre carrière, nous avions le même directeur artistique, Georges Lourier, puis chacun a fait son chemin. Quand on se rencontrait, on était très heureux, mais je ne l'ai jamais autant vu que ces derniers mois. Nous sommes tout à fait d'accord sur le personnage de *Madame Roza*, c'est un très beau rôle. »

Jean-Michel Boris évoque Bécaud, ce vrai musicien qui aime prendre des risques : « Je suis certain que dans son for intérieur, Gilbert aurait souhaité qu'*Aran* devienne un classique, de même pour *Madame Roza* après sa création américaine. Là, quelque part, il a dû être blessé, mais sa comédie musicale existe, il va le prouver... »

Lorsque nous lui soulignons la condescendance du milieu classique vis-à-vis des variétés, Boris ne s'étonne pas et nous livre quelques réflexions :

« Ce dédain, je le constate quotidiennement. Récemment, lors de la soirée anniversaire de Charles Trenet, les gens de l'Opéra-Bastille ont trouvé ça "vulgaire". Pour eux, les variétés représentent un genre mineur, pas de la "vraie musique", une mélodie de "baloche". Lorsque Bécaud est entré en variétés, il n'a plus fait partie de la musique classique. Pour William Sheller, c'est pareil, une seule joie, écrire, il a composé un concerto qu'il a fait jouer à

Pleyel en janvier 1993, il doit écrire une symphonie. Bécaud et Sheller viennent tous deux du Conservatoire. Même s'ils s'en défendent, les compositeurs souhaitent une reconnaissance et considèrent, eux aussi, que la chanson est un patrimoine mineur, c'est un problème pour tous. Voyez Paul Mac Cartney et son oratorio, on croirait retrouver Gilbert ! L'individu est comme ça, on ne peut le changer ! »

A la fin de l'année 1995, les concerts se multiplient, la télévision reçoit Gilbert sans cesse, les vacances à Crans-sur-Sierre s'imposent. Hélas, il est victime d'une chute de ski-bob qui lui vaut une déchirure du talon d'Achille et un repos forcé de dix-huit jours dans le plâtre. Contre toute attente, quelques jours après, il claudique dans les rues du petit village, soutenu par Emily et Noï, sous le regard sympathique de leur chien Décibel.

Il faut mettre des lunettes bleues
Changer les piles au bon dieu
Réveiller la fée qui dort d'accord...

Tout en composant les nouvelles chansons (*Les enfants aux cheveux blancs, Ensemble, De only you à maintenant...)*, Bécaud participe à des soirées à l'Olympia en 1996 et 1997[4]. L'un de ces concerts lui permet de retrouver Caterina Valente.

« Vous savez, notre histoire est formidable, j'adore "Gigi", je suis tellement fière de lui. On évoque parfois sa double personnalité, son côté scorpion. Je le connais trop, Gilbert, on a le même âge, on se comprend, on ne pourrait jamais se faire du mal ! On se dit la vérité, c'est ça qui est beau ! A la télévision, il a participé à mes émissions comme invité d'honneur, mes shows s'appelaient *Caterina*, tout simplement, c'était un très joli spectacle. Il a fait le premier, après, nous avons reçu Jose Feliciano. Pour fêter mes cinquante ans de scène, en Allemagne, il y avait de nombreux invités et naturellement Paulette Coquatrix. Elle m'a fait une surprise émouvante : "Caterine, je ne savais quoi t'offrir pour cet anniversaire, alors, je t'amène Gilbert Bécaud !" Et Gilbert était là, j'étais en pleurs ! Vous connaissez un chanteur qui annule un spectacle pour venir à Stuttgart spécialement interpréter une chanson et me donner un baiser ? »

Janvier 1997, Bécaud donne trois soirées de gala au théâtre Aoyama de Tokyo, l'un des plus importants du Japon. Avec une caméra digitale « achetée sur place », il immortalise les moments forts de son voyage dans l'archipel nippon et pose volontiers pour les photos avant-concert dans le métro au cœur de la capitale, à l'école de sumo entre deux athlètes de dix-huit ans pesant déjà cent soixante-quinze kilos chacun... Nous le retrouvons également sur le plus grand marché au monde de poissons, ou encore à bicyclette accompagné de son guide, la jeune Ikona. Durant onze jours, contrairement à ses habitudes, Gilbert opte pour un dépaysement intégral.

Au mois de novembre, le boulevard des Capucines est sens dessus dessous, les palissades blanches qui en recouvraient la façade vont tomber, la salle a fait peau neuve, Gilbert est de retour à nouveau en lettres rouges sur le fronton, mais le moral n'est pas aussi bon qu'on pourrait l'imaginer, il faut affronter la maladie, courageusement, sans s'écouter. « C'est ma famille la plus touchée, moi ça ne m'inquiète pas, je n'y pense pas », nous confiera-t-il sur la péniche. Pour l'heure, dans la plus grande dignité, il assure. Avant chaque représentation, du 13 au 23 novembre, il va de loge en loge en quête de ses marques dans le nouvel Olympia reconstruit à l'identique. Qui pourrait imaginer que cet homme si vigoureux souffre un tel martyre ? Depuis l'été, Gilbert a les cheveux blancs, il a perdu vingt kilos, sa mâchoire est endolorie, la chimiothérapie, très lourde, est épuisante, le cathéter sous la chemise blanche, à la limite du supportable, mais c'est compter sans l'énergie qui le pousse. Avant son entrée en scène, chaque soir, en voix off, il s'adresse à la salle :

« Je me souviens, tu n'étais qu'un cinéma et moi, un compositeur. Et puis, un après-midi de 1954, tu es devenu théâtre-music-hall et moi chanteur. Un jour, récemment, on m'a dit que tu étais condamné. Je ne l'ai pas cru. J'avais raison. Le temps est cruel, mais toi tu as rajeuni. Alors tu m'as dit : "Je suis content que tu me reconnaisses." Je suis content aussi. Ce soir, nous sommes là pour toi... Olympia ! »

Et il apparaît, suivi de Monsieur Pointu pour *La vente aux enchères*, applaudis par Annie Cordy, Patrick Bruel, Line Renaud, Sylvie Vartan, Jean-Claude Brialy, Francis Cabrel, Eddie Barclay,

Philippe Labro, Guy Lux, Mimie Mathy, Arthur, Serge Lama, René Monory, Jean Tibéri, Jack Lang, Jacques Toubon... et quelques boys bands.[5]

Germaine est dans la salle, elle a fait le voyage spécialement de Montréal avec son fils. Au moment opportun, elle se faufile devant la scène et offre une rose. A la fin de la soirée, elle recevra la cravate à pois qu'elle conservera précieusement. Il en est ainsi dans le monde entier, des milliers de kilomètres à parcourir pour approcher un homme, sans doute idéalisé mais incontestablement adulé, pour un simple échange de regards, le temps d'une fleur offerte. Elles viennent de tous les continents, sans aucun autre espoir que de partager un sourire... Voici l'inconnue fidèle qui arrive de Tokyo tous les ans comme un pèlerinage, elle est là à l'Olympia, dans le noir, le cœur battant, timide mais déterminée. Elle parcourt le chemin jalonné de fauteuils rouges, de cris et de silhouettes aux bras levés, elle avance comme en apesanteur, elle tend la fleur dans le rayon de la poursuite, il se penche, en un quart de seconde, il la voit..., il l'a vue ! C'est à eux qu'il se doit... Malgré la fatigue et l'inquiétude ambiante, nous apprécions chaque soir un artiste accompli et jusqu'au dernier jour où deux galas l'attendent, il ne faillit pas un instant et reste le même malgré l'adversité.

Le lendemain, nous nous retrouvons à l'auditorium Maurice Ravel à Lyon. Nous sommes en train d'écrire une biographie sur Barbara. Au petit matin, la nouvelle tombe, comme un couperet : la chanteuse s'est éteinte à Précy. Le soir, sur le plateau, l'émotion est intense :

« Je ne sais pas si vous êtes au courant... Barbara vient de nous quitter. »

Bécaud plaque les premiers accords de *L'important c'est la rose*. Sur ces quelques mots très simples, c'est le signal de détresse. Le public se lève spontanément, les musiciens et le chanteur se tournent vers le grand rideau noir qui tapisse la scène, les regards tendus vers un point mystérieux des cintres. Les bravos crépitent comme des gouttes de pluie. Gilbert et ses hommes applaudissent, l'émotion vibre et l'auditorium entier est plein de cet amour et de cette reconnaissance. Dans le velours noir du fond de scène, une âme se love. Le soir, après le spectacle, nous lui confions notre tristesse, nos doutes aussi..., il nous engage vivement à continuer d'écrire : « N'arrêtez surtout pas, dit-il, il faut qu'elle vive ! »[6].

Le 23 octobre 1998, la veille de son anniversaire, nous voilà devant quatre mille spectateurs au Centre Molson de Montréal[7], habituellement réservé aux hockeyeurs canadiens. Ovation debout. Dans les coulisses, Bécaud retrouve Oné-Onti, plus connu sous le nom de Max-Gros-Louis, qui a fait le voyage depuis les Territoires du Nord pour offrir un casque à plumes à son camarade de chasse (« Entre chefs de tribu, on se comprend ! »). Danielle Senock, la présidente du fan-club belge, une institutrice de Bruxelles, et ses amis ont fait spécialement le trajet. Gilbert ne s'en étonne pas : « Si je ne la vois pas, je m'inquiète. Pour le dernier Olympia, elle a fait onze allers-retours Paris-Bruxelles, je l'ai vue trois fois en Hollande début octobre ! »

La grande nouvelle du voyage, c'est le fax de Gaya et de sa femme Tania annonçant la naissance d'Elena, sa deuxième petite-fille. La joie au cœur, Gilbert, en visite au centre culturel de la réserve de Kahnawake, près de Montréal, s'essaie à quelques pas de danse avec de jeunes Mohawks. Kitty et Emily sont ravies, il va mieux, c'est évident, il est guéri, c'est la fin du cauchemar après une année terrible.

1 000 choristes pour un chanteur

1999-2001

Dans le grand silence
La vie commence
Par une larme
Chaque enfant qui naît
C'est un prophète
Faut faire avec...

Claude Lemesle analyse avec justesse la qualité d'une recherche commune :

« *Faut faire avec...* Gilbert a trouvé une mélodie répétitive au fur et à mesure, avec l'orchestre qui "enfle", un peu dans l'esprit de certaines œuvres classiques où l'orchestration vient petit à petit donner plus de force à la mélodie et la fait monter. La chanson est forte, mais au départ, c'est assez curieux, l'expression "Faut faire avec" était associée, totalement par hasard, à une composition plus légère. Nous avons renoncé à ce morceau et, tout en gardant la phrase, nous avons bâti quelque chose de plus grave, de plus fort, un peu l'histoire de tous les individus. Evidemment, plus on avance, plus on aperçoit qu'il y a "une couleur Bécaud".

On peut pourtant
Défier le temps
En regardant
La mort en face
Puis sans un cri

Payer le prix des cigarettes
Faut faire avec...

« Gilbert est très incitatif, c'est un bon "coach", quelqu'un qui vous entraîne, vous motive. Même si on est un peu "en dessous" — ce qui peut arriver à tout le monde avec les soucis, les problèmes —, il vous regonfle avec une énergie extraordinaire. Quand on pense à ce qui lui est arrivé il y a deux ans, c'est merveilleux ! Travailler avec Bécaud, c'est facile, un vrai bonheur. Ce type actif qui sans arrêt vous aiguillonne, c'est la mouche du coche. De temps en temps, il lui arrive un petit coup de blues ("Ah là là, je ne trouve pas... !"). Il n'aime pas ça, il peste contre lui-même mais ne se permettrait pas de pester contre les autres, il est beaucoup trop pudique et généreux pour ça. Il a une certaine élégance : quand un titre ne lui plaît pas vraiment, il ne le dit pas tout de suite. A la séance suivante, il "met les gants" ... Quand je travaille avec lui, je suis bien, je me sens considéré, ce n'est pas le cas de tout le monde... »

Au fil des années, le rythme semble ralentir, il faut bien que le corps prenne le temps de se reconstituer. A noter cependant la sortie du nouvel album *Faut faire avec*, une chanson-phare qui en dit long, qui dévoile tout, et une rentrée magnifique à l'Olympia en octobre 1999[1]. L'artiste a retrouvé sa forme, il nous fait alors le plaisir de se « renouveler ». De tous les spectacles des dernières années, le récital est certainement le plus travaillé, le moins traditionnel, peut-être est-ce le choix des chansons un peu différentes ou cette santé revenue qui lui donne une apparence inédite. La chanson *Les gens de l'île*, en compagnie d'un jeune corse à la voix magnifique, la présence sage d'Emily en duo avec son père..., quelque chose de magique et d'inexplicable qui fait qu'à l'instant de *La ballade des baladins*, on s'aperçoit avec stupeur qu'on est là, dans le noir, et qu'un frisson nous parcourt encore après tant d'années. Diable d'homme !

Ils respirent le goût du ciel
Le parfum du miel
Et l'odeur des vagues
Ils te chantent des mots soleil

Dans la langue belle
De leur montagne
Les gens de l'île

Les gens de l'île lui tient à cœur, pour des raisons évidentes, elle évoque l'authenticité, la beauté du tempérament corse si cher à Gilbert. Petru Guelfucci et Pierre Delanoë l'ont écrite ensemble.

« Nous voulions faire une chanson sur les gens de Corse, pas sur la Corse. Sur les gens de la montagne qui sont loin de la perversion du rivage... Parce qu'ils sont authentiques. Les gens qui vivent près de la mer sont un peu moins purs. Cela est dû vraisemblablement au tourisme. En tous cas, nous voulions éclairer la Corse d'une autre façon, sans violence. »

Nous rencontrons Pierre Delanoë en mai 2001, à Paris, au bar de la Sacem, au septième étage. Il est là avec nous, ce monument de l'écriture sans cesse salué par tout ce que la France compte d'auteurs et de compositeurs célèbres. Très impressionnant, mais d'excellente humeur, ce qui n'est pas toujours le cas. Il nous entraîne dans ses souvenirs à bâtons rompus, nous évoquons *Madame Roza* car le projet semble en suspens, la réponse est immédiate et désarçonnante :

« Je ne suis pas dans l'aventure de *Madame Roza* parce que Monsieur Bécaud en a décidé autrement ! Ça ne m'a pas rendu très heureux d'ailleurs — j'avais réalisé l'adaptation de *Jésus Christ Superstar* et *Un enfant dans la ville* avec Fugain. Quand on parle des chansons de Gilbert, mon nom revient souvent. C'est parce que j'en ai écrit plus qu'Amade et que Vidalin, c'est tout ! Il faudra qu'un jour je fasse le compte, ça peut prendre du temps ! Nous venons de faire un titre ensemble, ce n'est pas *Vive la France*, mais un truc dans ce goût-là, "une chanson franchouillarde", un sujet actuel traité de façon particulière... Pour le prochain album, je n'ai écrit que celle-là, ma santé actuellement laisse beaucoup à désirer, vous le savez, mais dans mes projets, il y a "continuer à travailler". Quand Gilbert et moi on s'est connus, je chantais avec mon beau-frère, Frank Gérald. Quoiqu'il en dise maintenant, il ne m'a pas trouvé mauvais, sinon il m'aurait jeté (je connais le bonhomme !). C'est incroyable cette façon qu'il a de dire que je chante mal, je n'ai jamais rencontré beaucoup de compréhension de la part de

Gilbert sur ce plan, ça lui déplaît que je sois chanteur, même s'il est obligé de reconnaître que je suis bon, il n'y a pas de doute là-dessus, ça ne se discute pas, il est peut être jaloux... ! »

Et il nous offre la cassette *Pierre Delanoë chante...* Quelques heures après, nous sommes en grande conversation avec Gilbert, sur la péniche, lorsqu'il aperçoit dans nos affaires la cassette. Un sourire se dessine sur ses lèvres :

« Vous n'allez pas emporter ça chez vous ! Quand Delanoë chante, même les feuilles tombent ! »

Une complicité belliqueuse qui se passe de commentaire.

« Les nouvelles chansons sont très différentes, nous confie Claude Lemesle. Comme d'habitude, les thèmes varient : *Les rêves ont changé, le sommeil est pareil, les réveils sont pareils mais les rêves ont changé...*). Une autre s'intitule *Embargo*, c'est l'histoire d'un mec qui en a marre des saloperies, des lâchetés, des bassesses, des mesquineries, de tout ce qui est médiocre. Alors “Embargo ! Embargo sur tout ça !” Ce qui veut dire “allez vous faire foutre !”, en définitive. Gilbert m'a donné le mot, puis j'ai fait deux versions dont la dernière le satisfaisait (enfin, je crois). Il a présenté les morceaux à sa maison de disque, en particulier à Marc Lumbroso, le verdict est tombé : “C'est vachement bien, en revanche, *Embargo* est un bon titre mais ce n'est pas pour Lemesle, pas assez violent, il est trop tendre pour écrire un truc comme ça.” Je crois que Gilbert a essayé avec d'autres paroliers, puis ils en sont revenus. *Desperado* pour Bécaud, *La bête immonde* pour Fugain, on ne peut pas dire que je sois “un tendre”. Chez EMI, les gens ne doivent pas connaître ces textes, ils imaginent que je suis trop “gentil”. C'est peut-être vrai dans la vie mais pas dans mes chansons où je dis ce que j'ai à dire avec humour quand je le sens comme ça, avec force quand c'est nécessaire. Ça rendait Gilbert très malheureux (“C'est la première fois que je suis ‘obligé’ d'écouter ma maison de disques et de renier un auteur et un ami pour en passer par leurs desiderata”). J'ai donc refait le texte et maintenant, apparemment, il leur convient. Gilbert était content de leur montrer que je n'étais pas forcément un auteur en demi-teinte... Vous savez, les gens ont des idées toutes faites. Pour les gens des variétés, je suis trop intello. Pour les intellos, je suis trop “variétés”. Dans tout ça, je me sens comme un artisan qui fait ce qu'il peut. (...) Pour *La mort du loup*, nous avons pensé au poème d'Alfred de Vigny. Evidemment, sans avoir la prétention d'être au gabarit, mais avec une ambiance assez grave et intéressante. Puis, il y a aussi deux chansons sentimentales, plus légères : *Le cap de Bonne-Espérance* qui, contrairement à ce qu'on pourrait laisser entendre, est une chanson d'amour et *Quand tu me reviendras.* Voilà, c'est tout ce qu'il y a pour l'instant... »

Autour de Bécaud, des groupes gravitent qui préparent des spectacles touchants et intéressants, certains souhaitent monter une comédie musicale sur sa vie, d'autres plus simplement mais avec beaucoup d'âme se réunissent toutes les semaines pour envisager un « spectacle Bécaud » à la fin de l'année. Ainsi, le groupe Agaton, à Saint-Raphaël, dirigé par Bernard Ros, nous offre-t-il une soirée chaleureuse au son de *L'Orange* ou du *Pianiste de Varsovie*, interprétés d'une manière inédite, émouvante[2].

Mars 2001, Gilbert prépare dans le plus grand secret le nouvel album qui représente toujours un événement pour les aficionados. Il s'interrompt le temps d'un concert le 23, et enflamme la scène lilloise. Dès la fin des bravos, il prend le volant, roule toute la nuit et brûle les kilomètres pour retrouver une jeune femme qu'il adore... Au petit matin, il arrive à « la ferme », dans la maison endormie... Un café, un petit tour dans la salle de bain, il a fière allure le père de la mariée dans son costume bleu nuit, cravaté de blanc ! Sa fille épouse Alain Bernardini, jeune chanteur du groupe corse I Muvrini. Les deux hommes ont immédiatement établi des liens de sympathie, ils partagent des rapports inaltérables avec Emily, la chanson et la Corse... Bref, pour Gilbert, le gendre idéal en quelque sorte !

Le mariage a lieu à 16 h, à La Bussière. Sa sœur Odette s'inquiète, tant d'années plus tard elle est toujours la petite maman protectrice. D'un geste tendre, Gilbert lui ébouriffe les cheveux :

« Mais non, "il" n'est pas fatigué, mais oui "il" va très bien ! »

Emily est rayonnante, elle attrape le bras de son père, ils traversent la petite salle de la mairie où Gilbert fut conseiller municipal. Kitty est émue, elle enveloppe d'un regard le jeune couple si clair, sa fille, femme-enfant de vingt-huit ans, toute blanche sous son petit chapeau à bords retroussés... Un instant d'éternité ponctué par un rayon de soleil de bon augure qui filtre le temps d'un sourire à la sortie du cortège. Par la suite, toute la noce, composée essentiellement d'amis, de musiciens et de proches, s'en va faire la fête dans la propriété familiale.

Le printemps revenu, Bécaud se faire rare, en réalité il se remet des années précédentes, douloureuses. Malgré la fatigue, il se produit à Fribourg, en Suisse, le 15 juillet, et clôt le festival annuel de musique, sous chapiteau. Comme toujours, à la fin du concert, il reste seul en scène. Sa voix enregistrée chante *Quand le spectacle est terminé*. Veste sur l'épaule, un petit signe de la main et il s'en va...

Pas de vacances estivales en Corse, Gilbert s'en retourne sur la péniche, à l'abri de la canicule, il pense déjà à un disque, en 2002, avec Quincy Jones. Début août, il a promis d'être à Alès, pour la quatrième Semaine Chantante rebaptisée depuis peu « Les Fous Chantants d'Alès-en-Cévennes » : une bande de passionnés sous la houlette de Michel Schwingrouber[3].

« C'est vrai qu'il faut être fou pour réaliser une telle entreprise ! Réunir de tous les coins de l'Europe et du Canada, des gens qui ne se connaissent pas, mais qui ont un désir : "chanter ensemble". Les stagiaires travaillent toute la semaine pour apprendre les vingt morceaux de la vedette choisie et les interpréter en sa présence le dernier soir. L'organisation ? A se taper la tête contre les murs, mais plus on est de fous, plus on rit ! Jean Ferrat, Georges Moustaki, Jean-Jacques Goldman et Gilbert Bécaud ont accepté de partager ces moments exaltants. Quand on leur en parle, il brille dans leurs yeux un petit quelque chose qu'ils ne peuvent pas expliquer, alors ils disent : "Oui, je m'embarque", comme Ferrat, sans nous connaître, la première fois. "Ça m'intéresse énormément, a dit Bécaud, je sens que je vais vivre un grand moment de ma vie". »

« Michel est sacrément accrocheur !, raconte Gilbert. Il m'a écrit un petit mot... Patati patata boum ! Et je lui ai répondu au téléphone en lui disant : "badaboum, badaboum, d'accord !" (rires). Plus sérieusement, je connaissais le projet pour y avoir été indirectement associé l'an dernier. Je me souviens de l'accueil des choristes, alors en répétition avant que je ne monte sur scène. Il ne m'a pas fallu longtemps pour me décider. Je suis ravi de retrouver les gens d'Alès, et de m'associer plus complètement à cette grande aventure... Mon petit doigt me dit que ça va être géant ! J'attends de passer une bonne et chaleureuse soirée en totale communion avec le public. Mais je suis surtout curieux de voir comment Michel

Schwingrouber va transformer mille amateurs en professionnels d'un jour. Cette métamorphose est toujours fascinante ! J'ai vu le décor : c'est franchement beau ! Je suis toujours en admiration devant des gens comme lui qui créent l'événement. Il y a cinquante ans que je fais de la scène. J'ai droit à la médaille de l'ancienneté ! Brel, Brassens, comme moi, ont beaucoup travaillé. Mais au-delà des paillettes, je peux vous dire que c'est un métier qui use les nerfs. Le seul endroit où l'on se sente bien, c'est sur scène. (...) Dans cette profession, les gens intelligents réussissent aussi, mais avec moins de profondeur que les sensitifs et les épidermiques. Et ça, le public le sent ! Quand j'écris une chanson, quand je rentre en scène, je le fais au coup de cœur, au coup de nerf, comme les tennismen qui crient quand ils décrochent un service. Je ne suis pas un gars qui réfléchit, je ne suis pas un carriériste qui calcule son coup... Je vis les choses et mon professeur, c'est le public, surtout celui du balcon. (...) Mon rapport avec la cigarette n'est pas ambigu. En fait, je suis inconscient. Quand le cancer a été terminé et que mon médecin m'a dit : "Il n'y a plus rien, c'est formidable", mon premier réflexe a été de prendre une cigarette. Vous comprenez, je ne suis pas un gars raisonnable. Je suis d'un bloc, je suis comme ça, je vis à l'inspiration, je ne calcule pas...[4] »

Alès, « capitale du chant choral », attend Bécaud. L'orchestre de douze instrumentistes est dirigé par Jean-Marie Sion, trente-cinq ans, un professeur de musique au tempérament discret et réservé :

« Des *Marchés de Provence* composés en 1957 à sa dernière chanson écrite pour la circonstance, nous allons devoir embrasser quarante-quatre années d'évolution musicale... ! »

Après les Semaines Chantantes précédentes, le challenge est de taille et Goldman revient.

« Un jour, je composerai une chanson, elle s'appellera *Ensemble*, et vous saurez où et quand elle est née ! »

Ces paroles sont prononcées au stade Pibarot, à Alès, en août 2000. Goldman monte alors sur scène pour chanter avec le chœur mais aussi pour remercier les dix mille spectateurs et les mille choristes qui lui ont rendu hommage en interprétant ses plus beaux morceaux. Quelques mois plus tard, il confirme sa promesse à Schwingrouber.

« Non seulement, la chanson *Ensemble* est en cours de gestation, mais Jean-Jacques décide de confier l'enregistrement choral aux Fous Chantants. Le 4 août, il l'interprètera en exclusivité, en ouverture du concert consacré à Bécaud ! »

« J'habite à cent quarante kilomètres à l'est de Québec, au début du bas Saint-Laurent, vers la Gaspésy... c'est loin d'Alès !, nous confie Marc-André Caron, l'un des chefs de chœur. Je viens chaque année ici depuis quatre ans, j'avais rencontré Michel lors d'un rassemblement à Troyes, une très bonne "chimie" s'est instaurée, une confiance, un respect mutuel. Lorsqu'il a débuté les Semaines Chantantes avec Jean Ferrat, il m'a appelé pour participer et j'ai accepté avec grand plaisir. Nous sommes quatre chefs de chœur, cette année 2001. Pour la première fois, deux viennent du Québec. »

En prélude à cette aventure, Bécaud se produit fin juillet 2000 dans les arènes alésiennes. Arrivé de Corse vingt-quatre heures avant le concert, il rejoint le campus où l'on répète les chansons pour l'hommage à Goldman : les mille participants lui font une ovation et improvisent *Quand il est mort le poète.* Emu, Gilbert rejoint le chef sur son podium, reprend sa chanson, puis il ne dit rien, mais Schwingrouber sent que « quelque chose » se passe dans la tête de l'artiste. Le lendemain soir, à l'issue du concert, les choristes, présents dans l'assistance, ne veulent absolument pas le laisser s'en aller. La scène est plongée dans le noir, le spectacle est vraiment terminé... Qu'importe, les spectateurs entonnent *Quand il est mort le poète.* Gilbert revient, ravi mais un peu embarrassé, le morceau n'est pas prévu. Finalement, devant l'insistance du public (près de trente minutes de rappels, ponctués par la chanson a capella), il se met au piano, au diapason des mille choristes.

« Ce n'est pas ma tonalité, c'est un peu haut, mais bon, on l'essaie... ! »

Rarement il a ressenti une telle émotion. Il n'oubliera pas...

A l'automne, Schwingrouber contacte Charley Marouani. Gilbert est alors en Corse, trois jours après, il donne son accord. Chaque responsable choisit librement les chansons. Michel soumet une liste généraliste à Bécaud qui n'émet aucune réserve : « Tu prends ce que tu veux... »

« J'aurais souhaité faire interpréter le *Concerto pour piano* que Gilbert a composé il y a bien longtemps, mais finalement, nous n'avons pas eu le temps nécessaire pour retrouver cette pièce, dommage, nous l'aurions fait jouer par nos musiciens, entourés des mille choristes... »

Au printemps 2001, le dossier complet est sur la table de chevet, dans sa chambre, sur la péniche. En juin, Bécaud et Schwingrouber se retrouvent pour définir le déroulement de la soirée, en liaison avec les autres chefs de chœurs.

« Qu'est-ce que tu veux chanter ? »

« J'en chanterai trois, puis je peux te faire une création, *On marche*, extrait de mon prochain CD. »

Bécaud choisit *Le jour où la pluie viendra, L'important c'est la rose* et *La fille au tableau.* Emily attend un bébé, elle ne fera pas la chanson avec son père, l'une des solistes des Fous Chantants la remplacera.

« Personnellement, témoigne Marc-André Caron, j'ai souhaité diriger *Et maintenant* (un classique), *Le petit oiseau de toutes les couleurs* (pour amener une "légèreté"), *Faut faire avec, C'est en septembre* (une couleur très jazzy) et *L'important c'est la rose* que Gilbert va chanter à l'unisson. Chacun de nous classe ses préférences dans les œuvres à diriger, on s'offre une conférence téléphonique à quatre et le tour est joué, ce n'est pas évident, car nous avons un tel choix dans le répertoire ! Chacun écrit de son côté. Bécaud est l'un des artistes français les plus populaires au Québec, je connaissais ses chansons, peut-être pas "à tout savoir", mais une bonne partie de son répertoire. L'an dernier, lors de son concert, j'avais entendu *Faut faire avec* : j'ai voulu me procurer le disque pour l'écouter à nouveau et voilà..., vous venez d'assister à l'une des premières répétitions. »

29 juillet 2001. Sous les immenses tentes blanches dressées sur les hauteurs du fort Vauban, mille voix peaufinent la chanson de Barbelivien et de Bécaud, *Les marins.* L'ambiance est sereine, les chants sont ponctués d'éclats de rire, les partitions deviennent des éventails, il faudra attendre plus tard pour que la nuit amène un semblant de fraîcheur.

« *On dit que les mots ça sert à rien...* Les ténors ! *On...*, on va l'allonger un tout petit peu, ça va nous donner le temps de l'appuyer, de bien placer le début et de respirer, on reprend *ne reviendra, ne reviendra pas...* »

Entre deux répétitions, Carole Bellavance, qui a harmonisé *Mea Culpa, Les marins, Les marchés de Provence, Tête de bois, Le jour où la pluie viendra,* nous confie avec son charmant accent :

« Michel Schwingrouber souhaitait compléter l'équipe avec un deuxième chef de chœur québécois. Ce matin, on a travaillé *Tête de bois* que les gens redécouvrent avec plaisir, c'est une version avec soliste, une alto. Pour ne pas défigurer les pièces, nous gardons les tonalités, les tempos originaux, et écrivons les arrangements. Une amie qui avait l'anthologie de Bécaud depuis 1953 m'a passé tous les disques. Voilà, vous venez d'entendre *Les marins,* elle n'est pas au point, mais nous avons encore quelques jours avant samedi prochain pour bien la sentir, la contrôler. On va travailler la finesse de la chanson jusqu'à la fin de la semaine. Tous les choristes ne lisent pas la musique, je leur chante les parties, leur fait répéter les bases. Bien sûr, nous avons des "lecteurs", chacun a sa partition mais de là à le faire à vue, ce n'est pas possible. J'ai hâte de rencontrer Bécaud, je dirige sa musique, c'est vraiment impressionnant, il a une capacité de renouvellement incroyable ! »

Nous nous souvenons des propos de Gilbert, quelques mois avant... :

« Vous savez, le talent c'est un don de Dieu... On n'y est pas pour grand-chose. Je ne suis pas quelqu'un qui vit dans ses souvenirs. Chez moi et dans mes chansons, il n'y a pas de place pour la nostalgie. Un jour, j'ai dit : "Je n'ai pas de regrets, je n'ai que des remords..." C'est bien les remords, c'est constructif, plus que les regrets, je suis un homme positif. J'ai chanté il y a bien longtemps *Si je pouvais revivre un jour ma vie.* Aujourd'hui, je ne me pose pas la question, mais si cela m'arrivait, j'essaierais de refaire la même chose, en mieux, il faut toujours essayer de faire mieux[5]. »

Mo..
Mo...
Mo...
Scou, les plaines d'Ukraine...

Les répétitions redoublent d'ardeur. Au pupitre, Jacky Locks dirige, interpelle, suggère, mime la chanson avec quelques pas de danse face aux stagiaires réjouis de la convivialité de leur chef, revenant inlassablement sur la prononciation du début de refrain de *Nathalie :*

« Mo-scou... Je ne veux plus entendre le “s” dans la première syllabe ! La première choriste qui ne tient pas compte de ma remarque, si je la trouve, je la présente à la fin comme soliste ! »

Nous profitons d’une pause pour recueillir quelques propos de ce « personnage » :

« J’arrive de Moselle, près de la frontière allemande. Pour ma part, j’ai choisi *Nathalie, L’indifférence, Aran, Les gens de l’île* et *La fille au tableau.* Dans l’entrée d’*Aran,* nous avons remplacé les instruments à cordes par des voix. Nous la chantons à capella avec le trio de solistes que vous avez vus dans *Les gens de l’île.* C’est très symphonique, l’orchestre rentre après, précédant le grand chœur. »

La répétition reprend. A la fin de chaque partie de *Nathalie,* mille fous chantants, épanouis, transportés, s’applaudissent. On recommence, on s’attarde sur une syllabe, un phrasé, une note... Arrivé discrètement, Claude Nougaro — en concert le soir à Alès — a tenu comme Bécaud l’année précédente à venir saluer les chanteurs. Baigné dans le milieu classique dès l’enfance — son père était baryton —, il n’ignore pas la richesse d’harmonies des voix humaines. Pour l’instant, après un léger flottement, *Nathalie* se transforme en un morceau de Nougaro *(Armstrong).* Quelques mots sur le podium, au milieu des participants, Claude évoque Bécaud, « symbole de la chanson française », puis s’en retourne aussi vite en remerciant tout le monde pour l’accueil vocal et disparaît sur l’air de *Tu verras, tu verras...,* repris par les mille voix. Nous nous retrouvons sous les pins, Nougaro revient alors sur Bécaud, ils se connaissent mal : la vie, le hasard des rencontres, une photo, quelques mots échangés.

« Gilbert, finalement, a été “célèbre” bien avant moi. Il était une grande vedette quand je n’avais pas encore prononcé le premier mot en chanson, il était déjà le grand crooner romantique de l’époque. »

Tous les repas sont pris en commun dans les jardins du fort, l’ambiance est joyeuse et accueillante, nous y côtoyons « René » et ses amis de Banyuls, il est « fou » de Bécaud depuis 1952, et pendant les repas, il nous parle de « Gilbert », roulant les galets de son sympathique accent catalan. Au dessert, il se lève et entonne *C'était mon copain :*

« Je ne chante pas trop fort, ma femme n'aime pas que je me fasse remarquer, dit-il en souriant, et d'enchaîner *Les arènes gonflées d'une foule en délire...* Moi, je suis venu pour chanter avec lui ! »

Au campus, sur le stade ou sur le point-presse, Michel Schwingrouber, directeur musical du festival, est omniprésent :

« Vendredi, Jean-Jacques Goldman a enregistré ici les chœurs de son nouveau titre, *Ensemble*, il sera avec nous, en scène, en ouverture de la soirée consacrée à Gilbert Bécaud, le 4 août, sur le stade, nous attendons dix mille spectateurs. J'avais vaguement dit à Gilbert que Goldman serait là, il était ravi, il aurait souhaité aussi Jean Ferrat, mais Jean, pour des raisons de santé, ne pourra être des nôtres. »

Depuis le printemps, Bécaud lui aussi doit faire face au même genre de problème : il ne chantera pas à Alès, c'est une certitude. En revanche, sa présence n'est pas remise en cause, il a donné son accord pour assister à la soirée depuis les gradins, perdu dans la foule.

1er août, 17 h., 43 degrés, la journée la plus chaude de l'été. Nous nous immergeons dans l'ambiance de la Semaine Chantante, bien décidés à ne pas perdre une once d'émotion. Après De Palmas, Hélène Ségara, le Trio Esperanza et Pascal Obispo les soirs précédents, Henri Salvador prend possession de la scène érigée sur le stade annexe, le podium est tout blanc selon le vœu de « Monsieur Henri ». Juste à côté, rassemblés sur la pelouse du grand stade, les choristes effectuent leur première mise en place sous un soleil implacable : quinze minutes pour l'entrée sur une scène gigantesque — d'ici le 4 août, il faut rejoindre sa place en moins de six minutes, plus vite, et sans bavarder ! Les altos, les basses, les ténors..., un impressionnant mille-pattes à casquette et à bouteille d'eau s'agite dans tous les sens.

Nous échangeons quelques mots avec les solistes, Aurélia Locks, Cynthia Dreistadt et Damien Blanchot :

« L'an dernier, nous avions participé à l'hommage à Goldman, un chanteur de notre génération, plus “actuel” que Gilbert Bécaud. Au départ, nous avons ressenti plus de plaisir en interprétant les chansons de Goldman, c'est un artiste qui nous touche depuis l'enfancc. Sur Bécaud, le travail était plus difficile, musicalement très riche, on ne connaissait pas son œuvre, il fallait s'en imprégner, on arrive à quelque chose d'aussi fort qu'avec Goldman. »

2 août, 10 h : au fort, les stagiaires reprennent *Faut faire avec...* Parallèlement, dans la fraîcheur du Temple, Véronique Estel (la fille de Jean Ferrat) répète vingt textes de Vidalin, Delanoë, Amade qu'elle va théâtraliser l'après-midi, sans musique et sans musicien ! Volontairement, la comédienne casse le rythme, *L'un d'entre eux inventa la mort*, *C'est en septembre* (avec l'accent...), *La vente aux enchères* (sans Monsieur Pointu).

« En lisant les paroles, on en fait ressortir tout le sens, on met le texte à nu en remontant à la pulpe des mots. Je veux mettre de la chair aux mots », confie la comédienne. Pour terminer, la jeune femme transmet un message émouvant de son père : « Dis bonjour à la famille... »

A 15 h 30, Véronique a gagné son pari. Le public, debout, lui fait une ovation dans un lieu de prières et de méditations. Un « fou chantant » la rejoint et lui offre une cravate à pois aussitôt enroulée à son poignet. Ensuite, deux conférenciers que nous connaissons bien, Annie et Bernard Réval, s'entretiennent avec le public dans un débat interactif sur les chansons de Bécaud. Spontanément un chant s'élève et tout le monde reprend *La rose* et *Desperado*. A partir de cet instant, la rumeur circule : « Gilbert Bécaud est malade, sa venue est compromise... »

Samedi 4 août, l'aube se lève sur la dernière journée du stage, les chanteurs se préparent pour leur fameuse performance, il fait moins lourd que les jours précédents. A 15 h, au stade, tout est prêt pour l'ultime mise au point, les techniciens s'activent, les organisateurs sont groupés, silencieux, visiblement préoccupés. Nous savons que Gilbert ne viendra pas... Sur scène, Michel Schwingrouber réclame le silence à plusieurs reprises. Très ému, il s'adresse aux choristes :

« Gilbert Bécaud en est profondément malheureux, mais il ne pourra pas être là ce soir. Hospitalisé pour une arthrose faciale il y a quelques jours, son état de santé ne lui permet pas de venir parmi nous. Je peux vous assurer qu'il en est désespéré... »

Chacun accueille la nouvelle dans un silence impressionnant, la consternation se lit sur les visages, il faut continuer. On évoque un duplex le soir pendant le concert... Au bas des gradins, Jean-Jacques Goldman, anonyme, en short et casquette, assiste à la répétition. Des équipes de télévision, des admirateurs, des bénévoles s'affairent, mais quelque chose d'indéfinissable ternit l'atmosphère. A la pose, les choristes nous interrogent, une même question sur toutes les lèvres : « Comment va Gilbert ? » Nous les rassurons comme nous pouvons. René, sa femme et leurs amis viennent aux nouvelles, le sourire n'est plus de mise.

« Tout le monde est déçu, confie Jean-Jacques Goldman, mais c'est certainement Bécaud qui l'est le plus. Je l'ai vu en concert, il y a un an, j'ai été surpris par son énergie. Je suis très triste pour lui qu'il ne puisse pas vivre cette soirée d'hommage et ce que j'ai ressenti l'an dernier, mais je suis sûr que le spectacle n'en sera que plus fort ! J'espère que ce n'est qu'une fausse alerte et que Bécaud retrouvera vite ses 100 000 volts. »

21 h. La foule a envahi les gradins et la pelouse. Devant elle, une immense structure dresse sa pyramide, des projecteurs partout, même vide le site est exceptionnel... Derrière le stade, très concentrés, les choristes se groupent en silence. Ils arborent des tenues noires ceintes d'écharpes de soie jaune. En quelques minutes, ils rejoignent leur place au son de *Chante-moi*, c'est magique, nous sentons alors que nous allons assister à un spectacle d'une rare intensité. Jean-Jacques Goldman, visiblement « chez lui », attaque son morceau. Grand succès pour ce canon, les voix mêlées des solistes et de Michaël Jones résonnent dans la nuit claire... et soudain le chœur éclate, déclenchant le premier frisson. Puis Goldman disparaît, comme si sa présence avait tenu du mirage.

Alors les chants commencent, dans un souffle multiplié par mille, plus beaux les uns que les autres. *Et maintenant, Les gens de l'île, Faut faire avec...* Gilbert aurait été si heureux ! Chaque parole revêt une importance accrue et prend une signification différente sans lui, chaque verbe tombe comme un petit caillou dans nos cœurs. *Nathalie*, vibrante, semble être le point d'orgue d'un trouble intense. Les chansons de Gilbert n'ont jamais été aussi pleines de sens. Les couleurs changent au rythme d'un battement de cils, les toges écarlates prennent des nuances bleues, une perfection esthétique au service de l'harmonie. La soirée aurait pu représenter une sorte d'apothéose, de 14 juillet...

L'assistance frémit à l'annonce de Michel Schwingrouber... :

« Gilbert, je sais toute ta peine, l'an prochain, quel que soit l'auteur honoré lors de cet hommage, c'est toi qui ouvriras le feu. Merci... »

Les cœurs se serrent dans une dignité absolue, pas un bruit même sur les gradins... « Gilbert, nous sommes avec toi... » La musique reprend ses droits, soulignée par les faisceaux de lumières nappées. Chacun pense à Bécaud. Parmi les inconditionnels, Florence, Eliane, Michel ont fait le déplacement depuis leurs villes lointaines..., ils ne peuvent contenir leur émotion. A nos côtés, Jacques, l'ancien régisseur de Gilbert, est silencieux. Nous pensons très fort à Odette, nous savons qu'elle est avec nous ce soir.

Dernières minutes du concert, le noir..., les choristes allument leurs lampes torches, mille points lumineux, mille sources de vies. Le grand stade reprend le refrain de *Quand il est mort le poète*, les petites lumières ondulent en cadence. Alors les bravos crépitent, dix mille spectateurs debout vibrent à l'unisson... puis les travées se vident tout doucement, dans une sorte de recueillement, et le silence retombe...

Quand le spectacle est terminé
Les bravos envolés
La tête encore tout embrumée, je rentre
Et je pense à d'autres miracles
Et je rêve à d'autres spectacles

ANNEXES

ŒUVRES

Dans les feuillets suivants, nous ne prétendons pas « lister » l'œuvre intégrale de Gilbert Bécaud, nous souhaitons simplement donner un aperçu de ses créations. A noter que certaines chansons n'ont jamais été interprétées, éditées, déposées, terminées ou publiées (L'HOMME À LA JAMBE DE BOIS, IL FAIT SI BEAU, IL AIME RÊVER, LA BALLADE DES CONS, PIERROT LE LUNAIRE, TU ENTENDS, LAISSEZ-MOI VIVRE EN PAIX, LE CIRQUE EST MORT, LA FILLE DE L'EAU, LE FILS DE SON PÈRE, ON A TOUS UN COIN DE TERRE, POURQUOI PLEURER, etc.).

1946

Musique du film de Jacques L. Boulay, *Banlieue*

1947

MON TICKET D'APPEL (René Vernadet – Bécaud)

1948

Musique du film d'Alain Pol, *Goûts et Couleurs*

1949

Musique du film d'Alain Pol et de Raymond Bricon, *Riviera Dream/Rêve sur la Côte d'Azur*
Musique du film d'Alain Pol, *Petits ballons, grands voyages*
JE N'AIME PAS (Maurice Vidalin – Gilbert Bécaud)
LA FEMME DU CAMBRIOLEUR (M. Vidalin – Bécaud)

1950/1951

SYMPHONIE CONCERTANTE (musique du film de J. L. Boulay, *Jeux de Mains*)
Musique du film de J. L. Boulay, *Spécial Kandahar*
Musique du film d'Alain Pol, *Le port de Strasbourg*
LE GRAND SYMPATHIQUE/*Chanson nerveuse* (Pierre Delanoë – Bécaud)
JE BRODE DES BLOUSES (P. Delanoë – Bécaud)
À MIDI SUR LES CHAMPS-ÉLYSÉES (P. Delanoë & Tommy Franklin – Bécaud)
VOUS QUI L'AVEZ CONNUE (P. Delanoë – Bécaud)
CARTES POSTALES (P. Delanoë – Bécaud)
JE T'AI DANS LA PEAU (Jacques Pills – Bécaud)

1952

Musique du film d'Alain Pol, *Strasbourg, Carrefour d'idées et de Marchandises*

Musique du film de Rosy Jégou, *Le retour de M. et Mme Banaste*

Musique du film de René Vernadet, *Première course*

MES MAINS (P. Delanoë – Bécaud). Généralement présentée comme la première réalisation du tandem Delanoë-Bécaud, *Mes mains* a été précédée par d'autres chansons. Gilbert, de son côté, présente *A midi sur les Champs-Elysées* comme la toute première, gravée par Jacques Pills au début du mois de mai 1951 avec un autre titre, *Vous qui l'avez connue*. Par la suite, Bécaud interprétera *A midi sur les Champs-Elysées* lors d'émissions sur Radio Luxembourg (l'ancienne appellation de RTL), mais jamais il ne l'enregistrera en France. En réalité, *Le grand sympathique* (*chanson nerveuse*), créée par Marie Bizet, marque véritablement le début de l'association Delanoë-Bécaud.

T'ES UNE BELLE PETITE MÔME (P. Delanoë – Bécaud)

LA FRAÎCHEUR DE LA MER (P. Delanoë – Bécaud)

MONSIEUR GASTON (P. Delanoë – Bécaud)

QUAND TU DANSES (P. Delanoë – Bécaud et Frank Gérald). Grand Prix de l'Académie du Disque

IL FAUT BÂTIR TA MAISON (P. Delanoë & Frank Gérald – Bécaud)

LES CROIX (Louis Amade – Bécaud)

C'ÉTAIT MON COPAIN (L. Amade – Bécaud). Amade écrit le poème un soir de novembre 1952, en souvenir de la guerre d'Espagne, des amis blessés, mutilés ou tués en 1939-1940, et de la Résistance. En pensant à eux, il crée « le compagnon type », celui avec qui on partage la souffrance et l'espoir d'un monde meilleur.

MOI JE SAIS (L. Amade – Bécaud)

DING, DONG, SONNEZ (L. Amade – Bécaud)

LA BALLADE DES BALADINS (L. Amade – Bécaud). Ecrite en novembre 1952, un soir à Versailles, Amade – alors sous-préfet de Seine-et-Oise – confie rapidement la première version du poème à Bécaud (Les baladins qui serpentent les routes – Ont dans leur coin d'âpres moissons glacées – Le temps lointain répond et les écoute – Et les étoiles nues leur parlent de danser...). La mélodie arrive rapidement

LA CHOUETTE ÉCARTELÉE (M. Vidalin – Bécaud)

VIENS (Charles Aznavour – Bécaud)

MÉ-QUÉ, MÉ-QUÉ (C. Aznavour – Bécaud)

DONNE-MOI (C. Aznavour – Bécaud)
ÇA GUEULE ÇA MADAME (Edith Piaf – Bécaud)
ELLE A DIT (E. Piaf – Bécaud)
À MON AMI (E. Piaf – Bécaud)
LÉGENDE (E. Piaf – Bécaud) non déposée
HYMNE A LA JEUNESSE (E. Piaf – Bécaud)
VOL DE NUIT (J. Pills – Bécaud). Le seul enregistrement de *Vol de nuit* est réalisé par Jacques Pills, sur un 33t. Columbia avec trois autres titres de Bécaud, *Ça gueule ça Madame, Viens* et *Formidable.*
FORMIDABLE (René Vernadet – Bécaud)

1953

Musique du film de Serge Maloumian et R. Vernadet, *Moisson éclair*
Musique du film de R. Vernadet, *La sauvagine*
MADAME POMPADOUR (P. Delanoë – Bécaud)
JE SUIS FOLLE (P. Delanoë – Bécaud)
ACCROCHE-TOI À TON ÉTOILE (L. Amade – Bécaud)
AH ! DITES-MOI POURQUOI JE L'AIME (L. Amade – Bécaud)
MOI JE ME MÉFIE DES ANGES (Jacques Dutailly – Bécaud)
UN NOUVEAU PRINTEMPS TOUT NEUF (C. Aznavour & R. Vernadet – C. Aznavour & Bécaud)
MOI J'M'EN FOUS (C. Aznavour – Bécaud)
LA MARCHE DES ROIS MAGES. Chanson annoncée par Bécaud, le 4 février 1953 au journal *L'Illustré*, à Lausanne, mais finalement jamais composée.

1954

Musique du film de Pierre Vuillemin, *Visons*
PASSE TON CHEMIN (P. Delanoë – Bécaud)
LAISSEZ FAIRE, LAISSEZ DIRE (P. Delanoë – Bécaud)
QUE TOI (P. Delanoë – Bécaud)
LE MONDE EST GENTIL (P. Delanoë – Bécaud)
T'AS RAISON MON AMI (L. Amade – Bécaud)
LES ENFANTS OUBLIÉS (L. Amade – Bécaud)
POURQUOI PLEURER (L. Amade – Bécaud) inédit
JE VEUX TE DIRE ADIEU (C. Aznavour – Bécaud)
ON S'ÉVEILLE A LA VIE (C. Aznavour – Bécaud)
TERRE NOUVELLE (C. Aznavour – Bécaud)
I WANT TO BE KISSED (F. Fischer/C. Aznavour – Bécaud). Cette chanson est seulement enregistrée sur un quarante centimètres test, sans étiquette et sans pochette, destiné aux professionnels américains.

Bécaud s'accompagne au piano, il siffle et interprète quatorze extraits de chansons enchaînés plus *I want to be kissed* en anglais.

1955

Musique du film d'A. Pol, *A mon commandement, Fisc*

JE T'APPARTIENS (P. Delanoë – Bécaud). Peu diffusée à sa création, *Je t'appartiens* connaît un succès phénoménal à la fin des années soixante, avec une adaptation des Everly Brothers (*Let it be me*), reprise par Elvis Presley, Glen Campbell, Les Shadows, James Brown... Un succès couronné par trois Award (1970, 1982, 1983). Bécaud l'enregistre à nouveau en 1970, sur une orchestration de Jean-Claude Petit. La même année, la chanson « revisitée » est au répertoire à l'Olympia. Depuis, elle ouvre l'ensemble des récitals en province et à l'étranger. A retenir également une troisième orchestration collective des musiciens.

LES TAMBOURS ET L'AMOUR (P. Delanoë – Bécaud)

MON AMI M'A TRAHI (P. Delanoë – Bécaud)

DIS-MOI QUI JE SUIS (P. Delanoë – Bécaud)

ÇA CLAQUE/Quatre doigts sur du cuivre (P. Delanoë – Bécaud)

BERCEUSE POUR GAYA (L. Amade – Bécaud). La chanson ne rencontre qu'un timide succès. Dommage, la neige que l'on entend tomber sur les mots d'Amade grâce à l'accompagnement musical – il n'y a derrière le texte que le piano de Bécaud – est sans conteste un des souvenirs musicaux les plus intenses d'entre toutes ses mélodies.

MONUMENTS DE FRANCE (L. Amade – Bécaud). Bécaud lit un extrait de la chanson au cours d'une émission de radio le 29 octobre 1955 (« Bonjour, gardien ! Je suis Cathédrale de Chartres – Soyez la bienvenue ! – Hier soir, je fus danser dans les rues de Montmartre – Le Sacré-Cœur m'a plu ! – Bonjour, gardien ! Je suis un calvaire en Bretagne – Je vous salue bien bas – La nuit de l'Océan est ma douce compagne – Je dors entre ses bras... »). Pas enregistrée.

MARCHAND DE BALLONS (L. Amade – Bécaud). C'est en voiture, au retour d'un spectacle, qu'Amade explique son idée. Bécaud est enthousiaste et en deux ou trois soirs, ils inventent un marchand qui, selon la saison, propose des oiseaux, des ballons et des poissons. Basée sur les souvenirs d'enfance montpelliéraine d'Amade, ses promenades sur l'Esplanade, la chanson (très inspirée par le style de Charles Trenet) est écrite en deux ou trois soirs.

PAUVRE PÉCHEUR (L. Amade – Bécaud)

MARIANNE DE MA JEUNESSE (L. Amade – Bécaud). Ecrite en trois quarts d'heure à Meudon, la chanson évoque le film du même titre de Julien Duvivier. Amade confiera plus tard que les paroles et la musique ont été écrites en parallèle, sans qu'il soit nécessaire d'y apporter la moindre rectification.

LAISSEZ-MOI VIVRE EN PAIX (L. Amade – Bécaud) inédit

COUVENTINE (M. Vidalin – Bécaud). La chanson, aux couleurs tendres et cruelles, est en réalité antérieure à sa date de publication auprès des éditions Edimarton (1957). Elle est présentée par G. Bécaud à André Claveau, au cours de l'émission de Radio Luxembourg, « Les trois André » (Claveau-Sallée-Bourillon), en 1955.

ALORS RACONTE (Jean Broussolle – Bécaud).

LES AVENTURIERS. Non déposée. Interprétée par G. Bécaud (avec diffusion radio) au cours du vol Paris-New York

CŒUR DE PARIS. Non déposée. Evoquée par G. Bécaud à son retour des Etats-Unis le 15 octobre 1956

REVENIR SUR TES PAS. Non déposée. L'hebdomaire *L'Express* mentionne la chanson dans l'une de ses éditions en octobre 1956

CHANSON CRUELLE. Non déposée, interprétée à l'Olympia en 1955

ÇA (C. Aznavour – Bécaud)

RENTRE CHEZ TOI ET PLEURE (C. Aznavour – Bécaud).

LA VILLE (C. Aznavour – Bécaud)

1956

LE BUSTE DE MA CHAMBRE (Bécaud – Bécaud). Sur Radio Luxembourg, un soir, Bécaud crée la chanson, paroles de « lui-même » (Le buste de ma chambre – Me regarde la nuit – En transperçant mes rêves – Où il pleut...). Le morceau est filmé par la Radio Télévision Belge en 1970. Dans une lettre adressée à la Sacem et datée de 1972, Bécaud indique qu'il ne connaît pas ce titre. D'inspiration plutôt réaliste, *Le buste de ma chambre* reste ignoré, malgré l'interprétation nocturne à Luxembourg et le compact-disque, gravé plus tard, hors des circuits traditionnels.

LE PIANISTE DE VARSOVIE (P. Delanoë – Bécaud)

Musique du film de Marcel Carné, *Le pays d'où je viens*

LE PAYS D'OÙ JE VIENS (L. Amade – Bécaud)

PATTE BLANCHE (L. Amade – Bécaud)

LE GRAND MAGASIN (P. Delanoë – Bécaud)

MON CŒUR ÉCLATE (P. Delanoë – Bécaud)

QUELLE JOIE (P. Delanoë – Bécaud)

LA CORRIDA (L. Amade – Bécaud)

TOI L'OISEAU (L. Amade – Bécaud)
EMBRASSE-MOI O MON AMOUR (P. Delanoë – Bécaud)
C'EST ÇA QU'ON APPELLE AIMER (L. Amade – Bécaud)
JE T'AI OUVERT LES YEUX (L. Amade – Bécaud)
SI SI SI LA VIE EST BELLE (Roger Pierre – Bécaud), chanson du film de Roger Pierre et de Jean-Marc Thibault, *La vie est belle*
LE JOUET (Ch. A. Abadie – Gaston Gabaroche). Bécaud n'a rien à voir dans cette affaire, il enregistre néanmoins la chanson sur disques Pyral (non commercialisée).

1957

Musique du film de Maurice Cam, *L'amour descend du ciel*
OPÉRA D'ARAN (P. Delanoë & L. Amade – Bécaud) début d'écriture
SALUT LES COPAINS (P. Delanoë – Bécaud)
LE JOUR OÙ LA PLUIE VIENDRA (P. Delanoë – Bécaud)
Musique du film d'André Hunebelle et de Claude Barma, *Casino de Paris*
INCROYABLEMENT (P. Delanoë & L. Amade – Bécaud)
LA MACHINE À ÉCRIRE (P. Delanoë & L. Amade – Bécaud)
LE MAGICIEN (P. Delanoë & L. Amade – Bécaud)
SQUARE SÉVERINE (P. Delanoë & L. Amade – Bécaud)
POUR QUI VEILLE L'ÉTOILE (P. Delanoë & L. Amade – Bécaud)
LA PASSION DE VIVRE (L. Amade – Bécaud)
LE FRACAS DES VICTOIRES (L. Amade – Bécaud) première version. La chanson semble avoir été interprétée en public pendant l'été 1957. Il n'en existe aucun enregistrement. Evoquant les marches militaires allemandes, elle ira rejoindre le placard et reviendra quelques années après.
LES MARCHÉS DE PROVENCE (L. Amade – Bécaud)
LE REGARD DES GOSSES (L. Amade – Bécaud) non déposée. Superbe mélodie, la chanson devient l'indicatif d'une émission de Pierre Grimblat sur Radio Luxembourg (Je ne sais par quels printemps fabuleux – Habite le regard des gosses...).
IL FAIT DES BONDS... LE PIERROT QUI DANSE (L. Amade – Bécaud)
DE SOLEIL ET DE VENT (L. Amade – Bécaud). Inédite. Amade évoque la chanson dans le magazine *Marie-Claire*, en août 1957. Le texte est publié en 1959 aux éditions Seghers dans le recueil *Chef-lieu : La terre* (De soleil et de vent, je construirai un monde – J'y placerai dans le milieu mon pauvre amour – Les gens de chaque rue, les gens de chaque jour – Croiront à mon bonheur et tresseront des rondes...).
C'EST MERVEILLEUX L'AMOUR (C. Aznavour – Bécaud)

1958

RAN-TAN-PLAN (P. Delanoë & L. Amade – Bécaud)

SI JE POUVAIS REVIVRE UN JOUR MA VIE (P. Delanoë & L. Amade – Bécaud)

VIENS DANSER (P. Delanoë & L. Amade – Bécaud). L'argument est léger, un garçon invite une jeune fille à danser. Hésitants au début, leurs pas s'accordent de mieux en mieux. Au départ, Amade écrit *La fleur de Moridame* (une fleur aux bienfaits miraculeux pour les amoureux en mal d'affection). Bécaud commence à écrire, mais ne peut terminer la chanson. Delanoë arrive à son secours et remplace la fleur de Moridame par un autre remède : la danse. Pendant pratiquement trois mois, les deux auteurs travaillent la chanson, reprenant les mots pour les juxtaposer sur la musique endiablée de Bécaud.

CROQUEMITOUFLE (P. Delanoë & L . Amade – Bécaud). Un soir d'octobre 1957, au Chesnay, Delanoë propose un thème : l'histoire d'une fille séparée du garçon qu'elle aime. Il l'imagine pelotonnée sur elle-même comme un chat. Amade adore les « mots inventés ». Avec Delanoë, il termine la chanson le soir même. Le lendemain, Delanoë l'apporte à Colette Renard. En été 1958, Bécaud tourne un long métrage et décide d'utiliser le morceau qui devient le titre du film.

ALLELUIA (P. Delanoë & L. Amade – Bécaud)

HERMANO (P. Delanoë & L. Amade – Bécaud)

LES AMOURS DE DÉCEMBRE (P. Delanoë & L. Amade – Bécaud)

LA COURTE ÉCHELLE (L. Amade – Bécaud). Fin octobre 1958, Radio Luxembourg diffuse la chanson en générique de *La courte échelle*, une série de Pierre Grimblat. Comme son nom l'indique, l'émission permet la découverte de jeunes talents (Dis, fais-moi la courte échelle – Pour passer derrière ce mur...). Le 24 octobre 1958, au cours d'un cocktail, Bécaud et Mireille Granelli (sa partenaire dans le film *Croquemitoufle*), inaugurent les studios d'enregistrements radio construits dans l'immeuble Publicis, sur les Champs-Elysées, avant d'enregistrer *La courte échelle*.

LE RIDEAU ROUGE (L. Amade – Bécaud) version courte. Fin 1958, la nouvelle grille des programmes de Radio Luxembourg propose *La semaine d'une vedette*, chaque samedi en fin d'après-midi. Bécaud, invité à la première émission, compose l'indicatif, une version courte du *Rideau rouge* qui, développée, va connaître le succès que l'on sait. *Le rideau rouge* est en fait la nouvelle mouture d'*Il fait des bonds...*, une idée plus clairement exprimée et qui donne beaucoup de mal à Amade et à Bécaud

LE MUR (M. Vidalin – G. Bécaud)

DON QUICHOTTE (Francis Blanche – Bécaud) non déposée

LE SENS GIRATOIRE (Pierre Grimblat – Bécaud) non déposée

1959

TÊTE DE BOIS (P. Delanoë – Bécaud)

JE TE PROMETS (P. Delanoë – Bécaud)

MARIE MARIE (P. Delanoë – Bécaud)

AH ! SI J'AVAIS DES SOUS (P. Delanoë – Bécaud)

L'ENTERREMENT DE CORNELIUS (P. Delanoë – Bécaud)

QUAND TU N'ES PAS LA (P. Delanoë – Bécaud)

LA PRINCESSE DE JUILLET (P. Delanoë & L. Amade – Raymond Bernard & Bécaud)

LA CRUCHE (P. Delanoë & L. Amade – Bécaud)

LE RIDEAU ROUGE (L. Amade – Bécaud) version définitive

PILOU PILOU HÉ (L. Amade – Bécaud)

LA CHANSON POUR ROSELINE (L. Amade – Bécaud)

MON AMOUR IMPOSSIBLE (L. Amade – Bécaud)

Musique du film de Christian-Jaque, *Babette s'en va-t-en guerre :* BABETTE S'EN VA-T-EN GUERRE – CONCILIABULE – LONDRES – LA POURSUITE – FINAL – LA MARCHE DE BABETTE

LA MARCHE DE BABETTE (L. Amade – Bécaud)

SACRÉE FILLE (M. Vidalin – Bécaud)

L'ALLIGATOR (Robert Desnos – Bécaud), non déposée

LE GNOU (R. Desnos – Bécaud), non déposée

LE BLAIREAU (R. Desnos – Bécaud), non déposée

LE VER LUISANT (R. Desnos – Bécaud), non déposée

LE COUCOU (R. Desnos – Bécaud), non déposée. Les poèmes de Desnos ont été mis en musique et interprétés par Bécaud au cours d'une série d'émissions diffusées par Europe 1 dans le courant du mois de mars 1959 à 13 h. Pierre Laforet et Pierre Delanoë ont été mêlés à la réalisation de ces émissions durant lesquelles Bécaud est également l'interprète, en dehors des poèmes chantés, de textes de Georges Duhamel (*Les confitures*), d'Alfred Jarry, et d'un extrait du *Petit Prince* de Saint-Exupéry.

1960

JE ME BALANCE (P. Delanoë – Bécaud)

QUAND L'AMOUR EST MORT (P. Delanoë – Bécaud)

ADIEU BONJOUR (P. Delanoë – Bécaud). Prévue initialement sur un 45t. en 1961, la chanson sera interprétée plus tard au Palais des Beaux-Arts, à Bruxelles, et commercialisée en 1973 dans la Bécaulogie n° 3 (Adieu les univers bien sages – Les images de printemps – Adieu les tendres hivernages – Et la cage de maman...)

LES PETITS LAPINS (P. Delanoë – Bécaud)

Cantate L'ENFANT À L'ÉTOILE (L. Amade – Bécaud). Outre la création à la télévision dans l'église Saint-Germain-l'Auxerrois, à Paris, avec l'Orchestre Philharmonique, la Maîtrise et les Chœurs de l'ORTF sous la direction de Georges Prêtre en décembre 1960, la cantate est jouée le 6 janvier 1961 au Palais de Chaillot à Paris par les Concerts Pasdeloup, quatre-vingts musiciens sous la baguette d'Albert Wolff et par la Chorale Elisabeth Brasseur, les Petits Chanteurs de Saint-François-de-Salles, Rita Bouboulidi et le baryton Louis-Jacques Rondeleux. Filage du concert : la *Première Symphonie* de Beethoven, le *Concerto en ré mineur* de Mozart, la *Suite Champêtre* de Tarko-Richepin et *L'enfant à l'étoile*. Bécaud est présent, mais ne chante pas : « Il faut laisser ma cantate voler de ses propres ailes, mon nom peut paraître un attrait publicitaire et ma voix constituer un handicap ! »

A noter également, en 1964, la représentation à l'Opéra Royal de la Monnaie, à Bruxelles, au « Gala du Cœur » devant le roi Baudoin et la reine Fabiola. Au programme, un extrait du deuxième acte d'*Aran*, le *Premier Concerto pour piano et orchestre en sol* de Maurice Ravel (par Gabriel Tacchino), *Pierre et le Loup*, le poème symphonique de Serge Prokofiev (récitant G. Bécaud), et *L'enfant à l'étoile* (un enregistrement est réalisé de *Pierre et le Loup*, mais il n'est pas commercialisé).

On peut aussi mentionner 1973 et la diffusion de la cantate en Mondiovision sur les images du cloître Saint-Trophyme, au cours de la veillée de Noël, avant la messe de minuit dans la petite église valaisanne d'Icogne en compagnie de G. Bécaud et de M. Pointu. Ce soir-là, Bécaud est aux côtés de Patrick Juvet, Bernard Haller, Jean-Pierre Chabrol et interprète *Silly symphonie*, *L'indien*, *Mon père à moi*, *Monsieur le président directeur général et le lapin*, *Le petit prince est revenu*, *Une petite fille entre neuf et dix ans*

L'ABSENT (L. Amade – Bécaud)

MON AMOUR IMPOSSIBLE (L. Amade – Bécaud)

GALILÉE (L. Amade – Bécaud)

L'ENFANT DU CIEL (L. Amade – Bécaud), titre définitif de la chanson *Alleluia*, créée le 24 décembre 1973 pendant la messe de minuit à

Icogne (Le monde des vivants craque de toutes parts – Chacun a peur de tous, tous ont peur de chacun...).

C'ÉTAIT MOI (M. Vidalin – Bécaud). Grand Prix de l'Académie française

1961

ET MAINTENANT (P. Delanoë – Bécaud) marque l'ouverture américaine et trace la voie pour de nombreuses adaptations anglo-saxones. A retenir, entre autres, les versions d'Herb Alpert, de Sonny and Cher, de Frank Sinatra, de Sammy Davis Jr, d'Elvis Presley (show télévisé Presley à Hawaï en janvier 1973 retransmis par satellite, audience estimée à un milliard de téléspectateurs), les enregistrements de Judy Garland réalisés le 8 novembre 1964 (double album Live at the London Palladium) et le 1er août 1969 au Palace à New York, deux mois avant sa disparition (*At Home at the Palace, Opening Night*). Autres moments forts avec Shirley Bassey, notamment en 1962 avec le Nelson Riddle Orchestra, en 1984 avec le London Symphonic Orchestra sans oublier le concert enregistré sur CD en 1997 au profit du « Diana Princess of Wales Memorial Fund » . Mention spéciale également au fantastique duo Frank Sinatra-Aretha Franklin...

En 1986, *Et maintenant* se retrouve dans *Le Disque des Records* (production P. Léderman)

CAVALIER DU GRAND RETOUR (P. Delanoë – Bécaud)

NOUS LES COPAINS (P. Delanoë – Bécaud)

MA CHÂTELAINE (P. Delanoë – Bécaud)

MARTIN (L. Amade – Bécaud)

LES COCOTTES EN PAPIER (L. Amade – Bécaud)

TOI LE MUSICIEN (L. Amade – Bécaud)

MISERERE (L. Amade – Bécaud)

ABRINA BIRCHOUE/Le fond des rivières (L. Amade – Bécaud)

DANS CES MOMENTS-LÀ (M. Vidalin – Bécaud)

LE CONDAMNÉ (M. Vidalin & P. Delanoë – Bécaud)

LES ENFANTS NOUS REGARDENT (M. Vidalin – Bécaud) esquisse

NATASHQUAN (Gilles Vigneault – Bécaud)

LA FILLE DE L'EAU (G. Vigneault – Bécaud) non enregistrée

LES VISITEURS (G. Vigneault – Bécaud) inachevée.

1962

Premières représentations de l'*OPERA D'ARAN* (P. Delanoë & L. Amade – Bécaud)

CROIS-MOI (P. Delanoë – Bécaud)

DAPHNÉ (P. Delanoë – Bécaud). Interprétée pour la première fois au cours de l'émission *Sérénade* de Radio Luxembourg en avril 1962, ensuite pendant une émission spéciale, *Campus*, de Michel Lancelot, consacrée à G. Bécaud et diffusée sur Europe 1 le 28 mars 1969.

NICOLAS (P. Delanoë – Bécaud)

LE JUGEMENT DERNIER (P. Delanoë – Bécaud)

C'EST PAS VRAI (P. Delanoë – Bécaud)

QUE TU ME PLAIS LA FILLE (P. Delanoë – Bécaud)

CONTRE VOUS (P. Delanoë – Bécaud)

SUR LA PLUS HAUTE COLLINE (L. Amade – Bécaud)

SI JE M'EN REVIENS AU PAYS (L. Amade – Bécaud)

FANFAN (L. Amade – Bécaud)

L'ILE VERTE (L. Amade – Bécaud). Evoquée par G. Bécaud dans une dépêche AFP en octobre 1962. Chanson inédite, non enregistrée (Petit coin de mon île verte – joli joli – je reviens à ta découverte – joli joli – j'ai tant couru – de par le monde – que j'ai connu – toutes les lois...).

LA GROSSE NOCE (M. Vidalin – Bécaud)

LE BATEAU BLANC (M. Vidalin – Bécaud). En juillet 1963, profitant d'une série de concerts en Belgique, Bécaud inaugure une nouvelle piscine au préventorium marin de Coq-sur-Mer. Promu Chevalier de l'Ordre de la Couronne, il est accueilli sur la musique du *Bateau blanc* et reçoit un petit voilier, cadeau collectif des enfants tuberculeux, gage de reconnaissance et de remerciement pour le gala de bienfaisance donné le 6 avril au Kurssal d'Ostende pour la réalisation de cette piscine d'eau de mer. Aujourd'hui, cette dernière existe toujours, elle s'appelle « Le bateau blanc », quant au nom de Bécaud, il figure sur l'un des murs sous la forme d'une plaque.

VA-T'EN LOIN (M. Vidalin – Bécaud)

1963

DIMANCHE À ORLY (P. Delanoë – Bécaud). On doit assembler dans le même succès le thème original, les mots de Delanoë adaptés à la société de consommation en pleine expansion, la musique à rythmes alternés et l'habillage attrayant de Raymond Bernard. Il faut surtout se situer en pleine vague « yé-yé », comme on l'appelle alors. Bécaud affirme que la musique des sixties, venue d'Outre-Atlantique, l'influence. Néanmoins, sa conception est à contre-courant, même s'il concède quelques titres aux rythmes ambiants.

La percée de *Dimanche à Orly* ou de chansons comme *Trop beau, Quand Jules est au violon, Au revoir, Le bateau blanc, Les tantes Jeanne, Toi, Je t'attends*, n'en est que plus méritoire, c'est une défense, une respiration.

LA HOLLANDAISE (P. Delanoë – Bécaud)

SI J'AVAIS UNE SEMAINE (P. Delanoë – Bécaud)

DÉGONFLÉ (P. Delanoë – Bécaud)

HEUREUSEMENT Y'A LES COPAINS (P. Delanoë – Bécaud)

TROP BEAU (L. Amade – Bécaud)

TOI (L. Amade – Bécaud). La version en studio a été enregistrée avec la participation de Nicole Croisille.

SUR UN AIR DE PIANO (L. Amade – Bécaud). Inédite. Ecrite sur papier à en-tête de l'hôtel Le Beaulieu à Canet-Plage, le 13 août 1963, la chanson se situe à la même période d'écriture que *Toi*, datée au 9 août, sur un papier à lettre similaire (Sur un air de piano à toi qui es malade – Je dédie ma chanson pour quand tu l'entendras – J'y mets des fleurs des champs, l'automne qui viendra – Y mettra aussi trois sons de sérénade...).

MERE DOULOUREUSE (L. Amade – Bécaud)

LE FRACAS DES VICTOIRES (L. Amade – Bécaud) version définitive remaniée en 1959, dactylographiée par L. Amade le 7 juin 1963, prévue pour un enregistrement jamais réalisé (Ecoutez – ces fracas au soleil levant – Ces fracas transportés par le vent – C'est la victoire qui vient de l'horizon – La victoire a des roues de canons...).

QUAND JULES EST AU VIOLON (M. Vidalin – Bécaud)

DE L'AUTRE CÔTÉ DE LA RIVIÈRE (M. Vidalin – Bécaud)

AU REVOIR (M. Vidalin – Bécaud)

LES TANTES JEANNE/Ah ! les jolies vacances (M. Vidalin – Bécaud)

JE T'ATTENDS (C. Aznavour – Bécaud)

NE DIS RIEN (C. Aznavour – Bécaud)

LA ROUTE (C. Aznavour – Bécaud)

CHAQUE FOIS QUE J'AIME (C. Aznavour – Bécaud) version non déposée. Auteur et compositeur gravent de concert *Je t'attends* – Aznavour, oubliant de l'inclure dans son nouvel album, l'enregistre un matin en un quart d'heure, un taxi en marche l'attendant devant le studio. Trois autres chansons suivent dans les prochains disques : *La route* (enregistrée par Aznavour) est menée à un rythme d'enfer par Bécaud en scène (version « immortalisée » en public au cours d'un Olympia). *Ne dis rien* (gravée uniquement par Aznavour), nous paraît anecdotique. Les débuts de *Chaque fois que j'aime* sont un vrai lacis. Bécaud l'essaie en scène à Bruxelles et envisage un enregistrement. Finalement, seule une bande magnétique circule. De son côté, Aznavour modifie la musique et l'enregistre : la signature de Bécaud disparaît.

1964

NATHALIE (P. Delanoë – Bécaud)
L'ORANGE (P. Delanoë – Bécaud). Titre initial *L'étranger* ou *Les étrangers.* Le texte initial de *L'orange* est plus un poème qu'une chanson (Qui a volé l'orange – La belle et douce orange – La chère et bonne orange – Chez le brave marchand – Qui donc, dans cette ville – La belle et douce ville – La chère et bonne ville – Pleine d'honnêtes gens...). Remaniée, *L'orange* deviendra l'un des principaux succès de Bécaud.
POURQUOI PAPA ? (P. Delanoë – Bécaud)
DON JUAN (P. Delanoë – Bécaud)
DIS MARIETTE (P. Delanoë – Bécaud)
MA SOURIS DANSE (P. Delanoë – Bécaud)
MOURIR À CAPRI (P. Delanoë – Bécaud)
T'ES VENU DE LOIN (L. Amade – Bécaud). Grand Prix Francis-Carco de la meilleure chanson de l'année 1964, ce texte sur le retour de Jésus est écrit en une journée par Amade, dans la chambre de Bécaud au Grand Hôtel de Marseille.
MON ARBRE (L. Amade – Bécaud)
MON PÈRE À MOI (L. Amade – Bécaud). Le manuscrit original (je le revois assis sur un vieux banc de pierre – A l'ombre d'un platane où le vent s'agitait...), paraphé et daté par Amade le 18 mai 1964, figure sous le titre de *Mon père à moi* dans le chapitre « chansons » du livre paru chez P. Seghers : *On peut mourir pour un sourire.* Le poème sera modifié pour devenir la chanson que l'on connaît.
L'AVENTURE (M. Vidalin – Bécaud)
LES JOURS MEILLEURS (M. Vidalin – Bécaud)
PLEIN SOLEIL (M. Vidalin – Bécaud)
LA PREMIÈRE FOIS (M. Vidalin – Bécaud)
LES ENFANTS DU VOYAGE (M. Vidalin – Bécaud). Bécaud ne gravera pas la chanson. En dehors des concerts à l'Olympia en 1964, il ne l'interprétera pas. Déjà, à l'avant-première habituelle à Versailles, il estime le tempo trop lent et pense à le changer. Sitôt mise, sitôt enlevée, *Les enfants du voyage* finira aux oubliettes, la chanson sera seulement enregistrée lors de la retransmission en direct de la première par Europe numéro 1 et filmée dans un reportage d'Igor Barrère sur l'Olympia 1964 – visionnage pos-

sible au Forum des Images (ancienne Vidéothèque de la Ville de Paris), Forum des Halles à Paris.

ROSY AND JOHN (M. Vidalin – Bécaud)

VA SAVOIR (M. Vidalin – Bécaud). Une « rareté » enregistrée par un inconditionnel, Michel Cogoni, animateur vedette à Radio Luxembourg. Les intonations rappellent tout à fait Bécaud. Malgré l'excellente orchestration de Jacques Denjean et une version remixée pour les discothèques, *Va savoir* n'a pas le succès espéré.

1965

CONCERTO POUR PIANO (Bécaud). Créé et interprété par G. Bécaud le 3 avril 1965 au cours d'une émission télévisée de Maritie et Gilbert Carpentier, diffusée sur la première chaîne de l'ORTF.

TU LE REGRETTERAS (P. Delanoë – Bécaud)

L'AMOUR OU LA MORT (P. Delanoë – Bécaud)

LA VIE DE GARCON (P. Delanoë & M. Vidalin – Bécaud)

QUAND LE SPECTACLE EST TERMINÉ (P. Delanoë & M. Vidalin – Bécaud)

CHANTE-MOI (P. Delanoë – Bécaud & Raymond Bernard)

IL FAUT MARCHER (P. Delanoë & M. Vidalin – Bécaud). Appelé également *Là où je vais* dans les programmes imprimés en 1965

CE SONT LES AMOUREUX/Les amoureux du monde (L. Amade – Bécaud)

QUAND IL EST MORT LE POÈTE (L. Amade – Bécaud)

OÙ SONT MES DIX-HUIT ANS (M. Vidalin – Bécaud)

JE T'AIME (M. Vidalin – Bécaud)

WOMAN, Tirée de la pièce créée dans les années trente et reprise par George Cukor pour la MGM en 1939, la comédie musicale *Woman* est annoncée dans *L'Express* par Bécaud (« trente-huit femmes sur scène, quinze chansons à écrire en huit mois »). Faute de temps, *Woman* ne verra jamais le jour

1966

QU'EST-CE QUE TU ATTENDS LÀ (P. Delanoë – Bécaud). Une chanson témoin de la révolution pacifique, avec l'espoir et les errances d'une nouvelle quête de vérité, soulignée par des chœurs lancinants qu'on retrouvera souvent dans les prochaines compositions.

DANS LE LIT D'UN HOMME D'AFFAIRES (P. Delanoë – Bécaud)

HEY MON FRÈRE (P. Delanoë – Bécaud)

VIENS DANS LA LUMIÈRE (P. Delanoë – Bécaud)

MONSIEUR LE PRÉSIDENT DIRECTEUR GÉNÉRAL ET LE LAPIN (P. Delanoë – Bécaud)

LE PETIT PRINCE EST REVENU (L. Amade – Bécaud)

JE PARTIRAI (L. Amade – Bécaud)
MES HOMMES A MOI (M. Vidalin – Bécaud)
MADEMOISELLE LISE (M. Vidalin – Bécaud)
LES BEAUX QUARTIERS (M. Vidalin – Bécaud)
LE PETIT OISEAU DE TOUTES LES COULEURS (M. Vidalin – Bécaud)
SEUL SUR SON ÉTOILE (M. Vidalin – Bécaud)
LES PETITES MAD'MASELLES (M. Vidalin – Bécaud)
À L'ENTERREMENT DE NOTRE AMOUR (Jacques Brel – Bécaud) inachevée

1967

JE REVIENS TE CHERCHER (P. Delanoë – Bécaud)
MERCI BEAUCOUP (P. Delanoë – Bécaud)
BIENVENUE PARMI NOUS (P. Delanoë – Bécaud)
ÇA NE SERA JAMAIS TROP (P. Delanoë – Bécaud)
PETIT JEAN (P. Delanoë & Frank Thomas – Bécaud)
L'IMPORTANT C'EST LA ROSE (L. Amade – Bécaud)
LES CLOCHES (L. Amade – Bécaud)
PETIT LOUP (L. Amade – Bécaud). Inédite (Coupe le bois, petit – Coupe le bois, petit loup – Coupe le bois, petit – Coupe le bois, petit loup – Fils de bûcheron – Y'a pas de pardon – Y'a pas de saison d'amour...)
LA RIVIÈRE (M. Vidalin – Bécaud)

1968

L'UN D'ENTRE EUX INVENTA LA MORT (P. Delanoë – Bécaud). L'un des thèmes favoris de Bécaud qu'on retrouve également dans de nombreuses chansons notamment *Barbarella revient*, *Sur Terre rien de nouveau*, *Viens nous aider*, sans oublier la vision apocalyptique du *Jugement dernier*.
SUR LE PONT DES INVALIDES (P. Delanoë – Bécaud)
AU MAGASIN D'ANTIQUITÉS (P. Delanoë – Bécaud)
LES ENFANTS DU DIMANCHE (P. Delanoë – Bécaud). Blanche comme l'innocence, mais sans grand intérêt hors de son contexte cinématographique, *Les enfants du dimanche* est insérée dans le film de Louis Carrière, *Bruno, l'enfant du dimanche*.
LA CINQUIÈME SAISON (L. Amade – Bécaud)
ON PREND TOUJOURS UN TRAIN POUR QUELQUE PART (L. Amade – Bécaud). Diffusée dans toutes les gares de France avant les annonces ferroviaires, *On prend toujours un train pour quelque part* donne aux départs une allure sympathique. C'est au cours d'une conversation entre un délégué du secrétariat général de la SNCF et

Amade que celui-ci annonce la naissance de la chanson. Pour associer le disque à cette opération, un concours est organisé dans plusieurs villes. Bécaud est présent à Nice pour participer au lancement. Nombreux échos dans la presse nationale, notamment dans *La Vie du Rail* du 28 septembre 1968, un reportage réalisé en gare de Nice le 14 août.

LA FIN D'UN GRAND AMOUR C'EST D'ABORD LE SILENCE (L. Amade – Bécaud)

LES CERISIERS SONT BLANCS (M. Vidalin – Bécaud)

LE BATEAU MIRACLE (M. Vidalin – Bécaud). Chanson d'espoir aux tonalités musicales hippies, entre les chemins de Katmandou, le psychédélisme et le « Peace and Love », *Le bateau miracle* est présentée en quatre versions dans le cadre de la Campagne Mondiale contre la Faim (Pour nos frères lointains – Qui souffrent de faim – Dans d'autres pays – Chacun apportera – Du blé ou du vin – Du sucre ou du riz...)

LA GRANDE ROUE (M. Vidalin – Bécaud)

MA PETITE LUMIERE (M. Vidalin – Bécaud)

SCHWARZER SONNTAG (K. Feltz – Bécaud), chanson enregistrée en allemand, traduite et gravée par la suite en anglais (*Black Sunday*), pas en français. Feltz, l'auteur allemand, a traduit entre autres *Quand le spectacle est terminé, Je reviens te chercher*

1969

LES CRÉATURES DE RÊVE (P. Delanoë – Bécaud)

IL S'EN VA MON GARÇON (P. Delanoë – Bécaud)

VIVRE (P. Delanoë – Bécaud)

LA CAVALE (P. Delanoë – Bécaud)

TU M'RECONNAIS PAS (P. Delanoë – Bécaud)

MON GRAND-PÈRE LE MILITAIRE (P. Delanoë & M. Vidalin – Bécaud)

LA BALLADE DES APÔTRES (L. Amade – Bécaud). Non déposée. Commencée en 1968 et achevée à Crans-sur-Sierre le 13 novembre 1969, la chanson est annoncée pour l'émission télévisée de Gilbert et Maritie Carpentier le 25 novembre 1969 sur la première chaîne de l'ORTF (Que longtemps nous avons dû marcher – Pouvez pas savoir – On était douze et on le suivait – Un peu par hasard...).

LE CANTIQUE DES APÔTRES (L. Amade – Bécaud). Inédite (Nous étions douze abandonnés – Aux bidonvilles de banlieue – D'une cité catastrophée – Laissés pour compte du bon Dieu...)

JE T'AIMERAI JUSQU'A LA FIN DU MONDE (L. Amade – Bécaud)

À REMETTRE À MON FILS QUAND IL AURA SEIZE ANS (L. Amade – Bécaud). Enregistrée en 1969 pour l'année du bicentenaire de la naissance de Napoléon, Amade a écrit le poème en alexandrins quelques mois avant. Bécaud porte son choix sur ce texte (la transcription rimée du *Mémorial de Las Cases*), modifiant seulement quelques lignes du début et de la chute (Mon nécessaire d'or des heures de bataille – Dont je me suis servi aux matins exaltants...)

BADABING BENG BONG (M. Vidalin – Bécaud)

SILLY SYMPHONIE (M. Vidalin – Bécaud)

MONSIEUR WINTER GO HOME (M. Vidalin – Bécaud)

MOI JE M'EN VAIS DEMAIN (M. Vidalin – Bécaud)

1970

LA SOLITUDE ÇA N'EXISTE PAS (P. Delanoë – Bécaud). Le thème de la solitude, abordé différemment par Amade dans *L'important c'est la rose* et par Vidalin dans *Seul sur son étoile*, inspire Delanoë qui affirme *La solitude ça n'existe pas*. Bécaud lira avec stupeur les quelques mots griffonnés sur un carton par un spectateur de l'Olympia : « La solitude ça n'existe pas ? Pauvre con ! » Il finira par en rire, malgré la déception due à l'incompréhension du second degré.

L'HOMME ET LA MUSIQUE (P. Delanoë – Bécaud)

CHARLIE, T'IRAS PAS AU PARADIS (P. Delanoë – Bécaud)

LE BAIN DE MINUIT (M. Vidalin – Bécaud)

UN PETIT TOUT PETIT MIRACLE (M. Vidalin – Bécaud)

LA VENTE AUX ENCHÈRES (M. Vidalin – Bécaud)

1971

Musique du film de René Clément, *The deadly trap/La maison sous les arbres* : LES ÉCLUSES - JILL'S PANIC - JILL'S TEARS - THE ACCIDENT - THE APARTMENT - MAZARINE STREET

LA CHINE (P. Delanoë – Bécaud)

LA MAISON SOUS LES ARBRES (P. Delanoë – Bécaud)

KYRIE (L. Amade – Bécaud)

LIBERACAO (M. Vidalin – Bécaud)

LA RÉPÉTITION (M. Vidalin – Bécaud). Un mini opéra, une symphonie policière, une œuvre inclassable de treize minutes sur un livret de Vidalin. Dans ce combat qui ne doit avoir qu'un vainqueur – la musique –, Bécaud met en évidence ses talents de comédien : chaleureux, passionné, grave, méditatif, lyrique. Il confie aux soixante-dix musiciens qu'il dirige qu'il vient d'assassiner sa femme. Vrai corps à corps du chanteur avec sa musique, la chanson – jamais gravée – prendra le chemin de l'INA qui en possède toujours l'enregistrement, réalisé lors d'une émission spéciale de Maritie et Gilbert Carpentier, diffusée en deux parties les 9 et 16 octobre 1971.

1972

ET LE SPECTACLE CONTINUE (P. Delanoë – Bécaud). Chanson composée à la mort de Maurice Chevalier (1er janvier 1972) et interprétée à l'Olympia le 2 février

CHANTE (P. Delanoë – Bécaud)

HI HAÏE HO (P. Delanoë – Bécaud)

UN PEU D'AMOUR ET D'AMITIÉ (L. Amade – Bécaud). Transposition d'un poème d'Amade (paru dans *Les métairies lointaines*) *Pour toi seul*, écrit en pensant à SOS Amitié, la chanson parle d'amour, d'amitiés complices, et apporte le rêve et l'évasion indispensables à celui qui est seul. Souligné par le tutoiement caractéristique de Bécaud, l'enregistrement remporte un vif succès dès sa sortie (Toi qui es seul et qui réclames – Un peu d'amour et d'amitié...).

LES ENFANTS NOUS REGARDENT (M. Vidalin – Bécaud). Non déposée. Commencée en 1961, reprise et achevée en 1972, *Les enfants nous regardent* a été interprétée au cours du concert donné à Saint-Tropez, le 18 juillet 1972, retransmis sur Europe 1 et dans l'émission en studio de Jacques Ourévitch (avec accompagnement piano seulement) sur la même radio en octobre 1972. Incluse dans la tournée avant l'Olympia 72

1973

Comédie musicale GABRIELLE (Bécaud) : CHEER UP MADAME – IF I COULD CHOOSE ONE DAY – THE LITTLE GIRL – ON NIGHT – WAITING... Inconnue à la Sacem, cette comédie musicale est évoquée dans l'album américain *Mon copain Bécaud* : « He has written a Christmas cantata, *L'enfant à l'étoile*, which received its world television premiere in 1973. The following fear Gabrielle a musical written with Jose Quintero, received its American premiere at the Studio Arena in Buffalo, with a cast headed by Thommy Grimes, Laurence Guittard and Marilyn Cooper. »

UNE PETITE FILLE ENTRE NEUF ET DIX ANS (P. Delanoë – Bécaud).

MOI QUAND JE SERAI GUÉRI (P. Delanoë – Bécaud). Blues du malade sur fond de jazz rock, ce thème inhabituel chez Bécaud décrit l'univers hospitalier, peuplé d'infirmières et de médecins

BARBARELLA REVIENT (P. Delanoë – Bécaud)

LA SAISON DU DÉSAMOUR (P. Delanoë – Bécaud). Enregistrée seulement par

Isabelle Aubret (version française et v. japonaise), *La saison du désamour* est au répertoire de Bécaud lors d'un *Musicorama* en mars 1973. Cette année-là, peu de chansons populaires, *Tango* (un texte de Vidalin) et *Vive le roi carnaval* que personne ne connaît et qu'Amade même ne veut pas reconnaître ! Entre l'Olympia et Musicorama, l'entente est constante et Bécaud s'offre une soirée retransmise sur Europe 1 le 19 mars pour ses vingt ans de métier. Il y présente entre autres *La saison du désamour* qu'il ne sent pas vraiment, il ne l'enregistrera jamais. Le désamour meurt avec l'hiver et le morceau disparaît tout aussi vite. Dommage, malgré sa ressemblance avec *Le jour où la pluie viendra*, la chanson aurait mérité une deuxième chance. Les morceaux de scène de cette époque sont basés sur la section de cuivres. Certains arrangements sont réalisés pendant les ultimes répétitions de l'Olympia. Christian Gaubert, l'orchestrateur, reste avec les musiciens en permanence et Bécaud qui sait parfaitement utiliser les compétences de son entourage lui demande de changer ici ou là, le tout dans l'urgence.

L'ENFANT DU CIEL (L. Amade – Bécaud). Titre définitif de la chanson *Alleluia*, un texte d'Amade, créée le 24 décembre 1973 à Icogne lors de la messe de minuit (Le monde des vivants craque de toutes parts – Chacun a peur de tous tous ont peur de chacun...).

VIVE LE ROI CARNAVAL (L. Amade – Bécaud)

IL Y A DES MOMENTS SI MERVEILLEUX (L. Amade – Bécaud)

L'INDIEN (M. Vidalin – Bécaud)

LES COCOTIERS (M. Vidalin – Bécaud)

TANGO (M. Vidalin – Bécaud)

L'ADDITION SVP OUAIS MONSIEUR (M. Vidalin – Bécaud)

MARIE QUAND TU T'EN VAS (C. Aznavour – Bécaud)

CE MONDE T'ATTEND (C. Aznavour – Bécaud)

1974

FÉLICITATIONS (P. Delanoë – Bécaud)

L'HIRONDELLE (P. Delanoë – Bécaud)

LE BAL MASQUÉ (P. Delanoë – Bécaud)

LE GITAN QUI RIT TOUT LE TEMPS (M. Vidalin – Bécaud)

LES TEMPS VIENDRONT (L. Amade – G. Sigrist). Diffusée lors d'une retransmission télévisée de *La plus belle histoire*, en voix « off » par Bécaud sur le générique. Chanson notée à titre indicatif.

1975

LE DERNIER HOMME (P. Delanoë – Bécaud)
JE T'AIME MON FRÈRE (L. Amade – Bécaud)
L'ENFANT MALADE (L. Amade – Bécaud)
UN HOMME HEUREUX (M. Vidalin – Bécaud)
LE CIEL (M. Vidalin – Bécaud)
LAISSEZ ALLER (M. Vidalin – Gilbert Bécaud/Philippe Bécaud)
LA PREMIÈRE CATHÉDRALE (F. Thomas – Bécaud)
MARIE-HÉLÈNE (John Möring – Bécaud). Une chanson au caractère germanique, très typée, jamais publiée en France, et interprétée en allemand par Bécaud (Allô bonsoir, Marie-Hélène...)

1976

HEUREUX COMME UN POISSON DANS L'EAU (Bécaud). Une mélodie de trente secondes composée pour un concours organisé par la société Pernod pour Pastis 51 anisette. L'exercice consiste à l'adapter ou à l'orchestrer de la manière la plus personnelle possible et à l'interpréter sur cassette ou bande magnétique en monophonie.
PLEURE PAS PETIT FRÈRE (P. Delanoë – Bécaud)
LORSQUE VIENDRA LE DERNIER JOUR (L. Amade – Bécaud)
CE SOIR JE TE DIS TOUT (M. Vidalin – Bécaud)
LA GUIMAUVE ET LA VIOLONCELLE (M. Vidalin – Bécaud)
MONSIEUR COUSTEAU/Prends-moi sur ton bateau (Pierre Grosz – Bécaud)
LES JOURS HEUREUX/Mais où sont-ils (P. Grosz – Bécaud)
LA LÉGENDE DE L'ESKIMO ET DU MIMOSA (P. Grosz – Bécaud)
MA COPINE ET SON ENFANT (P. Grosz – Bécaud)
AMOUREUSE DE LA VIE (P. Grosz – Bécaud)
LES CARAÏBES (P. Grosz – Bécaud)
200 YEARS AGO/Deux cents ans après (Pierre Salinger – Bécaud)
L'AMOUR C'EST L'AFFAIRE DES GENS (F. Thomas – Bécaud)
LE RHONE (F. Thomas – Bécaud)

1977

ON A BESOIN D'UN IDÉAL (L. Amade – Bécaud)
L'INDIFFÉRENCE (M. Vidalin – Bécaud)
MY EMOTION (Norbert Gimbel/Adapt. Patrick Loiseau – Bécaud). Demis Roussos donne un relief particulier à la chanson, mais l'enregistrement passe inaperçu, Philips, la maison de disques du chanteur grec, favorise un autre titre.
THE SKATER/Le danseur (N. Gimbel/Adapt. P. Delanoë – Bécaud). A noter

que la version allemande, *Wie ein Schwan* est réalisée en studio, contrairement à la française, en public.

SEPTEMBER MORN/C'est en septembre (Neil Diamond/Adapt. M. Vidalin – Bécaud)

MAMA DON'T KNOW (N. Diamond – Bécaud)

HEY LOUISE (N. Diamond – Bécaud)

1978

SUR TERRE RIEN DE NOUVEAU (L. Amade – Bécaud). A souligner la recherche évidente dans les sons, les techniques vocales avec notamment la présence de Stella Vander (l'épouse de Christian Vander, du groupe Magma), les percussions et les parties de guitares aux tonalités hard et rock progressif.

LA PETITE FAN PLEURAIT (L. Amade – Bécaud) inachevée. Le 21 mai 1978, inspiré par les images télévisées de la mort de Claude François, Louis Amade écrit *La petite fan pleurait* et soumet le poème à Bécaud pour qu'il en fasse une chanson, mais ce dernier estime l'idée inopportune à plus d'un titre (On enterrait l'idole – Et la petite fan pleurait – L'église était pleine et croulait – De gerbes de couronnes...).

DE QUOI DEMAIN SERA-T-IL FAIT ? (M. Vidalin – Bécaud)

QUAND JE S'RAI PLUS LÀ (C. Lemesle – Bécaud)

LE TRAIN D'AMOUR (Serge Lama – Bécaud). La chanson est interprétée pour la première fois à la télévision par Lama et Bécaud en costume bleu et cravate à pois.

LES BANDES CHANSONNÉES (Pierre Philippon – Bécaud). Production « Gaya/Le Rideau Rouge », P. Philippon signe cinq titres. Barbe assez fournie et look un peu soixante-huitard, le nouvel auteur est aussi chanteur.

LE TRAIN DE LA VIE (P. Philippon – Bécaud)

QUAND ON N'A PAS CE QU'ON AIME (P. Philippon – Bécaud)

C'EST DIFFÉRENT LA NUIT (P. Philippon – Bécaud)

L'HISTOIRE DE L'HOMME TOUJOURS CONTENT (P. Philippon – Bécaud)

EIN PAAR STUDEN EWIGKEIT/Un instant d'éternité(Maurice Kunze/Adapt. Claude Lemesle – Bécaud)

DIE INSEL NIRGENDWO (M. Kunze – Bécaud). Titre allemand, pas de traduction française.

WIE EIN SCHMETTERLING (M. Kunze – Bécaud). Titre allemand, adapté en anglais par N. Gimbel (*Like a paperbird*), pas de tr. française.

BITTE LASS MICH NICHT ALLEIN (Aggerbach – Bécaud). Titre allemand, pas de tr. fr.

L'HOMME FIDELE. Chanson inédite, jamais enregistrée, interprétée par Bécaud en septembre 1978 dans l'émission *Numéro Un* de M. & G. Carpentier.

CETTE CHANSON (C. Lemesle – Philippe Bécaud). Chanson notée à titre indicatif.

1980

MADAME ROZA. Début d'écriture de la comédie musicale.

MAI 68 (P. Delanoë – Bécaud)

LE POMMIER À POMMES (P. Delanoë – Bécaud)

TOI ET MOI (P. Delanoë – Bécaud)

SO FAR AWAY FROM COURBEVOIE (P. Delanoë – Bécaud)

CREDO (P. Delanoë – Bécaud)

MOI JE VEUX CHANTER (L. Amade – Bécaud)

LE CHEVAL BLEU (L. Amade – Bécaud)

VIENS NOUS AIDER (L. Amade – Bécaud)

LES GENS (M. Vidalin – Bécaud)

SALUT LES GENS (M. Vidalin – Bécaud). Interprétée en fin de concert au cours de la tournée 1980 (orchestral rock). *Salut les gens* est en fait une variation à partir de la chanson *Les gens*.

A CHAQUE ENFANT QUI NAÎT (M. Vidalin – Bécaud)

MANANA C'EST CARNAVAL (M. Vidalin – Bécaud)

LA CHANSON DU COCU (M. Vidalin – Bécaud)

Y'A PLUS D'LAPIN DANS MON CHAPEAU (M. Vidalin – Bécaud)

Musique du film de Richard Fleischer, *The jazz singer* : SONGS OF LIFE/Les chansons de ta vie (N. Diamond & Bécaud/Adapt. M. Vidalin – N. Diamond & Bécaud) – SUMMERLOVE (N. Diamond – Bécaud) – ON THE ROBERT E. LEE/Un sacré bateau à roues (N. Diamond & Bécaud/Adapt. M. Vidalin – N. Diamond & Bécaud)

1981

CHAQUE MATIN QUE TU VOIS (Bécaud – Bécaud)

JE NE FAIS QUE PASSER (L. Amade – Bécaud). Ecrite en 1980, dans la lignée du *Rideau Rouge* ou d'*Il fait des bonds... le pierrot qui danse, Je ne fais que passer* exprime les émerveillements de Gilbert Bécaud, ses passions, sa panique, son besoin de se ressourcer. A cette période, il est très influencé par les sonorités de Neil Diamond, les influences orchestrales sont évidentes. Le même thème figure dans un autre poème d'Amade, publié en 1979 sous le titre *Complet bleu et cravate à pois*.

MUSICIEN DE JAZZ (M. Vidalin – Philippe Bécaud). Chanson notée à titre indicatif.

VAHINÉ DES VAHINÉS (C. Lemesle – Bécaud)
BONJOUR LA VIE (C. Lemesle – Bécaud)
JE ME FOUS DE LA FIN DU MONDE (C. Lemesle – Bécaud)
DIEU MÉCRÉANT (C. Lemesle – Bécaud)
LOVE ON THE ROCKS/L'amour est mort (N. Diamond & Bécaud/Adapt. M. Vidalin – N. Diamond & Bécaud)
RAINY DAY SONG (N. Diamond & Bécaud – N. Diamond & Bécaud)
FALLING (H. Diamond & Bécaud – N. Diamond & Bécaud)
EIN FAB LIEBEN (M. Kunze – Bécaud). Titre allemand, pas de traduction française.
Chanson inédite, composée avec Stevie Wonder. « On a fait ça dans une église, ça parle des nuages, de la mer, il a la main de Dieu sur son épaule, lui. » Propos recueillis par L. Skorecki pour *Libération* (2 août 2001).

1982

LA FRANÇAISE (P. Delanoë – Bécaud). Destinée à la promotion de la langue française à travers le monde, la chanson est enregistrée par Bécaud et les Chœurs de Radio France pour une série d'émissions encouragée par Jack Lang (Moi de Provence et toi des Landes – Qu'est-ce qu'on a sur le bout de la langue – La langue d'Oïl la langue d'Oc...)
DÉSIRÉE (M. Kunze/Adapt. C. Lemesle – Bécaud)
POWER TO LOVE (M. Kunze/Adapt. C. Lemesle – Bécaud)
AIR AMOUR. Inachevée. Chanson annoncée par G. Bécaud, pour Julio Iglesias et Diana Ross.

1983

LA FILLE DE NATHALIE (P. Delanoë – Bécaud)
ADIEU L'IDIOT (P. Delanoë – Bécaud)
DESPERADO (C. Lemesle – Bécaud)
LA DEMOISELLE DU 23 (C. Lemesle – Bécaud), chanson inédite, jamais enregistrée, interprétée lors de la tournée 1983.
QUAND ON VOIT CE QU'ON VOIT (C. Lemesle – Bécaud). Inédite, jamais enregistrée (On vit une drôle d'époque, une époque hyper-épique – Faut qu'ça dérange, faut qu'ça choque – Que les mots claquent comme du plastic – On veut du sang à la une – Et du derrière à la der – Y'a plus de plomb qu'de plumes – Comme dirait Voltaire...).

1984

MUSTAPHA DUPONT (P. Delanoë – Bécaud). Prix de la Licra. Chanson inspirée des mélodies « arabe et accordéon » de *Madame Roza*, et d'unc partic des thèmes du film de Neil Diamond, *The jazz singer*.

L'ARCHANGE DU GOLF DROUOT (P. Delanoë – Bécaud)

LITTLE RED BOY (L. Amade – Bécaud). Chanson issue d'un poème d'Amade, publié en 1984 chez Seghers, dans le livre *Moi je passais*.

LES ÂMES EN ALLÉES (L. Amade – Bécaud)

LA RETRAITE (M. Vidalin – Bécaud)

LA CHANSON DES POMPONS (M. Vidalin – Bécaud)

ON ATTEND, ON ATTEND (C. Lemesle – Bécaud)

LA RELÈVE (C. Lemesle – Bécaud)

LOVE SUPERSONIQUE (C. Lemesle – Philippe Bécaud). Chanson notée à titre indicatif.

AU BOUT DE LA ROUTE (M. Kunze/Adapt. C. Lemesle – Bécaud)

1985

LES ROIS DU MONDE (P. Delanoë & C. Lemesle – Bécaud)

ENCORE UNE FOIS (Didier Barbelivien – Bécaud)

1986

Premières représentations de MADAME ROZA : BOUILLABAISSE PEOPLE – HAPPINESS – MAX'S VISIT – DIFF'RENT IS ME – N' DA'S LETTER – GET THE LADY DRESSED HAMIL'S BIRTHDAY – BRAVO BRAVO – MOON LIKE A SILVER WINDOW – MERCI – HOUSE IN ALGIERS – N'DA'S SALESPITCH – ROZA'S YIDDISH HIGH – YUSSEF'S VISIT – LIFE IS AHEAD OF ME (interprétée par Bécaud à l'Olympia en 1985) – LOLA'S CEREMONY – DON'T MAKE ME LAUGH – LIVE A LITTLE – FINALE

1987

COMME RAMBO (P. Delanoë – Bécaud)

LA REVOLUTIONE (P. Delanoë – Bécaud)

MARIE-PIERRE (P. Delanoë – Bécaud)

LE CIRQUE EST MORT (L. Amade – Bécaud) inédit

LA FILLE DE LA PUB (C. Lemesle – Bécaud). Construite sur le modèle de *Désirée*, *La fille de la pub* a tous les ingrédients pour sortir du rang. Toutefois, ultime production chez Pathé-Marconi, la chanson ne connaît pas le succès espéré, malgré les efforts de Bécaud qui la place en ouverture des concerts.

LE RETOUR (C. Lemesle – Bécaud)

LES CARTES ONT CHANGÉ (G. Bécaud & C. Lemesle – Bécaud). Une fois n'est pas coutume, Bécaud s'associe à Lemesle dans le texte de la chanson (« J'étais d'ailleurs assez surpris... Il lui arrive souvent de me donner des idées comme ça et de ne pas signer. Là, Gilbert me l'a demandé et j'ai accepté bien volontiers. »).

MARIA EST DE RETOUR (M. Kunze/Adapt. C. Lemesle – Bécaud)

MA CHANSON LILAS (M. Kunze/Adapt. D. Barbelivien – Bécaud)

1989

STAR QUI RIT, STAR QUI PLEURE (P. Delanoë – Bécaud)

L'OMBRE ET L'ENFANT (P. Delanoë et J. M. Bériat – Bécaud)

CHINA SONG (P. Delanoë & Guy Carlier – Bécaud)

LES CAS DÉSESPÉRÉS SERONT PRIORITAIRES (L. Amade – Bécaud)

ET L'AURORE AVEC ÇA (L. Amade – Bécaud) inachevée.

AVE MARIA (L. Amade – Bécaud) titre provisoire. Inachevée

QUAND LA MUSIQUE S'ARRÊTE (C. Lemesle – Bécaud)

AVEC VINGT ANS DE MOINS (D. Barbelivien – Bécaud). Chanson phare du premier 33t chez BMG, *Avec vingt ans de moins* est interprétée par Bécaud en duo avec Léa Catala, un superbe mannequin de dix-huit ans, mi-australienne, mi-française. Moins vocale que *L'amour est mort*, créée au début des années quatre-vingt, la nouveauté se joue dans une tonalité résolument sensuelle.

APRÈS TOI C'EST LA MER (D. Barbelivien – Bécaud)

LE POIVRE DE CAYENNE (J. M. Bériat – Bécaud)

BÉCAUD (J. M. Bériat – Bécaud)

FAIS-MOI SIGNE (Mark Holden & Richard Feldman/Adapt. P. Delanoë et J.-M. Bériat – Richard Feldman & Bécaud). Enregistrée au studio Méga, sur une réalisation artistique et une direction d'orchestre de Raymond Donnez, *Fais-moi signe* rappelle les arrangements écrits par Alan Lindgreen quelques années avant pour un titre de Neil Diamond, *America*, extrait du film *The jazz singer*.

ENSEMBLE (P. Grosz – Bécaud)

MAL SANS VOUS (P. Grosz – Bécaud)

LA BELLE JOURNÉE (P. Grosz – Bécaud). Ces trois chansons sont composées en 1989, elles seront insérées plus tard dans l'album *Ensemble*.

1990

ON S'ÉVEILLE À LA VIE (C. Aznavour – Bécaud). Titre ancien, publié à la fin des années 80.

1992

QUAND T'ES PETIT DANS LE MIDI (P. Delanoë – Bécaud)

OH ! QUE PARIS C'EST LOIN (P. Delanoë – Bécaud)

ARAN/L'opéra (P. Delanoë – Bécaud)
MA PREMIÈRE CHANSON/Je l'ai pas finie (P. Delanoë – Bécaud)
IL EST À MOI/L'Olympia (P. Delanoë – Bécaud)
MON AGENDA (P. Delanoë – Bécaud)
LA BALADE AMÉRICAINE (P. Delanoë – Bécaud)
TU MARCHES A BROADWAY (P. Delanoë – Bécaud)
ET SALUT LES COPAINS (P. Delanoë – Bécaud)
LA CABANE BLUE (P. Delanoë – Bécaud)
MEA CULPA (P. Delanoë – Bécaud)
LA DAME DE SAINT-PAUL (P. Delanoë – Bécaud)
UNE VIE COMME UN TORRENT (P. Delanoë – Bécaud)
CHANTER C'EST MA LIBERTÉ (P. Delanoë – Bécaud)
DU SABLE DANS LES MAINS (L. Amade – Bécaud)

1995

VOL AU-DESSUS D'UN NID DE COUCOU. Comédie musicale évoquée en 1995 sur la péniche lors de nos entretiens.

1996

L'AMÉRIQUE M'A FAIT COCU (P. Delanoë – Bécaud)
ATTENTION, ATTENTION (P. Delanoë – Bécaud)
LES ENFANTS AUX CHEVEUX BLANCS (C. Lemesle – Bécaud)
MADAME ROZA (C. Lemesle – Bécaud)
PARLER L'AMOUR (C. Lemesle – Bécaud)
Y'A QU'LA MUSIQUE QUI NOUS AIME BIEN (C. Lemesle – Bécaud)
DE ONLY YOU À MAINTENANT (D. Barbelivien – Bécaud)

1998

LES GENS DE L'ÎLE (P. Delanoë & Petru Guelfucci – Bécaud). A Montréal, en octobre 1998, Bécaud évoque pour la première fois la chanson écrite pendant l'été, il mentionne également un titre du québécois Peloquin, l'auteur du « délirant » *Lindbergh* de Robert Charlebois.
L'ARBRE (P. Delanoë – Bécaud)
CHANTE-MOI (P. Delanoë – Bécaud)
POUR OUBLIER QUOI (P. Delanoë – Bécaud)
S.O.S. MOZART (P. Delanoë – Bécaud). Inédite
FELICITA (Lucio Dalla/Adap. P. Delanoë – L. Dalla). Contrairement à ses habitudes, Bécaud enregistre un titre dont il ne signe pas les paroles et la musique. Delanoë réalise l'adaptation et le morceau colle à la peau du chanteur (Ah, Felicita, Bravo ! Mille per la tua

bella musica ! / Bravo ! Felicita, ce mot de rêve sur les lèvres de Lea...).

1999

FAUT FAIRE AVEC (C. Lemesle – Bécaud)

LA CHAMBRE (C. Lemesle – Bécaud). « L'idée de la chanson vient comme ça, nous explique Lemesle : c'est l'histoire d'un type solitaire, sa vie étriquée ne l'amuse pas beaucoup, il n'est vraiment lui-même que lorsque le soir il retrouve sa chambre. La pièce devient alors un Eldorado où il peut tout imaginer. C'est le petit bonhomme de Sempé écrasé par sa vie quotidienne qui, à la fin de la journée, retrouve son antre, son domaine et devient le roi du monde » (Il a l'impression à vingt ans / De mourir vivant / Dans son p'tit bureau / Vers les seize heures vingt-sept, vingt-huit / Il reprend ses claques et ses cliques / Et son p'tit métro / Et salut...).

WHEN WE DANCE (Will Jennings/Adap. C. Lemesle – Bécaud). *When We dance* est écrite en anglais par Gilbert et par Will Jennings, le parolier de la chanson du *Titanic.* Lemesle adapte ce morceau en retrouvant les couleurs qui fonctionnent avec l'ambiance et avec la musique (C'est un chouet'hôtel de New York / Où Glenn Miller jouait / Mes parents y dansaient le fox / Ce soir ils sont tout près...).

LES MARINS (D. Barbelivien – Bécaud)

LE POISSON ROUGE (D. Barbelivien – Bécaud)

LA FILLE AU TABLEAU (Luc Plamondon – Bécaud)

2000 et 2001

EMBARGO (C. Lemesle – Bécaud)

LES RÊVES ONT CHANGÉ (C. Lemesle – Bécaud)

LA MORT DU LOUP (C. Lemesle – Bécaud)

LE CAP DE BONNE-ESPERANCE (C. Lemesle – Bécaud)

QUAND TU ME REVIENDRAS (C. Lemesle – Bécaud)

ON MARCHE

Au moment de l'impression de la biographie, d'autres chansons sont enregistrées, mais leurs titres ne sont pas définitifs.

INEDITS

LAISSEZ-MOI VIVRE EN PAIX

Poème de Louis Amade – Musique de Gilbert Bécaud

Manuscrit de L. Amade daté de 1956-1957.

Les voix de la conscience
Bien souvent lui parlaient
Avec son insouciance
Il répondait :

Laissez-moi vivre en paix
Laissez-moi vivre en paix
La vie est un joyau
Que j'aime
Je sais bien que le soir
J'ai plein de cauchemars
Et sans fin mon remords
Répète :

Tout ce que tu as fait là mon pauvre gars c'est bête
Il ne le fallait pas
Il ne le fallait pas
Je sais bien dans la vie on perd des fois la tête
Et puis on paie tout ça
Et puis on paie tout ça

Laissez-moi vivre en paix
Laissez-moi vivre en paix
Je sais bien j'ai volé
Pour elle
Mais je le pouvais
Quitte à devoir payer
Je recommencerais
Quand même

Les murs de la prison mon pauvre gars c'est sale
Tu ne les connais pas
Tu ne les connais pas

L'argent que tu as fauché elle en a fait ses malles
Et est partie sans toi
Et toi tu restes là

Laissez-moi vivre en paix
Laissez-moi vivre en paix
Je n'y pourrai plus rien
Je l'aime
Ça s'est fini très mal
Ça s'est fini très mal
Un soir après le bal
« Police »

Mais dans le Tribunal, emmené par les gardes
La même voix disait
La même voix disait
Laissez-moi vivre en paix
Laissez-moi vivre en paix
Laissez-moi vivre en paix

LE CIRQUE EST MORT

Poème de Louis Amade – Musique de Gilbert Bécaud

Le poème *La mort d'un cirque*, publié en 1976 dans le recueil *Le Elobin ou La quatrième dimension*, est à l'origine d'une nouvelle mouture, *La mort d'un cirque* (13 juillet 1987) et *Le cirque est mort* (21 juillet 1987). C'est ce dernier qui a été mis en musique par Bécaud.

Le cirque est mort et les gens du voyage
Ne savent plus ce que sera demain
Le cirque est mort au bord de ce village
Avec les derniers sauts et les premiers chagrins

Monsieur Richard au milieu des roulottes
Se cache un peu il a les yeux rougis
Monsieur Richard a vendu sa cagnotte
Pour maintenir son cirque bleu en survie

On l'a bien vue venir la voiture noire
Qui transportait les deux hommes de lois

Dont les papiers timbrés déclenchent l'histoire
D'un chapiteau qui va mourir au combat

Le cirque meurt c'est sa dernière séance
Cette matinée pour les petits et les grands
Tous les artistes ont un visage en faïence
Tout le monde en piste sur un dernier roulement

(pour passage musical + bruits « envoyer la cavalerie »), noté dans le manuscrit original par Louis Amade

Le cirque est mort ce n'est plus qu'un bagage
Où fut la piste il reste un peu de rien
Le soleil rit sur ce pauvre équipage
Quatre rubans et quelques fleurs de satin

Car par-dessus tout ça la nuit qui passe
Sur l'esplanade a mis un rayon d'or
Où seul Monsieur Richard petit point de l'espace
A bout de nerfs sur son pliant s'endort

(fin sur la musique, pont piano) noté dans le manuscrit par L. Amade

POURQUOI PLEURER

Poème de Louis Amade – Musique de Gilbert Bécaud
Manuscrit de L. Amade (années 1953-1954).

Pourquoi pleurer
Quand le ciel est si bleu
Et quand la vie t'appelle
Pourquoi ternir tes yeux dis
Pourquoi pleurer
Sous le grand bal des cieux
Quand tout est merveilleux
Pourquoi mon amour
Regarde donc
La joie sans nom
Qui règne autour de toi
Sur l'horizon
Sur les balcons

Et par-dessus les toits
Pourquoi pleurer
Sur tes petits malheurs
Chasse tes grandes peines
Chasse-les de ton cœur oui
Pourquoi pleurer
Pourquoi mon amour

Je sais bien que les larmes
Parfois nous font du bien
Si la vie te désarme
Pense donc à demain

Pourquoi pleurer
Sur mille petits riens
Lorsque l'amour t'appelle
Efface ton chagrin dis
Pourquoi pleurer
Puisque je tends la main
En montrant le chemin
Pourquoi mon amour
Le grand printemps
Revient pourtant
Après le temps d'hiver
Et sur les champs
Vient le plain-chant
De tous les arbres verts
Pourquoi pleurer
Souris, embrasse-moi
Laisse donc à ta porte
Tes soucis et tes effrois, mais oui
Pourquoi pleurer
Quand je suis près de toi
Car vois-tu je suis là
Pour de bon, pour t'embrasser
Pour te donner toute ma joie
Pourquoi pleurer
Quand je suis près de toi
Viens vite, embrasse-moi
Car je suis là pour consoler....

LE FRACAS DES VICTOIRES

Poème de Louis Amade – Musique de Gilbert Bécaud
Manuscrit de L. Amade daté du 07 06 1963.

Ecoutez
Ces fracas au soleil levant
Ces fracas transportés par le vent
C'est la victoire qui vient de l'horizon
La victoire a des roues de canon

Elle s'est
Habillée avec des drapeaux
Avec du sang, du ciel, des lambeaux
De courage et de joie, d'espoir et de peur
La victoire a les bruits sourds d'un cœur

Les enfants
Des pays qu'elle a traversés
Ont couru en chantant ses couplets
C'est pourquoi elle est suivie du monde entier
La victoire aimée des libertés

Regardez
Passer comme l'eau d'un torrent
La victoire au soleil du levant
Les cloches des clochers mêlent maintenant
Leur fracas au fracas fracassant

Les forêts
Et puis les villes et les bourgs
Ajoutent leurs tambours aux tambours
C'est à devenir fou tellement va fort
Cette usine à réveiller les morts

L'océan
Avec la mer et les étangs
Mélangent leurs longs mugissements
A ce branlebas des continents
L'immensité regarde et attend

Ecoutez
Voici venir du fond des cieux
Les orages avec leurs roues de feu
La victoire a mis par sa révolution
L'éternité en résurrection

Mais en secret j'espère
Qu'elle n'écrasera pas
En passant devant moi
La petite fleur, là,
Qui pousse entre deux pierres

LE REGARD DES GOSSES

Poème de Louis Amade – Musique de Gilbert Bécaud
Manuscrit de L. Amade non daté.

Je ne sais par quels printemps fabuleux
Habite le regard des gosses
Ce que je sais c'est qu'il y a dans leurs yeux
Un grand fabricant de carrosses

LE FILS DE SON PERE

Poème de Louis Amade – Musique de Gilbert Bécaud
Manuscrit de L. Amade non daté (années soixante).

Le fils de son père
A dix-huit ans
Le fils de son père
N'a pas d'argent

Le fils de son père
Est à Paris
Ne sait plus quoi faire
N'a pas eu de premier prix

Dans la ville austère
Il va et vient
Il ne sait que faire

Mais le fait bien

Car il a pour chance
De bons copains
Et il s'en balance
D'être né sans lendemain

Ce soir on décroche
Un peu de joie
Sur la rive gauche
Et voilà

Voilà qu'il arrive
Joyeux et beau
Parmi les convives
Trimballant son vieux saxo

Son saxo de cuivre
Il l'a fauché
Un soir qu'il fut ivre
De liberté

Voilà qu'il s'installe
Sûr dans son coin
Avec sa fringale
D'être un jour bon musicien

Les gars de l'orchestre
L'ont adopté
Il tombe la veste
Et hop ça y est

L'orage commence
A éclater
Faut que ça balance
Les démons sont déchaînés

Vas-y mon bonhomme
Souffle le cuivré
Il s'agit en somme
De vérité

Ça chauffe tonnerre
Tout compte fait
Le fils de son père
Il est mieux là qu'au lycée

Le saxo trimballe
Son monde à lui
Des tas d'avalanches
Des tas de « sauve-qui-peut »

Le fils de son père
Tout en jouant
Repense à sa mère
A Perpignan

Elle le croit sage
Et endormi
Au dernier étage
De Jeanson de Sailly

AUTRES CHANSONS INTERPRETEES PAR GILBERT BECAUD

Si toi aussi tu m'abandonnes (bar Le Handicap) – *Le jouet (*disque Pyral, 1956) – *Boum* (émission radio) – *Auprès de mon arbre* (émission TV hommage à Georges Brassens) – *Les gens du nord* (émission TV) – *Y'a le printemps qui chante* et *Comme d'habitude* (extraits en duo avec Claude François, émission TV Top à Claude François, 1994) – *Les temps viendront* (générique, retransmission TV La belle histoire) – *Vieille canaille* (en duo avec Roger Hanin, émission TV) – *Making Woopi* (en duo avec Joniece Jamison, émission TV Taratata 1993) – *More* (33t. U.S.) – *What to do with Laurie* (33t. U.S.) – *Fly me to the moon* (33t. U.S.) – *What kind of full I am* (33t. U.S.) – *Cette chanson* (33t. 1978) – *Musicien de jazz* (33t. 1981) – *Love supersonique* (33t. 1984) – *Pour toi Arménie* (disque humanitaire pour l'association Aznavour pour l'Arménie) – *Felicita* (33t. 1999) – *Aujourd'hui peut-être* (balance du concert d'Alès, juillet 2000, Bécaud accompagne Jacques Dinnat pour le plaisir) – *L'âme des poètes* (Radio Canada, émission spéciale Les refrains d'abord, 2001).

EDITIONS MUSICALES

Après les premières chansons éditées principalement par Raoul Breton, Gilbert Bécaud crée les Editions du Rideau Rouge au début des années soixante (dirigées par Pierre Sisser, puis par Bertrand de Labey pendant sept ans, et par Alain de Ricou). Aujourd'hui, les œuvres antérieures à 1989 sont éditées par BMG Publishing, les chansons postérieures à 1989 par les Nouvelles Editions du Rideau Rouge.

FILMOGRAPHIE

- UNTEL PERE ET FILS (Julien Duvivier). Avec Michèle Morgan, Louis Jouvet, Raimu. 1940. F
- MONSIEUR CHASSE (Willy Rozier). Petit rôle. 1946. F
- LA KERMESSE ROUGE (Paul Mesnier). Rôle de pianiste. 1946. F
- BOUM SUR PARIS (Maurice de Carronge) Figurant. 1953. F
- CAF'CONC'54 (André Berthomieu). Nicole Louvier. 1953. F
- SUR TOUTE LA GAMME (Maurice Régamey). Maurice Chevalier, Edith Piaf, Jacques Pills, Luis Mariano, Jacques Hélian et son orchestre. 1954. F
- RENDEZ-VOUS AVEC MAURICE CHEVALIER (M. Régamey). Maurice Chevalier, Michèle Morgan. 1955. Filmé pour la télévision en 1955 avec une exploitation dans les salles en 1957.
- LE PAYS D'OU JE VIENS (Marcel Carné). Françoise Arnoul, Claude Brasseur, Madeleine Lebeau, Chantal Gozzi. 1956. F (+ vidéo)
  En 1993, sur France Inter, les animateurs de l'émission *Rien à cirer* feront rejouer une scène à Bécaud qui se prêtera au jeu, Anne Roumanoff reprendra pour quelques instants le rôle de Françoise Arnoul.
- CASINO DE PARIS (André Hunebelle et Claude Barma). Caterina Valente, Vittorio de Sica. 1957. F

- CROQUEMITOUFLE/Les femmes des autres (Claude Barma). Mireille Granelli, Robert Manuel, Michel Roux, Roger Carel 1958. F
- LES PETITS MATINS/Mademoiselle Stop (Jacqueline Audry). Charles Aznavour, Agatte Aëms. 1961. F
- BECAUD MON AMI (Jacques Guillon). 1962. T
- VACANCES EN DUPLEX (Pierre-André Rocamora). Charles Trenet. Interprète « off-screen » 1962. CM
- MUSIC-HALL SUR MER (P. A. Rocamora), Jean Renard, Louis Massis. 1962. CM
- CANZONI NEL MONDO/Paris Las Vegas Sexy de Nuit (Vittorio Sala). Melina Mercouri, Mina, Dean Martin... 1963. F
- NATHALIE. Film tourné pendant la tournée à Moscou. 1963. 12 mn. Film Office. CM
- IO LA CONOSCEVO BENE (Antonio Pietrangelià. Jean-Claude Brialy. Interprète « off-screen). 1965. F
- MON SOIR D'ORAGE (Gilbert Bécaud). Inédit. 1965. F
- UN HOMME LIBRE (Roberto Muller). Olga Georges-Picot, Christiane Minazzoli, Charles Gérard, Pamela Huntington, Cotilde Joano. 1972. F
- TOUTE UNE VIE (Claude Lelouch). Marthe Keller, André Dussollier, Charles Denner, Carla Gravina, Charles Gérard. 1973. F (+ vidéo)
- BECAUD IN TOUCH/l'homme et la musique (Gaya Bécaud & Thierry Nahon). Direction musicale Gilbert Sigrist. 1975. Reportage sur US-Canadian tour filmé en 16 mm.
- UN WEEK-END BIEN TRANQUILLE (Mario Padovan). Julie Jeampierre, Tania Busselier. 1976. Roman-photo pour *Télé Poche*.
- CLAUDE FRANÇOIS, LE FILM DE SA VIE (Sammy Pavel). Extraits d'émissions et entretien. 1979. F (+ vidéo)
- NAVARRO (Nicolas Ribowski). Roger Hanin. 1994. T

MUSIQUES DE FILMS

- BANLIEUE (Jacques L. Boulay). 1946. 520 m.
- GOUTS ET COULEURS (Alain Pol). 1948. 600 m.
- RIVIERA DREAM/Rêve sur la Côte d'Azur (Alain Pol & Raymond Bricon, montage René Vernadet), Maurice Chevalier, Charles Boyer, Rita Hayworth. 1949. F

- PETITS BALLONS, GRANDS VOYAGES (Alain Pol). René Fluet, Christine Laugier. 1949. 400 m.
- JEUX DE MAINS (Alain Pol). *Symphonie concertante.* 22 mn. 1950. CM
- SPECIAL KANDAHAR (Jacques L. Boulay). MM 1950. F
- LE PORT DE STRASBOURG/Strasbourg, carrefour d'idées et de marchandises (A. Pol). 1951. 600 m.
- STRASBOURG, CARREFOUR D'IDEES ET DE MARCHANDISES (A. Pol). 1952. 652 m.
- LE RETOUR DE M. ET Mme BANASTE (Rosy Jégou). 1952. 539 m.
- PREMIERE COURSE (René Vernadet). 1952. 600 m.
- BOUM SUR PARIS (Maurice de Canonge). Jacques Pills, Charles Trenet, Mouloudji, Les Quatre Barbus, Aimé Barelli et son orchestre. *Je t'ai dans la peau* chantée par Edith Piaf à la Kermesse aux Etoiles. 1953. F 95 minutes.
- CAF'CONC 1954 (voir filmographie)
- MOISSON ECLAIR (Serge Maloumian et René Vernadet). 1953. MM
- LA SAUVAGINE (René Vernadet). 1953. F 550 m.
- VISONS (Pierre Vuillemin). 1954. 405 m.
- RENDEZ-VOUS AVEC MAURICE CHEVALIER (voir filmographie)
- A MON COMMANDEMENT, FISC (Alain Pol). 1955. CM
- LE PAYS D'OU JE VIENS. Voir filmographie. *Patte blanche, Le grand magasin, Le pays d'où je viens, Mon cœur éclate.* 1956. F
- ET DIEU CREA LA FEMME (Roger Vadim). Brigitte Bardot, Jean-Louis Trintignant (*Mon cœur éclate*, en voix-off). 1956. F
- LA VIE EST BELLE (Roger Pierre & Jean-Marc Thibault) : Roger Pierre et Jean-Marc Thibault, Francis Blanche, Philippe Clay, Jean Poiret, Jean Richard, Michel Serrault... : *Si si si la vie est belle.* 1956. F
- L'AMOUR DESCEND DU CIEL (Maurice Cam). Darry Cowl, Gabriello, Dora Doll, Christian Méry. 1957. F
- CASINO DE PARIS (André Hunnebelle & Claude Barma). Voir filmographie. *Le magicien, Square Séverine, Incroyablement, La machine à écrire.* 1957. F
- UNE GOSSE SENSASS (Robert Bibal). Charles Aznavour, Geneviève Kervine. *C'est merveilleux l'amour.* 1957. F
- SAIT-ON JAMAIS (Roger Vadim). Françoise Arnoul, Christian Marquand : *Alors raconte.* 1957. F
- CROQUEMITOUFLE/Les femmes des autres (Claude Barma). Mireille Granelli, Robert Manuel, Michel Roux : *Croquemitoufle.* 1958. F
- LA BALLE DANS LE CANON (Charles Gérard & Michel Deville). Paul Frankeur, Roger Hanin, Pierre Vaneck. *Si je pouvais revivre un jour ma vie, Viens danser.* 1958. F

- BABETTE S'EN VA-T-EN GUERRE (Christian-Jaque). Brigitte Bardot, Jacques Charrier, Francis Blanche. *La marche de Babette, Londres, La poursuite, Conciliabule, Final et Générique fin.* On reconnaît également, dans une séquence, la mélodie d'*Un nouveau printemps tout neuf* jouée à l'accordéon, et le tempo particulier de *Viens* sur un des autres thèmes. 1959. F
- AM TAG ALS DER REGEM KAM/Le gang descend sur la ville (Gerd Oswald). *Le jour où la pluie viendra* (version allemande, interprétée par Dalida). F
- MÄDCHEN FÜR DER MAMBO-BAR/Des filles pour le Mambo Bar (Wolfgang Glück). Rolf Kutschera, Kai Fischer, Tommy Rupp, Dalida.1959. F
- L'ENNEMI DANS L'OMBRE (Charles Gérard). Bernard Blier. 1960. F
- BECAUD MON AMI (Jacques Guillon). 1961. 701m
- VACANCES EN DUPLEX (Pierre-André Rocamora). Charles Trenet. 1961. CM
- MUSIC-HALL SUR MER (Pierre-André Rocamora). Jean Renard, Louis Massis. 1961. CM
- LE DIABLE ET LES DIX COMMANDEMENTS. 1962. F
- CANZONI NEL MONDO (Vittorio Sala). Dean Martin, Mina, Melina Mercouri. 1963. F
- NATHALIE. Film tourné pendant la tournée à Moscou. 1963. 12 mn Film Office.
- IO LA CONOSCEVO BENE (Antonio Pietrangeli). Jean-Claude Brialy. 1965. F
- MON SOIR D'ORAGE (Gilbert Bécaud). Inédit. 1965. F
- BRUNO L'ENFANT DU DIMANCHE (Louis Grospierre). *Les enfants du dimanche.* 1968. F
- THE DEADLY TRAP/La maison sous les arbres (René Clément). Faye Dunaway, Frank Langella, Barbara Parkins, Karen Blanquernon, Maurice Ronet, Raymond Gérome : *The house under the trees, Les écluses, Jill's panic, Jill's tears, The accident, The apartment, Mazarine Street.* 1971. F
- TOUTE UNE VIE (Claude Lelouch). Voir filmographie. *Ah ! dites-moi pourquoi je l'aime, Dimanche à Orly, Et maintenant, Galilée, L'orange, Chante,* interprétées par G. Bécaud. 1974. F
- THE MUPPET MOVIE (James Frawley). 1974. F
- STARDUST (Michael Apted). *Let it be me* interprété par The Straycats. 1974. F
- BECAUD IN TOUCH/L'homme et la musique (Gaya Bécaud et Thierry Nahon). Voir filmographie. *Chante, Et maintenant, The masque-*

rade, L'homme et la musique, Quand il est mort le poète, L'absent, Un peu d'amour et d'amitié interprétés par G. Bécaud. 1975. Reportage

- SERIE NOIRE (Alain Corneau). Patrick Dewaere. *Le jour où la pluie viendra* chanté par P. Dewaere. 1978. F
- CLAUDE FRANÇOIS, LE FILM DE SA VIE (Sammy Pavel). Voir filmographie. *Comme d'habitude, La solitude ça n'existe pas, Le jour où la pluie viendra, Quand tu danses – Et maintenant* (interprétés par G. Bécaud en duo avec Claude François). 1979. F
- THE JAZZ SINGER (Richard Fleischer). Neil Diamond, Laurence Olivier, Lucer Arnaz, Franklin Ajaye. *On the Robert E. Lee, Songs of love, Hey Louise, Summerlove, Love and the rocks,* interprétés par Neil Diamond. 1980. F
- EDITH ET MARCEL (Claude Lelouch). Evelyne Bouix, Marcel Cerdan Jr, Jean-Claude Brialy, Jean Bouise, Ginette Garcin, Charles Aznavour. *Je t'ai dans la peau* par E. Piaf. 1983.
- LE BAL (Estore Scola). *Et maintenant.* 1983. F
- THE COLOR OF MONEY/La couleur de l'argent (Martin Scorcese). Paul Newman. *The day the rains came.* 1986. F
- BUSTER/Buster (David Green). Phil Collins. *Let it be me* interprété par The Everly Brothers. 1988. F
- MOONSTRUCK/Eclair de lune (Norman Jewison). Cher, Nicolas Cage, Vincent Gardenia. *It must be him* interprété par Vikki Carr. 1987. F
- UNE EPOQUE FORMIDABLE (Gérard Jugnot). Richard Borhinger, Gérard Jugnot, Ticky Olgado : *La solitude ça n'existe pas.* F
- LA CARNE/La chair (Marco Ferreri). Francesca Dellera, Sergio Castellito : *Et maintenant.* 1991. F

DISCOGRAPHIE FRANÇAISE

LA VOIX DE SON MAITRE

78 t.

- *Ding, dong, sonnez.* Accompagné par le quartette Fred Ermelin – *La ballade des baladins.* Orchestration de François Vermeille. K 9164 & SG 583 (1953)
- *Un nouveau printemps tout neuf – Accroche-toi à ton étoile.* Accompagné par F. Vermeille. K 9174 & SG 582 (1953)
- *Ah ! dites-moi pourquoi je l'aime – Moi je me méfie des anges.* Accompagné par F. Vermeille. K 9189 (1953)
- *Les croix – Il faut bâtir ta maison.* Accompagné par Jacques Metehen et son orchestre. SG 505 (1953)
- *Quand tu danses – Mé-qué, mé-qué.* SG 510 (1953)
- *Viens – C'était mon copain.* Accompagné par le quartette Fred Ermelin. SG 526 (1953)
- *Moi je sais – Madame Pompadour.* SG 547 (1953)
- *Donne-moi – Mes mains.* Accompagné par F. Verveille. SG 568 (1953)
- *Moi je me méfie des anges – Ah ! dites-moi pourquoi je l'aime.* SG 581 (1953)
- *Un nouveau printemps tout neuf – Accroche-toi à ton étoile.* SG 582 (1953)
- *Les enfants oubliés – Passe ton chemin.* Orchestre direction Wal-Berg. SG 620 (1954)
- *Je veux te dire adieu – Que toi.* Orchestre direction W. Berg. SG 621 (1954)
- *T'as raison mon ami – Laissez faire, laissez dire.* Orchestre direction W. Berg. SG 684 (1954)
- *Marianne de ma jeunesse – Pauvre pêcheur.* Orchestration direction W. Berg. SG 715 (1955)
- *Je t'appartiens – Ça.* SG 742 (1955)
- *Mon ami m'a trahi – Les tambours et l'amour.* SG 750 (1955)
- *Berceuse pour Gaya – Le marchand de ballons.* SG 751 (1955)
- *Quelle joie – Dis-moi qui je suis.* SG 20031 (1955)

Tous les titres ci-dessus ont été repris, y compris dans la « Bécaulogie » vinyl, avec quelques oubliés dans la « Bécaulogie » CD.

LA VOIX DE SON MAITRE

45 tours SP

Ces 45 tours 2 titres sont présentés sous pochettes anonymes, sauf indications.

- *Viens – Les croix.* 7 GF 167 (1953)
- *Quand tu danses – Ding, dong, sonnez.* 7 GF 172 (1953)
- *La ballade des baladins – Madame Pompadour.* 7 MF 1006 (1953)
- *Moi je sais – Donne-moi.* 7 GF 179 (1953)
- *Mes mains – Méqué, méqué.* 7 GF 194 (1953)
- *Un nouveau printemps tout neuf – Accroche-toi à ton étoile.* 7 GF 195 (1953)
- *Ah ! dites-moi pourquoi je l'aime – Moi je me méfie des anges.* 7 GF 196 (1953)
- *Les enfants oubliés – Passe ton chemin.* 7 GF 202 (1954)
- *Je veux te dire adieu – Que toi.* 7 GF 203 (1954)
- *T'as raison mon ami – Laissez faire, laissez dire.* 7 GF 232 (1954)
- *Pauvre pêcheur – Marianne de ma jeunesse.* 7 GF 255 (1955)
- *Ça – Je t'appartiens.* 7 GF 276 (1955)
- *Mon ami m'a trahi – Les tambours et l'amour.* 7 GF 277 (1955)
- *Le marchand de ballons – Berceuse pour Gaya.* 7 GF 278 (1955)
- *Toi l'oiseau – Alors raconte.* 7 GF 305 (1955). Deux versions différentes de ce disque : *Alors raconte* avec et sans Raymond Bernard.
- *La corrida – Le pianiste de Varsovie.* 7 GF 315 (1956)
- *Dis-moi qui je suis – Quelle joie.* 7 GF 316 (1956)
- *Ça claque (quatre doigts sur du cuivre) – Je t'ai ouvert les yeux.* 7 GF 344 (1956)
- *Mon cœur éclate – Patte blanche.* 7 GF 345 (1956)
- *Le pays d'où je viens – Le grand magasin.* 7 GF 346 (1956)
- *C'est ça qu'on appelle aimer – Si si si la vie est belle.* 7 GF 388 (1956)
- *Embrasse-moi mon amour – La passion de vivre.* 7 GF 389 (1956)
- *Salut les copains – Incroyablement.* 7 GF 421 (1957)
- *La machine à écrire – Les marchés de Provence.* 7 GF 423 (1957)
- *Il fait des bonds... (le Pierrot qui danse) – Le jour où la pluie viendra.* 7 GF 437 (1957)
- *Viens danser – Alleluia.* 7 GF 453 (1958)
- *Ran-tan-plan – C'est merveilleux l'amour.* 7 GF 454 (1958)
- *Croquemitoufle – Le mur.* 7 GF 489 (1958)

- *Les amours de décembre – Si je pouvais revivre un jour ma vie.* 7 GF 496 (1958)
- *Le rideau rouge – La cruche.* 7 GF 532 (1958)
- *Marie, Marie – La chanson pour Roseline.* 7 GF 571 (1959)
- *La marche de Babette – La princesse de juillet.* 7 GF 572 (1959)
- *L'enterrement de Cornelius – Ah ! si j'avais des sous.* 7 GF 596 (1959)
- *Pilou... Pilou... hé – Quand tu n'es pas là.* 7 GF 597 (1959)
- *Galilée – Sacrée fille.* 7 GF 641 (1960)
- *L'absent – Je te promets.* 7 GF 642 (1960)
- *L'absent – Je te promets.* Disque publicitaire Waterman. Mêmes références que le précédent (1960)
- *L'absent – Galilée.* 7 GF 653 (1960)
- *C'était moi – Tête de bois.* 7 GF 664 (1960)
- *Je me balance – Viens* nouvelle version, orchestrée par R. Bernard. 7 GF 674 (1960)
- *Natashquan – Miserere.* 7 GF 734 (1961)
- *Quand l'amour est mort – Martin.* 7 GF 735 (1961)
- *Abrina Birchoué (le fond des rivières) – Nous les copains.* 7 GF 765 (1961)
- *Ma châtelaine – Cavalier du grand retour.* 7 GF 766 (1961)
- *Et maintenant – Toi le musicien.* 7 GF 795 (1961)
- *Dans ces moments-là – Le condamné.* 7 GF 796 (1961)
- *Si je m'en reviens au pays – Le bateau blanc.* 7 GF 816 (1962)
- *La grosse noce – Le jugement dernier.* 7 GF 817 (1962)
- *Sur la plus haute colline – Nicolas.* 7 GF 818 (1962)
- *Fanfan – Contre vous.* 7 GF 819 (1962)
- *Je t'attends – Crois-moi.* 7 GF 884 (1963)
- *Va-t'en loin – Mère douloureuse.* 7 GF 885 (1963)
- *Dimanche à Orly – Trop beau.* 7 GF 908 (1963)
- *Au revoir – Heureusement y'a les copains.* 7 GF 909 (1963)
- *Quand Jules est au violon – Toi.* 7 GF 925 (1963)
- *Si j'avais une semaine – Les tantes Jeanne (ah ! les vacances).* 7 GF 926 (1963)
- *Nathalie – Mon arbre.* 7 GF 950 (1964)
- *L'aventure – Ma souris danse.* 7 GF 952 (1964)
- *Mourir à Capri – T'es venu de loin.* 7 GF 973 (1964)
- *L'orange – Rosy and John.* 7 GF 994 (1964)
- *Don Juan – Mon père à moi.* 7 GF 998 (1964)
- *La vie de garçon – Quand le spectacle est terminé.* 7 GF 1012 (1965)
- *Il faut marcher – Les amoureux du monde.* 7 GF 1013 (1965)
- *Tu le regretteras – Quand il est mort le poète.* 7 GF 1041 (1965)
- *Je partirai – Mademoiselle Lise.* 7 GF 1092 (1966)

- *Mes hommes à moi – Monsieur le président directeur général et le lapin.* 7 GF 1093 (1966)
- *L'important c'est la rose – Merci beaucoup.* 7 GF 1117 (1967)
- *Je reviens te chercher – Les cloches.* 7 GF 1140 (1967) et VSM.Dimensions 7 GF 20083 (1967)
- *La rivière – Petit Jean* (enregistrement public Olympia 1967). 7 GF 1144 (1967)
- *Je reviens te chercher – Petit Jean* (enregistrement public Olympia 1967). VSM/Dimensions VF 508 (1968). Premier 45t. 2 titres avec pochette photo.
- *Les cerisiers sont blancs – La grande roue.* 7 GF 1157 (1968) et HMV/Dimensions, GF 20101 (1968) pochette photo.
- *On prend toujours un train pour quelque part – Au magasin d'antiquités.* Direction musicale Bernard Gérard. VSM/Dimensions VF 516 (1968) pochette photo.
- *Monsieur Winter go home – Tu me r'connais pas.* JBVSSM600001 (1969)

LA VOIX DE SON MAITRE
45 tours EP

- *Ah ! dites-moi pourquoi je l'aime – Moi je me méfie des anges* (+ deux autres titres personnels d'Yvette Giraud). Plusieurs présentations. 7 EGF 119 (1953, 1954)
- N° 1 – Mes mains
  Viens – Quand tu danses – Mes mains – Les croix. Plusieurs présentations. 7 EGF 129 (1954, 1955, 1960, 1966)
- *Un nouveau printemps tout neuf – Accroche-toi à ton étoile* (+ Vicky Autier). 7 EMF 15 (1954)
- N° 2 – Je veux te dire adieu
  Je veux te dire adieu – Laissez faire, laissez dire – Les enfants oubliés – Que toi. Plusieurs présentations. 7 EGF 140 (1954 & 1959)
- N° 3 – *Mon ami m'a trahi – Les tambours et l'amour – Marchand de ballons – Berceuse pour Gaya.* Présentations multiples. 7 EGF 163 (1955 & 1956)
- N° 4. *Donne-moi – Méqué, méqué – C'était mon copain – La ballade des baladins.* Plusieurs présentations. 7 EGF 169 (1955, 1967)
- N° 5 – Je t'appartiens
  Je t'appartiens – Ça (s'accompagnant lui-même au piano) – *Pauvre pêcheur – Marianne de ma jeunesse.* Orchestre direction W. Berg. 7 EGF 171 (1955)

- Super Succès n° 1.
  Ça (par G. Bécaud) + autres artistes. 7 EGF 170 (1956)
- *Toi l'oiseau – Alors raconte – Quelle joie – Dis-moi qui je suis.* Orchestre direction R. Bernard. Plusieurs présentations. 7 EGF 195 (1956 & 1957)
  Le 9 février 1956, *L'Express* privilégie *Alors raconte*, évoquant « le plus mauvais enregistrement de Bécaud au point de vue technique. Mais le plus spontané, parce que c'est la première prise de son qui, bien qu'imparfaite, est utilisée ».
- N° 7 – Le Pays d'où je viens.
  Le pays d'où je viens – Le grand magasin – Mon cœur éclate – Patte blanche. Plusieurs présentations. Orchestre, direction R. Bernard. 7 EGF 208 (1956)
- *La corrida – Ça claque – Le pianiste de Varsovie – Je t'ai ouvert les yeux.* Plusieurs présentations. Orchestre direction R. Bernard. 7 EGF 222 (1956, 1960, 1969)
- *Kermesse aux Etoiles,* offert par Le Club des Disques d'Europe N° 1. Incluant *La corrida* et *Le Pianiste de Varsovie.* 7 GF 315 (1956)
- N° 8. *C'est ça qu'on appelle aimer – Si, si, si, la vie est belle – Embrasse-moi, ô mon amour – La passion de vivre.* Orchestre direction R. Bernard. 7 EGF 235 (1956)
- Gilbert Bécaud interprète les chansons du film *Casino de Paris. Le magicien – La machine à écrire – Square Séverine.* Orchestre direction R. Bernard. 7 EGF 283 (1957)
- N° 10 – Salut les copains
  Salut les copains – Incroyablement – Les marchés de Provence – Pour qui veille l'étoile. Orchestre direction R. Bernard. Plusieurs présentations. 7 EGF 284 (1957 & 1960)
- N° 11 – La ville
  La ville – Il fait des bonds... le Pierrot qui danse – Le jour où la pluie viendra. Orchestre direction R. Bernard. 7 EGF 296 (1958 & 1960) deux pochettes différentes en 1958.
- C'est merveilleux l'amour
  Viens danser – Alleluia – Ran-tan-plan – C'est merveilleux l'amour. Orchestre direction R. Bernard. Plusieurs présentations. 7 EGF 318 (1958)
- Bourse des Chansons n° 2.
  Le jour où la pluie viendra (par G. Bécaud) + autres artistes. La Voix de son Maître 7 EGF 344 (1958)
- *Croquemitoufle* – Les amours de décembre – Si je pouvais revivre un jour ma vie – Le mur.* *version sans Les Angels. Plusieurs présentations. Orchestre, direction R. Bernard. 7 EGF 359 (1958 & 1960)

- Bourse des Chansons n° 3.
  Viens danser (par G. Bécaud) + autres artistes. La Voix de son Maître 7 EGF 391 (1959)
- *Le rideau rouge – La cruche – Hermano.* Orchestre direction R. Bernard. Plusieurs présentations. 7 EGF 416 (1959)
- La marche de Babette
  La marche de Babette – Marie, Marie – La princesse de juillet – La chanson pour Roseline. Orchestre direction R. Bernard. Plusieurs présentations. 7 EGF 441 (1959)
- *L'enterrement de Cornelius – Ah ! Si j'avais des sous – Pilou... Pilou... hé – Quand tu n'es pas là.* Plusieurs présentations. 7 EGF 459 (1959)
- *L'absent – Galilée – Sacrée fille – Je te promets.* Orchestre direction R. Bernard. Plusieurs présentations. EGF 482 (1960)
- *Marchand de ballons – Toi l'oiseau – Alors raconte – Je veux te dire adieu.* Orchestre direction R. Bernard. Plusieurs présentations. EGF 496 (1960) Premier 45t. regroupant d'anciennes références, enregistrements originaux.
- Tête de bois
  Tête de bois – Je me balance – C'était moi – Viens (nouvelle version). Orchestre direction R. Bernard. EGF 502 M (1960) Grand prix international du disque.
- *Natashquan – Miserere – Quand l'amour est mort – Martin.* Orchestre direction R. Bernard. EGF 516 M (1961).
  Le premier 45t 1961 doit composer à l'origine *Quand l'amour est mort, Natashquan, Pour l'amour du ciel* et *Adieu bonjour.* En dernière minute, les deux derniers titres sont remplacés par *Miserere* et *Martin.* Les chansons enlevées seront publiées en 1973 dans une intégrale.
- *Abrina Birchoué (le fond des rivières) – Nous les copains – Cavalier du grand retour – Ma châtelaine.* Plusieurs présentations. Orchestre direction R. Bernard. EGF 549 (1961)
- *Et maintenant – Le condamné* (violon solo G. Brel) *– Dans ces moments-là – Toi le musicien.* Présentations différentes. Orchestre direction R. Bernard. EGF 570 (1961)
- Chansons à la une
  La grosse noce – Si je m'en reviens au pays – Le bateau blanc – Fanfan. Orchestre direction R. Bernard. EGF 600 (1962)
- *Je t'attends – Mère douloureuse – Crois-moi – Va-t'en loin.* Orchestre direction R. Bernard. EGF 614 (1963)
- *Dimanche à Orly – Trop beau – Au revoir – Heureusement y'a les copains.* Orchestre direction R. Bernard. EGF 633 (1963)

- Bécaud

  Toi – Si j'avais une semaine – Quand Jules est au violon – Les tantes Jeanne (ah ! les vacances). Orchestre direction R. Bernard. EGF 663 (1963)
- *Nathalie – Ma souris danse – L'aventure – Mon arbre.* Orchestre direction R. Bernard. Plusieurs présentations. EGF 701 (1964)
- *Plein soleil – T'es venu de loin – Dis, Mariette – Mourir à Capri.* Orchestre direction R. Bernard. Plusieurs présentations. EGF 728 (1964)
- *L'orange – Rosy and John – Don Juan – Mon père à moi.* Orchestre direction R. Bernard. Présentations différentes. EGF 759 (1964)
- *La vie d'garçon – Quand le spectacle est terminé – Il faut marcher – Les amoureux du monde.* Orchestre direction R. Bernard. Présentations différentes. EGF 797 (1965)
- *Tu le regretteras – Quand il est mort le poète – Je t'aime – Les jours meilleurs.* Orchestre direction R. Bernard. Présentations différentes. EGF 845 (1965)
- *Seul sur son étoile – Le petit oiseau de toutes les couleurs – Viens dans la lumière – Le petit prince est revenu.* Orchestre, direction R. Bernard. Présentations différentes. EGF 866 (1966)
- *Je partirai – Monsieur le président directeur général et le lapin – Mademoiselle Lise – Mes hommes à moi.* Présentations différentes. Orchestration R. Bernard. EGF 904 (1966)
- *Les petites mad'maselles – Hey mon frère – Qu'est-ce que tu attends là – Les beaux quartiers.* Direction d'orchestre : 1. 3. 4. Nick Perito – 2. Mort Garson. Présentations différentes. EGF 943 (1966)
- *L'important c'est la rose – Bienvenue parmi nous – Merci beaucoup – Dans le lit d'un homme d'affaires.* Orchestration. R. Bernard. Présentations différentes. EGF 963 (1967)
- *La rivière – Je reviens te chercher – Les cloches.* Direction musicale R. Bernard. Présentations différentes. Dimensions/La Voix de son Maître. 7 EGF 1001 (1967)
- *La grande roue – Ma petite lumière – Les cerisiers sont blancs – La cinquième saison.* 1. 3. 4. Direction musicale B. Gérard – 2. R. Bernard. Dimensions/Pathé Marconi EGF 1011 (1968)
- Bécaud

  Monsieur Winter go home – Mon grand-père le militaire – Badabing beng bong – La fin d'un grand amour... c'est d'abord le silence. Dimensions 2 C 016-10132 M. Orchestrations et direction Jean-Claude Petit. Présentations différentes. Dimensions/VSM 2C 016 (1969)

LA VOIX DE SON MAITRE

45 t. 2 titres

Disparition du EP (Extended Play) 45 tours 4 titres

Au profit du SP (45 tours simple 2 titres)

- Eté 69
  Vivre – Moi, je m'en vais demain. Direction musicale J. C. Vannier. Dimensions/La Voix de son Maître. 2C 006-10386 M (1969)

LA VOIX DE SON MAITRE

33 t. 25 cm.

- *Quand tu danses – Les croix – Il faut bâtir ta maison – Viens – C'était mon copain – Mé-qué, mé-qué – Ding-dong, sonnez – Donne-moi.* Présentations différentes. FDLP 1013 (1953)
- Amour... toujours. Compilation incluant *Ding, dong, sonnez.* FFLP 1017 (1953)
- Rendez-vous des vedettes. La Voix de son Maître. *Quand tu danses.* FDLP 1019 (1953)
- Suzy Delair rencontre Gilbert Bécaud
  Moi je sais – Mes mains – Un nouveau printemps tout neuf – Accroche-toi à ton étoile – La ballade des baladins. FDLP 1020 (1953)
- Vedettes et Succès nº 1. *Les enfants oubliés, Je veux te dire adieu.* FDLP 1027 (1954)
- Mes grands succès. Récital nº 1
  T'as raison, mon ami – Laissez faire, laissez dire – Ah ! dites-moi pourquoi je l'aime – Je veux te dire adieu – Passe ton chemin – Moi je me méfie des anges – Que toi – Les enfants oubliés. Présentations différentes. FDLP 1026 (1954) versions studio.
- Mes grands succès.
  T'as raison, mon ami – Laissez faire, lassez dire – Ah ! dites-moi pourquoi je l'aime – Je veux te dire adieu – Passe ton chemin – Mes mains – Que toi – Les enfants oubliés. Présentations différentes. FDLP 1026 (1954, 1955, 1956). A un titre près, mêmes chansons que le disque précédent, mais pochette sans photo, *Mes Mains* remplaçant *Moi je me méfie des anges* dans les rééditions 1955 et 1956.

- Le tour de chant de Gilbert Bécaud à l'Olympia (Olympia 1955) *Un nouveau printemps tout neuf – Passe ton chemin – C'était mon copain – Ça – Les enfants oubliés – Laissez faire, laissez dire – Pauvre pêcheur – Viens – Je veux te dire adieu – Quand tu danses.* FDLP 1032 (1955, 1962) Premier enregistrement « live » publié.
- Vedettes et Succès n° 2. *Pauvre pêcheur, Marianne de ma jeunesse.* FDLP 1033 (1955)
- Vedettes et Succès n° 3. *Mon ami m'a trahi, Terre nouvelle.* FDLP 1047 (1955)
- N° 4 *Alors, raconte... – Toi, l'oiseau – Le pianiste de Varsovie – Marianne de ma jeunesse* – Je t'appartiens* – Les tambours et l'amour – La corrida – Mon ami m'a trahi – Le marchand de ballons – Berceuse pour Gaya.* Orchestre direction R. Bernard, * W. Berg. FDLP 1049 (1956)
- Vedettes et Succès n° 4. *Alors raconte, La Corrida.* FDLP 1059 (1956)
- *Les marchés de Provence – Je veux te dire adieu – La ballade des baladins.* Monoface sans référence (1957)
- Gilbert Bécaud à l'Olympia n° 2 (Olympia 1957) *Il fait des bonds (le Pierrot qui danse) – Ça – La ville – Les marchés de Provence – Salut les copains – Ça claque – Le jour où la pluie viendra – Le pays d'où je viens.* FDLP 1068 (1957) Disque rapidement retiré du commerce, car inaudible et mal gravé.
- Bourse des Chansons Le Figaro n° 1. *Les marchés de Provence.* FDLP 1070 (1957)
- *Salut les copains – Ça claque – Le jour où la pluie viendra – Le pays d'où je viens – Il fait des bonds... (le Pierrot qui danse) – Ça – La ville – Les marchés de Provence.* FDLP 1072 (1958) Disque studio remplaçant le 25 cm « Gilbert Bécaud à l'Olympia n° 2 » (Olympia 1957), même pochette.
- Bourse des Chansons. *Croquemitoufle – Si je pouvais revivre un jour ma vie.* FDLP 1077 (1958)
- Bourse des Chansons du Figaro n° 5. *Le mur – Hermano.* FDLP 1085 (1958)
- *Pilou... Pilou... Pilou... hé – La chanson pour Roseline – La princesse de juillet – Ah ! si j'avais des sous – Quand tu n'es pas là – L'enterrement de Cornelius – Marie, Marie – La marche de Babette – Le rideau rouge.* FDLP 1093 (1960)
- Bourse des Chansons du Figaro (en fait, Bourse des Chansons Pathé Marconi n° 2). *Pilou... Pilou... hé.* FDLP 1094 (1960)
- Bourse des Chansons Pathé Marconi n° 3. *Tête de bois.* FDLP 1096 (1960)

- Cantate *L'Enfant à l'Etoile* (chant de Noël), avec Orchestre Philharmonique, la Maîtrise et les Chœurs de la Radio Télévision Française. Direction Georges Prêtre. FDLP 1097 mono. DSDF 1002 stéréo (1961)
- Bourse des Chansons Pathé Marconi nº 5. *Quand l'amour est mort.* FDLP 1104 (1961)
- Bourse des Chansons Pathé Marconi nº 6. *Et maintenant.* FDLP 1106 (1962)
- *Le bateau blanc – La grosse noce – Si je m'en reviens au pays – Nicolas – Le jugement dernier – Sur la plus haute colline – Contre vous – Fanfan.* FDLP 1108 (1962)
- Bourse des Chansons nº 7. *Le bateau blanc.* FDLP 1111 (1962)
- Bourse des Chansons nº 9. *Crois-moi, ça durera.* FDLP 1115 (1963)
- Bourse des Chansons nº 10. *Je t'attends.* FDLP 1117 (1963)
- Bourse des Chansons nº 11. *Dimanche à Orly.* FDLP 1120 (1963)
- Bourse des Chansons nº 12. *Nathalie – Les tantes Jeanne.* FDLP 1122 (1964)
- Bourse des Chansons nº 13. *L'orange – T'es venu de loin.* FDLP 1124 (1964) Les « Bourses des Chansons » 7 à 13 sont les Bourses Figaro

LA VOIX DE SON MAITRE

33 t. 30 cm

- *Tête de bois – Quand tu n'es pas là – Pilou... Pilou... hé – Méqué, méqué* – Croquemitoufle** (sans les Angels) *– Viens danser* – L'enterrement de Cornelius* – C'était moi – Si je pouvais revivre un jour ma vie* – Marie, Marie* – Ah ! si j'avais des sous* – Les marchés de Provence** (*nouvelles versions inédites). Orchestrations et direction R. Bernard. VSM Stéréo CSDF 101 (1960)
- Croquemitoufle
  Croquemitoufle – Alleluia – Le mur – Ran-tan-plan – Le jour où la pluie viendra – La ballade des baladins – Si je pouvais revivre un jour ma vie – Les amours de décembre – C'est merveilleux l'amour – Mes mains – Il fait des bonds... le Pierrot qui danse – Viens danser.* (*sans les Angels). Orchestrations et direction R. Bernard. Plusieurs présentations. VSM FCLP 117 (1960, 1961) L'édition 1961 présente *Croquemitoufle* avec les Angels. C'est d'ailleurs l'un des seuls disques incluant cette version.
- Bécaud à l'Olympia (saison 1963-1964). Enregistrement original réalisé en direct le 17 10 1963.

Heureusement y'a les copains – Si j'avais une semaine – Trop beau – Viens danser – La grosse noce – Les tantes Jeanne – Le bateau blanc – Dimanche à Orly – La route – Toi – Quand Jules est au violon – Je t'attends – Et maintenant – La ballade des baladins. VSM FCLP 121 (1963) Plusieurs présentations et rééditions 1967, 1973 et pochette différente en 1978.

- *Mes mains* – Quand tu danses* – Les croix* – Alors, raconte* – C'était mon copain* – Et maintenant – La corrida* – Le jour où la pluie viendra* – Le pianiste de Varsovie* – Les marchés de Provence* – Je veux te dire adieu* – La ballade des baladins** (*nouvelles orchestrations de R. Bernard). Album illustré avec portrait détachable en couleurs. Mono VSM FCLP 122. Stéréo CSDF 122 (1964). Rééditions 1967, 1968, plusieurs présentations (nouvelle pochette en 1968).
- *La vie de garçon – Quand le spectacle est terminé – Il faut marcher – Les amoureux du monde – Nathalie – L'orange – Mon père à moi – Don Juan – Rosy and John – Mon arbre – T'es venu de loin.* Orchestrations et direction R. Bernard. VSM FCLP 124 (1965), CSDF 134 stéréo (1965). VSM CFELP1337 (réédition 1968)
- « Bécaud à l'Olympia » (enregistrement réalisé le 3 février 1966)
  Le petit oiseau de toutes les couleurs – Viens dans la lumière – Les jours meilleurs – Je t'aime – Rosy and John – T'es venu de loin – Seul sur son étoile – Le Petit Prince est revenu – Je t'attends – Quand il est mort le poète – L'orange – Nathalie. VSM FELP 308 mono. GSDF 308 stéréo. CFELP 308 (1966). Plusieurs présentations. VSM CFELP 1308 (réédition 1968)
- ... Age tendre et tête de bois...
  Tête de bois – Les enfants oubliés – Le pays d'où je viens – Mon ami m'a trahi – La ville – Le jugement dernier – C'était moi – Marianne de ma jeunesse – Le rideau rouge – Pilou... Pilou... hé – Quand l'amour est mort – La princesse de juillet – L'enterrement de Cornelius – Marie, Marie. Orchestrations et direction R. Bernard. VSM FELP 322 (1966)
- Bourse des Chansons Pathé-Marconi n° 14. *Quand il est mort le poète.* VSM HTX 40103 (1966)
- *Opéra d'Aran* (coffret 3 disques). Enregistrement intégral. Orchestre de la Société des Concerts du Conservatoire sous la direction de G. Prêtre. Chœurs du Conservatoire. Chef des chœurs : E. Brasseur. VSM DTX 320/2. ASTX136/7. CPTA 320/2 (1966). Le coffret sort en 1962. 2C167 12183/85 (rééditions 1966 et 1978)
- Bourse des Chansons Pathé-Marconi n° 15. *Le petit oiseau de toutes les couleurs.* VSM HTX 40146 (1966)

- Bourse des Chansons Pathé-Marconi nº 16. *Monsieur le président directeur général et le lapin.* VSM HTX 40345 (1966)
- *Les marchés de Provence – Sur la plus haute colline – Nous les copains – Ma châtelaine – Abrina Birchoué (le fond des rivières) – Dimanche à Orly – Marie, Marie – Cavalier du grand retour – Martin – Miserere – Sacrée fille – Le jour où la pluie viendra.* Orchestrations et direction R. Bernard. Présentations différentes. EMD 2C 048-50610 (1967). Autre pochette pour la réédition 1974.
- *L'enfant à l'étoile.* Cantate de Noël
  Réédition du 33t. 25cm FDLP 1097 et DSDF 1002. VSM CFELP1332 (1967)
- Bourse des Chansons nº 17. *Les petites mad'maselles.* VSM HTX 40413 (1967)
- Gilbert Bécaud. Réédition du VSM CSDF 122. VSM CFELP1336 et 2C 062-12202 (1967)
- Bourse des Chansons nº 18. *L'important c'est la rose.* VSM SHTX 340529 (1967)
- Le rideau rouge
  Alleluia – Le mur – Si je pouvais revivre un jour ma vie – Les amours de décembre – C'est merveilleux l'amour – Il fait des bonds (le Pierrot qui danse) – Croquemitoufle – L'absent – Hermano – Crois-moi – Je te promets – Va-t'en loin – Au revoir – Le rideau rouge (version inédite). Orchestrations et direction R. Bernard. VSM CFELP1333 (1967)
- Bécaud à l'Olympia. Réédition du FCLP 121 (Olympia 1963). VSM 2C 062-12334 (1967)
- Bécaud à l'Olympia. Réédition du FCLP 121 (Olympia 1963). VSM CFELP1335 (1967)
- Gilbert Bécaud. Réédition du FCLP 124. VSMD (1967)
- Bécaud à l'Olympia (enregistrement public 16 et 17 novembre 1967)
  Le petit oiseau de toutes les couleurs – Les cloches – Les jours meilleurs – Mes hommes à moi – Seul sur son étoile – Petit Jean – Les petites mad'maselles – La rivière – Mademoiselle Lise – Je reviens te chercher – L'important c'est la rose – La ballade des baladins (orchestral) – *Nathalie.* VSM/Dimensions CFELP1338 (1967). Plusieurs présentations. 2C 062-10377 (réédition 1969)
- Bourse des Chansons nº 19. *Les cerisiers sont blancs – La grande roue.* VSM CHTX 240698 (1968)
- Hit-Parade nº 1. *On prend toujours un train pour quelque part.* Odéon SLOX 340804 (1968)
- Chansons olympiques Grenoble 1968. *Je reviens te chercher.* SHTX 340595 (1968)

- *L'un d'entre eux inventa la mort – Tu me r'connais pas – Mon grand-père le militaire – Les enfants du dimanche – La fin d'un grand amour... c'est d'abord le silence – Monsieur Winter go home – Moi je m'en vais demain – Les créatures de rêve – Il s'en va mon garçon – Badabing, beng, bong.* VSM.Dimensions 2C 064-10045 (1969)
- Bécaud à l'Olympia. Réédition du CFELP1338. 2C 062-10377 (1969)
- Hit-Parade Pathé-Marconi. *Vivre.* Odéon 2C062 (1969)
- Des vedettes aux idoles n° 5
  Mes mains – La corrida – Et maintenant – Dimanche à Orly – Nathalie – L'orange – Le petit oiseau de toutes les couleurs – Les petites mad'maselles – L'important c'est la rose – Je reviens te chercher – Les cerisiers sont blancs – On prend toujours un train pour quelque part – Silly symphonie – Je t'aimerai jusqu'à la fin du monde. 2C 062 15455 (1970)
- Bécaud Olympia 1970
  La solitude ça n'existe pas – L'homme et la musique – Je t'appartiens – L'aventure – La vente aux enchères – A remettre à mon fils quand il aura seize ans – Le bain de minuit – Un petit, tout petit miracle – Charlie, t'iras pas au paradis – Quand il est mort le poète. Plusieurs présentations. 2C 062-11233 (1970)
- Enregistrements originaux
  Un nouveau printemps tout neuf – Passe ton chemin – Ça – La chanson pour Roseline – Galilée – Embrasse-moi ô mon amour – La marche de Babette – Ah ! si j'avais des sous – Quand tu n'es pas là – Laissez faire, laissez dire – Berceuse pour Gaya – Si, si, si, la vie est belle. MFP 5401 & 2M 046-13155 (1970). Le MFP 5401 est également présenté sous une autre pochette titrée : *La chanson pour Roseline*
- Hit-Parade Pathé-Marconi 1970 n° 1. *Je t'aimerai jusqu'à la fin du monde.* Odéon 2C062 10866 (1070)
- Hit-parade 70 n° 2. *Charlie, t'iras pas au paradis.* Odéon 2C062 11285 (1970)
- *Opéra d'Aran* (extraits du coffret paru en 1962). 2C 061 10900 (1971)
- Hit-Parade 71. *La solitude ça n'existe pas.* Odéon 2C 062 11505 (1971)
- Hit-Parade 71 n° 3. *La maison sous les arbres.* Odéon 2C 062 11820 (1971)
- Gilbert Bécaud. Réédition du CSDF 122. 2C 062 12202 (1972)
- Panorama de la Chanson française (double album). *Mes mains – La corrida.* 2C 152 12263/64 (1972)
- Bécaud à l'Olympia. Réédition du 2C 062-12334 (Olympia 1963). 2C 062-12334 (1972)

- Hit-Parade 72 n° 1. *Liberaçao.* Odéon 2C 062 11897 (1972)
- Hit-Parade 72 n° 2. *Chante.* Odéon 2C 062 12227 (1972)
- 75ᵉ anniversaire Pathé-Marconi. Coffret 4 disques. *Et maintenant.* 2C 166 50332/35 (1973)
- *Opéra d'Aran.* Réédition des coffrets DTX 32/2, ASTX 136/8, CPTA 320/02. VSM 2C 167-121835 (1978)

COLUMBIA
45 t. Simples Luxe

- *La cavale – Silly symphonie.* Orchestre, direction J. C. Vannier. 2C 006-10616 (1969)
- *Je t'aimerai jusqu'à la fin du monde. A remettre à mon fils quand il aura seize ans.* 1. Orchestre direction J.C. Vannier – 2. Orchestre direction R. Bernard, avec le concours des Tambours de la Garde Républicaine de Paris. 2 C 006-10724 (1970)
- *L'homme et la musique – Je t'appartiens* (version 1970). Orch., dir. J.C. Petit. 2 C 006-10865 (1970)
- *Le bain de minuit – Charlie, t'iras pas au paradis.* Orch., dir. J.C. Petit. 2C 006-11054 (1970)
- *La solitude ça n'existe pas* (orchestration et direction J.C. Petit) – *La vente aux enchères* (joué et orchestré par G. Sigrist, P. Dor'ragon, H. Katz, P. Lemarchand, H. Tissier, Mr Pointu). 2C 006-11187 (1970)
- *La Chine – La maison sous les arbres.* 2 C 006-11447. Orchestrations et direction C. Gaubert (1971). Deux pochettes différentes.
- *Liberaçao – Kyrie.* Orchestre direction C. Gaubert. 2C 006-11777 (1971)
- *Chante – Et le spectacle continue.* Direction et orchestration C. Gaubert. 2C 006-11890 (1971)
- *Kyrie – Les croix.* Extrait du 30cm 2C 004 11891 « Olympia 1972 ». Présentations différentes. Direction orchestre G. Sigrist. SP 213, 2C 006-11935 (1972)
- *Mé-qué, mé-qué – Quand tu danses.* Extrait du 30cm 2C 004 11891 « Olympia 1972 ». 2C 006-11936 (1972)
- *Un peu d'amour et d'amitié – Hi haïe ho.* Orch., dir. C. Gaubert. Premier « simple » stéréo. 2C 006 12372 (1972)
- *Marie, quand tu t'en vas – L'indien.* Orchestration et direction C. Gaubert. 2 C 006-12476 (1973)
- *L'addition, s'il vous plaît, ouais m'sieur* – Les cocotiers (orchestration

C. Gaubert). JBCOL600168 (1973). Disque promotion hors commerce.

- *Les cocotiers – Barbarella, revient* (orchestration C. Gaubert). SP 283 (1973). Disque promo hors commerce.
- *L'addition, s'il vous plaît, ouais m'sieur – L'addition, s'il vous plaît, ouais m'sieur.* SP 284 (1973). Disque promo hors commerce.
- *Moi quand je serai guéri – Une petite fille entre neuf et dix ans.* SP 289 (1973). Disque promo hors commerce
- *Il y a des moments si merveilleux – Félicitations.* Orchestration et direction C. Gaubert. Etiquette Pathé, pochette Columbia. 2C 008-12934 (1974)
- *L'hirondelle – Le bal masqué.* Orchestrations et direction G. Yared. Etiquette Pathé, pochette Columbia. 2 C 008-12996 (1974)
- *Le gitan qui rit tout le temps* (orchestration C. Gaubert) – *Ce monde t'attend.* SP 360 (1974)
- *Le dernier homme – Je t'aime mon frère.* Orchestration et direction R. Bernard. SP 371 (1974) & 2C 004-13057 (1975)
- *A little love and understanding (un peu d'amour et d'amitié) – Let it be me (je t'appartiens).* EMI 2C 004-13089 (1975). Versions anglaises, pressage français
- *Laissez aller. Pour qui veille l'étoile* (nouvelle version C. Gaubert). 2C 004-14210 (1975). Plusieurs présentations (la deuxième prochette est signée Uderzo).
- *Un homme heureux – La première cathédrale.* Direction d'orchestre C. Gaubert. 2C 010-14229 (1975). Deux présentations différentes.
- *L'enfant malade* (monoface). SP 476 (1976). Disque promo hors commerce.
- *L'amour c'est l'affaire des gens – Les Caraïbes.* SP 505 (1976)
- *L'enfant malade – La guimauve et la violoncelle (*direction d'orchestre C. Chevalier). 2C 010 14311 (1976)

COLUMBIA

33 t. 30 cm.

- Paris sera toujours Paris. *La ville.* CCTX 240205 (1968)
- D'Albinoni et Adamo. *Et maintenant* (version 1961). SCTX 340801 (1968). 2C 062 15400 (1969)
- De Beethoven à Bécaud. *Le pianiste de Varsovie.* 2C 062 15401 (1969)
- Je reviens te chercher (double album)

  La maison sous les arbres – La vente aux enchères – Charlie, t'iras pas au paradis – La solitude ça n'existe pas – Au magasin d'antiquités – La Chine – Je reviens te chercher – La grande roue – Je t'appartiens (version 1970) – *Les créatures de rêve – Monsieur Winter go home – L'important c'est la rose – T'es venu de loin – Plein soleil – Mademoiselle Lise – Rosy and John – Nathalie – Tu le regretteras – Et maintenant – L'orange – La grosse noce – Les marchés de Provence* – Le jour où la pluie viendra* – Les croix** (*versions 1964). 2C 162 11706/7 (1971). 2C 15611706/07 (rééditions 1974 et 1978)

- Disque d'or, volume 1
  Mes mains – La corrida* – Les marchés de Provence* – Le jour où la pluie viendra* – Et maintenant – Quand Jules est au violon – L'orange – Nathalie – Quand il est mort le poète – Les petites mad'mas-elles – L'important c'est la rose – Je t'appartiens* (version 1970) – *Le bain de minuit – La vente aux enchères* (*versions 1964). (1972)
- Olympia 72. Enregistrement public réalisé les 2 et 3 février 1972.
  Chante – Les tantes Jeanne – Et le spectacle continue – Mé qué, mé qué – Les croix – Les marchés de Provence – Liberaçao – La maison sous les arbres – Kyrie – Quand tu danses – La ballade des baladins – Chante (reprise). Orchestrations C. Gaubert. Accompagné par P. Lemarchand, H. Tessier, F. Rolland, H. Katz, B. Lubat, les chœurs et les cuivres sous la direction de Gilbert Sigrist. 2C 064-11891 (1972)
- Gilbert raconte et Bécaud chante
  Extrait de l'émission réalisée par Marie-France Brière « Moi j'aime le music-hall » sur Europe 1. Entretien en alternance avec extraits de chansons.
  Alors raconte – Le rideau rouge – Quand Jules est au violon – Le pianiste de Varsovie – Ah ! si j'avais des sous – La maison sous les arbres (B.O. du film) – *La route – Viens – Les croix – Le marchand de ballons – Mes mains – La ballade des baladins – Quand tu danses – Méqué, méqué – La corrida – Je veux te dire adieu – Il fait des bonds... le Pierrot qui danse – L'enterrement de Cornelius – Le pays d'où je viens* (B.O. du film) – *Salut les copains*
  Opéra d'Aran – L'absent – Dimanche à Orly – Les marchés de Provence – Le mur – Un nouveau printemps tout neuf – Nathalie – Et maintenant – L'orange – Quand il est mort le poète – La grosse noce – Les cerisiers sont blancs – L'important c'est la rose – Le bain de minuit – La vente aux enchères – Chante. 2C 064-11892 (1972)
- Bécaud
  6 triples albums soit 18 disques 33 t. stéréo avec manuscrits, textes et photos. 204 chansons dans leur version originale. Grand Prix International du Disque Académie Charles Cros

- Volume 1. 1953/1954/1955/1956. 3XC Nouvelle présentation du GID 2C 156-16075/7. Columbia 2C 156-16075/7 (1972)
- Volume 2. 1956/1957/1958/1959. 3XC
  La corrida – Quelle joie – Mon cœur éclate – Patte blanche – Le grand magasin – Le pays d'où je viens – Le pianiste de Varsovie – Embrasse-moi, ô mon amour – La passion de vivre – C'est ça qu'on appelle aimer – Si, si, si, la vie est belle – Salut les copains – Les marchés de Provence – Incroyablement – La machine à écrire – Le magicien – Le Square Séverine – Il fait des bonds... le Pierrot qui danse – Le jour où la pluie viendra – La ville – Pour qui veille l'étoile – Ran-tan-plan – C'est merveilleux l'amour – Viens danser – Croquemitoufle (version sans les Angels) – *Alleluia – Le mur – Les amours de décembre – Si je pouvais revivre un jour ma vie – Le rideau rouge* – Pilou... Pilou... hé – Hermano – L'enterrement de Cornelius – La chanson pour Roseline – La cruche** (*nouvelle version). 2C 156-16078/0 (1972)
- Volume 3. 1959/1960/1961. 3XC
  Ah ! si j'avais des sous – La princesse de juillet – La marche de Babette – Quand tu n'es pas là – Sacrée fille – C'était moi – L'absent – Je te promets – Galilée – Je me balance – Quand l'amour est mort – Tête de bois – Cantate de Noël : L'enfant à l'étoile – Et maintenant – Pour l'amour du ciel – Adieu bonjour* – Natashquan – Miserere – Nous les copains – Cavalier du grand retour – Abrina Birchoué (le fond des rivières) – Ma châtelaine – Martin – Les cocottes en papier* – Toi le musicien* (*enregistrements inédits). 2 C 156-16081/3 (1973)
- Volume 4. 1961/1962/1963/1964. 3XC
  La grosse noce – Dans ces moments-là – Le condamné – Si je m'en reviens au pays – Nicolas – Le bateau blanc – Crois-moi, ça durera – Fanfan – Le jugement dernier – Va-t'en loin – Contre vous – Sur la plus haute colline. Dimanche à Orly – Trop beau – De l'autre côté de la rivière – Mère douloureuse – Je t'attends – Quand Jules est au violon –Si j'avais une semaine – La route – Dégonflé* – Au revoir – Les tantes Jeanne (Ah ! les vacances) – Nathalie – Heureusement y'a les copains – Toi – L'aventure – Mon arbre – Plein soleil – L'orange – Ma souris danse – Mourir à Capri – Dis Mariette – Mon père à moi – Rosy and John* (* enregistrements inédits). 2C 156-16084/5/6.
- Volume 5. Années 1964/1965/1966/1967. 3XC
  T'es venu de loin – Don Juan – Ce sont les amoureux (les amoureux du monde) – La vie d'garçon – Tu le regretteras – Les jours meilleurs – Quand il est mort le poète – Je t'aime – Il faut marcher – Quand le

spectacle est terminé – Mes hommes à moi – Le petit oiseau de toutes les couleurs. L'Opéra d'Aran (extraits) : *Ouverture – Acte 1, 1*[er] *tableau – Acte 1, 3*[e] *tableau – Acte 2, 5*[e] *tableau – Acte 2, 7*[e] *tableau* (avec Gilbert Bécaud, Virginia Vee, André Turp, Claude Meloni, Suzanne Sarroca, Roger Soyer. Direction de l'orchestre Raymond Bernard. Enregistré en 1966). *Mademoiselle Lise – Viens dans la lumière – Seul sur son étoile – Le petit prince est revenu – Je partirai – Qu'est-ce que tu attends là – Les petites mad'maselles – Monsieur le président directeur général et le lapin – Hey, mon frère – Les beaux quartiers – Dans le lit d'un homme d'affaires – Petit Jean* – L'important c'est la rose – Merci beaucoup – Bienvenue parmi nous – La rivière – Les cloches – Je reviens te chercher* (*Olympia 1967). 2C 156-16087/88/89.

- Volume 6. Années 1968/1969/1970/1971/1972. 3XC
  Les cerisiers sont blancs – La cinquième saison – La grande roue – Ma petite lumière – Le bateau miracle – Sur le pont des invalides – On prend toujours un train pour quelque part – Au magasin d'antiquités – L'un d'entre eux inventa la mort – Les créatures de rêve – Badabing, beng, bong – Silly symphonie. Monsieur Winter go home – Mon grand-père le militaire – Les enfants du dimanche – Il s'en va mon garçon – La fin d'un grand amour... c'est d'abord le silence – Moi, je m'en vais demain – Charlie, t'iras pas au paradis – La cavale – Vivre – Tu me r'connais pas – Un petit, tout petit miracle** – Le bain de minuit. La vente aux enchères – A remettre à mon fils quand il aura seize ans – Je t'aimerai jusqu'à la fin du monde – L'homme et la musique – Je t'appartiens – La solitude, ça n'existe pas – La Chine – Liberaçao – Kyrie – La maison sous les arbres – Et le spectacle continue – Chante – Hi haïe ho – Un peu d'amour et d'amitié* (*enregistrement inédit, **Olympia 1970). 2C 156-16090/1/2 (1973)
- Olympia 73. Enregistrement public réalisé les 24 & 25 octobre 1973.
  Top (orchestral) – *L'addition, s'il vous plaît, ouais M'sieur – Mon père à moi – L'indien – Une petite fille entre neuf et dix ans – Moi, quand je serai guéri – Dimanche à Orly – Les cocotiers – Barbarella revient – Un peu d'amour et d'amitié.* Orchestrations C. Gaubert, direction musicale G. Sigrist. Plusieurs présentations. 2C 064-12694 (1973)
- 20 ans de chansons. Volume 1. Tout Bécaud. 3XC
  Mes mains – Donne-moi – Les croix – Il faut bâtir ta maison – Mé qué, mé qué – Quand tu danses – Viens – Madame Pompadour – Un nouveau printemps tout neuf – C'était mon copain – Ding, dong, sonnez – Ah ! Dites-moi pourquoi je l'aime – La ballade des baladins –

Moi je sais – Accroche-toi à ton étoile – Moi je me méfie des anges – Passe ton chemin – Laissez faire, laissez dire – Je veux te dire adieu – T'as raison mon ami – Les enfants oubliés – Que toi – Berceuse pour Gaya – Je t'appartiens – Terre nouvelle – Les tambours et l'amour – Le marchand de ballons – Pauvre Pêcheur – Marianne de ma jeunesse – Alors, raconte – Mon ami m'a trahi – Toi l'oiseau – Je t'ai ouvert les yeux – Dis-moi qui je suis – Ça claque. GID 2 C 156-16075/7 (1974). Ce coffret est publié en 1974 à l'intention des membres de la Guilde Internationale du Disque, il reprend sous les mêmes disques 1972, mêmes labels estampillés 1972, le volume 1 de la Bécaulogie sous une présentation coffret différente. Cette nouvelle édition du volume 1 qui faisait suite à la parution de l'ensemble des six volumes blancs Columbia, devait précéder sous forme de souscription la parution des autres volumes. Apparemment, le projet n'a pu être mené à son terme.

- Bécaud d'hier et d'aujourd'hui
  L'hirondelle – Le gitan qui rit tout le temps – Le bal masqué – Ce monde t'attend – Il y a des moments si merveilleux – Félicitations – Et le spectacle continue... Galilée – Les petites mad'maselles – Les cerisiers sont blancs – Les tantes Jeanne – Mademoiselle Lise – Les créatures de rêve – L'enterrement de Cornelius* (* version différente par rapport au 45t.). 2C 064-13002 (1974)
- Disque d'or, volume 1.
  Mes mains – La corrida – Les marchés de Provence, etc. Disque identique au 33t 30cm, même titre 1972. 2C 064-16050 (réédition 1974). Réédition 1978.
- Disque d'or, volume 2
  Viens – La ballade des baladins – Le marchand de ballons – Alors raconte – Le pianiste de Varsovie – Marie, Marie – La grosse noce – T'es venu de loin – Mademoiselle Lise – Je reviens te chercher – Au magasin d'antiquités – Charlie, t'iras pas au paradis – La solitude ça n'existe pas – Un peu d'amour et d'amitié. 2C 064-16061 (1974). Réédition 1975.
- Mes mains, La corrida, Et maintenant, Un peu d'amour et d'amitié (double album)
  Mes mains – Méqué, méqué – Un nouveau printemps tout neuf – Je veux te dire adieu – Que toi – Rentre chez toi et pleure – Marianne de ma jeunesse – La corrida – Le pays d'où je viens – Alors raconte – Il fait des bonds... le Pierrot qui danse – Ran-tan-plan – Le mur – Pilou... Pilou... hé – L'absent – Et maintenant – Sur la plus haute colline – Quand Jules est au violon – Plein soleil – Sur le pont des*

Invalides – Je t'appartiens (version 1970) – *Liberaçao – La maison sous les arbres – Chante* (Olympia 1972) – *Un peu d'amour et d'amitié – Il y a des moments si merveilleux – Le dernier homme* (*chanson enregistrée en 1955 et non commercialisée, non incluse dans l'intégrale vinyl 6 volumes). 2C 184-15656/7 (1975). Double album réédité en 1978 (EMI, même numéro) et en 1980 (MFP 2M124 13479/80), avec à chaque fois une nouvelle pochette.

- Les petites mad'maselles, La grosse noce, La vie d'garçon, Quand Jules est au violon
  La vie d'garçon – Heureusement y'a les copains – Les petites mad'maselles – Le marchand de ballons – Incroyablement – Mademoiselle Lise – La grosse noce – Quand Jules est au violon – Pilou... Pilou... hé – Le bateau miracle – La marche de Babette – Merci beaucoup. MFP 2M 046-13278 (1975)
- Bécaud. Olympia 76.
  Seul sur son étoile – Le gitan qui rit tout le temps – L'homme et la musique – Dimanche à Orly – La première cathédrale – Les amoureux du monde – Le bal masqué – L'indien – Le dernier homme – Monsieur Winter go home – Rosy and John – L'absent – Un homme heureux – Le ciel – Quand Jules est au violon – La solitude ça n'existe pas – Un peu d'amour et d'amitié – Present Blues 75 (présentation) – *Et maintenant – Chante* (orchestral). Orch. de R. Bernard, C. Chevalier et C. Gaubert. Accompagné par P. Lemarchand, B. Cohen, M. Peyratout, P. Dor'ragon, F. Rolland, P. Gauthier, L. Toesca, M. Camicas, M. Gaucher, G. Sigrist aux claviers et à la direction d'orchestre. Lumières N. Cruz, Son J.C. Lassère, Régie J. Dinnat. Enregistrement réalisé par Gaya Bécaud, C. Wagner et D. Hewitt. Columbia 2C 182-14231/32 (parution automne 1975). Ce double 33t dit « Olympia 76 » correspondant à l'Olympia de 1975
- Gilbert Bécaud en public. Coffret 3 33t. extraits des Olympia 1956, 1963, 1966, 1967, 1970, 1972 (en fait, il s'agit de l'Olympia 1955 et non 1956)
  - Volume 1
    Olympia 1956. *Un nouveau printemps tout neuf – Passe ton chemin – C'était mon copain – Je veux te dire adieu – Viens – Quand tu danses.* Accompagné par R. Bernard et son ensemble.
    Olympia 1963. *Heureusement y'a les copains – La grosse noce – Les tantes Jeanne – Dimanche à Orly – La route – Et maintenant.* Accompagné par R. Bernard et son ensemble.
  - Volume 2
    Olympia 1966. *Rosy and John – T'es venu de loin – Seul sur son*

étoile – Le petit prince est revenu – L'orange – Nathalie. Accompagné par G. Sigrist et le Grand Orchestre de l'Olympia sous la direction de J. M. Defaye.

Olympia 1967. *Le petit oiseau de toutes les couleurs – Les jours meilleurs – Les petites mad'maselles – Mademoiselle Lise – Je reviens te chercher – L'important c'est la rose.* Accompagné par G. Sigrist et le Grand Orchestre de l'Olympia sous la direction de R. Bernard.

- Volume 3

  Olympia 1970. *La solitude ça n'existe pas – L'homme et la musique – Je t'appartiens – L'aventure – Le bain de minuit – Quand il est mort le poète.* Accompagné par G. Sigrist et son ensemble et le Grand Orchestre de l'Olympia sous la direction de J. C. Petit.

  Olympia 1972. *Chante – Les marchés de Provence – La maison sous les arbres – Kyrie – La ballade des baladins – Et le spectacle continue...* Direction d'orchestre, G. Sigrist. Orchestration C. Gaubert. 2C 150-15867/9. Réédition de 1977

- Gilbert Bécaud à l'Olympia 1966. Réédition des FELP 308, GSDF308, CFELP 308. Columbia 2C 062-52952 (1978)
- Je reviens te chercher. Réédition du VSM 2C 162-11706/7. Columbia 2C 156- 11706/7 (1978)
- *Mes mains, La corrida, Et maintenant, Un peu d'amour et d'amitié...* Réédition du COL 2C 184-15656/7. COL 2C 184-15656/7 (1978)

PATHE

45 t.

- *Il y a des moments si merveilleux – Félicitations.* Orchestration C. Gaubert. Pathé avec pochette Columbia. 2C 008-12934 (1974)
- *L'hirondelle – Le bal masqué.* Orch. G. Yared. Disque Pathé, pochette Columbia. 2C 008-12996 (1974)
- *Laissez aller* (monoface, pochette dessinée par Uderzo). Direction d'orchestre C. Gaubert. *Pour qui veille l'étoile.* Disque promo Columbia, pochette Pathé. SP 406 (1975)
- *Les jours heureux – Le Rhône.* Promo hors commerce (enregistrement 1976). SP 522 (1977)
- *L'indifférence – On a besoin d'un idéal.* Direction d'orchestre B. Kaufman. 2C 006-14486 (1977)
- *L'indifférence – L'indifférence.* Promo hors commerce. SP 565 (1977)

- *Un instant d'éternité – Quand je s'rai plus là.* Orchestration Gilbert Bécaud. Réalisation Gaya. 2C 008-14606 (1978)
- *C'est en septembre* (monoface). Promo hors commerce. SP 623 (1978)
- *Le train de la vie – C'est en septembre.* 2C 008-14722 (1979)
- *Mai 68 – Au revoir* (nouvelle version). Orchestrations Gilbert Bécaud. Réalisation Gaya. 2C 008-14861 (1979)
- *Le pommier à pommes - So far away from Courbevoie.* Promo hors commerce. *SP 1104 (1980)*
- *Credo – La chanson du cocu.* Orchestrations Gilbert Bécaud. 2C 008-72261 (1980)
- *Y'a pas de lapin dans le chapeau – Apocalypse now (viens nous aider).* Promo hors commerce (versions publiques extraites du 33t. Olympia 1980). SP 1127 (1980)
- *L'amour est mort* (G. Bécaud & Ireen Sheer) – *Vahiné des vahinés.* Orchestrations Gilbert Bécaud. 2 C 008-72392 (1981)
- Elle se parle..., elle s'écrit... elle se chante *La Française.* (G. Bécaud et les Chœurs de Radio France). Orchestration Benoît Kaufman. Hors commerce. M3 339230 (1982)
- *Je me fous de la fin du monde – Je ne fais que passer.* 2C 008-72499 (1982)
- *Désirée – Power to love.* Orchestration Nobert Daum. Réalisation Claude Dejacques & Gaya Bécaud. 2C 008-72698 (1983)
- *Désirée* (monoface). Mixage Spécial Club. Tirage limité. Maxi 45t. EMI SP 1214 (1983)
- *Desperado – La fille de Nathalie.* SP 1234 (promo hors commerce) & 1727937 (1983)
- *La relève* (monoface). Pochette illustrée, promo hors commerce. SP 1253 (1984)
- *Little red boy* (monoface). Pochette illustrée, promo hors commerce. SP 1254 (1984)
- *On attend, on attend – Les âmes en allées.* 1729127 (1984)
- *On attend, on attend – Mustapha Dupont.* 1729217 (1984)
- *Encore une fois – Les rois du monde** (*avec Les Etoiles). 1. Orch. T. Turbet. Studios Abbey Road/EMI Londres. Réalisation Claude Dejacques & Gaya Bécaud. 1729877 (1985)
- *Le retour – Comme Rambo.* Promo hors commerce. Deux pochettes.SP 1340 (1987)

PATHE

33 t. 30 cm

- Raoul Breton et ses amis. *La ballade des baladins.* 2C 062 10668 (1970)
- Palmarès 1. *Un peu d'amour et d'amitié.* 2C 062 12405 (1973)
- Palmarès 2. *Hi Haïe ho.* 2C 062 12619 (1973)
- Palmarès 3. *L'indien.* 2C 062 12713 (1973)
- Palmarès 4. *L'addition, s'il vous plaît, ouais m'sieur.* 2C 062 12911 (1974)
- Palmarès 5. *La première cathédrale.* 2C 062 14254 (1975)
- Palmarès à la plage. *Laissez aller* (1975)
- Le Cadeau de la vie. *L'hirondelle* UV 1 79.911/12 (1975). Disque au profit de la recherche contre le cancer
- L'année de la femme. Double album. *Mes mains.* 2C 176 15442/43 (1975)
- *La vie d'garçon – Heureusement y'a les copains – Les petites mad'maselles – Le marchand de ballons – Incroyablement – Mademoiselle Lise – La grosse noce – Quand Jules est au violon – Pilou... Pilou... hé – Le bateau miracle – La marche de Babette – Merci beaucoup.* MFP/EMI 2M 046-13278 Stéréo-Mono (réédition 1975)
- OK pour le plein de musique. La guimauve et la violoncelle. 2C 064-14351 (1976)
- *L'amour c'est l'affaire des gens* – Le Rhône** – La légende de l'eskimo et du mimosa* – Lorsque viendra le dernier jour*** – Ce soir, je te dis tout** – Les Caraïbes**** – Monsieur Cousteau** – Pleure pas petit frère* – Ma copine et son enfant** – (Mais où sont-ils) Les jours heureux**.* Orchestrations et direction d'orchestre *H. Roy, ** C. Chevalier, *** P. Bécaud, **** M. Bernholc. Enregistrements et mixages C. Wagner, P. Saint. Studios Pathé Marconi/EMI. 2C 068-14362 (1976)
- Music Melody. Réédition du 2C 184-15656/7. 2MI2413479/0 (1976)
- Le Cadeau de la vie. *La première cathédrale.* UV2 82.024/25 (1976)
- Bécaud, Olympia 77

  L'amour c'est l'affaire des gens – On a besoin d'un idéal – Le petit oiseau de toutes les couleurs – La vente aux enchères – La corrida – Les cerisiers sont blancs – Le danseur – Les Caraïbes – Charlie t'iras pas au paradis – L'indifférence. Direction d'orchestre et claviers, G. Sigrist. Avec B. Cohen, P. Bannelier, P. Dor'ragon, F. Roland, M. Gaucher, B. Levitte, Monsieur Pointu. Enregistrements D. Hewitt. Mixages D. Pitois. Réalisation Gaya Bécaud. 2C 066-14507 (1977)

- Le Cadeau de la vie. *Le Rhône.* UV3 (1977)
- Coffret conçu à partir du répertoire Pathé Marconi, édité par Sélection du Reader's Digest (1978) comprenant huit disques 33t., et livret avec photos (Pierre Hiégel présente Gilbert Bécaud).
- Le grand Bécaud. Vive Gilbert
  Nathalie – L'orange – Mon père à moi – T'es venu de loin – Rosy and John – Quand il est mort le poète – L'important c'est la rose – Je reviens te chercher – On prend toujours un train pour quelque part – Charlie, t'iras pas au paradis – La vente aux enchères – La solitude ça n'existe pas. SRD 236 SM1 (réédition 1978)
- Bécaud succès. Les grandes chansons de Bécaud
  La corrida – Le pianiste de Varsovie – Les marchés de Provence – Alors, raconte – Marianne de ma jeunesse – Salut les copains – Le jour où la pluie viendra – Il fait des bonds... le Pierrot qui danse – Croquemitoufle – Le mur – Si je pouvais revivre un jour ma vie – Le rideau rouge. SRD 236 SM2 (réédition 1978)
- Bécaurama. Notre ami Bécaud
  Et maintenant – La grosse noce – Le bateau blanc – Les tantes Jeanne – Crois-moi ça durera – Tête de bois – Dimanche à Orly – Marie, Marie – Ah ! si j'avais des sous – C'était moi – L'absent – Galilée. SRD 236 SM3 (réédition 1978)
- Les premières chansons de Gilbert Bécaud. Chansons de Monsieur 100 000 volts. *Mes mains – Les croix – Quand tu danses – C'était mon copain – Viens – Un nouveau printemps tout neuf – Ah ! dites-moi pourquoi je l'aime – La ballade des baladins – Laissez faire, laissez dire – Je veux te dire adieu – Ça – Le marchand de ballons.* SRD 236 SM4 (réédition 1978)
- Sa maison, ses arbres, ses oiseaux... Les croquis de Bécaud.
  La maison sous les arbres – Les cerisiers sont blancs – Toi l'oiseau – Sur la plus haute colline – Mon arbre – Le petit oiseau de toutes les couleurs – Quand Jules est au violon – Monsieur Winter go home – Le gitan qui rit tout le temps – Le Petit Prince est revenu – L'enterrement de Cornelius – Monsieur le Président Directeur Général et le lapin. SRD 236 SM6 (réédition 1978)
- Les demoiselles de Gilbert. Bécaud chante
  Les petites mad'maselles – Les créatures de rêve – Mademoiselle Lise – La princesse de juillet – Une petite fille entre neuf et dix ans – Chante – L'homme et la musique – Et le spectacle continue – Toi le musicien – Silly symphonie – Quand le spectacle est terminé. SRD 236 SM6 (réédition 1978)
- Gilbert Bécaud. Volume 1. 1953/1963 (coffret 4 disques)

Viens – Donne-moi – Quand tu danses – La ballade des baladins – Les croix – Un nouveau printemps tout neuf – Méqué méqué – Mes mains – Ah ! dites-moi pourquoi je l'aime – C'était mon copain – Que toi – Laissez faire, laissez dire – Je veux te dire adieu – Le marchand de ballons – Je t'appartiens – Si, si, si, la vie est belle – Berceuse pour Gaya – Marianne de ma jeunesse – Alors, raconte – Le pianiste de Varsovie – La corrida – Le pays d'où je viens – Il fait des bonds... le Pierrot qui danse – La ville – La machine à écrire – Les marchés de Provence – Le jour où la pluie viendra – Salut les copains – Le mur – C'est merveilleux l'amour – Si je pouvais revivre un jour ma vie – Croquemitoufle – Viens danser – Le rideau rouge (nouvelle version) *– Marie, Marie – L'enterrement de Cornelius – La marche de Babette – Ah ! si j'avais des sous – L'absent – Galilée – C'était moi – Tête de bois – Je te promets – Toi le musicien – Et maintenant – La grosse noce – Quand Jules est au violon – Dimanche à Orly – Je t'attends – Les tantes Jeanne.* Pathé 2C 154-16530/3 (réédition 1978)

- Gilbert Bécaud. Volume 2. 1964/1977 (coffret 4 disques)
  Nathalie – Plein soleil – T'es venu de loin – Rosy and John – L'orange – Tu le regretteras – Quand il est mort le poète – Les petites mad'maselles – Le petit oiseau de toutes les couleurs – Je reviens te chercher – L'important c'est la rose – Au magasin d'antiquités – La grande roue – Les cerisiers sont blancs – On prend toujours un train pour quelque part – Silly Symphonie – Monsieur Winter go home – Les créatures de rêve – La vente aux enchères – Charlie, t'iras pas au paradis – Le bain de minuit – La solitude ça n'existe pas – Je t'appartiens – Un petit, tout petit miracle (Olympia 1970) *– La maison sous les arbres – Liberaçao – Chante – Hi haïe ho – Un peu d'amour et d'amitié – Et le spectacle continue – L'indien – L'addition s'il vous plaît, ouais M'sieur – Marie quand tu t'en vas – Barbarella, revient – Félicitations* (première version) *– Le bal masqué – Le gitan qui rit tout le temps – L'hirondelle – Il y a des moments si merveilleux – Un homme heureux – La première cathédrale* (seconde version) *– Le dernier homme* (seconde version) *– L'enfant malade – L'amour c'est l'affaire des gens – La guimauve et la violoncelle – Monsieur Cousteau – Lorsque viendra le dernier jour – On a besoin d'un idéal – L'indifférence.* Pat 2C 154-16534/7 (réédition 1978)
- *C'est en septembre – Sur Terre rien de nouveau – Un instant d'éternité – Les bandes chansonnées – De quoi demain sera-t-il fait ?* – C'est différent la nuit – Le train d'amour – Le train de la vie – Cette chanson** – Quand on n'a pas ce qu'on aime.* Orchestrations Gilbert Bécaud. * Orch. C. Gaubert. ** Orch. Philippe Bécaud. Accompagné par

A. Ceccarelli, F. Auger, C. Bailly, B. Cohen, T. Bonfils, G. Delacroix, P. Bannelier, C. Angel, F. Rolland, P. Dor'ragon, G. Sigrist, R. Bahri, R. Bernard, J. Schultheis, S. Kelly, B. Levitte, G. Rodi. Chœurs : Stella Vander, M. Barouille, L. Cartier, Dominique, Francine, Catherine, Martine. Enregistrements + mixages Studios Davout : W. Flageollet assisté de D. Durand, Y. Chamberlan. Studios Pathé Marconi/EMI Boulogne : C. Wagner assisté de P. Saint. Réalisation Gaya Bécaud. 2C 070-14655 (1978). Une (rare) présentation de cet album est livrée avec un disque de couleur bleue (même référence)

- Douce France. *Dimanche à Orly.* 2C 150 14675/76 (1978)
- Le Cadeau de la vie. *L'indifférence.* (1978)
- Espaces. *C'est en septembre – L'indifférence – L'amour c'est l'affaire des gens – La première cathédrale – L'hirondelle – Un peu d'amour et d'amitié – La solitude ça n'existe pas – L'important c'est la rose – Nathalie – Et maintenant – Viens danser – Le jour où la pluie viendra.* PAT 2C 070-53359 (1979)
- Gilbert Bécaud en public. Enregistrements originaux. Réédition du coffret 3 disques 2C 150-15867/9. MFP/EMI 2M 126-15867/9 (1979)
- Moi je veux chanter
  Moi, je veux chanter – Le pommier à pommes – Le cheval bleu – Au revoir (nouvelle version) *– A chaque enfant qui naît – So far away from Courbevoie – Manana c'est carnaval – Mai 68.* Orchestrations Gilbert Bécaud. Accompagné par C. Bailly, G. Delacroix, P. Tison, E. Roche, M. Curiot, C. Samard, R. Gary, F. Rolland, P. Dor'ragon, M. Gaucher, E. Mayousse, A. Hatot, B. Cohen, J. Tricoire, F. Boudou, G. Sigrist, P. Bannelier. Chœurs : Francine, Catherine, Dominique, Martine, Anne, Emily, Jennifer. Studios Davout : W. Flageollet, D. Durand. Studios Pathé Marconi/EMI Boulogne : C. Wagner, P. Saint. Réalisation Gaya Bécaud. 2C 070-14856 (1980)
- Gilbert Bécaud. Réédition du 2C 048-50610. SS-MFP/EMI 2M 048-52025 (1980)
- Disque d'Or (nouvelle série)
  Le train de la vie – C'est en septembre – Un peu d'amour et d'amitié – Charlie, t'iras pas au paradis – L'important c'est la rose – Mademoiselle Lise – Nathalie – Et maintenant – Le jour où la pluie viendra – Les marchés de Provence – La corrida – Alors, raconte – Quand tu danses – Viens. 2C 070 72002 (1980)
- Disque d'Or, volume 2 (nouvelle série)

Mes mains – Le pianiste de Varsovie – L'absent – Quand Jules est au violon – Les tantes Jeanne – T'es venu de loin – Quand il est mort le poète – Les petites mad'maselles – Je reviens te chercher – Les cerisiers sont blancs – La vente aux enchères – La solitude ça n'existe pas – Chante – Et le spectacle continue. 2C 070-72015 (1980)

- Bécaud à l'Olympia (Enregistrement public 1980).
  Y'a pas d'lapin dans le chapeau – So far away from Courbevoie – Viens nous aider – C'est en septembre – Toi et moi – Credo – A chaque enfant qui naît – Les tantes Jeanne – Quand Jules est au violon – Le pommier à pommes – L'orange – Le pianiste de Varsovie. Direction d'orchestre et claviers : J. P. Dorsay. Accompagné par P. Dor'ragon, L. Raponi, B. Cohen, D. Sutton, D. Carlet, F. Boudou, E. Giausserand, L. Juaud. Son, A. Rose, B. Ainsworth, C. Wagner, P. Saint. Mobile 1. Studio Pathé Marconi Boulogne. Réalisation Gaya Bécaud. 2C 068-72267 (1980). A noter également un tirage exceptionnel numéroté, même référence.
- 25e anniversaire de l'Olympia. Hommage à Bruno Coquatrix (double album). *Et maintenant* (Olympia 1963). 2C 150 14782/3 (1980)
- *Chaque matin que tu vois – Bonjour la vie – Musicien de Jazz – Les chansons de ta vie – Un sacré bateau à roue – L'amour est mort* (duo Ireen Sheer-Gilbert Bécaud) *– Je ne fais que passer – Je me fous de la fin du monde – Dieu mécréant – Vahiné des vahinés – Les gens.* Orchestrations Gilbert Bécaud avec l'aimable complicité de D. Perrier, F. Boudou, P. Breslin, G. Delacroix, C. Bailly, M. Chantereau. Chœurs : Martine, Francine, Dominique, Catherine et Marc. Enregistré et mixé aux Studios Pathé Marconi/EMI Boulogne par C. Wagner assisté de P. Saint. Réalisation Gaya Bécaud. 2C 070-72451 (1981)
- Gilbert Bécaud en public. Coffret 3x33t. Réédition du coffret Columbia 2C 150. 1586769. Même contenu (extraits des Olympia 1955, 1963, 1966, 1967, 1970, 1972). MFP 2M12615867/69, collection « enregistrements originaux » (1981)
- Enregistrements originaux
  Et maintenant – Méqué, méqué – L'absent – Sur la plus haute colline – Je t'appartiens (version 1970) – *Monsieur Winter go home – Un peu d'amour et d'amitié – Liberaçao – La maison sous les arbres – Chante – L'hirondelle – Le dernier homme.* MFP/EMI 2M 026-13597 (1982)
- Desperado. Olympia 83 (enregistrement public)
  Desperado – Les petites mad'maselles – La vente aux enchères – La fille de Nathalie – Désirée – L'indien – Méqué, méqué – Adieu l'idiot – Je t'appartiens.

Desperado (orchestration G. Bécaud & J.P.Dorsay) – *Les petites mad'maselles* (orc. revue par D. Carlet) – *La vente aux enchères* (orc. collective) – *La fille de Nathalie* (orc. J.P.Dorsay) – *Désirée* (orc. N. Daum) – *L'indien* (orc. C. Gaubert) – *Méqué, méqué* (orc. L. Raponi) – *Adieu l'idiot* (orc. J.P. Dorsay) – *Je t'appartiens* (orc. collective). Accompagné par F. Boudou, T. Brenes, D. Carlet, B. Cohen, P. Dor'ragon, J.P. Dorsay, L. Jouot, L. Raponi, P. Rousseau. Réalisation Gaya Bécaud et Claude Dejacques. Enregistrement public J. Van-Bay (Studios Guillaume Tell) et C. Wagner (Studios Pathé Marconi EMI). 1727751 (1983)

- L'orange, Dimanche à Orly
  L'orange – L'homme et la musique – Dimanche à Orly – La première cathédrale – L'indien – L'addition, s'il vous plaît, ouais m'sieur – Les cerisiers sont blancs – La ballade des baladins – Viens – Le petit oiseau de toutes les couleurs – Quand tu danses – Les cocotiers. MFP/EMI 1137261 (1982)
- Eté 1983
  Désirée. 1783031 (1983)
- Nathalie... Enregistrements originaux
  Nathalie – Galilée – Les créatures de rêve – Pleure pas petit frère – Charlie, t'iras pas au paradis – Petit Jean – L'enterrement de Cornelius – Quand il est mort le poète – Le jour où la pluie viendra – Monsieur le président directeur général et le lapin – La vie d'garçon – Les Caraïbes. MFP/EMI 1137271 (1984)
- *On attend, on attend – La relève – Les âmes en allées – L'archange du Golf-Drouot – Love supersonique* – Mustapha Dupont – La retraite – La chanson des Pompons – Little Red Boy – Au bout de la route.* Orchestrations R. Loubet. * Orc. N. Daum. Réalisation Gaya Bécaud et Claude Dejacques. 1729021 (1984)
- Fidélité. Coffret 3 disques
  Quand tu danses – Méqué, méqué – Je veux te dire adieu – Le marchand de ballons – Je t'appartiens – Alors, raconte – Les marchés de Provence – Si je pouvais revivre un jour ma vie – Pilou... Pilou... hé – C'était moi – Natashquan – Dimanche à Orly – Rosy and John – Don Juan – Tu le regretteras – Je t'aime – Mes hommes à moi – Mademoiselle Lise – L'important c'est la rose – Petit Jean – On prend toujours un train pour quelque part – La grande roue – Monsieur Winter go home – Les enfants du dimanche – La solitude ça n'existe pas – Le bain de minuit – Kyrie – La maison sous les arbres – Chante – Hi haïe ho – Les tantes Jeanne – Et le spectacle continue – L'amour c'est l'affaire des gens – Ce soir je te dis tout – C'est en septembre – Le pommier à pommes. 1552443 (1985)

- Top 16. 16 titres originaux
  Quand tu danses – Méqué, méqué – Laissez faire, laissez dire – Je veux te dire adieu – Le marchand de ballons – Il fait des bonds... le pierrot qui danse – Dimanche à Orly – Quand Jules est au violon – Nathalie – Au magasin d'antiquités – Le bain de minuit – Liberaçao – L'addition s'il vous plaît, ouais m'sieur – L'amour c'est l'affaire des gens – Le pommier à pommes – Désirée. 1562671 (1985)
- Nathalie, L'orange, La solitude ça n'existe pas, Désirée... Enregistrements originaux (double album)
  La ballade des baladins – Il fait des bonds... le pierrot qui danse – L'enterrement de Cornelius – La grosse noce – Dimanche à Orly – L'orange – Nathalie – Le petit oiseau de toutes les couleurs – Petit Jean – On prend toujours un train pour quelque part – Les créatures de rêve – Monsieur le président directeur général et le lapin – L'hirondelle – La solitude ça n'existe pas – Liberaçao – L'amour c'est l'affaire des gens – Les Caraïbes – Monsieur Cousteau – C'est en septembre – Le train de la vie – Désirée – Moi je veux chanter – Credo – Chaque matin que tu vois – Vahiné des vahinés – Manana c'est carnaval – Desperado. 1568423 (1986)
- *L'amour c'est l'affaire des gens.* Réédition du 2C 068-14362. Collection « Fame ». 1143621 (1987)
- *C'est en septembre.* Réédition du 2C 070-14655. Collection « Fame ». 1146551 (1987)
- *Le retour*
  Le retour – La revolutione – Comme Rambo – Ma chanson lilas – Marie-Pierre – La fille de la pub – Le ciel (nouvelle version studio) *– Les cartes ont changé – Tu le regretteras* (version 1965 + voix de Charles de Gaulle) *– Maria est de retour.* 1735261 (1987)
- Je t'appartiens. Les grands succès du disque. Enregistrements originaux (double album)
  T'es venu de loin – La grande roue – Les créatures de rêve – Tu le regretteras – Charlie, t'iras pas au paradis – Liberaçao – La vente aux enchères – Rosy and John – Croquemitoufle (version sans Les Angels) *– Mon cœur éclate – Les marchés de Provence – Monsieur le président directeur général et le lapin – L'absent – La machine à écrire – Hermano – Credo – Le magicien – Je t'appartiens – Ran-tan-plan – Le mur – Nathalie – La cruche – La grosse noce.* 2516191 (1988)
- Bécaud à l'Olympia (Olympia 1988, double album)
- Spectacle rouge. *Mes mains – Le bateau blanc – Les marchés de Provence – C'était moi – Quand tu danses – Marie, Marie – Quand Jules est au violon – Au revoir – Nathalie – Quand il est mort le poète – La*

ballade des baladins. A noter : *Au revoir* ne figurait pas au programme de l'Olympia.

- Spectacle bleu. *Le jour où la pluie viendra – Têtes de bois – Le mur – Mademoiselle Lise – L'absent – Les Caraïbes – Mon père à moi – Et maintenant – L'important c'est la rose – C'était mon copain.* Accompagné par F. Boudou, D. Perrier, D. Carlet, B. Cohen, P. Dor'ragon, L. Raponi, L. Jouot, P. Slominski, P. Rousseau. Enregistré et mixé par Gaya Bécaud et Claude Wagner. 7914861 (1988)
- Toute la vie en Bécaud (double album)
  Mes mains – Quand tu danses* – Les croix* – Le jour où la pluie viendra* – Le pianiste de Varsovie* – Les marchés de Provence* – L'enterrement de Cornelius – Et maintenant – Les tantes Jeanne – Nathalie – L'orange – Rosy and John – Quand il est mort le poète (deuxième version) – Je t'appartiens* (version 1970) – *L'important c'est la rose – Le petit oiseau de toutes les couleurs – Les cerisiers sont blancs – Je reviens te chercher – La solitude ça n'existe pas – La vente aux enchères – Un peu d'amour et d'amitié – Charlie, t'iras pas au paradis – Seul sur ton étoile – L'indifférence – C'est en septembre – Désirée – La ballade des baladins** (*version 1965). EMI 7954231 (1990). Dernière publication en format 33t.

PATHE

CD

- Gilbert Bécaud. *Le train de la vie – C'est en septembre – Un peu d'amour et d'amitié,* etc. Identique au 33t. 2C 070 72001. 1720022 (1985)
- Radio Nostalgie. Réédition du double album 33t. 1568423, sur un seul CD (20 titres au lieu de 28). *La ballade des baladins – Il fait des bonds... le pierrot qui danse – L'enterrement de Cornelius – Galilée – La grosse noce – Dimanche à Orly – L'orange – Nathalie – Le petit oiseau de toutes les couleurs – Petit Jean* (Olympia 1967) – *On prend toujours un train pour quelque part – Les créatures de rêve – Monsieur le président directeur général et le lapin – La solitude ça n'existe pas – Liberaçao – L'amour c'est l'affaire des gens – Les Caraïbes – Monsieur Cousteau – Désirée – Desperado.* 7465642 (1986)
- Bécaud. *Le retour – La revolutione – Comme Rambo,* etc. Identique au 33t. 1735261. 7483202 (1987)
- Bécaulogie 1 – Mes mains
  Viens – Donne-moi – Quand tu danses – La ballade des baladins – Les croix – Un nouveau printemps tout neuf – Méqué, méqué – Mes

mains – Ah ! dites-moi pourquoi je l'aime – C'était mon copain – Laissez faire, laissez dire – Que toi – Le marchand de ballons – Je veux te dire adieu – Si, si, si, la vie est belle – Je t'appartiens – Berceuse pour Gaya – Alors, raconte – Marianne de ma jeunesse – La corrida. EMI 790475-2 (mai 1988)

- Bécaulogie 2 – Les marchés de Provence
  Les marchés de Provence – Le pianiste de Varsovie – Le pays d'où je viens – Le grand magasin – Je t'ai ouvert les yeux – Il fait des bonds... le pierrot qui danse – Le jour où la pluie viendra – La machine à écrire – Salut les copains – C'est merveilleux l'amour – Viens danser – Croquemitoufle – Le mur – Si je pouvais revivre un jour ma vie – Les amours de décembre – Le rideau rouge – Pilou... Pilou... hé – Marie, Marie – Ah ! si j'avais des sous – L'enterrement de Cornelius. EMI 790477-2 (mai 1988)
- Bécaulogie 3 – L'absent
  Tête de bois – C'était moi – La marche de Babette – L'absent – Je te promets – Quand l'amour est mort – Martin – Galilée – Cavalier du grand retour – Nous les copains – Miserere – L'enfant à l'étoile (cantate de Noël). EMI 790477-2 (mai 1988)
- Bécaulogie 4 – Dimanche à Orly
  Et maintenant – La grosse noce – Le bateau blanc – Sur la plus haute colline – Fanfan – Le jugement dernier – Va-t'en loin – Contre vous – De l'autre côté de la rivière – Je t'attends – Si je m'en reviens au pays – Quand Jules est au violon – Si j'avais une semaine – Les tantes Jeanne – Toi – Heureusement y'a les copains – Mon père à moi – Au revoir – Dis Mariette – Trop beau – Dimanche à Orly. EMI 790478-2 (octobre 1988)
- Bécaulogie 5 – Nathalie
  Nathalie – Plein soleil – L'orange – Mourir à Capri – Rosy and John – T'es venu de loin – Tu le regretteras – Les jours meilleurs – Quand il est mort le poète – Les petites mad'maselles – Mademoiselle Lise – Le petit oiseau de toutes les couleurs – Je reviens te chercher – Les cerisiers sont blancs – La cinquième saison – La grande roue – Ma petite lumière – Le bateau miracle – Sur le pont des Invalides – L'important c'est la rose. EMI 790479-2 (octobre 1988)
- Bécaulogie 6 – La solitude ça n'existe pas
  La solitude ça n'existe pas – Les cloches – On prend toujours un train pour quelque part – Les créatures de rêve – Au magasin d'antiquités – Silly symphonie – Vivre – La cavale – Tu me r'connais pas – Un petit, tout petit miracle (Olympia 1970) – *Le bain de minuit – Je t'appartiens* (version 1970) – *A remettre à mon fils quand il aura seize ans*

– Je t'aimerai jusqu'à la fin du monde – L'homme et la musique – Monsieur Winter go home – La maison sous les arbres – La vente aux enchères – Kyrie – Charlie, t'iras pas au paradis. EMI 790480-2 (octobre 1988)

- Bécaulogie 7 – Un peu d'amour et d'amitié

  Un peu d'amour et d'amitié – Liberaçao – Chante – Hi haïe ho – Et le spectacle continue – Marie quand tu t'en vas – Barbarella revient – L'hirondelle – Il y a des moments si merveilleux – Le bal masqué – Félicitations (première version) *– Le gitan qui rit tout le temps – La première cathédrale* (deuxième version) *– Ce soir je te dis tout – Le Rhône – L'amour c'est l'affaire des gens.* EMI 790481-2 (octobre 1988)
- Bécaulogie 8 – C'est en septembre

  L'indifférence – Un homme heureux – Lorsque viendra le dernier jour – L'enfant malade – Le dernier homme (deuxième version) *– On a besoin d'un idéal – La guimauve et la violoncelle – C'est en septembre – Le train d'amour – L'un d'entre eux inventa la mort – Mai 68 – Je ne fais que passer* (deuxième version) *– L'amour est mort* (avec Ireen Sheer) *– Musicien de jazz – Le pommier à pommes.* EMI 790482-2 (octobre 1988)
- Bécaulogie 9 – Désirée

  Désirée – Moi je veux chanter – So far away from Courbevoie – A chaque enfant qui naît – Le cheval bleu – Manana c'est carnaval – Desperado – On attend, on attend – Les âmes en allées – L'archange du Golf Drouot – Maria est de retour – La revolutione – Le ciel (nouvelle version studio) *– La fille de la pub – Marie-Pierre – Le retour.* EMI 790483-2 (octobre 1988)

  Chaque CD contient des photos rares ou inédites ainsi qu'un texte de P. Giannoli.
- Bécaulogie (coffret intégral avec les 9 CD). 791418-2 (décembre 1988)
- Bécaud, 40 ans en chansons (regroupe les 9 CD). 827 71572
- Bécaud à l'Olympia

  Réédition du double album 33t. 7914861 (Olympia 1988) + deux titres *(Et le spectacle continue – Quand le spectacle est terminé).* 791486-2 (1988).
- Je t'appartiens – Les grands succès du disque. Enregistrements originaux (double CD)

  T'es venu de loin – La grande roue – Les créatures de rêve – Tu le regretteras – Charlie, t'iras pas au paradis – Liberaçao – La vente aux enchères – Rosy and John – Croquemitoufle – Mon cœur éclate – Les marchés de Provence – Mes mains – Monsieur le président directeur général et le lapin – L'absent – La machine à écrire – Hermano – Credo – Le magicien – Je t'appartiens – Ran-tan-plan – Le mur – Nathalie – La cruche – La grosse noce – Quand Jules est au violon – Le bain de minuit. Réédition en CD du double album Les grands succès du disque 2516191. 2516192 (1989)

- 16 grands succès. Superstar
Et maintenant – Quand tu danses – Nathalie – Mes mains – Quand Jules est au violon – La corrida – Le petit oiseau de toutes les couleurs – Dimanche à Orly – Quand il est mort le poète – L'important c'est la rose – Les marchés de Provence – T'es venu de loin – On prend toujours un train pour quelque part – L'orange – Monsieur le président directeur général et le lapin – Monsieur Winter go home. Réseau France-Loisirs. EFL MLGDC314 (1989)
- Préférences
L'important c'est la rose – Désirée – L'indifférence – Le petit oiseau de toutes les couleurs – Un peu d'amour et d'amitié – La solitude ça n'existe pas – Les cerisiers sont blancs – C'est en septembre – Trop beau – On attend, on attend – Le pommier à pommes – Mademoiselle Lise – So far away from Courbevoie – Les chansons de ta vie – Mustapha Dupont – Les petites mad'maselles. Deux pochettes différentes. PAT 2526242 (1990)
- Toute la vie en Bécaud (double CD). Identique au 33t 30cm EMI 7954231 + titres supplémentaires, les chansons figurant déjà dans le double album 33t étant présentées en principe dans les mêmes versions)
Mes mains – Quand tu danses – Les croix – Le jour où la pluie viendra – Le pianiste de Varsovie – Les marchés de Provence – L'enterrement de Cornelius – Je veux te dire adieu (version 1964) – *Et maintenant – Dimanche à Orly* – Quand Jules est au violon – Nathalie – Les tantes Jeanne – L'orange – Rosy and John – Tu le regretteras* (présentation 1987) – *T'es venu de loin* (version 1985) – *Quand il est mort le poète – Je t'appartiens – Monsieur Winter go home.*
L'important c'est la rose – Le petit oiseau de toutes les couleurs – Les cerisiers sont blancs – Je reviens te chercher – La solitude ça n'existe pas – La vente aux enchères – Un peu d'amour et d'amitié – Charlie, t'iras pas au paradis – Le bain de minuit – Les petites mad'maselles – Seul sur son étoile – Les créatures de rêve – L'indifférence – Manana c'est carnaval* – Desperado – Désirée – Alors raconte* (version 1964) – *C'était mon copain* (version 1964) – *C'est en septembre – La ballade des baladins* (* titres supplémentaires). EMI 7954232 (1990)
- Disque d'Or, 3e série, volume unique

Et maintenant (version 1964) – *Les marchés de Provence* – *Le pianiste de Varsovie* – *Nathalie* – *L'orange* – *T'es venu de loin* (version 1985) – *Quand il est mort le poète* – *L'important c'est la rose* – *Le petit oiseau de toutes les couleurs* – *La solitude ça n'existe pas* – *Charlie, t'iras pas au paradis* – *L'indifférence* – *C'est en septembre* – *Désirée.* Emi France 7980722 (1991)

- Gilbert Bécaud, 40 ans en chansons
  *Quand tu danses** – *Le pianiste de Varsovie** – *Les marchés de Provence** – *Je veux te dire adieu** – *Et maintenant* – *Dimanche à Orly* – *Quand Jules est au violon* – *Nathalie* – *L'orange* – *Tu le regretteras* – *T'es venu de loin* (version 1985) – *Quand il est mort le poète* (deuxième version) – *L'important c'est la rose* – *Le petit oiseau de toutes les couleurs* – *La solitude ça n'existe pas* – *Charlie, t'iras pas au paradis* – *L'indifférence* – *Désirée* – *C'était mon copain* – *C'est en septembre* (* version 1964). Emi France 827705 (1993)
- Gilbert Bécaud. 40 ans en chansons (double CD)
  *Mes mains** – *Quand tu danses** – *Les croix** – *Le jour où la pluie viendra** – *Les marchés de Provence** – *L'enterrement de Cornelius* – *Je veux te dire adieu** – *Et maintenant* – *Dimanche à Orly* – *Quand Jules est au violon* – *Nathalie* – *Les tantes Jeanne* – *L'orange* – *Rosy and John* – *Tu le regretteras* (présentation 1987) – *T'es venu de loin* (version 1985) – *Quand il est mort le poète* (deuxième version) – *Je t'appartiens* (version 1970) – *Il fait des bonds... le pierrot qui danse* – *L'important c'est la rose* – *Le petit oiseau de toutes les couleurs* – *Je t'aimerai jusqu'à la fin du monde* – *Je te promets* – *La solitude ça n'existe pas* – *La vente aux enchères* – *Un peu d'amour et d'amitié* (deuxième version) – *Charlie, t'iras pas au paradis* – *Le bain de minuit* – *Les petites mad'maselles* – *Seul sur son étoile* – *Au revoir* (version 1963) – *L'indifférence* – *Manana c'est carnaval* – *Desperado* – *Désirée* – *Alors raconte** – *C'était mon copain** – *C'est en septembre* – *La ballade des baladins** (* version 1964). Emi France 8277062 (1993)
- Bécaulogie. Réédition 1993 des 9 CD et du coffret Intégrale 9 CD. Répertoire identique avec quelques différences (références, titres des volumes, pochettes, sans les livrets avec textes de P. Giannoli et photos) :
  - Viens (identique à Bécaulogie 1). 827 1582
  - Les marchés de Provence (identique à Bécaulogie 2). 827 1592
  - Tête de bois (identique à Bécaulogie 3, pochette du 33t. Olympia 1972). 827 1602
  - Et maintenant (identique à Bécaulogie 4). 827 1612

- Nathalie (identique à Bécaulogie 5, pochette Disque d'Or 33t. première série). 827 1622
- La solitude ça n'existe pas (identique à Bécaulogie 6). 827 1632
- Un peu d'amour et d'amitié (identique à Bécaulogie 7, pochette Disque d'Or 33t. volume 2, première série). 827 1642
- L'indifférence (identique à Bécaulogie 8, pochette Disque d'Or 33t. volume 2, première série). 827 1652
- Désirée (identique à Bécaulogie 9). 827 1662

• Coffret Bécaud 40 ans de chansons (regroupe les 9 CD précédents). 827 71572 (1988)
• Les tops de Gilbert Bécaud. Sacrée série.
Et maintenant – Désirée – L'indifférence – L'important c'est la rose – Le bain de minuit – Manana c'est carnaval – Les Caraïbes – Encore une fois – Silly symphonie – Mon arbre – Hi Haïe ho – Les chansons de ta vie – La guimauve et la violoncelle – Credo – L'amour est mort (avec Ireen Sheer). Emi 2525722 (1993)
• Les grands moments de l'Olympia. Gilbert Bécaud Olympia 76 (en fait, rentrée 1975). Ce CD est issu d'une collection d'anciens enregistrements réalisés à l'Olympia, essentiellement sous étiquette Polygram, exceptés Piaf, Trenet et Bécaud. Répertoire identique au double album 33t. sorti en 1975. Toutefois, les chansons des deux dernières faces sont inversées, le morceau *Present blues 75* et l'orchestral de *Chante* ne figurent pas sur le CD. Emi France 827801-2 (1993)
• Gilbert Bécaud. 40 ans en chansons. *Mes mains – Quand tu danses – Les croix, etc.* Identique à la première édition, pochette différente et photo couleurs dans le livret écrit par J. P. Pasqualini (*Platine Magazine*). Emi France 8322872 (1995)
• Gilbert Bécaud. 40 ans en chansons. Même pochette que CD ci-dessus, quelques variantes par rapport à l'édition de 1993 : *Mes mains* * – *Quand tu danses* * – *Les croix* * – *Le jour où la pluie viendra* * – *Le pianiste de Varsovie* * – *Les marchés de Provence* * – *L'enterrement de Cornelius* – *Je veux te dire adieu* * – *Et maintenant* * – *Dimanche à Orly – Quand Jules est au violon – Nathalie – Les tantes Jeanne – L'orange – Rosy and John – Tu le regretteras* (présentation 1987) – *T'es venu de loin* (version 1985) – *Quand il est mort le poète* (deuxième version) – *Je t'appartiens* (version 1970) – *L'homme et la musique – L'important c'est la rose – Le petit oiseau de toutes les couleurs – Je t'aimerai jusqu'à la fin du monde – Hi Haïe ho – La*

solitude ça n'existe pas – La vente aux enchères – Un peu d'amour et d'amitié (deuxième version) – *Charlie, t'iras pas au paradis – Le bain de minuit – Les petites mad'maselles – Seul sur son étoile – Au revoir* (version 1980) – *L'indifférence – Manana c'est carnaval – Desperado – Désirée – Alors raconte* – C'était mon copain* – C'est en septembre – La ballade des baladins** (* version 1964). Emi France 8322872 (1995)

- Douce France. Les succès de toujours
  Dimanche à Orly – Les marchés de Provence. PAT 1597542

BMG ARIOLA FRANCE

45t.

- *Avec vingt ans de moins* (G. Bécaud et Léa Catala) – *Fais-moi signe.* BGM Ariola France 112821 (1989)
- *Bécaud – Quand la musique s'arrête.* BGM Ariola France 113074 (1989). Dernier enregistrement sur format 45t.

BMG ARIOLA FRANCE

33 t. 30 cm

- Fais-moi signe
  *Avec vingt ans de moins** (arrangements Bernard Estardy) – *Le poivre de Cayenne** – Quand la musique s'arrête*** – Fais-moi signe*** – Après toi c'est la mer* – Bécaud* – L'ombre et l'enfant***** – Star qui rit, star qui pleure – Les cas désespérés seront prioritaires***** – China song***. Réalisation artistique et direction d'orchestre * B. Estardy au studio CBE, **P. Stive au studio P. Stive, *** R. Donnez au studio Méga, **** C. Samard au studio Marcadet. Guitare et réalisation artistique,*****J. Souc au studio Guillaume Tell. 210 329 (1989)

BMG

CD Singles

Singles (liste non exhaustive)

- *Quand t'es petit dans le Midi – Ma première chanson (J'l'ai pas finie).* BMG 7432113281 5 (1993)

- *Mea culpa – La cabane blue.* BMG 7432115198 (1993)
- *Les enfants aux cheveux blancs – La belle journée.* BMG 7432145942 (1997)
- *De Only you à maintenant – Mal sans vous.* BMG 7432145942 (1997)

BMG

CD

- Fais-moi signe
  Identique au 33t. 210 329. BMG/Ariola France 260 329 (1989)
- Bécaud Olympia (CD sorti pour l'Olympia 1991)
  Je partirai – Et maintenant – Il y a des moments si merveilleux – Charlie, t'iras pas au paradis – Les tantes Jeanne – L'aventure – Le petit oiseau de toutes les couleurs – C'est en septembre – Je t'appartiens – Rosy and John – La solitude ça n'existe pas – L'indifférence – Je reviens te chercher – L'indien – L'important c'est la rose – Nathalie – Quand il est mort le poète. CD largement enregistré et remanié en studio. *Il y a des moments si merveilleux* et *L'aventure* ne figuraient pas au filage Olympia 1991. RCA BMG France PD 75129
- The Collection
  Nathalie – Quand il est mort le poète – Et maintenant – Je reviens te chercher – Les cerisiers sont blancs – On prend toujours un train pour quelque part – Nathalie (live) – *Quand il est mort le poète* (live) – *La fin d'un grand amour... c'est d'abord du silence – Monsieur Winter go home – Les créatures de rêve* (deuxième version) – *Mon grand-père le militaire – Les enfants du dimanche – Tu m'reconnais pas – L'un d'entre eux inventa la mort* (final différent) – *Moi, je m'en vais demain – Et maintenant* (live). Les versions live sont extraites du CD Olympia 1991. RCA BMG France ND 75313.
- Opéra d'Aran. Première réédition en CD, issue de l'enregistrement 1966, remanié en 1992 (absence de quelques passages musicaux). Distribution : Suzanne Sarroca. Angelo : André Turp. Mc Creagh : Jacques Mars. Sean : Roger Soyer. Mc Jarry : Claude Meloni. Mara : Virginia Vee. Mickey : Gilbert Bécaud. Orchestre sous la direction de Raymond Bernard-Cohen. Réalisation et mixages : Gaya Bécaud. 2CD BMG France 75318 (2). (1992)
- Une vie comme un roman
  Ouverture (instrumental) – *Quand t'es petit dans le Midi – Oh ! que Paris c'est loin – Ma première chanson – Il est à moi (l'Olympia) – La balade américaine – Tu marches à Broadway – Aran (l'Opéra) –*

Et salut les copains – La cabane blue – Mea culpa – La dame de Saint-Paul – Du sable dans les mains – Mon agenda – Une vie comme un roman – Chanter c'est ma liberté.
Ouverture (piano Bernard Arcadio, basse Chuck Domanico, guitare Denis Budimir, batterie Sol Gubin, trompette solo Warren Luening) – *Quand t'es petit dans le Midi* (piano B. Arcadio, basse Ray Brown, guitare D. Budimir, batterie S. Gubin) – *Oh ! que Paris c'est loin* (piano B. Arcadio, basse C. Domanico, guitare D. Budimir, batterie S. Gubin) – *Ma première chanson/j'l'ai pas finie* (piano B. Arcadio, basse R. Brown, guitare D. Bodimir, batterie S. Gobin) – *Il est à moi/l'Olympia* (piano B. Arcadio, basse C. Domanico, guitare D. Budimir, batterie S. Gubin) – *La balade américaine* (piano B. Arcadio, basse C. Domanico, guitare D. Budimir, batterie S. Gubin, harmonica solo Tommy Morgan, sax solo Ernie Watts) – *Tu marches à Broadway* (piano « Fender Rhodes » Randy Kerber, basse C. Domanico, guitare D. Budimir, batterie S. Gubin, orgue B. Arcadio, chœurs Sally Stevens, Carmen Twillie, Mona Lisa Young, trompette solo W. Luening) – *Aran/l'opéra* (piano B. Arcadio, basse Chuck Berghofer, guitare D. Budimir, batterie S. Gubin) – *Et salut les copains* (piano R. Kerber, basse C. Domanico, guitare D. Budimir, batterie S. Gubin, orgue B. Arcadio, chœurs S. Stevens, C. Twillin, M. L. Young) – *La cabane blue* (piano B. Arcadio, basse C. Domanico, guitare D. Budimir, batterie S. Gubin) – *Mea culpa* (piano A. Kerber, basse C. Domanico, guitare D. Budimir, batterie S. Gubin, orgue B. Arcadio, chorale S. Stevens) – *La dame de Saint Paul* (piano B. Arcadio, basse R. Brown, guitare D. Budimir, batterie S. Gubin, sax E. Watts) – *Du sable dans les mains* (piano B. Arcadio, basse R. Brown, guitare D. Budimir, batterie S. Gubin, sax E. Watts) – *Mon agenda* (piano A. Kerber, basse C. Domanico, guitare D. Budimir, batterie S. Gubin, sax E. Watts, trompette W. Luening, chœurs S. Stevens, C. Twillie, M. L. Young) – *Une vie comme un roman* (piano B. Arcadio, basse R. Brown, guitare D. Budimir, batterie S. Gubin) – *Chanter c'est ma liberté* (piano B. Arcadio, basse C. Berghofer, guitare D. Budimir, batterie S. Gubin). Réalisation Mick Lanaro. BMG/RCA 74321117382 (1993)

- Une vie comme un roman. Coffret-album 16 CD singles + 1 CD complet. Promo hors commerce. « Ce ne sont pas des chansons qui font ce disque, ce sont les plus beaux moments d'une vie »
  - *Ouverture.* RCA 7432112972

- *Quand t'es petit dans le Midi.* RCA 74321129282
- *Oh ! que Paris c'est loin.* RCA 74321129292
- *Ma première chanson (j'l'ai pas finie).* RCA 74321129302
- *Il est à moi (l'Olympia).* RCA 74321129312
- *La balade américaine.* RCA 74321129322
- *Tu marches à Broadway.* RCA 74321129332
- *Aran (l'opéra).* RCA 74321129342
- *Et salut les copains.* RCA 74321129352
- *La cabane blue.* RCA 74321129362
- *Mea culpa.* RCA 74321129372
- *La dame de Saint-Paul.* RCA 74321129382
- *Du sable dans les mains.* RCA 74321129392
- *Mon agenda.* RCA 74321129402
- *Une vie comme un torrent.* RCA 74321129412
- *Chanter c'est ma liberté.* RCA 74321129422
- *Ouverture – Quand t'es petit dans le Midi – Oh ! que Paris c'est loin – Ma première chanson (j'l'ai pas finie) – Il est à moi (l'Olympia) – La balade américaine – Tu marches à Broadway – Aran (l'opéra) – Et salut les copains – La cabane blue – Mea culpa – La dame de Saint-Paul – Du sable dans les mains – Mon agenda – Une vie comme un roman – Chanter c'est ma liberté.* RCA 74321130082 (1993)

- Cristal Collection
  Je reviens te chercher – Les cerisiers sont blancs – Nathalie – Quand il est mort le poète. Réédition du CD The Collection sorti en 1992. Même filage, mais pochette et références différentes. RCA BMG 743124624 (1996)
- Ensemble
  Les enfants aux cheveux blancs – De only you à maintenant – Attention, attention – Y'a qu'la musique qui nous aime bien – Ensemble – Mal sans vous – L'Amérique m'a fait cocu – Madame Roza – La belle journée – Parler d'amour. BMG/RCA 74321418822 (1996)
- Bécaud. Spectacle de l'Olympia 1997 (double CD). Enregistré le 24 10 1994 à Enghien.
  - CD 1. *La vente aux enchères – Seul sur son étoile – Je t'appartiens – De Only you à maintenant – Le petit oiseau de toutes les couleurs – Desperado – Un peu d'amour et d'amitié – Madame Roza – Quand Jules est au violon – De l'autre côté de la rivière* – Les Caraïbes* (*il s'agit en fait de *La rivière*).
  - CD 2. *Dimanche à Orly – Le bain de minuit – L'indien – L'indifférence – La solitude ça n'existe pas – L'Olympia – Je reviens te*

chercher – Nathalie – Et maintenant – L'important c'est la rose. A noter que *La rivière* ne figurait pas au programme de l'Olympia 1997. Livret comprenant un texte de Michel Drucker
- *BMG/RCA 74321529542 (1997)*

ODEON RECORDS
Emi Music France
CD Singles

- *Faut faire avec – La chambre.* Emi Odéon 886934 2 (1999)
- *When we dance – La fille au tableau.* Emi Odéon 888025 2 (1999)

ODEON RECORDS
EMI Music France
CD

- Le meilleur de Gilbert Bécaud
  L'important c'est la rose – L'amour c'est l'affaire des gens – L'indifférence – Je t'appartiens (version 1970) – *Les petites mad'maselles – Le petit oiseau de toutes les couleurs – Mademoiselle Lise – Liberaçao – Desperado – Le pommier à pommes – Le bal masqué – So far away from Courbevoie – Je ne fais que passer* (deuxième version) – *La vente aux enchères.* EMI 829 893 2 (1995)
- Les plus grands succès de Gilbert Bécaud
  Nathalie – La fille de Nathalie – Un peu d'amour et d'amitié – Charlie, t'iras pas au paradis – Le bain de minuit – Les marchés de Provence – Les Caraïbes – Monsieur Cousteau – Moi je veux chanter – Félicitations – Y'a pas d'lapin dans mon chapeau (Olympia 1980) – *La grosse noce – La vie d'garçon – Quand Jules est au violon – Bienvenue parmi nous.* EMI 829 894 2 (1995)
- Les plus belles chansons de Gilbert Bécaud
  Et maintenant – Les chansons de ta vie – Le pianiste de Varsovie* – Quand il est mort le poète* (deuxième version) – *Désirée – Il y a des moments si merveilleux – L'enterrement de Cornelius – C'est en septembre – Le jour où la pluie viendra* – Rosy and John – Les tantes Jeanne – Je veux te dire adieu* – T'es venu de loin* (version 1985) – *A chaque enfant qui naît – Les croix* – Le retour.* Emi France 829895 S (1995) (* version 1964)

- Gilbert Bécaud. Des chansons d'amour
  Trop beau – Crois-moi, ça durera* – Je t'aime* – Les amoureux du monde – Encore une fois – Les amours de décembre – Contre vous – Je te promets – Quand l'amour est mort – Je t'aime jusqu'à la fin du monde – Ma princesse de juillet – Ma châtelaine – Love supersonique – Dans le lit d'un homme d'affaires – Va-t'en loin – Miserere – Le bain de minuit – Seul sur son étoile – L'amour c'est l'affaire des gens* (* nouveaux enregistrements). EMI 834 132 2 (1995)
- Beaucoup de Gilbert Bécaud. 20 chansons indispensables
  Mes mains – La ballade des baladins* – Le jour où la pluie viendra* – Les marchés de Provence* – Et maintenant* – Dimanche à Orly – Nathalie – L'orange – Quand il est mort le poète – Je t'appartiens* (version 1970) *– Je reviens te chercher – Les croix* – Les cerisiers sont blancs – L'important c'est la rose – La solitude ça n'existe pas – Un peu d'amour et d'amitié* (deuxième version) – *Seul sur son étoile – L'indifférence – Désirée – C'est en septembre – Crois-moi, ça durera,* version 1995 (* version 1964). EMI 837 587 2 (1996)
- Encore plus de Bécaud. 37 chansons essentielles. X2
  - CD 1. *Les croix* – Quand tu danses (version Olympia 1995) – Mes mains* – C'était mon copain* – La ballade des baladins* – Alors, raconte* – Le jour où la pluie viendra* – Le pianiste de Varsovie* – L'enterrement de Cornelius – Age tendre et tête de bois – Et maintenant* – Dimanche à Orly – Nathalie – Les tantes Jeanne – L'orange – Rosy and John – T'es venu de loin* (version 1985) – *Quand il est mort le poète (*deuxième version) – *Je t'appartiens* (version 1970).
  - CD 2. *Je reviens te chercher – L'important c'est la rose – Les cerisiers sont blancs – Monsieur Winter go home – La solitude ça n'existe pas – La vente aux enchères – Un peu d'amour et d'amitié (*deuxième version) – *Charlie, t'iras pas au paradis – Le bain de minuit – Les petites mad'maselles – Seul sur son étoile – L'indifférence – Désirée – Mustapha Dupont – Encore une fois – C'est en septembre – Crois-moi, ça durera.* EMI 837 588 2 (1996).
  Nota : les 6 CD qui précèdent ne sont pas sous label Odéon.
- BécOlympia. Gilbert Bécaud à l'Olympia. Meilleurs moments 1955-1983
  - CD1. *Février 1955. C'était mon copain – Laissez faire, laissez dire – La ballade des baladins – Viens – Mes mains – Quand tu danses* octobre 1957. *Il fait des bonds... le Pierrot qui danse – Les marchés de Provence – Salut les copains – Le jour où la pluie viendra*

Octobre 1959. *Viens danser – Le marchand de ballons*
17 octobre 1963. *La grosse noce – Les tantes Jeanne – Dimanche à Orly – Et maintenant*
18 novembre 1964. *Mourir à Capri*
1966. *Le petit oiseau de toutes les couleurs – Rosy and John – Quand il est mort le poète – Nathalie*

- CD2. 24 novembre 1967. *Les petites mad'maselles – Je reviens te chercher – L'important c'est la rose*
29 octobre 1970. *La solitude ça n'existe pas – La vente aux enchères – Le bain de minuit*
1973. *Monsieur Winter go home – L'absent.* Ces titres sont extraits de l'Olympia 1975
1975. *Un peu d'amour et d'amitié – L'indien*
Octobre 1977. *Les cerisiers sont blancs – Charlie, t'iras pas au paradis – L'indifférence*
1980. *C'est en septembre – L'orange*
1983. *Désirée – Je t'appartiens*
Premier album Odéon. Livret avec textes de Gilbert Bécaud, Pierre Desgraupes, Jean-Louis Dababie, Bruno Coquatrix, Georges Simenon. ODEON/EMI 821 041 2 (1997).

- Bécaud : 20 chansons d'or
Et maintenant – Nathalie – Quand il est mort le poète – L'important c'est la rose – Et maintenant (version 1964) *– Les marchés de Provence* (version 1964) *– Nathalie – Le pianiste de Varsovie* (version 1964) *– L'orange – Quand il est mort le poète* (deuxième version) *– T'es venu de loin* (version 1985) *– L'important c'est la rose – Le petit oiseau de toutes les couleurs – La solitude ça n'existe pas – Charlie, t'iras pas au paradis – C'est en septembre – L'indifférence – Désirée – Mes mains* (version 1964) *– L'enterrement de Cornelius – Dimanche à Orly – Monsieur Winter go home – Les tantes Jeanne – Les petites mad'maselles.* Ce CD ne comporte pas le label Odéon. Emi France 496513 2 (1998).
- Bécaud à l'Olympia. Les meilleurs moments 1955-1983. x2
C'était mon copain – La ballade des baladins – Mes mains – Quand tu danses – Les marchés de Provence – Le jour où la pluie viendra – La grosse noce – Les tantes Jeanne – Dimanche à Orly – Et maintenant – Le petit oiseau de toutes les couleurs – Quand il est mort le poète – Nathalie – Je reviens te chercher – L'important c'est la rose – La vente aux enchères – Charlie, t'iras pas au paradis – L'indifférence – Je t'appartiens. EMI/ODEON 821.044 (1999)
- Bécaud. Faut faire avec...

*Faut faire avec... – Les marins – When we dance – La chambre – Les gens de l'île – Felicita – Chante-moi – L'arbre – Le poisson rouge – La fille au tableau – Dieu est mort (*nouvelle présentation de *L'un d'entre eux inventa la mort) – Pour oublier quoi.*

Faut faire avec... (claviers-programmation André Manoukian, guitares Robert Le Gall, batterie Gil Gimenez, scores et direction de cordes Frédéric Sens, cordes Anne Gravoin/violon solo, Hélène Blazy, Daniel Dato, Christophe Bruckert, Strag Koulasezian, Frédric Mangeon, Laurence Allalah-Alirol, Mathilde Sternat) – *Les marins* (claviers-programmation A. Manoukian, guitare/fiddle/-luth/mandole/mandoline R. Le Gall, batterie G. Gimenez, basse Leonard Raponi, scores et direction de cordes F. Sens, cordes A. Gravoin/violon solo, Annie Morel, Vinciane Béranger, M. Sternat) – *When we dance* (piano A. Manoukian, banjo R. Le Gall, batterie Gimenez, basse L. Raponi, sax alto Philippe Sellam, sax tenor/clarinette Thomas Savy, trombonne solo Gilbert, voix Debbie Davis, scores et direction d'orchestre F. Sens, cordes A. Gravoin/violon solo, A. Morel, V. Béranger, M. Sternat) – *La chambre* (claviers-programmation A. Manoukian, guitares/basse R. Le Gall, batterie G. Gimenez, featuring Marcel Azzola à l'accordéon) – *Les gens de l'île* (piano Gilbert, guitare/mandol/mandoline/fiddle R. Le Gall, percussions Klifa Rachedi, programmation F. Sens, cornemuse/flûte/Loïc Tallebrest, voix lead langue corse Petru Guelfucci, chœurs Maï Pesce, Filippu Rocci, Laurent Barbolosi, scores et direction de cordes F. Sens, cordes A. Gravoin/violon solo, A. Morel, V. Béranger, M. Sternat) – *Felicita* (claviers-programmation A. Manoukian, guitares/mandoline R. Le Gall, basse L. Raponi) – *Chante-moi* (claviers-programmation A. Manoukian, guitare-basse R. Le Gall, percussions K. Rachedi) – *L'Arbre* (claviers-programmation A. Manoukian, guitare R. Le Gall, basse L. Raponi, batterie G. Gimenez) – *Le poisson rouge* (guitares/luth/-mandoles/fiddle R. Le Gall, percussions K. Rachedi, flûte irlandaise L. Taillebrest) – *La fille au tableau* (guitare R. Le Gall, batterie G. Gimenez, voix Emily Bécaud, scores et direction de cordes F. Sens, cordes A. Gravoin/violon solo, H. Blazy, D. Danot, Arnaud Nuvolone, Stéphane Tesnier, Véronique Engelhard, Dominique Lemonnier, Fanny Coupe, V. Béranger, F. Mangeon, L. Allalah-Alirol, M. Sternat) – *Dieu est mort* (claviers-programmation A. Manoukian, guitares-basse R. Le Gall) – *Pour oublier quoi* (guitares/banjo R. Le Gall, soubassophone François Thuillier, « rappe à fromage » Gilbert. Enregistré au Studio Rêve

Orange & Studio Guillaume Tell entre septembre 1998 et avril 1999 par A. Manoukian et Roland Guillotel, secondé par Denis Caribaux et Stéphane Briand, assisté par Nicolas Meyer. Voix et chœur des *Gens de l'île* enregistrés en août 1998 au Studio Ricordu à Bastellicaccia/Corse par Antoine Leonardi. Chœurs dans *Felicita, Le poisson rouge, Dieu est mort*, groupe Omettis Gospel : Sébastien Giallella, Mike Tordjman, Vincent Servant, Emmanuel d'Arcy, Catherine Vigon, Michèle Domi, Sylvestre Vigon, Lionel Parnas. Chœurs dans *Chante-moi* : Maryline Precope Komba, E. d'Arcy, Sylvie Troux, Olive Behenga, Ibrahim Tghiam, Blaise Atansane Medou. Mixé au Studio Guillaume Tell par R. Guillotel et S. Briand. Masterisé à Translab par Pompom. Arrangements et direction musicale A. Manoukian. Direction artistique J. Mareska. Réalisé par André Manoukian. EMI/Odéon Records 7243 5 20351 2 0 (1999)

- Gilbert Bécaud, collection L'essentiel. Et maintenant – La solitude ça n'existe pas – Quand il est mort le poète – Dimanche à Orly. *Et maintenant* (version 1964) – *La solitude ça n'existe pas – Quand il est mort le poète – La corrida (*version 1964) – *Faut faire avec – La vente aux enchères – Dimanche à Orly – Les tantes Jeanne – Le jour où la pluie viendra* (version 1964) – *Pilou Pilou hé – La fille de Nathalie – C'était mon copain (version 1964) – Les marins – Alors raconte* (version 1964) – *Desperado – Rosy and John.* Emi 533107 2 (2001)

Test-Pressings
Sans pochette, sans étiquette

- *Viens*. Echantillon invendable. N° . de cire : OLA 21. Rapport de l'usine : 6313. Pathé Marconi. Made in France.
- *Méké, méqué.* N° . de cire : OLA 21. Rapport de l'usine : 6515. Pathé Marconi. Made in France.
- *Mé ké, mé ké – Viens.* 45t.
- *Mon cœur éclate – Patte blanche.* 45t. monoface (1956)
- *Le jouet.* 45t monoface Pyral
- *Les marchés de Provence. Pour qui veille l'étoile.* 45t. monoface (1957)
- *Ran-tan-plan.* Monoface (1958)

- *Au revoir – Heureusement y'a les copains.* G. Jouvin et son orchestre face 2. 45t. (1963)
- *L'orange – Rosy and John.* 17cm monoface (1964)
- *On prend toujours un train pour quelque part.* 45t. monoface (1968)
- *Charlie, t'iras pas au paradis – Le bain de minuit.* 45t. monoface (1970)
- *Chante.* 45t. (1971)
- *L'hirondelle – Le bal masqué.* 45t. (1974)
- *Un homme heureux.* 45t. monoface (1975)
- *L'amour c'est l'affaire des gens – Les Caraïbes.* 45t. (1976)
- *200 years ago – 200 years ago.* (promo-radio). Productions S.M.C.L. inc Cap (1976). 45t. aux faces identiques pour une composition de deux minutes et demie, *200 years ago/200 ans* après rappelle *Le dernier homme* et *Il faut marcher.* Gravée sur étiquette Le Rideau Rouge, la chanson ne sera jamais commercialisée. Bécaud en conservera plusieurs exemplaires au siège des Editions, puis au Poitou.
- *Quand je s'rai plus là – Un instant d'éternité.* 45t. (1978)
- *C'est en septembre.45t.* monoface (1978)
- *Desperado – La fille de Nathalie.* 45t. (1983)
- *On attend, on attend – Les rois du monde.* 45t. (1984)
- *On attend, on attend* – Mustapha Dupont. 45t. (1984)

Autres parutions

- Ils ont gagné le public en 1955.
  Extrait de Passe ton chemin. Supplément gratuit au journal *Fémina.* 45 t. (1955)
- Bande originale du film *Babette s'en va-t-en guerre.* Générique *La Marche de Babette – Londres – La poursuite – Conciliabule* – Final et Générique fin. Bien que la marque Ducretet soit concurrente et rivale de La Voix de son Maître, il ne fait pas le moindre doute que c'est Gilbert Bécaud que l'on entend siffler dans la composition intitulée *La poursuite,* bien que ce genre de prestation lui soit contractuellement interdite. La B.O. de *Babette s'en va-t-en guerre* comporte la version originale piano de *La chanson pour Roseline* qui n'est, en réalité, que le contre-chant du *Rideau rouge.* On reconnaît également, dans une des séquences du film, la mélodie de *Un nouveau printemps tout neuf,* jouée à l'accordéon, et le tempo

particulier de *Viens* sur l'un des autres thèmes. 45t. Ducretet Thomson 450 V 196 (1959)

- *Générique – La poursuite* (extraits de la B.O. du film *Babette s'en va-t-en guerre*). 45t. Ducretet Thomson 500 V 380 (1959)
- Les Djinns et leur parrain
  Incluant *Pilou... Pilou... hé* (Les Djinns et G. Bécaud). Deux enregistrements différents sont publiés. La version initiale – 45t. Ducretet Thomson 460 V 469 (1959) – comporte la voix de G. Bécaud chantant *Pilou...* de concert avec ses filleules artistiques. Son nom n'est pas mentionné, toutefois l'artiste est en photo au dos de la pochette. Dans la deuxième version, sa voix a disparu : La Voix de son Maître a exigé le retrait du disque original, remplacé par un enregistrement exclusivement Djinns, avec une nouvelle référence.
- On cause... on cause
  Pierre-Jean Vaillard (enregistrement réalisé au cours de l'émission « La Joie de Vivre » en présence de G. Bécaud). 45t. Fontana 460647 ME (1960)
- Jeu de massacre n° 2
  Pierre-Jean Vaillard (enregistrement réalisé au cours de l'émission « La Joie de Vivre », en présence de G. Bécaud). 30t. 25cm. Fontana 660207MR (1960)
- Campagne mondiale contre la faim. *Le Bateau miracle* (une chanson, quatre interprétations)
  Le bateau miracle (G. Bécaud) – *The miracle ship* (The Golden Gate Quartet) – *Chombo cha ajubu* (Myriam Makéba) – *El barco del amor* (Los Wawanco). 45t. FAO IA (1968)
- Disque d'Or. 10e anniversaire de Multi-Techniques (entretien). 1709 (1970)
- Extrait de la B.O. du film « La maison sous les arbres ». *La maison sous les arbres – The organization.* Pathé SP 190. Existe aussi en 33t. Emi Pathé 2C 062-1184 (1971)
- B.O. du film Un homme libre. Producteurs et Editeurs : Editions 13/Editions Le Rideau Rouge/Edit. Peter Maurice/France. 33t. 30 cm RCA Victor KPL 1 0010 (1972)
- Une collection de nos plus belles chansons. Coffret 33t 30 cm « 2 disques, 32 chansons, 24 artistes »
  Et maintenant – Mes mains – T'es venu de loin. Promoson SLB 8013
- Spécial Salut les copains. *Kyrie* (séquence spécial jeu radiophonique). Europe 1, hors commerce

- Sauvons la mer. *Monsieur Cousteau.* Emi 2C066 14583 (1977)
- Grands succès, grandes vedettes (coffret 9 disques Sélection du Reader's Digest).
  Et maintenant – Le bateau blanc – Crois-moi ça durera – Les marchés de Provence – Ah dites-moi pourquoi je l'aime – Berceuse pour Gaya – La ballade des baladins – Rosy and John – Le rideau rouge. Coffret SRD YPARTX 84 953/970 (1978)
- Claude François, le film de sa vie. Double album 33t. incluant interview de G. Bécaud. Carrère 67354 (1979)
- Le cadeau de la vie
  Désirée. 33t. Emi ADR 83 (1983)
- Stars for UNICEF
  Nathalie. 33t. Polydor 2335-262 (1983)
- En passant par le Gâtinais. Participation, documents parlés. Cassette Echophonie 18 (1985)
- Coffret Sélection du Reader's Digest, 8 33t 30cm Un peu d'amour et d'amitié.
  1 – 1953 – 1954 : *Mes mains – Les croix – Méqué, méqué – C'était mon copain – Laissez faire, laissez dire*
  1955 – 1956 : *Le marchand de ballons – Alors raconte – La corrida – Le grand magasin – Le pianiste de Varsovie – Salut les copains*
  2 – 1957 : *Les marchés de Provence – Incroyablement – La machine à écrire – Il fait des bonds... le pierrot qui danse – Le jour où la pluie viendra – La ville*
  1958 : *Rantanplan – C'est merveilleux l'amour – Viens danser – Alleluia – Le mur – Si je pouvais revivre un jour ma vie*
  3 – 1959 : *Pilou Pilou... hé – L'enterrement de Cornelius – La cruche – Marie, Marie – Ah si j'avais des sous – Quand tu n'es pas là*
  1960 : *C'était moi – L'absent – Je te promets – Galilée – Quand l'amour est mort – Tête de bois*
  4 – 1961 : *Et maintenant – Natashquan – Miserere – Cavalier du grand retour – Abrina birchoué – Toi le musicien*
  1962 : *La grosse noce – Nicolas – Le bateau blanc – Crois-moi ça durera – Le jugement dernier – Sur la plus haute colline*
  5 – 1963 : *Dimanche à Orly – De l'autre côté de la rivière – Mère douloureuse – Quand Jules est au violon – Au revoir – Les tantes Jeanne*
  1964 : *Nathalie – L'aventure – L'orange – Mon père à moi – Rosy and John – T'es venu de loin*
  6 – 1965 – 1966 : *Ce sont les amoureux – Les jours meilleurs – Quand il est mort le poète – Le petit oiseau de toutes les couleurs – Mademoiselle Lise – Seul sur son étoile*

1966 : *Qu'est-ce que tu attends – Monsieur le président directeur général et le lapin – Hey mon frère – Les beaux quartiers – Petit Jean*
7 – 1967 – 1968 : *L'important c'est la rose – Merci beaucoup – Je reviens te chercher – Les cerisiers sont blancs – La grande roue – On prend toujours un train pour quelque part*
1969 – 1970 : *Silly Symphony – Charlie, t'iras pas au paradis – Vivre – Tu me r'connais pas – Moi je m'en vais demain – Le bain de minuit*
8 – Succès des années 70 : *La vente aux enchères – Je t'aimerai jusqu'à la fin du monde – L'homme et la musique – Je t'appartiens – La solitude ça n'existe pas*
Succès des années 70 : *Liberaçao – Kyrie – La maison sous les arbres – Chante – Hi haïe ho – Un peu d'amour et d'amitié*

- Une voix, un cœur. Coffret Sélection du Reader's Digest Musique. 5 CD F 96013 conçus à partir des répertoires EMI et BMG, avec livret, textes et photos (1998)
1 – 1953 – 1956 : *Mes mains* * – *Les croix* * – *Méqué, méqué – C'était mon copain* * – *Laissez faire laissez dire – Le marchand de ballons – Alors raconte* * – *La corrida – Le pays d'où je viens – Le pianiste de Varsovie* * – *Marianne de ma jeunesse – Je veux te dire adieu* * – *La ballade des baladins* * (* version 1964)
1957 – 1958 : *Les marchés de Provence* (version 1964) – *Il fait des bonds... le pierrot qui danse – Le jour où la pluie viendra* (version 1964) – *La ville – Rantanplan – C'est merveilleux l'amour – Viens danser – Alleluia – Le mur – Si je pouvais revivre un jour ma vie – Salut les copains – Croquemitoufle* (sans les Angels)
2 – 1959-1960 : *Pilou Pilou... hé – L'enterrement de Cornelius – Marie, Marie – Ah si j'avais des sous – Cétait moi – L'absent – Je te promets – Galilée – Quand l'amour est mort – Tête de bois* (deuxième version) – *Le rideau rouge – La princesse de juillet – La marche de Babette*
1961 – 1962 : *Et maintenant* (version 1964) – *Nous les copains – Le condamné – Miserere – Cavalier du grand retour – Abrina birchoué – Toi le musicien* (deuxième version) – *La grosse noce – Nicolas – Le bateau blanc – Crois-moi ça durera* (version 1995) – *Le jugement dernier – Sur la plus haute colline*
3 – 1963 – 1964 : *Dimanche à Orly – De l'autre côté de la rivière* (il s'agit en fait de *La rivière/T'as pas lavé tes mains...)* – *Don Juan – Quand Jules est au violon – Les tantes Jeanne – Nathalie – L'orange – Mon père à moi – Rosy and John – T'es venu de loin* (version 1985) – *Plein soleil – Je t'attends*

1965 – 1966 : *Quand il est mort le poète* (deuxième version) – *Les jours meilleurs – Seul sur son étoile – Le petit oiseau de toutes les couleurs – Mademoiselle Lise – Monsieur le président directeur général et le lapin – Petit Jean – Les petites mad'maselles – Les beaux quartiers – Mes hommes à moi – Le petit prince est revenu – Quand le spectacle est terminé*

4 – 1967 – 1970 : *L'important c'est la rose – Je reviens te chercher – Les cerisiers sont blancs – On prend toujours un train pour quelque part – Charlie, t'iras pas au paradis – Le bain de minuit – Monsieur Winter go home – Les créatures de rêve – Au magasin d'antiquités – La cavale – Les cloches – Je t'appartiens* (version 1970)

1970 – 1973 : *La vente aux enchères – A remettre à mon fils quand il aura seize ans – Je t'aimerai jusqu'à la fin du monde – La solitude ça n'existe pas – Liberaçao – Kyrie – La maison sous les arbres – Hi haie ho – Un peu d'amour et d'amitié* (deuxième version) – *Chante*

5 – 1974 – 1981 : *Il y a des moments si merveilleux – L'hirondelle – Le dernier homme – Le Rhône – L'indifférence – C'est en septembre – Mai 68 – A chaque enfant qui naît – Je ne fais que passer* (deuxième version)

1982 à aujourd'hui : *Désirée – Desperado – Les âmes en allées – L'archange du Golf Drouot – Maria est de retour – La revolutione – Le ciel – Le retour – Mea culpa – Quand t'es petit dans le Midi*

- *Pour toi Arménie.* (C. Aznavour – G. Garvarentz) Participation au disque humanitaire. Association « Aznavour pour l'Arménie ». 45t. Tréma 410459. Distribution France, Pathé Marconi S.A. (1989)
- Les Enfoirés à l'Opéra-Comique. Participation de Bécaud : *Alors raconte* (en duo avec Smaïn), *On ira tous au paradis* (avec les autres intervenants), *la chanson des Restos du Cœur.* CD Tristar Music 481 623-2 (1995)
- *Trop beau* (version 1995) – *Les amoureux du monde.* CD Single Emi SPCD1853 (1995)
- *Crois-moi ça durera* (version 1995) – *Les amoureux du monde.* CD Single Emi SPCD1865 (1995)
- Rainbow City. Participation à l'album de Yann Benoist : *B+B (comme Bécaud/Benoist). Bécaud dit J'appartiens* sur une musique d'accompagnement de Y. Benoist. CD Cass Music – Night and Day YBCM001 (1997)

Disques publicitaires

- *Les cerisiers sont blancs*. Marcillat. 45t. Discothèque de Paris n° 1
- *Nathalie*. Tiercé Panorama. 45t. Tiercé Panorama 3313
- *L'orange*. Tiercé Panorama. 45t 3329
- *On prend toujours un train pour quelque part* (Pierre Spiers). Grosjean-rama. 45t. publicitaire n° 124
- *Nathalie* (Pierre Spiers). Emballades Speed. Souple 20D
- *Quand Jules est au violon*. Paic. 15cm souple MPC1483
- *Quand Jules est au violon*. Discothèque Claudel 33t format 45 (n° 29)
- *La marche de Babette*. 15cm souple Discothèque des Amis MP1059
- *Les cerisiers sont blancs*. 15cm souple Discothèque des Amis
- *Martin*. 15cm souple Sélection Clément 4
- *Scotch tient la vedette*. Disque souple publicitaire 3M
- *Quand il est mort le poète*. Disques Bleus. 45t. 32D
- *Viens danser*. Ruban Armor. Souple
- *Le jour où la pluie viendra*. Uniroyal. 45t. D 12 401
- *Les marchés de Provence*. Cafetière Hellem 45t. 1052/53 ER 8
- *Pilou... Pilou... hé*. 45t. souple sur carton Mexisonor. Monsavon
- *L'importamt c'est la rose (*extrait musical). Paris je t'aime 45t. rose Parfums Yves Saint Laurent.

  Exceptés quelques rares enregistrements, les versions ci-dessus ne sont pas enregistrées par G. Bécaud. A noter toutefois que quelques 45t ont fait l'objet de cadeaux publicitaires.

Autres 33 t.

- Sonorama n° 1. Magazine sonore, disque souple édité par Sonopresse (documents Europe n° 1) et distribué par les N.P.P.P. Au sommaire : l'Opéra de Gilbert Bécaud. *Prélude – De mes yeux*. Entretien & premiers extraits en exclusivité (octobre 1958)
- Sonorama n° 22. Jean Cocteau présente un entretien de Paul Giannoli avec G. Bécaud. Extraits de *Tête de bois – Le rideau rouge – Viens danser – L'absent –Tête de bois*, G.Bécaud s'accompagnant au piano (septembre 1960)
- Sonorama n° 23. Jean-Claude Pascal présenté par Gilbert Bécaud. Extraits de *L'absent, C'était moi*, etc. par J.C. Pascal (octobre 1960)

- Sonorama n° 39. Louis Amade dit *L'écho éperdu des poètes et des musiciens*. Extraits : *Le bateau blanc – La grosse noce – Sur la plus haute colline* (avril 1962)
- Initiation à la Stéréophonie. *Pilou... Pilou... hé*. Présentation Piere Hiégel. Pathé SSTX 101
- Les 30 plus belles chansons d'amour avec Nostalgie. *Je t'appartiens*. 33t. Emi 7910731 (1988)
- 14 des plus grands succès de Pierre Delanoë
  Nathalie. 33t. Emi/PAT 7961631 (1991)

Autres CD

- *Pour toi Arménie*. Identique au 45t. Tréma 410459. Tréma 190 489 (1989)
- Anthologie de la Chanson française enregistrée.
  Les marchés de Provence – Le jour où la pluie viendra – Salut les copains. EPM VC104-9
- Ses plus belles mélodies (pochette Olympia 1972)
  Les marchés de Provence – Dimanche à Orly – Nathalie – Je t'appartiens (version 1970) – Charlie, t'iras pas au paradis – La vente aux enchères – La maison sous les arbres – La Chine – Kyrie – Liberaçao – Chante (Olympia 1970) *– Et le spectacle continue – Top* (orchestral Olympia 1973) *– L'addition, s'il vous plaît, ouais m'sieur* (Olympia 1973) *– Quand tu danses* (Olympia 1972) *– L'indien – L'hirondelle – Ce monde t'attend – Le gitan qui rit tout le temps*. C DIAL 910017-2 (1990). Le seul CD présentant à ce jour la version studio de *L'indien*.
- Nathalie
  L'important c'est la rose – Quand il est mort le poète – Je t'appartiens – Le jour où la pluie viendra – L'orange – Mes mains – A remettre à mon fils quand il aura seize ans – Et maintenant – Le bain de minuit – La solitude ça n'existe pas – Seul sur son étoile – Dimanche à Orly – Nathalie – Le pianiste de Varsovie – Le petit oiseau de toutes les couleurs – Je t'aime. CD Universe Un 3128
- Et maintenant
  Et maintenant – L'important c'est la rose – Nathalie – Quand il est mort le poète – Mes mains – Seul sur son étoile – Je t'aime – Le petit oiseau de toutes les couleurs – Le pianiste de Varsovie – Je t'appartiens – L'orange – A remettre à mon fils quand il aura seize ans – Le jour

où la pluie viendra – Dimanche à Orly – La solitude ça n'existe pas – Le bain de minuit. Duchesse CD 352127 (1991)

- 18 chansons formidables. The sound of France
  Nathalie. BR MUSIC BR CD 124 (1990)
- Bonjour la France. Volume 1 (2X)
  Nathalie – L'important c'est la rose. BR MUSIC BS 8014-2 (1993)
- Hit-parade du siècle (double CD).
  Et maintenant. Polygram-Lederman 816733-2
- Succès Fous. Volume 1
  Désirée. Carrère Music 50198
- 14 des plus grands succès de Pierre Delanoë.
  Nathalie. Identique au 33t. 7961631. PAT 796163
- L'âme des poètes. L'essentiel de la chanson française. Volume 1. MUSIC/ODEON 837 263 2
- L'âme des poètes. L'essentiel de la chanson française. Volume 2. *L'important c'est la rose.* MUSIC/ODEON 852 514 2
- L'âme des poètes. L'essentiel de la chanson française. Volume 3. *Nathalie.* Inclus également *Marie Marie* par Marlène Dietrich. MUSIC/ODEON 854 847 2
- Les plus grandes chansons du siècle. Mission 2000, disque officiel de la célébration nationale. *L'important c'est la rose* par G. Bécaud. Universal 542 055 2 (1999)
- Tolérance. *Je t'appartiens* (version album Y. Benoit). Puzzle productions. Music International (1999)
- La grande épopée du Music-Hall. Coffret 3 CD.
  CD 1 (les éternels du Music-Hall) : *Mes mains.* Remastérisation haute-définition EMI/Pathé Patrimoine du XXe siècle. EMI 5 29 499-2 (2000)
- Déclaration d'amour. 20 façons de dire « je t'aime ».
  Mes mains par G. Bécaud. EMI 7243 525105-2 8 (2000)
- Légendes. X2
  Nathalie par G. Bécaud. Sony Music/BMG Music/Versailles VER 497 608 2 (2000)
- Mega France. L'essentiel de la Chanson Française. X4
  Je t'appartiens par G. Bécaud. WAGRAM 3062182 (2000)
- Total désastre. « L'album au profit des oiseaux mazoutés ». *Les marins.* Les bénéfices des ventes de cet album sont intégralement reversés à la L.P.O. (Ligue de Protection des Oiseaux). MD 10 MU 863 (2000)
- Les grandes chansons du siècle. 3X
  L'important c'est la rose. Edition long format, avec livret de 52 pages. Universal 542 056-2 (2000)

Cassettes
Reprise de la plupart des 33t. 30 cm et CD

- Plus d'une heure de musique. Enregistrements originaux (compilation)
  Nathalie – Le bateau blanc – Roy and John – T'es venu de loin – Tête de bois – Croquemitoufle – Pleure pas petit frère – Musicien de jazz – Mustapha Dupont – On attend, on attend – Je t'appartiens – Les croix – C'était mon copain – Mes mains – Marianne de ma jeunesse – Le jour où la pluie viendra – Pilou... Pilou... hé – Ah ! si j'avais des sous – Marie, Marie – La grosse noce – Monsieur Winter go home – Les marchés de Provence. Cette cassette n'existe ni en 33t., ni en CD. EMI 2515774 (1988)

Chantez avec Gilbert Bécaud

- Star Karaoké. Chantez les succès de Gilbert Bécaud
  C'est en septembre – Et maintenant. Face 1 version play-back stéréo sans voix. Face B version chantée (voix canal guide droit). Music Planning Production. Star Karaoké Cassette PO 733.920 006 (1991)
- Play-Backs
  C'est en septembre. Collection Carat OK, dirigée par J. Foucher. CD volume 12. Distribution Carat OK/Ed. Pluriel
- Play-Backs
  Et maintenant. CD volume 24. Carat OK/Ed. Pluriel
- Play-Backs « Spécial Gilbert Bécaud »
  Quand il est mort le poète – L'important c'est la rose – Le petit oiseau de toutes les couleurs – Dimanche à Orly – La solitude ça n'existe pas – Le pianiste de Varsovie – Désirée – Rosy and John – Nathalie – Les tantes Jeanne – Le jour où la pluie viendra – Les marchés de Provence. Titres reproduits dans la tonalité de la chanson originale. Réalisation artistique (piano, basse, guitares, rythmiques) avec P. Houdusse, S. Angin, D. Lacroix, C. Brouillé. CD volume 56. Carat OK/Ed. Pluriel (1996)

- Play-Backs, répertoire Gilbert Bécaud (avec chœurs + version chantée). Enregistrement réalisé en instrumentation acoustique. 21252 Ed. Pluriel (2002)
- 1 000 choristes rendent hommage à Gilbert Bécaud. Enregistrement réalisé en public le 4 août 2001 au stade Pibarot à Alès pour la quatrième Semaine Chantante, présenté par le Grand Chœur Languedoc-Roussillon, la mairie d'Alès, avec le parrainage de Jean Ferrat. CD et Vidéo sur commande : Les Fous Chantants, Espace André Chamson, 2, place Henri-Barbusse, 30100 Alès (2001)
- Chantez avec Bécaud. Recueil pour deux ou trois voix égales de jeunes, petits groupes et chorales, par P. M. Dubois. *L'important c'est la rose – Chante – Sur la plus haute colline – Quand il est mort le poète – Le petit oiseau de toutes les couleurs*
- Je chante les tubes. Paroles seules avec accords pour tous instruments. Ed. P. Beuscher-Arpège.
  Volume 1 : *Mes mains* (1989)
  Volume 3 : *Et maintenant – L'important c'est la rose*
  Volume 4 : *Quand il est mort le poète* (1994)
  Volume 5 : *Le petit oiseau de toutes les couleurs* (1994)
- Diapason Rouge. Carnet de 400 chansons avec accords. *Je reviens te chercher – L'orange – Le bain de minuit – Les cerisiers sont blancs – Les petites mad'maselles*, etc. Volume 3. Réalisé par le Mouvement Eucharistique des Jeunes et des Scouts de France. Presses d'Ile-de-France (éd. 2000)
- 186 succès de la chanson française. Paroles de chansons, notamment *Le jour où la pluie viendra – Les marchés de Provence – Nathalie – Le petit oiseau de toutes les couleurs*. Ed. La Boîte aux Lettres/Albi (2001)

DISCOGRAPHIE INTERNATIONALE

Allemagne (ex-R.D.A.) – Argentine – Australie – Belgique – Brésil – Canada – Chili – Colombie – Costa-Rica – Equateur – Espagne – Etats-Unis – Grande-Bretagne – Grèce – Iran – Italie – Japon – Mexique – Pays-Bas – Portugal – Suède – Ex-Tchécoslovaquie – Ex-U.R.S.S. – Venezuela – Ex-Yougoslavie.

Discographie internationale, additifs et bibliographie disponibles sur internet : http://www.bernard-reval.com/becaud

ANNEXES & REFERENCES

L'ENFANT DU SOLEIL

1927 à 1952

1 — L'enfant du pays. FR3. A. Blanc & C.Chebrel. 07 12 1973.

2 — Gilbert raconte Bécaud. Europe numéro 1.

3 — Dimanche 10 décembre 1939, Nice, Foyer Pauliani, grand gala de music-hall à 15 h avec Colette Andry (soprano-dagazon), Jane Monteri (soprano lyrique), Christiane Méry (soprano lyrique), Molinari et Carmen (du Corps de Ballet de l'Opéra de Nice), Ghislaine Restellini (danseuse classique), Paul Laffont (ténor lyrique), Roger Robin (le Fernandel niçois), Georges Nys (ténor léger), Eve la Vallée (chanteuse fantaisiste), Edmond Bastio (baryton d'opérette), Pradel (genre Charles Trenet), Janus (populaire fantaisiste), Gilbert Silly (pianiste et chanteur, prodige de neuf ans). Au piano d'accompagnement, Lucien Delrieu, Mario Bua, Mlle Armitano. Orchestre sous la direction de M. Molinari.

4 — Almanach Radio Luxembourg, 1964.

5 — Jean Nohain. *Notre temps*, 01 1977.

6 — Gilbert Bécaud : Portrait. Paris Première. C. Mesnil, 1993.

7 — Louis Amade – *Et ce sera ta passion de vivre.* Hachette-RTL, 1982.

8 — Louis Amade intervient et obtient des Forces Françaises de l'Intérieur les certificats qui attestent le rôle d'agent de liaison du 25 juillet au 31 octobre 1944 auprès du commandant Planche, dirigeant les FFI Savoie à Chambéry et du chef du SRMU à Albertville, avec l'appui d'Albert Willemetz, alors président de la Sacem.

UNE EXPLOSION A L'OLYMPIA

1953, 1954

1 — Louis Amade – Et ce sera ta passion de vivre. Hachette-RTL. 1982.

2 — Jean-Françis Goerres – Ouvertures. L'œuvre de Louis Amade. Liège. 1983.

3 — Bobino 1953. Extrait de presse des *Nouvelles Littéraires*, 10 décembre 1953.

« Gilbert Bécaud possède une voix tellement tonitruante qu'il pourrait facilement se passer du micro. Il a besoin d'apprendre encore le métier de diseur, mais s'il arrive à bien réfréner certains signes de nervosité, quelques hurlements, un style de jazz et des mouvement chaotiques, peut-être parviendra-t-il à s'imposer. Mais ce compositeur est divertissant, entre une femme-colosse, des danseuses acrobatiques et l'homme singe. »

4 — Olympia 1954 (du 5 février au 18 février) :
Les Craddocks, Les ballets d'Andalousie, André Martin, Les Stating Olandos, Les Towas, Les Gambys, Gilbert Bécaud. En vedette : Lucienne Delyle et Aimé Barelli.
Le 11 février, Paris-Inter diffuse partiellement la Boum H.E.C. (le gala annuel de l'Ecole des Hautes Etudes Commerciales) avec G. Bécaud, Philippe Clay, Léo Ferré, Nicole Louvier et Jacques Tati.

1955, 1956

1 — Première tournée 1955. Départ de Paris : mercredi 12 janvier par avion. 13, Rabat, Colisée Cinéma. 14, 15, 16, Casablanca, Colisée Cinéma.17, Meknès. 18, 19, Oran, Colisée Cinéma. 21, 22, 23, Alger Cinéma Colisée. 24, Bone. 25, Tunis, Cinéma Colisée. Fin de la première partie de la tournée.
26 janvier, retour sur Paris en avion (arrivée à Paris le même jour à 22h.) 27, repos à Paris. 28, Roanne, Salle des Fêtes. 29, Chambéry, Théâtre Municipal. 30 matinée, Voiron, Théâtre Municipal. 30 soirée, Grenoble, Théâtre Municipal. 31 janvier, Valence, Salle des Fêtes. 1er février, Montpellier, Théâtre Municipal. 2, Avignon, Cinéma Palace. 3, matinée et soirée, Nice, Casino Municipal. 4, 5, 6 m&s, 7 m&s, Marseille, Théâtre des Variétés. 8, Toulon, Théâtre Municipal. 9, Orange, Capitol Cinéma. 10, Clermont-Ferrand, Novelty Cinéma. 11, Saint Etienne, Eden Théâtre. 13 m&s, Albi, Théâtre Municipal.

2 — Olympia 1955 (du 17 février au 8 mars).
Spectacle présenté par Yvonne Pascal, orchestre sous la direction de Gaston Lapeyronnie. Aux grandes orgues : Dany Revel. Assistant technique : Roger Pradines. Première partie : Les Riga, Sim (en supplément au programme), Danièle Dupré, Les marionnettes d'Yves Joly, Claude Luter et son orchestre, avec les Latin Bob Stars. Deuxième partie : Clifton, Vic et Adio, Gilbert Bécaud accompagné par Raymond Bernard et son ensemble.
Extrait de presse du journal *Franc-Tireur* : « La salle suivit en

trépignant, on eût dit le pavillon des agités un soir d'orage. Sur la scène, le petit Bécaud dansait une danse du scalp. "Viens, viens", sur le rythme d'un moteur dont on a coulé une bielle. Quelques textes bêtes à pleurer, une musique syncopée si loin de la musique que c'en est gênant et tout cela suffisait à déchaîner l'enthousiasme. Curieuse jeunesse. Bien sûr, il ne s'agit que de music-hall et de distraction, mais cela sent quand même encore la décomposition des années noires, et ce n'est pas demain que le peuple, le plus spirituel de la terre, dit-on, retrouvera son équilibre et son esprit. »

3 — Jean-Michel Boris & Marie-Ange Guillaume – *28 boulevard des Capucines*. Acropole. 1991.

4 — Gilbert raconte Bécaud. Europe numéro 1

5 — Eté 1955 : 1er juin, Bandol, 4 juillet, Montauban. 8, Pontaillac. 9, Châtelaillon (au Casino, Bécaud fait la connaissance de Georges Amade, le frère de Louis). 18, 19 juillet, Mont-Dore, Casino. 24 au 30 août, Trouville.

6 — Olympia 1956 (du 8 au 28 février) :
Avec Francis Claude, Renald et Rody, Albert Sturm, Le Ballet Léon Destine, Paulette Zoïga, Jeanne Darbois, Les Catalas, 2 Francy. En supplément au programme, Les Trois Ménestrels.

7 — Août 1956 : 1, Monaco. 2, Sainte-Maxime. 3, Saint-Raphaël. 4, Istres. 5, Digne, plein air. 6, Bandol. 7, Juan-les-Pins. 8, Le Lavandou, Casino. 9, Annecy, Casino. 10, Plombières, Casino. 11, La Bourboule, Casino. 12, Poilly-lez-Gien. 13, Néris-les-Bains. 14, Vichy. 15, Royat. 16, Divonne-les-Bains, Casino. 17, Montrond-les-Bains, Casino. 19, Gèmenos. 20, relâche. 21, Vic sur Cère. 22, relâche. 23, Dieppe St Valérie. 24, Trouville, Casino. 25, Knokke. 27, Deauville. 28, Cabourg. 29, Bergerac. 30, Canet-Plage. 31, Luchon.

8 — Olympia 1956 (du 5 au 25 décembre) :
Avec Moustache, Mathilde Casadesus, Hanna Ahroni, Los Tres Diamantes, Les Carsony, Jean Harold, Pier Cartier, Helmut Gunther, Les 3 Bedonis.
Filage : *Mon cœur éclate – La corrida – Ça – Je t'ai ouvert les yeux – La passion de vivre – Le marchand de ballons – Viens – Alors raconte – Le pianiste de Varsovie – Ça claque – Quand tu danses – Le pays d'où je viens – La ballade des baladins.*

1957, 1958, 1959

1 — Olympia 1957 (du 19 septembre au 8 octobre) :
Avec Umberto Basso, Les 3 Sallays, Ray Romaine et Claire, Claude Goaty, Dalida, Hazy Osterwald Sextet, les 16 George Carden Dancers, Suzanne Gabriello.
Il fait des bonds... le Pierrot qui danse – La corrida – Ça – La ville – Le marchand de ballons – Les marchés de Provence – Salut les copains – Viens – Alors raconte – Le pianiste de Varsovie – Ça claque – Le jour où la pluie viendra – Quand tu danses – Le pays d'où je viens.

2 — B.B. en chansons. J.L. Remilleux & R. Coutas. France 2. 1993.

3 — *Télé Star.* 01 03 1993. A. Rannou.

4 — *Le Parisien.* 16 02 1993. A. Morel.

5 — Dès les premières minutes, Bécaud entend sa musique. Il est Angelo, Sicilien échoué dans les filets de Mickey Mac Creagh, un soir de tempête sur le plus pauvre des îlots de granit, pointe avancée de l'Irlande : les îles d'Aran. Il dérange la population de pêcheurs et de paysans dont la vie extrêmement dépouillée est figée, immuablement tracée. Dans cette contrée noyée de brumes et battue par les tempêtes, où chacun rêve qu'il doit exister autre chose au-delà de l'océan gris, le corps de l'inconnu ramené dans les filets enfièvre les imaginations et les cœurs. Qui est-il ? D'où vient-il ? L'étranger n'est pas mort, on le réchauffe, on le soigne, on l'écoute parler. Cet homme du Midi se dit prince, il raconte des contes de fées extraordinaires, et les filles deviennent folles de lui, de son pays, du ciel bleu de la Sicile. Les gens de l'île le traitent en héros, ce qui finit par lui monter à la tête ! Plus personne ne peut distinguer le réel de l'imaginaire. Le nouveau venu s'éprend de Maureen, une jeune fille vivant dans le souvenir éternel de son fiancé, vaincu par la vie. La belle Maureen refuse de l'entendre, mais au cours d'une scène dramatique dans la meilleure tradition de l'opéra, la mère de la jeune fille, au moment de mourir, croit reconnaître son fils dans la personne de l'étranger : elle pousse Maureen dans les bras de Mickey. Le tableau se termine sur leur réconciliation, ils s'aiment et ils vont être heureux. Mais voilà qu'un bateau accoste et que sur la passerelle s'avance un fort bel homme qui, lui, est du pays : c'est l'ancien fiancé de l'héroïne, disparu, et que l'on croyait mort. Le rideau se ferme, le drame est noué, c'est la fin du premier acte.

Le retour de Sean précipite le cours des événements. Il veut renouer avec le passé, elle refuse de l'entendre. Découvrant que son amour est trahi, Sean provoque Angelo en duel au fouet, un dimanche à la sortie de l'église. Maureen est aveuglée par un coup de lanière : la voilà donc liée pour toujours au destin d'Angelo, le poète – ou le menteur. Sean comprend alors que son geste l'a perdu, il prête sa barque aux amants pour quitter Aran. Tous deux s'embarquent sous l'orage qui gronde pour s'engloutir dans l'océan.

6 — Agenda des concerts 1er trimestre 1958 :

Janvier : du 3 au 8, Barcelone, Salon Emporium. 9, relâche. Du 10 au 13, Madrid, Parapage Hôtel, Salon Washington. 14 au 18, Paris. 19, Auzin, Théâtre. 20, Lille, Ritz. 21, Le Havre, Rex. 22, Dunkerque. 23, Boulogne, Kursaal. Du 24 au 30, Liège, Palace. 31, relâche.

Février : du 1er au 6, Bruxelles, Ancienne Belgique. 7, Gand. 8, Renaix. 10, Louvain. 14, Bruxelles, télévision. Du 15 au 20, Anvers, Ancienne Belgique. 21, relâche. 22, Gstaad, Palace Hôtel. 23, 24, relâche. 25, Genève. Victoria Hall. 26, Lausanne, Le Beaulieu. 27, Saint-Etienne, Eden. 28, Orange.

Mars : 1er, Marseille. 2, Avignon. 3, 4, Nice. 5, Montpellier, Opéra. 6, Perpignan, Nouveau Théâtre. 7, Toulouse. 8, 9, Bordeaux, Alhambra. 10, Nantes, Apollo. 11, Brest. 12, Lorient, Royal. 13, Le Mans, Français. 14, relâche. 15, 16, Lyon. 17 retour Paris.

A retenir également le 8 mai 1958, un « Musicorama », exceptionnel à l'Olympia.

Tournée été 1958 :

Juillet : du 1er au 14, dates réservées sur Paris. 15, Vichy, Casino. 16, relâche. 18, Lourdes. 20, Paris. 22, Fernay Voltaire. 23, Royat, Casino. 24, Uriage, Casino. 25, relâche. 26, 27, Casablanca. 28, Tanger. 29, Cabourg. 30, relâche. Luxeuil, Casino.

Août : 1er, relâche. 2, 3, Oran. 4, relâche. 5, Evian, Casino. 6, relâche. 7, Cassis, Casino. 8, Issambre, plein air. 9, 10, Cannes. 11, Le Lavandou, Paradise. 12, Peymenade, plein air. 13, Nice, Palais de la Méditerranée. 14, Menton, plein air. 15, Knokke. 17, Saint-Raphaël. 18, Beaulieu, Casino. 19, Juan-les-Pins, Maxims. 20, Monaco, plein air. 21, Le Grau-du-Roi, Casino. 22, relâche. 23, Trouville, Casino. 24, Ostende, Kurssal. 25, relâche. 26, Arcachon, Casino. 27, Pontaillac, Casino. 28, Biarritz, Casino. 9, Vic sur Cère, Casino. 30, Canet-Plage, Casino. 31 (matinée), Puylaurens, plein air.

7 — Prévisions du planning « Eté 1959 » (fiche de l'agence Tavel et Marouani établie le 27 mars 1959) :

Juin : 1 et 2, Paris. 5 et 6, Luxembourg. 8 au 27, repos à la montagne. 28 Yvoy le Marron. 30 juin au 4 juillet, enregistrements Pathé Marconi à Paris (1, 2 et 3 juillet, enregistrements en « langues étrangères »). 7 juillet, Paris départ pour Madrid. 8, 9, 10, Madrid Villa Rosa. 11 et 12, Palma de Majorque. 13, relâche. 14, Mourouville, Casino. 16, Divonne-les-Bains. 17, Dijon (voir Pierre Delanoë). 18, Aix-les-Bains, Casino. 21, Annecy, Casino. 23, Châtelguyon, Casino. 24, relâche. 25 et 26, Cannes, plein air Théâtre aux Etoiles. 28, Monaco, Albert 1er. 29, Juan-les-pins. 30, le Grau du Roi, Casino. 31 juillet Dieulefit, plein air.

Août : 2 août, Sanary. 3, Nice. 4, Le Lavandou. 5, Sainte-Maxime. 6, Saint-Raphaël. 7, Cassis. 8, relâche. 9, Aix-les-Bains. 13, Saint-Malo. 14, Le Touquet. 15, Deauville. 17, La Beaule. 18, Arcachon. 19, Biarritz. 20, Hossegor. 21, Nie. 22, Châtellaillon. 23, Les Sables d'Olonne. 24, Pontaillac. 28, Plombières. 29, Knokke. 30 et 31 août Hollande.

8 — Filage avant-première à Versailles et Olympia 1959 (du 8 février au 16 mars) : *Il fait des bonds... le Pierrot qui danse – Si je pouvais revivre un jour ma vie – Viens danser (bis) – Hermano – La cruche – Croquemitoufle – Ran tan plan – Le mur – Le jour où la pluie viendra – Quand tu danses – Alleluia – Le rideau rouge – Les Marchés de Provence*

9 — Olympia 1959 « le spectacle 100 000 volts 1959 ! » (du 9 février au 16 mars) :

Avec Linon, Jo Jac et Johnny, Mr J.M.P. (Jean-Marie Proslier), Brenda Lee, George Reich et ses ballets Holympia, Jacques Bodoin, Colette Marchand (nouveaux talents : Maria Lerma).

Le 9 février, après le spectacle, Bruno Coquatrix invite le tout-Paris à le rejoindre sur la scène transformée en décor de fête foraine pour célébrer le cinquième anniversaire de l'Olympia.

Le 26 février, à minuit, devant 3 000 personnes, Bécaud participe au Gala de l'Union des Artistes parrainé par Gérard Philipe et organisé par Georges Cravenne et Alain Duchemin sous le chapiteau du Cirque d'Hiver. Après les trois coups frappés par Jean-Louis Barrault en Arlequin, il apparaît en Monsieur Loyal, « étourdissant de brio en dressant des amazones : les danseuses de l'Opéra ». Alain Delon présente un numéro de trapèze, Marie-Josée Nat s'adonne au jeu de la corde raide à douze mètres du sol, Claude Bessy est un faux serpent dressé par Roger Hanin. Brigitte Bardot, invitée, boude la soirée...

Le 20 mars, Bécaud reçoit le Prix Orange, aux côtés de Gina Lollobrigida et d'Henri Verneuil (les prix Orange et Citron récompensent les artistes et les réalisateurs jugés les plus – ou les moins) coopératifs avec la presse.

AGE TENDRE ET SUCCES FOUS

1960, 1961, 1962

1 — Préparation tour de chant été 1960 : *Je me balance – Si j'avais des sous – L'absent – Viens danser – C'était moi – Galilée – Viens – Marie, Marie – Pilou Pilou Hé* (bis) *– Le mur – Le jour où la pluie viendra – L'enterrement de Cornelius – Le rideau rouge – Les marchés de Provence.*

2 — Olympia 1960 (du 22 septembre au 20 octobre) :

Dans ses feuillets, Louis Amade note un grand nombre d'indications : le tour de chant de l'Olympia 1959, le programme en préparation pour l'été 1960, les chansons n'ayant pas été interprétées entre-temps, le répertoire adapté à l'Olympia en 1960. Un travail en profondeur pour Bécaud, renouvelé automatiquement à chaque rentrée, avec un emplacement pour l'indice de vente des disques, l'estimation des places réservées, les dates...

Avec La Famille Hernandez, Los Cinquo Latinos, Le Ballet Mille Millions de Dollars, Larry Griswold, Jean-Marie Proslier, Suzanne Gabriello.

Olympia 1960 :

Je me balance – Si j'avais des sous – L'absent – Viens danser – C'était moi – Galilée – Viens – Marie Marie – Tête de bois – Pilou Pilou Hé (bis) *– Le mur – Le jour où la pluie viendra – L'enterrement de Cornelius – Le rideau rouge.*

3 — Entre le 11 février 1961, date où Bécaud s'envole avec Jean depuis Le Bourget pour Amsterdam via Montréal et le 3 avril, il enchaîne les aéroports depuis Montréal, Québec, Beyrouth, Nicosie, Tel-Aviv, Rome, Nice, Genève, Lausanne et Fribourg...

Bruxelles, Palais des Beaux-Arts (24 mai 1961) :

Je me balance – Si j'avais des sous – Je t'ai ouvert les yeux – Viens danser – C'était mon copain – La princesse de juillet – Salut les copains – C'était moi – Galilée – Quand l'amour est mort – Tête de bois – Viens – Le mur – Le pianiste de Varsovie – La corrida

Alors raconte – Si je pouvais revivre un jour ma vie – Je t'appartiens – L'absent – Adieu bonjour – Martin – Méqué, méqué – Marie, Marie – Alleluia – Pilou... Pilou... hé – Je veux te dire adieu – Le jour où la pluie viendra – Présentation – *L'enterrement de Cornelius.*

4 — Olympia 1962 (du 22 mars au 24 avril) :

Avec Les Djinns, Anne Sylvestre, Les Ballets Arthur Plasschaert, See Troupe, Phoque de Danion, Castel et Sahuquet, Norbert.

Dans ces moments-là – Si je m'en reviens au pays – Contre vous – L'absent – Nous les copains – Le bateau blanc – La grosse noce – Sur la plus haute colline – Tête de bois – Le jugement dernier – Le jour où la pluie viendra – Et maintenant – L'enterrement de Cornelius – La ballade des baladins.

1963, 1964

1 — Horaires tournée

22 février 1963 : Paris Orly départ 12h45. Tel Aviv arrivée 17h40
5 mars : Tel Aviv, dép. 9h30. Athènes arr. 11h15
7 mars : Athènes, dép. 16h. Beyrouth arr. 18h45
Beyrouth dép. 19h45. Téhéran arr. 23h20
8 mars : Téhéran dép. 0h15. New Delhi arr. 5h3
New Delhi dép. 6h15. Bangkok arr. 11h10
Arrêt Hôtel Drawan
Bangkok dép. 12h. Hong Kong arr. 15h15
Arrêt 24h Hôtel Miramar
9 mars : Hong Kong dép. 18h. Tokyo arr. 22h30.

2 — 0lympia 1963 (à partir du 30 septembre) :

Avec Nancy Holloway, Patricia Carli, Jacques Martin, Avron et Evrard, Gil Dova, King Toys, Franck et Johnny, Les Ballets d'Arthur Plasschaert.

Heureusement y'a les copains – Si j'avais une semaine – Trop beau – Viens danser – La grosse noce – Les tantes Jeanne – Le bateau blanc – Dimanche à Orly – La route – Toi – Quand Jules est au violon – Je t'attends – Et maintenant – La ballade des baladins.

3 — Planning avril, mai, juin, juillet et août 1964 :

Avril (position au 27 mars 1964) : 2, Marseille, presse. Du 3 au 8, Marseille, Gymnase. 9, 10, relâche. 11, Cannes. 12, Orly, cocktail à l'aéroport. 14, Limoges, Grand Théâtre. 15, Orléans, Théâtre Artistique. 16, Rouen, Théâtre des Arts. 17, Chartres, Rex. 18, Amiens, Cirque Municipal. 19 m&s, Fontainebleau, Théâtre. 20, Caen, Eden. 21, Rennes, Royal. 22, Brest, Celtic. 23, Lorient, Royal. 24, Nantes, Apollo. 25, Tours, Olympia.

26 matinée, Vendôme, Palais des Fêtes. 27, Bordeaux, Olympia. 28, Toulouse, Gaumont Palace. 29, Rodez, Salle des Fêtes. 30, Montélimar, Vox.
Mai : Bourg-en-Bresse, Eden. 2, Aix-en-Provence, Cézanne. 3 m&s, Nice, Nouveau Casino. 4, Toulon, Fémina. 5, Montpellier, Opéra Municipal. 6, Avignon, Palace. 7, Roanne, Palais des Fêtes. 8, Saint-Etienne, Eden. 9, Dijon, Grand Théâtre. 10, relâche. 11, Strasbourg, Ritz. 12, Nancy, Rio. 13, Metz, Palace. 14, Thionville, Le Paris. 16, Deauville. (...) 28, Arras. 29, Lens. 30, Amsterdam, télévision.
Juin : 8 au 11, Milan, télévision.
Juillet (situation au 1er juillet 1964) : 22, Dieppe, Casino. 23, Trouville, Casino. 24, relâche. 25, Villard sur Allon, Sporting. 26, Genève, Casino. 27, Evian. 28, Annecy, Casino. 29, Cannes. 30, Cassis, Casino. 31, relâche.
Août : 1er, Mont-Dore, Casino. 2, Royat, Casino. 3, Neris-les-Bains, Casino. 4, La Roche P. Casino. 5, Marennes. 6, Saint Ceres, Casino. 7, Souston. 8, Arcachon, Casino. 9, Andorre, plein air. 10, Valras, Casino. 11, Le Cannet, Casino. 12, Saint Jean-de-Luz, Salle des Fêtes. 13, Pontaillac, Casino. 14, La Beaule, Casino. 15, Deauville, Casino. 16, Dinard, Casino. 17, relâche. 18, Carry-le-Rouet, Casino. 19, Saint-Raphaël, Casino. 20, Nice, Palais de la Méditerranée. 21, Beaulieu, Casino. 22, Juan-les-Pins, Maxims. 23, Uriage, Casino. 24, Besançon, Casino. 25, Aix-les-Bains, Casino. 26, Andrezieux, plein air. 27, relâche. 28, Les Sables d'Or, Casino. 29, Saint-Brévin l'Océan, Casino. 30, Saint-Malo, Casino.
Septembre : 2, Vic-sur-Cère, Casino. 3, Bagnères-de-Bigorre, Casino. 4, Créon, chapiteau.

4 — Tournée automne 1964 :
19 octobre, départ Munich (décollage 21h05, arrivée 22h25). 20 et 21, Munich, télévision. 22, retour Paris (décollage 1h15, arrivée 14h20). 23, départ Canada (décollage 10h20, arrivée à Montréal à 12h50). 24, 25, Montréal, promotion. Du 26 octobre au 4 novembre, Montréal, C. Canadienne. 5, relâche. 6,7,8, Québec, Capitol. 9, retour Paris. Du 11 au 17, promotion Olympia. Du 18 novembre au 3 décembre, Paris, Olympia.

5 — Olympia 1964, récital (à partir du 19 novembre) :
Les enfants du voyage – Les tantes Jeanne – Don Juan – Viens danser – C'était moi – Tête de bois – Le bateau blanc – Rosy and John – Alors raconte – T'es venu de loin – La corrida

Mourir à Capri – Mon arbre – La grosse noce – Nathalie – Je t'attends – Quand Jules est au violon – Plein soleil – L'orange – Le jour où la pluie viendra – Le pianiste de Varsovie – Et maintenant – La ballade des baladins.

Un concert en deux temps, l'ensemble habituel d'abord, puis une grande formation, impressionnante de violons, de cuivres et de percussions, dirigée par Raymond Bernard, plus chef d'orchestre que jamais, sans oublier les chœurs de Paris (ex Double-Six), magnifiques dans *L'orange.*

6 — Il Teatro Club presenta Gilbert Bécaud. Roma, Teatro Sistina, 14 décembre 1964

Gilbert Bécaud accompagnato da Raymond Bernard e il sue complesso (Harry Katz alla chitarra, Pierre Lemarchand alla batteria, Alix Bret al contraba-son Gilbert Sigrist all-organo), dalle parole di : Louis Amade, Pierre Delanoë, Charles Aznavour, Maurice Vidalin e Broussole. Direttore di scena Giorgio Scotton.

1965, 1966, 1967

1 — Position de l'agenda des concerts début 1965, tournées produites par Tony Reynaud en accord avec Félix Marouani :

Février : 2, Paris, Châtelet. 10, Toulon, Opéra. 11, Avignon, Capitole. 12 Nîmes, Colisée. 13, Montpellier, Opéra. 14, Sète, Théâtre Municipal. 15, Carcassonne, Opéra. 16, Tarbes, Olympia. 17, Toulouse, Gaumont. 18, relâche. 19, 20, Bordeaux, Français. 21 Périgueux, Théâtre Municipal. 22, Brive, Splendid. 23, Decazeville, Cinéma Family. 24, Millau, Théâtre Royal. 25, relâche. 26 au 28, Lyon, Palais d'Hiver.

Mars : 1er, Romans, Alhambra. 2, Bourg-en-Bresse, Eden. 3, Dijon, Darcy Palace, 4, relâche. 5, Troyes, Cirque Municipal. 6, Montbéliard, Colisée. 7, Nevers, Palace. 8, Limoges, Star. 9, Angoulême, Français. 10, Poitiers, Berry. 11, relâche. 12, Angers, Variétés. 13, Le Mans, Français. 14, Caen, Trianon. 15, Paris, Théâtre des Champs-Elysées. 16, Amiens, Picardy. 17, Le Havre, A.B.C. 18, Reims, Empire Gaumont. 19, Metz, Palace. 23, Paris, Châtelet. 25, Rouen, Omnia. 26, relâche. 27, 28, Lille, Opéra.

Le 6 mars, la première chaîne diffuse un spectacle intitulé « Bécaud », réalisé par Eric Le Hung et enregistré au Moulin de la Galette. Au programme, il joue un mimodrame costumé en Pierrot avec une charmante cover-girl (Katia Kristina), interprète un sketch avec un piano et présente quatre chansons nouvelles : *Il faut marcher, La vie de garçon, Ce sont les amoureux, Quand le spectacle est terminé.*

Avril : 2 au 14, Bruxelles, Ancienne Belgique (relâche le 8). 22, départ pour la Russie.

Mai : 17, retour de Russie.

— 9 représentations de l'Opéra d'Aran à partir du 9 août à Montréal, Place des Arts, sous l'égide de Jean Drapeau. Louis Amade n'assiste pas à la création au Canada, le 8 août il fait parvenir un télégramme : « Au moment où Angelo d'Aran transporte ses rêves éblouis et ses tourments vers vous, amis de Montréal, je vous envoie du fond de la montagne catalane à vous-mêmes, aux réalisateurs, aux interprètes et à Gilbert, le salut fraternel de l'immortelle poésie des hommes. » Le 10, J. Drapeau, maire de Montréal, lui répond par un pli envoyé à Saint Laurent-de-Cerdans : « Toute l'équipe heureuse de votre salut et animée d'une très réelle ferveur portera la poésie d'Aran jusqu'au cœur du pays montréalais prêt à la recevoir, à la comprendre, à l'aimer. Que la montagne catalane vous répète l'écho d'une admiration émue, celle des réalisateurs, des musiciens, des chanteurs, du public et la mienne, partie à votre recherche. »

— Représentations de l'Opéra d'Aran depuis sa création :

— 1962. Théâtre des Champs-Elysées, Paris, 48 représentations.

— 1964. 20, 21, 26, 28, 29 novembre, Lyon, Opéra. 10, 12, 13 décembre, Avignon, Théâtre. 19 décembre, Bruxelles, Gala du Cœur (extraits + *L'enfant à l'étoile* + *Pierre et le Loup*).

— 1965. 31 octobre, Lyon, Opéra. 31 octobre : Strasbourg, Théâtre Municipal. 11, 12, 13, 14, 20, 21 novembre : Lyon, Opéra. 5 décembre : Reims, Grand Théâtre. 24, 25, 26, 31décembre : Marseille, Opéra.

A noter également le 29 novembre 1965, Paris, Salle Pleyel, une soirée exceptionnelle des Jeunesses Musicales de France où Bernard Gavoty présente « Gilbert Bécaud, compositeur, poète, chansonnier ».

— 1966. 1er, 2 janvier : Marseille, Opéra. 28, 29, 30 janvier : Lille, Opéra. 4, 5 février : Rennes, Théâtre Municipal. 4, 5, 6 mars : Rouen, Théâtre des Arts. 4 avril (matinée et soirée) : Avignon, Théâtre. 8 octobre : Namur, Théâtre Royal (création en Belgique). 9 octobre : Huy, Théâtre Communal. 13 octobre :

Liège, Théâtre Royal. 15, 16 octobre : Charleroi, Palais des Beaux-Arts. 26, 29, 30 octobre : Liège, Théâtre Royal. 30 octobre : Calais, Théâtre Municipal. 24, 26 novembre : Dijon, Théâtre. 14, 15, 17, 18 décembre : Toulouse, Capitole.

— 1967. 15 Janvier : Amiens. 21, 22 janvier : Rouen, Théâtre des Arts. 10 février : Troyes, Théâtre Municipal. 22, 25 février : Nice, Opéra. 3, 5 mars : Toulon, Opéra. 15, 17, 19 mars : Nantes, Théâtre Graslin. 13, 16 avril : Grenoble, Théâtre.

— 1968. 10 février : Liège, Koninklijke Opera, Gent. 11 mars : Saint-Etienne, Eden. 15 mars : Angers, Théâtre Municipal. 16 mars : Tournai, Théâtre Communal. 31 mars : Mons, Théâtre Royal. 4 avril : Le Mans, Théâtre Municipal. 25, 28 avril : Liège, Théâtre Royal. 27 avril : Le Kremlin-Bicêtre. 25, 28 mai : Poznan. août : Ostende. 8 décembre : Mulhouse, Théâtre Municipal.

— 1969. 11 janvier : Puteaux, Théâtre des Hauts-de-Seine. 25, 26 janvier : Marseille, Théâtre. 29 janvier : Reims, Grand Théâtre. 21, 23 mars : Toulon, Opéra. 4 juin : Bruxelles, Théâtre Royal de la Monnaie. 5 octobre : Aix-la-Chapelle. 12 octobre : Tourcoing, Théâtre. 19 octobre : Liège, Théâtre Royal. 6 novembre : Anvers, Opéra Royal Flamand. 22, 23, 26, 27, 28 novembre : Metz, Théâtre Municipal. 24, 27 novembre : Bucarest. 29 novembre : Liège, Opéra.

— 1970. 3, 4 janvier : Nancy. 30 janvier : Liège, Opéra. 6 février : Liège, Opéra ; 10 février : Gand, Opéra. 17 février : Charleroi, Palais des Beaux-Arts. 12 avril : Mons, Théâtre Royal.

— 1971. 20, 21 mars : Nice, Opéra. 28 mars : Saint-Etienne, M.C.L.

— 1977. 3 mars : Montpellier, Opéra. 10 mars : Lille, Opéra.

— 1980. Janvier : Nîmes, Théâtre. Marseille, Théâtre.

— 1982. Mars : Toulon. 26, 27 : Rouen, T.D.A. 3, 9 11 septembre : Liège, Théâtre Royal. 16 septembre : Verviers, Grand Théâtre. 19 septembre, Mons, Théâtre Royal.

— 1983. 20 février : Clermont-Ferrand, Opéra.

— 1986. Novembre : Troyes, Théâtre.

— 1994. 9, 11, 12 décembre : Vienne, Konzerthaus, Wiener Symphoniker sous la direction G. Prêtre (G. Bécaud interprète le rôle de Mickey).

— 1998. 30 mars : Le Mans, Théâtre. 14, 16, 18 octobre : Tours, Opéra (présence de G. Bécaud le 14).

— 2000. 5, 6, 8, 9, 10 août : Montmorillon.

2 — Olympia 1966 (du 3 février au 24 mars) :
Avec Les Parisiennes, Pierre Doris, L'Araignée, Les Marionnettes de Leningrad, Les Brandt, Véry, Sylvie Bréa.
Le petit oiseau de toutes les couleurs – Viens dans la lumière – Les jours meilleurs – Je t'aime – Rosy and John – T'es venu de loin – Seul sur son étoile – Le petit Prince est revenu – Je t'attends – Quand il est mort le poète – L'orange – Nathalie – Et maintenant – La ballade des baladins – Quand le spectacle est terminé.

3 — Tournée Italie 1966 : 19 juillet. Trieste (répétition 17h), Hôtel Savoie Excelsior.
20, Trieste. Teatro del Castello di San Giusto.
22, Pise, Teatro jardino Scopo.
23, Venise. Hôtel Excelsior.
24, Montecerini. Teatro Kursal. Hôtel Palace.
25, Riccione. Grand Hôtel de Rimini, Dancing Park.
26, Lignano Sabbiedoro. Grand Hôtel Pinea. Teatro Kriss.
27, Viareggio. La Bujssola di Bernardini (Focette). Palace Hôtel.
28, 29, Milan. Teatro del Castello Sforzesco, Grand Hôtel Principe di Savioa.
30, Nervi. Teatro del Parco Serra. Hôtel Vittoria.

4 — Rendez-vous avec G. Bécaud. F. Arnaud. Hiver 1967.

5 — Distribution de l'*Opéra d'Aran*

	1962	1966
Maureen	Rosana Carteri	Suzanne Sarroca
Mara	Agnes Disney	Virginia Vee
Angelo	Alvino Micciani	André Turp
Mickey	Peter Gottlieb	Gilbert Bécaud
Mc Jorry	Louis Maurin	Claude Méloni
Sean, fils de Mara	Franck Schooten	Roger Soyer
Mc Creah, père de Mickey	Roger Soyer	
Le curé	Henri Médus	
L'homme à la harpe	Michel Llado	

6 — Olympia 1967 (du 17 novembre au 14 décembre) :
Avec Olivera Vuco, André Aubert, Jean-Marie Proslier, Les Ballets d'Arthur Plasschaert, Hermanis, Ramak, Les 7 Louxor, Michèle Montanari.
Les cloches – Merci beaucoup – Je partirai – Je t'attends – Mes hommes à moi – Je reviens te chercher – Seul sur son étoile – Mademoiselle Lise – La rivière – Les petites mad'maselles – Le petit oiseau de toutes les couleurs – Et maintenant – L'important c'est la rose – Nathalie – C'était mon copain.

— Notes personnelles de Louis Amade (de 1955 à 1967) :
Télé-Vacances 10 août 1955 : interview + Chabannes. Mon ami m'a trahi 3'10. Avant son départ pour les USA hôtel.
Cinépanorama 27/12/1956 : Chalais interview. Histoire de sa vie – piano. Les croix, Le pays d'où je viens, Salut les Copains. 4,35.
La nuit électrique 1959. *L'enterrement de Cornelius, Viens danser.*
Le rideau rouge 16/2/59 – Barma. Marius avec Henry Vilbert. 9,30.
Rendez-vous avec... 12/12/59 – J. Guyon : *Il fait des bonds, Pilou...hé, Marie Marie, Si j'avais des sous, Le mur, La chanson pour Roseline, Quand tu n'es pas là, Quand tu danses,* avec l'orchestre.
Il fait des bonds 28/7/60 dessin animé.
Cinq colonnes à la une 2/9/60 : + Dumayet, problème du costume bleu, problème de sa vie privée, création *Tête de bois* 3'.
Discorama 4/11/60 : *C'était moi.*
Village aux enfants 25/12/61 : interview Rome, *Les marchés de Provence.*
Discorama 24/2/63 : *Je t'attends, Mère douloureuse, Dimanche à Orly.*
Cinq colonnes 5/9/63 : Début Age tendre + interview Desgraupes (il parle de la vente des disques et des yéyés – le problème de durer) + création de *Toi* 2'38.
36 chansons. Marcel Cravenne. Cravate blanche. *Viens, Mes mains, Il faut vivre sa vie, Quand tu danses. Ça claque, Le grand magasin, Mon cœur éclate.*
Age tendre. *Age tendre et tête de bois.*
Gilbert + Gianoli + Brenda Lee.
Rideau rouge, *Hermano* 4'05 (très bon).
Avec Yvan Audouard sur *Croquemitoufle* + chanson 2'40.
Bobine 1. Interview – maladie – 22 octobre, *Opéra d'Aran* 2'50.
Bécaud Olympia avec de Caunes septembre 1964. *Les enfants du voyage, Les tantes Jeanne, Don Juan, Mourir à Capri, Mon arbre, La grosse noce* + numéro avec Raymond (5'15), *Nathalie, Je t'attends.*
2e B. Journal. Interview avec L. Elina sur *Opéra d'Aran. La chance, la contre-chance* (contre vous).
34 ans – Interview sur l'*Opéra d'Aran.*
C.H. Salerne + chante *Daphné.*
Interview Bécaud C.H. Salerne sur *Opéra d'Aran* + chante le début d'*Aran.*

Bécaud. G. et M. Carpentier. Première partie. *Il faut marcher, ce sont les amoureux, Rosy and John* + dialogue avec un piano + *concerto pour piano et orchestre* (3'30).
Deuxième partie. *La vie de garçon* + solo de batterie + *L'orange. Quand le spectacle est terminé.*
A Moscou, chante *Nathalie* au début + visite à Moscou avec Nathalie.
Prix de l'été. *Et maintenant* (pas bon).
Jeunesses Musicales de France. Interview Bécaud.
Lincoln Center – New York.
Retour avec Patricia + Chesnay.
Vœux pour 1965.
Télé pour émission Rétroscopie. 1966.
Tante Jeanne 3'.
Le petit oiseau (Olympia).

1968, 1969
1 — Palmarès de la Chanson. 1er mars 1968
— Prix Bécaud Symphonique, présenté par Bernard Gavoty :
L'enfant à l'étoile – Les barques au repos – Air de Maureen* – Le grand univers* – Le pianiste de Varsovie* (* extraits de l'Opéra d'Aran).
— Prix Bécaud International
Nathalie – Quand il est mort le poète – Et maintenant – Je t'appartiens – L'important c'est la rose.
— Coup de chapeau à Gilbert Bécaud 1968
Les cloches – La grande roue – Les cerisiers sont blancs – Je reviens te chercher – Les petites mad'mazelles.
2 — Jean Silly, le demi-frère de Gilbert, disparaîtra après une longue maladie, en 1983.
3 — Olympia 1969 (du 18 février au 9 mars) :
Avec Julien Clerc, Rhoda Scott, Mélanie, Tinn Jon
Monsieur Winter go home – Les cloches – Il s'en va mon garçon – La grande roue – Tu m'reconnais pas – Badabing beng bong (bis) – *Je t'attends – La fin d'un grand amour... c'est d'abord du silence – L'un d'entre eux inventa la mort – Les cerisiers sont blancs* (bis) – *Mon grand-père le militaire – Je reviens te chercher – Et maintenant – Orchestral Et maintenant – Quand il est mort le poète – Orchestral Et maintenant – Nathalie – Le petit oiseau de toutes les couleurs.*
Parmi les invités : Alain Delon, Juliette Gréco, Serge Gainsbourg, Jane Birkin, Michèle Morgan, Jean Marais, Eddie Barclay, Gilles Vignault, Marcel Achard, Jean-Pierre Cassel...

Quelques mois après, classée troisième au Cash Box, Mélanie se souviendra de l'aide de Bécaud et confiera aux éditions du Rideau Rouge les droits de toutes ses chansons pour la France.

MONSIEUR POINTU, S'IL VOUS PLAIT !

1970, 1971

1 — Tournée 1970 Québec :

5 septembre : Joliette, Séminaire. 6 septembre : Sainte-Thérèse, CEGEP. 7 au 13 septembre : Montréal, Place des Arts. 14 septembre : relâche. 15, 16 septembre : Trois-Rivières, Capitol. 17 au 20 septembre : Québec, P. Montcalm. 21 septembre : relâche, retour à Montréal. 22 septembre : Sorel, Théâtre de Sorel. 23 septembre : Saint-Jérôme, CEGEP. 24 septembre : Granby, Palace. 25, Rivière-du-Loup, Centre Culturel. 26 septembre : Rimouski, C. Civique. 27 septembre : relâche. 28 septembre : Sept-Iles, Lido. 29 septembre : Hauterive, Collège. 30 septembre et 1er octobre : Chicoutimi, Auditorium Dufour. 2 octobre : relâche. 3 octobre : Ottawa, CNA. 4 octobre : Shawinigan, Centre Culturel. 5 octobre : relâche. 6 octobre : Sherbrooke, Granada. 7 octobre : Saint-Hyacinthe, Paris.

2 — Olympia 1970, récital (du 29 octobre au 3 décembre) :

Avec Lily Pitts, Os Mutantes, Four Robertes, Jean-Claude Petit, Les Ballets Yvonne Mestre.

La solitude ça n'existe pas – L'homme et la musique – Je t'appartiens – L'aventure – Je t'attends – Rosy and John – La vente aux enchères – A remettre à mon fils quand il aura seize ans – Le bain de minuit (bis) – *Charlie, t'iras pas au paradis – Le petit miracle – Je reviens te chercher – Le petit oiseau de toutes les couleurs – Et maintenant – Quand il est mort le poète – C'était mon copain.*

3 — Tournée 1971 Gala des Etoiles (février à mai)

28 février : Grenoble, Théâtre Municipal. 1er mars : Nice, Casino. 2 mars : Cannes, Casino. 3 mars : Toulon, Opéra. 4 mars : Nîmes, Théâtre. 5 mars : Montpellier, Opéra. (...) 29 mars : Aix-en-Provence, Cinéma Rex. 30 mars : Saint-Etienne, Maison de la Culture. 31 mars : Lyon, Palais d'Hiver. 1er avril · Bourg-en-Bresse, Théâtre. 2 avril : relâche. G. Bécaud et Maurice Biraud, « opération spéciale ». 3 avril : Besançon, Palais des Sports. 4 avril : Lugny, Foire aux Vins. 21 avril : Limoges, Grand Théâtre. 22 avril : Toulouse,

Théâtre du Capitole. 23 avril : relâche. 24, 25 avril : Bordeaux, Théâtre Français. 26 avril : Sète, Théâtre. 27, Aix-en-Provence, Cinéma Rex. 28 avril : Nice, Palais de la Méditerranée. 29 avril : Cannes, Théâtre du Casino. 2 mai : Perpignan, Palais des Congrès.

1972, 1973

1 — Tournée mars 1972, sous l'égide de Georges Olivier :
13 mars : Carcassonne, Théâtre. 16 mars : Béziers, Théâtre. 17 mars : Nîmes, Colisée. 18 mars : Sète, Théâtre. 19 mars : Mazamet, Salle des Fêtes. 25 mars : Lyon, Palais d'Hiver. 26 mars : Besançon, Théâtre, etc.

— Tournée au Québec 1972 (7 mai au 1° juin) :
7 mai : Joliette, CEGEP. 8, 9 mai : Sherbrooke, Granada. 10 mai : Granby, Palace. 11 mai : Lévis, Collège Lévis. 12, 13 mai : Chicoutimi, Auditorium Dufour. 14 mai : retour à Montréal. 15 au 21 mai : Montréal, Place des Arts, etc.

— Tournée juillet 1972 (8 au 21 juillet) :
8 juillet : Ostende, Casino. 12 juillet : Cannes, Palm Beach. 13 juillet : Evian, Casino. 15 juillet : Fernay Voltaire. 17 juillet : Beaulieu-sur-Mer, Casino. 18 juillet : Saint-Tropez, Théâtre de la Citadelle, 19 juillet : Carthage. 21 juillet : Vichy, Casino.

— Tournée Japon 1972 régie par International Artist Booking Corp. Tokyo

21,22 et 23 novembre :		Répétitions à Paris
24 novembre :	17h10	Arriving from Paris by AF 270 Meeting with Mr Marouani and I.A.B. Accommodation : Akasak Tokyu
25 novembre :	12h10	Leave from Hotel Tokyu to Hotel New Ohtani
	12h30	Press Conference at ROOM « KUMOI », hotel N. Ohtani
	15h00	Meeting for concert, lighting, stage, program, etc.
	17h00	Meeting for N.H.K.
26 novembre :	14h30	Leave from Hotel Akazaka Tokyu for SHIBUYA PUBLIC HALL for Rehearsal

	18h30	Performance at SHIBUYA PUBLIC HALL Accommodation : Hotel Akazak Tokyu
27 novembre :	08h45	Leave from Hotel for Tokyo Station
	09h30	Leave from Tokyo Station for Osaka by Super Express « HIKARI 57 »
	12h40	Arrive at Shin Osaka Station Check in at Osaka Grand Hotel
	15h00	Rehearsal start at Sankei Hall, Osaka
	18h30	Performance at Sankei Hall, Osaka Accommodation : Osaka Grand Hotel
28 novembre :	15h00	Rehearsal at Osaka Festival Hall
	18h30	Performance at Osaka Festival Hall Accommodation : Osaka Grand Hotel
29 novembre :		Leave hotel for Shin Osaka Station
	09h55	Leave Shin Osaka Station by Super Express « HIKARI 26 » for Tokyo
	13h05	Arrive at Tokyo station Check in at Hotel Akasaka Tokyu
Etc.		
16 décembre :		Retour Paris
18 décembre :		Télévision Guy Lux
19 décembre :		Télévision Maritie et Gilbert Carpentier
21 décembre :		Enregistrement télévision Guy Lux
22 décembre :		Salle Pleyel

2 — Le quatuor à cordes est composé de Patrice Legrand, Eric Alberti, Pierre Llinarès et Henri Derrien. Ce dernier perdra un œil dans un accident de voiture et ne pourra finir la tournée : Bécaud ne le remplacera pas et lui versera son cachet intégral.

1974, 1975

1 — Extrait du discours de Louis Amade : « Gilbert, dans quelques instants, après les rites solennels, tu seras bel et bien Chevalier dans l'Ordre National de la Légion d'honneur. Tu redoutais cet instant et au cours d'une conversation parmi notre travail, tu m'avais dit il y a quelques temps, regardant malicieusement cette rosette qui depuis vingt ans et plus fait partie de ma tenue civile et de ma tenue d'uniforme : “Si je devais être fait un jour Chevalier de la Légion d'Honneur, il faudrait que ce soit le plus tard possible, car ça me ficherait un coup de vieux...”

Non, Gilbert, ça ne fiche pas un coup de vieux à quarante-six ans, crois-moi. Car à quarante-six ans, on est un jeune Chevalier puisqu'il faut au moins vingt-sept ans de services civils et militaires pour avoir la Croix. Il faut donc avoir commencé sa vie très jeune. Ce que tu as fait. (...) Tu as eu toi aussi tes batailles perdues, tu as eu tes batailles gagnées, tu as connu dans ta presque enfance tes combats clandestins. Cette croix résume tes actes d'ici et tes actes d'ailleurs, puis auréole et ton front et ta veste d'un éclat merveilleux couronnant ta jeunesse.

« Tu apprendras comme je le fis combien les enfants sont attirés par ce point rouge. Lorsque tu les prends dans les bras, ils le regardent, le désignent avec crainte, le dévisagent en souriant pour savoir s'ils peuvent le toucher puis, lorsque tu acquiesces, ils mettent dessus leur petit doigt, intrigués. Lorsqu'ils sont plus grands, ils demandent ce qu'est ce signal et tu ne peux leur répondre car les interrogations des enfants sont parfois désarmantes.

« Ainsi firent tes fils, ta fille pour moi dans leur première enfance à tour de rôle sans savoir encore qu'ils touchaient là l'insignifiante et grandiose marque de sang voulue par l'Empereur et à laquelle il tenait tant. Tu te souviens de ce que je t'ai fait chanter : "Et ma Légion d'honneur, ma lunette de guerre, les remettre à mon fils quand il aura seize ans."

« Par l'initiative de Monsieur Maurice Druon de l'Académie française, ministre des Affaires Culturelles et avec le suprême assentiment de Monsieur le président de la République française, te voici maintenant en train d'entrer dans la noble cohorte de la Légion d'honneur. Mais il te faut subir le parrainage officiel et l'acte d'investiture. Merci pour le choix que tu as fait de me désigner pour parrain. J'étais déjà celui de ton fils aîné, Gaya, celui un peu de Philippe et d'Anne. Maintenant, me voici aussi ton parrain alors que j'étais déjà et ton père et ton frère spirituels. Il y a de quoi s'y perdre mais ne nous laissons pas dépasser par les événements. (...) Gilbert Bécaud, au nom du président de la République et en vertu des pouvoirs qui nous sont conférés, nous vous faisons Chevalier de la Légion d'honneur. »

2 — Fidèle à lui-même dans son amour du travail bien fait et sans jamais succomber aux tentations financières que provoquent les modes, Guy Cambier, présenté par Félix Marouani, réalise un ensemble qui marquera par son œuvre picturale. L'agent et ami de Bécaud ne tarit pas d'éloges sur l'œuvre de cet artiste, poète et musicien,

handicapé depuis l'enfance, aujourd'hui, l'un des peintres les plus recherchés par les collectionneurs du monde entier.

3 — Olympia 1975 (du 22 octobre au 1er décembre).
Seul sur son étoile – Le gitan qui rit tout le temps – L'homme et la musique – Dimanche à Orly – La première cathédrale – Les amoureux du monde – Le bal masqué – L'indien – Le dernier homme – Monsieur Winter go home – Rosy and John – L'absent – Un homme heureux – Le ciel – Quand Jules est au violon – La solitude ça n'existe pas – Un peu d'amour et d'amitié – Et maintenant.
Parmi les invités : Mireille Mathieu, Romy Schneider, Marcel Amont, Claire Motte, Jean-Pierre Aumont, Rex Harrisson, Mme Sokarno, Sergio Gobbi, Georges Descrières, Yves Boisset, Jean Le Poulain, Francis Perrin, Mouloudji...

1976, 1977, 1978, 1979

1 — Tournée septembre-octobre 1977 Québec :
27 septembre : arrivée G. Sigrist à Montréal, répétition M. Pointu et Chœurs, Salle N° 1 Wilfrid Pelletier, Place des Arts. 28 septembre : arrivée G. Bécaud et groupe. Répétition : Mr Pointu et Chœurs, Salle n° 1 W. Pelletier, Place des Arts. 29 septembre : répétition tous selon instructions Paris, Habitat St-Camille,11025, rue Alfred, Montréal-Nord. 30 septembre : Montréal Nord, Habitat Ste-Camille. 1er et 2 octobre : Ottawa, Centre National des Arts (salle Opéra). 3 octobre : Shawinigan, Centre Culturel. 4 : Victoriaville, Cinéma Laurier, etc.

2 — Originaire du comté de Saguenay, aux Escoumins, sur le bord du grand fleuve Saint-Laurent, Paul Cormier a cinq ans lorsque ses parent s'installent dans la ville de Québec. Déjà, à cet âge, il s'intéresse au dessin et à la musique. A neuf ans, il reçoit un magnifique violon que son père a fabriqué spécialement pour lui. A cette époque, ses parents n'ont pas les moyens de lui payer des cours, il doit apprendre à jouer « par oreille ». A douze ans, il possède déjà un vaste répertoire folklorique. A seize ans, il est invité à se joindre au groupe Les Montagnards Laurentiens qui se produisent sur la station de radio de CHRC à Québec. Par la suite, il décroche son premier emploi au journal *Le Soleil*, achète une guitare et se découvre un goût fort prononcé pour la musique western et country. Après son service militaire, il rejoint ses parents à La Baie, au Saguenay et s'engage alors comme cuviste (potman) dans les fonderies de l'Alcan à Arvida. Trappeur, bûcheron, poseur de rails, Paul Cormier vit sa vie comme

un roman. Depuis son premier contrat en 1947 à CBJ de Radio Canada à Chicoutimi jusqu'à nos jours à Blainville, en passant par le début des années soixante-dix – la grande aventure avec Gilbert Bécaud –, Paul Cormier alias M. Pointu a produit neuf albums et trois CD, présenté une série télévisée (« Monsieur Pointu s'il vous plaît »), 39 émissions à CFTM de Montréal, obtenu de nombreux prix à Genève, à Bilbao et une nomination aux « Oscar » à Hollywood pour le film d'animation « Monsieur Pointu ». Artiste peintre reconnu, il est devenu une légende du folklore québécois, musicien de renommée mondiale, il fait désormais partie du patrimoine vivant du Québec. A quatre-vingts ans, l'œil vif et les doigts agiles, il est, avec La Bottine Souriante et Gilles Gosselin, le gardien des traditions, « le » violoneux associé à jamais à *La vente aux enchères* et à son autre morceau fétiche, *Le Reel de l'oiseau moqueur.*

3 — Tournée 27 janvier au 23 mars 1978 :
24 janvier : répétition. 25 et 26 janvier : relâches. 27, 28 janvier : Lyon, Palais d'Hiver. 29 janvier : relâche. 30 janvier : Rueil Malmaison, Elam. 31 janvier : relâche. 1er et 2 février : Bordeaux, Théâtre Français. 3 février : Toulouse. 4 février : Nîmes, Théâtre. 5 février : Montpellier, Opéra. 6 au 15 février : relâches (radio et télévision). 16 février : Hasselt, Centre Culturel. 17 février : Louvain, Stadsschouwburg. 18 février : Anvers, Salle Reine Elisabeth. 19 février : Bruges, Stadsschouwburg. 20 février : Huy, Maison de la Culture. 21 février : relâche. 22 février : Luxembourg, Théâtre. 23 au 25 février : Bruxelles : Grande Salle Henri Lebœuf, Palais des Beaux-Arts. 26 février : Amiens. 27 février : Bruxelles, G. S. H. Lebœuf, Palais des Beaux-Arts. 28 février : relâche. 1er mars : Hambourg, CCH 1. 2 mars : Hanovre, Kuppelssal. 3 mars : Berlin Ouest, Philharmonie. 4 mars : relâche. 5 mars : Bielefeld, R. Oetker Hall. 6 mars : Kassel, Stadthalle. 7 mars : Bochum, Ruhrlandhalle. 8 mars : relâche. 9 mars : Bonn, Beethovenhalle. 10 mars : Saarbrucken. 11 mars : Offenburg, Oberrheinhalle. 12 mars : Wurzburg, Hüttenshalle. 13 mars : Augsburg, Kongresshalle. 14 mars : Stuttgart, Liederhalle. 15 mars : Mannheim, Rosengarten. 16 mars : Düsseldorf, Philipshalle. 17 mars : Aix-la-Chapelle (Aachen), Eurogress. 18 mars : relâche. 19 mars : Nuremberg, Meistersingerhalle. 20 mars : Munich, Deutsches Museum. 21 mars : Karlsruhe, Schwarzwaldhalle. 22 mars : Francfort, Jahrhunderthalle. 23 mars : Strasbourg. 24 mars : retour Paris. 25 mars : départ tournée Portugal.

4 — Chansons interprétées à la télévision en Allemagne et en Autriche (liste non exhaustive).

— Autriche ORF (10 03 1978), rediffusion d'une émission de télévision allemande ZDF réalisée au milieu des années soixante : *Seul sur son étoile – Dimanche à Orly – L'enterrement de Cornelius.*

— Autriche ORF (28 04 1978) rediffusion, même provenance : *Heureusement y'a les copains – Hey mon frère* (en anglais) – *Les jours meilleurs – Mes hommes à moi* (en anglais) – *Viens dans la lumière* (en allemand) – *Le jour où la pluie viendra – Mademoiselle Lise – Quand le spectacle est terminé* (texte en allemand).

— Show Michael Hertau, production autrichienne (15 05 1978) Première vision : *L'amour c'est l'affaire des gens* – Epreuve de composition (jeu) – Présentation finale en allemand.

— Autriche ORF (10 06 1978), rediffusion d'une émission de télévision allemande ZDF réalisée au milieu des années soixante : *Il fait des bonds... – Il faut marcher – Les beaux quartiers – Monsieur le président directeur général et le lapin – Je t'attends – Marie, Marie – La grosse noce – T'es venu de loin – Quand le spectacle est terminé* (texte en allemand).

— Autriche ORF (07 07 1978), rediffusion, même provenance : *Nathalie – Merci beaucoup – L'important c'est la rose – La corrida – Au revoir – Quand le spectacle est terminé* (texte en allemand).

— Autriche ORF (27 10 1978), rediffusion, même provenance : *Le petit oiseau de toutes les couleurs – Nathalie – Merci beaucoup – Plein soleil* (duo en anglais) – *Rosy and John – Et maintenant* (double version allemande et anglaise) – *Le bateau blanc – L'important c'est la rose* (en allemand) – *Quand le spectacle est terminé* (texte diffusé en allemand).

— Olympia Revue (première vision 01 03 1980) ORF : présentation en allemand – *Le petit oiseau de toutes les couleurs – Rosy and John – Le petit oiseau de toutes les couleurs – C'est en septembre – Nathalie*

5 — Le « finger-picking », selon les explications de François Rolland, est une technique propre au style dit country/western dont les spécialistes aux Etats-Unis sont ou ont été Chet Atkins, Merle Travis, Scotty Moore (le guitariste d'Elvis Presley), et Marcel Dadi en France, disparu dans l'accident du 747 de New York. On entend ce genre de style chez Peter, Paul and Mary, Joan Beaz, Bob Dylan, etc. et toujours chez Francis Cabrel, Jean-Jacques Goldman... Un bon exemple : *So far away* de Nicolas Peyrac où l'on entend ce genre de picking de bout en bout de la chanson.

Cela consiste à jouer avec les doigts de la main droite à la place du médiator (main droite, bien sûr si l'on est droitier). On joue une basse continue avec le pouce sur tous les temps et on enjolive avec index majeur et parfois annulaire soit en même temps que les basses, soit sur les contretemps. Cela donne un tout autre effet que la grattouille habituelle au médiator. On peut faire un rapprochement avec la technique ragtime des pianistes. Une autre possibilité, celle-ci au médiator est appelée « flat-picking » et on en entend dans *Le pommier à pommes.*
Lorsque François Rolland écrit des grilles avec Bécaud, les morceaux ont une allure quasi définitive. Le chanteur se met alors au piano et lui fredonne l'histoire, le guitariste écrit les accords à la façon anglo-saxonne (A, B, C, D, F et G). Quand la chanson tarde à prendre forme, Bécaud aime chercher avec les musiciens pendant les balances, mais c'est toujours le piano et la voix qui servent de guide aux arrangeurs.

UN NIÇOIS A BROADWAY

1980, 1981, 1982, 1983, 1984

1 — Olympia 1980, récital (du 1er octobre au 9 novembre) :
Y'a pas d'lapin dans mon piano – So far away from Courbevoie – C'est en septembre – Et le spectacle continue – Le petit oiseau de toutes les couleurs – Le train d'amour – Viens nous aider – Toi et moi (bis) *– La solitude ça n'existe pas – Credo* (bis) *– Et maintenant.*
A chaque enfant qui naît – Moi je veux chanter – Les tantes Jeanne – Manana c'est carnaval – Le pommier à pommes (bis) *– L'orange – La chanson du cocu – L'indifférence – Nathalie – Les marchés de Provence – Quand Jules est au violon – Le pianiste de Varsovie – La corrida.*

2 — Olympia 1983 (du 30 septembre au 6 novembre)
Chef d'orchestre, claviers : Jean-Pierre Dorsay – Synthés : Fernand Boudou. Trompette : Tony Brénes. Sax, flûte : Daniel Carlet. Batterie : Benjamin Cohen. Guitare : Pierre Dor'Ragon. Trompette : Lionel Jouot. Basse : Leonard Raponi. Percussions : Patrick Rousseau. Monsieur Pointu Jr : Charley Landry.
Régie générale : Roger Morizot. Régie : Eric Jutard. Son : Jean-Claude Lassère, Gaya Bécaud, Daniel Barbieux. Lumières : Alain Khair. Assistant Lumières : Laurent Vidalin et Gil Depreter.

Chorégraphie du ballet « Les petites mad'maselles » : Jeanette Perrier. Directeur technique : Lucien Monnier. Direction de salle : Jeanne Tallon.

3 — VSD, 29 09 1983.

4 — Entre autres concerts à l'étranger :

— Amsterdam, Théâtre Le Carré, 22 novembre 1984 :

Y'a pas d'lapin dans le chapeau – On attend, on attend – C'est en septembre – Mustapha Dupont – Desperado (bis) – *Méqué méqué – Les gens – Je reviens te chercher – La solitude ça n'existe pas – L'indifférence – Quand il est mort le poète.*

Let it be me – Le petit oiseau de toutes les couleurs – Little red boy (bis) – *Mademoiselle Lise – Le pommier à pommes – T'es venu de loin – Désirée* (bis) – *Les petites mad'maselles – Et maintenant – Nathalie – La grosse noce.*

— Heerlen, Stadschouwburg, 24 novembre 1984 :

Y'a pas d'lapin dans le chapeau – On attend, on attend – C'est en septembre – Mustapha Dupont – Desperado (bis) – *Méqué méqué – Les gens – Je reviens te chercher – La solitude ça n'existe pas – L'indifférence – Quand il est mort le poète.*

Let it be me – Le petit oiseau de toutes les couleurs – Little red boy (bis) – *Mademoiselle Lise – Le pommier à pommes – T'es venu de loin – La relève – Désirée* (bis) – *Les petites mad'maselles – Et maintenant – Nathalie.*

1985, 1986

1 — Olympia 1985 (du 22 janvier au 17 février) :

Et maintenant – On attend, on attend – C'est en septembre – Le petit oiseau de toutes les couleurs – Desperado – Les beaux quartiers (bis) *– Mustapha Dupont – Mademoiselle Lise – Little red boy – Les âmes en allées* (bis) – *Charlie, t'iras pas au paradis – Extrait de Madame Roza* (Stéphane, Assan, Martial) – *La relève – Je t'appartiens – Désirée* (bis) – *L'indifférence – L'enterrement de Cornelius – Nathalie – La grosse noce – Un peu d'amour et d'amitié – Quand il est mort le poète.*

2 — Casino de Knokke-le-Zoute 19 octobre 1985

On attend, on attend – C'est en septembre – Le petit oiseau de toutes les couleurs – Desperado – Les beaux quartiers – Encore une fois (bis) *– Mademoiselle Lise – Little red boy – Les âmes en allées – La relève – Je t'appartiens – Désirée* (bis) – *L'indifférence – Un peu d'amour et d'amitié – La solitude ça n'existe pas – Et maintenant – Quand il est mort le poète – Encore une fois.*

1987, 1988

1 — *Le Point.* 12 10 1987. R. Mallat.

2 — Vienne, Konzerthaus, 18 novembre 1987 :

La fille de la pub – C'est en septembre – Le petit oiseau de toutes les couleurs – Desperado – Le retour – Seul sur son étoile – Marie, Marie – Les beaux quartiers – Le pianiste de Varsovie – Je t'appartiens – Les tantes Jeanne – Les petits mad'maselles – Désirée – Nathalie – Au revoir (en allemand) bis – *Et maintenant* – Instrumental *Et maintenant – L'important c'est la rose – La corrida.*

— Versailles, 28 novembre 1987 :

La fille de la pub – C'est en septembre – Le petit oiseau de toutes les couleurs – Desperado – Le retour – Les beaux quartiers – Seul sur son étoile – Je t'appartiens – Désirée – L'indifférence – L'enterrement de Cornelius – Et maintenant – L'important c'est la rose – Nathalie.

Principaux passages en Autriche :

— 7 décembre 1992 (Austria Center)

Fais-moi signe – C'est en septembre – Têtes de bois – Quand la musique s'arrête – Le petit oiseau de toutes les couleurs – Desperado – Dimanche à Orly – La solitude ça n'existe pas – Adieu l'ami (en allemand) bis – *Je t'appartiens – Je reviens te chercher – Quand Jules est au violon – Désirée – Quand il est mort le poète – Et maintenant – Nathalie – L'important c'est la rose – Quand le spectacle est terminé.*

— 9, 11, 12 décembre 1994 (Konzerthaus)

Représentations de l'Opéra d'Aran. Wiener Symphoniker sous la direction de G. Prêtre (Bécaud interprète le rôle de Mickey)

— 13 septembre 1999 (Ronacher)

Je t'appartiens – Seul sur son étoile – Tête de bois – C'est en septembre – Le petit oiseau de toutes les couleurs – Desperado – Un peu d'amour et d'amitié – Adieu l'ami (en allemand) – *Le jour où la pluie viendra – Quand Jules est au violon – Quand il est mort le poète – Faut faire avec – Les Caraïbes – Le bain de minuit – Dimanche à Orly – La solitude ça n'existe pas – Je reviens te chercher – Et maintenant – Nathalie – L'important c'est la rose – Quand le spectacle est terminé.*

Les années précédentes, Bécaud s'est également produit à Graz (capitale de la Styrie) où il a chanté au Stefaniensall (aujourd'hui Grazer Congress), vieux temple en face de l'Hôtel de Ville, et au Kammerssal. Il a aussi donné des concerts à Salzburg (Salzbourg), à Innsbruck (Tyrol), etc.

3 — Olympia 1988 (du 2 au 27 novembre)

Spectacle rouge : *Mes mains – La vente aux enchères – Les marchés de Provence – Seul sur son étoile – Dimanche à Orly – C'était moi – Les tantes Jeanne – Marie, Marie – Le bateau blanc* (bis) – *Quand tu danses – La rivière – Je t'appartiens – Quand Jules est au violon – Un peu d'amour et d'amitié – Désirée – Le pianiste de Varsovie – Charlie, t'iras pas au paradis – Quand il est mort le poète – Nathalie – La ballade des baladins – La corrida* (disponible en vidéo, Proserpine).

Spectacle bleu : *Monsieur Winter go home – Le jour où la pluie viendra – C'est en septembre – Tête de bois – Le mur – Le petit oiseau de toutes les couleurs – Desperado – Les cerisiers sont blancs – Et le spectacle continue – L'absent – Rosy and John – Mademoiselle Lise – Les Caraïbes – Mon père à moi* (bis) – *L'indifférence – L'indien – La solitude ça n'existe pas – Je reviens te chercher – L'orange – Et maintenant – L'important c'est la rose – C'était mon copain* (disponible en vidéo, Proserpine).

Parmi les autres vidéos, à noter « Gilbert Bécaud, 40 ans en chansons »,

Quand le spectacle est terminé – Il fait des bonds... le pierrot qui danse – Ma petite lumière – Les cloches – Rosy and John – The day that's rain came down – La rivière – Le petit oiseau de toutes les couleurs – Mademoiselle Lise – Mes hommes à moi – Catch Me – Seul sur son étoile – Nathalie – Les petites mad'maselles – Je reviens te chercher – L'orange – La grande roue – L'important c'est la rose – Et maintenant – L'enterrement de Cornelius. Indicatif musique originale de Raymond Bernard.

Cette vidéo est en fait une nouvelle présentation du show télévisé « Bécaud and Co », réalisé par Jean-Christophe Averty début 1968 dans les studios de Joinville, émission en couleur produite par Michèle Arnaud, vingt chansons filmées, vingt hommages à la peinture moderne. Décor Pop Art pour *Mademoiselle Lise*, Picasso pour *Les petites mad'maselles*, Modigliani pour *Je reviens te chercher*, Kandinsky et Miro pour *Les cloches*, Vasarely pour *Il fait des bonds... le pierrot qui danse*. Institut National de l'Audiovisuel. Emi France. 4793193 PM 807 EDV 140 (1991).

Les concerts du Palais des Congrès de Paris 1993 et d'Enghien (avant l'Olympia 1997) ont été filmés, mais non commercialisés à ce jour.

DU SABLE DANS LES MAINS

1989, 1990, 1991, 1992

1 — Olympia 1991 (du 1er au 20 octobre)

— Spectacle rouge : *Je partirai – Quand la musique s'arrête – Il fait des bonds... le Pierrot qui danse – Le jour où la pluie viendra – Seul sur son étoile – Viens* (bis) – *L'aventure – Je t'appartiens – Marie, Marie – Mé qué, mé qué – Alors raconte – Je reviens te chercher – Le petit oiseau de toutes les couleurs – Je ne fais que passer – Les tantes Jeanne – Le mur – Mademoiselle Lise – Le pianiste de Varsovie – Quand il est mort le poète – Nathalie – Charlie, t'iras pas au paradis – Le rideau rouge – La corrida (La ballade des baladins)*

— Spectacle bleu : *Et maintenant – Tête de bois – C'est en septembre – Le petit oiseau de toutes les couleurs – Desperado – Marie, quand tu t'en vas – Rosy and John – Désirée – T'es venu de loin – Un peu d'amour et d'amitié – Quand Jules est au violon – L'absent – La solitude ça n'existe pas – L'indifférence – L'indien – Les marchés de Provence – L'enterrement de Cornelius – Nathalie – C'était mon copain – L'important c'est la rose – Charlie, t'iras pas au paradis* (ajoutée les derniers jours)

— Soirée de « dernière » : *Je partirai – Quand la musique s'arrête – Il fait des bonds... le Pierrot qui danse – Tête de bois – Seul sur son étoile – Viens* (bis) – *C'est en septembre – Le petit oiseau de toutes les couleurs – Desperado, Marie, quand tu t'en vas – Je t'appartiens – Alors raconte – Je reviens te chercher – Désirée – Un peu d'amour et d'amitié – Quand Jules est au violon – T'es venu de loin – Le pianiste de Varsovie – Les tantes Jeanne – L'absent – La solitude ça n'existe pas – L'indifférence – Nathalie – Et maintenant – L'important c'est la rose – Charlie, t'iras pas au paradis – La corrida – Quand le spectacle est terminé.*

Parmi les concerts en 1991, à retenir :

Canada (le Festival Franco-Ontarien), Monaco (le Loews)

2 — Montréal, Francofolies, 3 octobre 1992. Théâtre Saint-Denis, G. Bécaud et Enzo Enzo, présentés en collaboration avec CKAC 73 AM et La Presse.

C'est en septembre – Quand la musique s'arrête – Le petit oiseau de toutes les couleurs – Desperado – Dimanche à Orly – La solitude ça n'existe pas – Mon père à moi – Je t'appartiens – Je reviens te chercher – Quand Jules est au violon – Désirée – L'indifférence – Quand il est mort le poète – Et maintenant – Nathalie – L'important c'est la rose – Quand le spectacle est terminé.

1993, 1994, 1995, 1996, 1997, 1998

1 — Louis Amade – Et ce sera ta passion de vivre. Hachette-RTL, 1982

2 — Palais des Congrès de Paris (du 2 au 24 octobre 1993)
Mes mains – Quand tu danses – Quand t'es petit dans le Midi – Oh ! Que Paris c'est loin – Il est à moi (L'Olympia) – Mon agenda – Mea Culpa (bis) *– La fille de la pub – Le bain de minuit – L'absent – Le jour où la pluie viendra – La vie de garçon – La rivière – Un peu d'amour et d'amitié – Quand Jules est au violon – Let it be me – L'indien – Mé qué, mé qué – Les marchés de Provence – Le petit oiseau de toutes les couleurs – Et maintenant – Nathalie – L'important c'est la rose – Mea culpa* (avec chœurs à capella)
Direction musicale, basse : Léonard Raponi. Batterie : Stéphane Véra. Guitares : Yann Benoist. Synthés : Serge Munuera et Thierry Tamain. Percussions : Sydney Thiam. Cuivres : Daniel Carlet, Philippe Slominski, Christian Martinez, Jean-Louis Damant. Cordes : Nathalie Carlucci, Mariette Laport, Laurence Depuis, Daniel Datto. Direction Chorale Soleil (Chants et Danses d'Afrique/Cameroun) : Tonye Jackson
Régisseur général : Eric Jutard. Assistante Régie : Emily Bécaud. Régie son façade : Jean Dhiry. Régie son retour : Jean-Claude Lassère. Assistant son, backline : Michel Durand. Régie light, conception : Didier Rouge. Conception light : Stéphane Vellard. Poursuite scène : Jean-Pierre Mami. Entretien piano : Maurice Talptin. Habilleuse, assistante plateau : Nicole Cuissard.

3 — 1er semestre 1994 :
Février : 5, Caen. 25 et 26, Massy.
Mars : 22, Lausanne. 26, Waregem (Belgique).
Avril : 29, Champ-sur-Marne, 30, Garges-les-Gonesses.
Mai : 6, Châteaudun. 7 au 12 mai, tournée en Pologne (Varsovie). 17 au 22, Ile de la Réunion. 29, Ceresy.
Juin . 3, Bourg en Bresse. 5, Aix-les-Bains, 19, Rennes.

4 — Dates à retenir :
— 27 avril 1996, Gala 100 à l'Olympia.
— 14 avril 1997, Gala de fermeture de l'Olympia (« Les enfants de l'Olympia »).

5 — Olympia 1997 (du 13 au 23 novembre). Gilbert Coullier Organisation en accord avec Charley Marouani.
La vente aux enchères – Seul sur son étoile – Je t'appartiens – De only

you à maintenant – Le petit oiseau de toutes les couleurs – Desperado – Un peu d'amour et d'amitié – Madame Roza (bis) *– Le jour où la pluie viendra – Quand Jules est au violon – L'indifférence – Les Caraïbes – Le bain de minuit – Dimanche à Orly – L'indien – La solitude ça n'existe pas – Il est à moi (l'Olympia) – Je reviens te chercher – Nathalie – Et maintenant – L'important c'est la rose – Quand le spectacle est terminé.*

Régisseur général : Eric Jutard. Son scène : Jean-Claude Lassère. Son salle : Jean Dhiry. Assistant son : Stéphane Desch. Lumières : Didier Rouge. Régie plateau : Jean-Pierre Mami. Backline piano : Maurice Talpin. Poursuite : Salim Le Kouaghet. Poursuite : Thierry Raymond. Console automatique : Jean-Paul Roos.

Direction musicale, basse : Leonard Raponi. Clavier : Serge Munuera. Sax, Flûte, Chant : Daniel Carlet. Batterie : Stéphane Véra. Guitare : Yann Benoist. Violon : Mr Pointu. Trompette : Philippe Slominski. Trombone : Denis Le Loup.

La première est retransmise en direct sur deux chaînes de télévision numérique par câble et par satellite, France Supervision (TPS) et Kiosque (Canal Satellite). Le CD « live » est enregistré fin octobre au casino d'Enghien. Bécaud est également en scène à Longjumeau le 3 novembre, quelques jours avant la réouverture de l'Olympia.

Autres concerts en 1997 :

2 décembre : Genève. 11 décembre : Nantes (Cité des Congrès). 12 décembre : Orléans (Zénith). 13 décembre : Tours (Le Vinci). 18 décembre : Quimper (Pavillon de Penvillers). 19 décembre : Le Mans (Palais des Congrès).

6 — Annie et Bernard Réval – *Barbara une si belle histoire.* France-Empire, 1998.

7 — Tournée au Québec (octobre 1998), organisée par Guy Latraverse, en accord avec Charley Marouani

— Autres concerts en 1998 :

7 mars : Mérignac (Pin Galant). 8 mars : Toulouse (Halle aux Grains). 24 janvier : Mons. 27 janvier : Bourges (Maison de la Culture). 30 janvier : Voiron (Le Grand Angle). 31 janvier : Porcieu-Amblagneu (Les Marinières). 9 et 10 février : Italie. 18 avril : Cannes (Palais des Festivals). 25 avril : Cologne. 28 avril : Carcassonne (Théâtre). 11 mai : Rome, 15 mai : Lisbonne. 19 juin : Poissy. 30 septembre : Clichy (Théâtre Rutebeuf). 31 décembre : Monte-Carlo (Salle des Etoiles, Sporting d'Eté) + concerts 1er et 2 janvier 1999.

Bécaud s'est également produit au Sporting en septembre 1989 et en juillet 1996.

1 000 CHORISTES POUR UN CHANTEUR

1999, 2000, 2001

1 — Olympia 1999 (du 16 au 26 novembre). Gilbert Coullier Organisation en accord avec Charley Marouani.

Je reviens te chercher (un refrain, un couplet) – *Mademoiselle Lise – Un peu d'amour et d'amitié – L'indifférence – Le petit oiseau de toutes les couleurs – Desperado – La fille au tableau – Dimanche à Orly – Marie, Marie – La chambre – Faut faire avec* (bis) – *T'es venu de loin – Les marins – Les gens de l'île* (bis) – *Rosy and John – Quand il est mort le poète – Nathalie – Et maintenant – La ballade des baladins.*

Administratrice générale : Dominique Letessier. Responsables tournée : Arnaud Sailles & Eliane Dedieu. Assistante de direction : Sandrine Vidal. Régisseur général : Eric Jutard.

Direction musicale, basse : Leonard Raponi. Clavier : Serge Munuera. Sax, Flûte, Chant : Daniel Carlet. Batterie : Stéphane Véra. Guitare : Bruno Caviglia. Accordéon : Marc Berthoumieux.

Chanteur, duo *Les gens de l'île* : Petru Santu Guelfucci.

Assistante Régie et duo dans *La fille au tableau* : Emily Bécaud.

Son façade : Jean Dhiry. Son retour : Jean-Claude Lassère. Assistant son : Stéphane Desch. Conception et régie lumière : Didier Rouge. Console automatique : Jean-Paul Ross. Assistant lumière et poursuite : Franck Richard. Backline et poursuite : Jean-Pierre Mami. Responsable piano et poursuite : Maurice Talpin.

Parmi les autres concerts en 1999 :

10 juillet : Mainz (Allemagne). 14 juillet : Fribourg (Suisse). 23 au 30 juillet : Amalfi, San Remo... 13 septembre : Vienne, *Opéra d'Aran...*

2 — Le 30 mars 2001, Saint-Raphaël (Centre Culturel). Concert Le rideau rouge, réalisé par le groupe musical Agaton (Nicole Gargis, Marie-Reine Mattioli, Jean, Florence et Henry Gaetti, Didier Rolando, Jacqueline Zoi, Isabel Noël, Pola Sergent et Francette Larcher).

Desperado, Le rideau rouge, Le jour où la pluie viendra, Le petit oiseau de toutes les couleurs, Les marchés de Provence, l'Orange, Mon père à moi, Méqué, méqué, Les tantes Jeanne, C'est en septembre, Charlie, t'iras pas au paradis, Et maintenant, Don Juan, Je reviens te chercher, Le pianiste de Varsovie, La corrida, Mes mains, Galilée, Dimanche à Orly, On prend toujours un train pour quelque part, Les cerisiers sont blancs, La solitude ça n'existe pas, Les croix, La grosse noce, Chante, Quand Jules est au violon, Le bain de minuit, L'important c'est la rose, Mademoiselle Lise, Quand il est mort le poète, L'absent, Tête de bois, La vente aux enchères, Nathalie, La ballade des baladins.

3 — Les Fous Chantants d'Alès-en-Cévennes. Concert hommage à Gilbert Bécaud, sous le parrainage de Jean Ferrat.
Piano et direction musicale : Jean-Marie Sion. Batterie : Jean-Luc Imbert. Claviers et synthé : Gilles Labourey. Basse : Fabien Gilles. Accordéon : Fabien Packo. Harpe : Patrice Barsey. Violoncelle : Sophie Hautier. Violon : Ambroise Chevalier. Percussions : Sam Traves. Guitare : Jean-Pierre Laval. Trompette : Michel Meyrues. Flûte : Guy D'Ippolito. Pianistes répétiteurs : Philippe Mabboux, David Vincent. Solistes : Thérèse Séveran, Cyril Lepert, Damien Blanchot, Aurelia Locks, Cynthia Dreistadt, avec la participation de Véronique Estel. Concept lumière : Pierre Wandels. Son façade Chœur : Eric Vazn De Hel et Philippe Devedjean. Direction artistique et mise en scène Michel Schwingrouber. Assistant à la mise en scène, Jean-Noël Schwingrouber.
— 4 août 2001, Alès, stade Pibarot. Programme annoncé...
Prologue : Entrée des choristes (*Chante-moi*). Création de la chanson *Ensemble* par Jean-Jacques Goldman, Michael Jones et les mille choristes.
Acte 1 : *Faut faire avec – Je reviens te chercher* (répétée mais non interprétée) – *Tête de bois.*
Acte 2 : *C'est en septembre – Aran – Je t'appartiens – Les gens de l'Ile.*
Acte 3 : *Les marchés de Provence – Le petit oiseau de toutes les couleurs – Mea culpa – Et maintenant.*
Acte 4 : *Desperado – Les marins – Nathalie – L'indifférence – Charlie, t'iras pas au paradis.*
Présentation de Gilbert Bécaud sur scène, discours du président et présentation du personnel artistique.
Gilbert Bécaud et les 1 000 choristes : *Le jour où la pluie viendra – La fille au tableau – L'important c'est la rose.*
En l'absence de Bécaud, les trois titres ci-dessus seront inter-

prétés par les solistes des Fous Chantants, avec, en rappels, *Nathalie* (chef de chœurs Jacky Locks), *Le petit oiseau de toutes les couleurs* (Marc-André Caron), *Charlie t'iras pas au paradis* (Carole Bellavance), *Tête de bois* (Michel Schwingrouber) et *Quand il est mort le poète* (avec les quatre chefs de chœurs).

4 — *Midi Libre*, G. Privat, juillet 2001.

5 — *L'Echo de la Loire*, J. de Laplanche, novembre 1999.

Nous ne voudrions pas terminer ce livre sans citer tous ceux qui ont contribué à le rendre vivant et précis.

Toute notre reconnaissance à Gilbert Bécaud pour sa bienveillante amitié jamais démentie depuis tant d'années

à Odette pour sa douceur, son authenticité et surtout sa confiance

à Albert qui nous a ouvert la porte de sa pièce aux souvenirs

à Pierre Delanoë, pétri de talent et de malice qui nous a enchantés par ses textes et son humour et qui a bien voulu nous livrer ses humeurs et sa préface. En lui souhaitant de mettre à exécution très vite ses projets : « travailler »

à Claude Lemesle pour ses précisions

à Boule de Neige... d'être comme elle est et de ne jamais changer

à Monsieur Pointu, un vrai « Monsieur », notre doux ami de la Belle Province

à François Rolland dont l'humour et l'analyse pertinente ont fait les beaux soirs d'Internet et à Michèle pour ses photos et son sourire

à Mauricette Maurel, l'encyclopédie vivante, la détentrice du trésor, la bibliothécaire de la poésie

à Monique et Bernard Merle pour leurs connaissances approfondies des signes zodiacaux... et pour les cigarettes

à Michel Raybaud pour ses suggestions et son efficacité

à Martial enfin, qui nous donne l'impulsion et qui entretient la flamme.

Nous souhaitons leur associer, Georges Amade, Christiane Achour, Pierre Adam, Ulrike et Bernhard Adelmann, Jean-Louis Admirat, Marcel Amont, Françoise Arnoul, José Artur, André Aubert, Christian Barbier, Gaya Bécaud, Yann Benoist, Jean-Michel Bériat, Stéphane Berlow, Raymond Bernard, Lucienne et Pierre Billuart, Frida Boccara, Jackie et Denis Boisselet, Jean-Michel Boris, Guy Cambier, Daniel Carlet, Guy Carlier, Jean-Claude Carrière, René Coll, Annie Cordy, Gilbert Coullier, Georges Cravenne, Nicole Cuissard, Jean-Loup Dabadie, Jacqueline Danno, Alain Decaux, Joëlle de Laplanche, Raymond de Ricker, Marcel de Valmalete, Jose del Espinosa, Alain de Ricou, Jacques Dinnat, Jean-Pierre Dorsay, Maurice Druon, Tatjana Durand, Yves Duteil, Annie Fratellini, Jean-Jacques Goldman, Pierre Grosz, Roland Hubert, Jacqueline Joubert, Eric Jutard, Karim, Massimo Lana, Jack Lang, Jean-Claude Lassère, Claude Lelouch, Hubert Lemaire, Claude Lemesle, François Léotard, Dominique Letessier, Jean-Pierre Mamie, Georges Marchais, Jean Masson, Charley Marouani, Paul Mauriat, Claude Maynaud, Fred Mella, Monique et Bernard Merle, René Monory, André Myr, Claude Nougaro, Lucien Papillon, Danielle et Pierre Parent, Roger Pierre, Claude Pompidou, Georges Prêtre, Guy Privat, Albert Raisner, Leonard Raponi, Caroline Réval, Laurent Réval, Vincente et Marcel Réval, Pierre Roche, Françoise et Bernard Ros, Maria Sandrini, Monique Scherrer, Michel Schwingrouber, Gilbert Sigrist, Didier Sipieli, Maurice Talpin, Franck Tenot, Frank Thomas, Gérard Thomassin, Pino Tuccimei, Caterina Valente, Jean-Claude Vannier, Virginia Vee, Stéphane Vera, Laurent Vidalin, Paule Vidalin, Raoul Villers, Rika Zaraï.

Sans oublier l'Institut National de l'Audiovisuel, la Société des Auteurs Compositeurs Editeurs de musique et tous ceux, connus ou anonymes, qui se sont manifestés trop tard pour être cités ici.

Nos amitiés à nos cousins québécois, particulièrement Paul Arcand, Anita Barsetti, Louise Dodier, Ginette et Max Fauquet, Elizabeth Gagnon, Jean-Claude Ganley, Jean Gaulin, Sylvie Gilbert, Pierre Jobin, Michel Lamarche, Kathleen Lavoie, Carmen Montesuit, Kathleen Power, François Rémy, Germaine Robichaud, Mawel Saïd, Katleen Verderau, Gilles Vigneault.

Cet ouvrage a été réalisé par la
SOCIÉTÉ NOUVELLE FIRMIN-DIDOT
Mesnil-sur-l'Estrée
pour le compte des Éditions France-Empire
en octobre 2001

Cet ouvrage a été composé par
Nord Compo (Villeneuve-d'Ascq)

Imprimé en France
Dépôt légal : octobre 2001
N° d'impression : 57000